문재인, 김인회의
검찰을 생각한다

문재인, 김인회의
검찰을 생각한다

초판 1쇄 펴낸 날 2011년 11월 23일
초판 6쇄 펴낸 날 2019년 10월 7일

지은이	문재인, 김인회
펴낸이	박재영
편집	임세현, 이정신
마케팅	김민수
제작	제이오
펴낸곳	도서출판 오월의봄
주소	경기도 파주시 회동길 363-15 201호
등록	제406-2010-000111호
전화	070-7704-5809
팩스	0505-300-0518
이메일	maybook05@naver.com
트위터	@oohbom
블로그	blog.naver.com/maybook05
페이스북	facebook.com/maybook05
ISBN	978-89-966875-2-8 03300

이 책은 저작권법에 따라 보호받는 저작물이므로 무단전재와 복제를 금합니다.
이 책 내용의 전부 또는 일부를 이용하려면 반드시 저작권자와 도서출판 오월의봄에
서면 동의를 받아야 합니다.

이 도서의 국립중앙도서관 출판시도서목록(CIP)은 e-CIP홈페이지(http://nl.go.kr/ecip)와
국가자료공동목록시스템(http://www.nl.go.kr/kolisnet)에서 이용하실 수 있습니다.
(CIP 제어번호 : CIP2011004595)

• 책값은 뒤표지에 있습니다. 잘못된 책은 바꾸어 드립니다.

문재인, 김인회의
검찰을 생각한다

무소불위의 권력 검찰의 본질을 비판하다

| 문재인·김인회 지음 |

오월의봄

추천사
진정한 민주주의를 염원한다면
반드시 읽어야 할 책!

한명숙_ 제37대 국무총리

1.

처음 공동 저자의 한 사람인 김인회 교수에게 추천사를 써달라는 부탁을 받았을 때 저는 충청남도 서산에 있었습니다. 10·26 재보궐 선거 운동이 한창일 때였습니다. 서울에서는 박원순 후보가 고전하고 있었고, 서산에서도 시장 후보와 도의원 후보가 박빙의 승부를 펼치고 있었습니다. 결코 져서는 안 되는 선거였기에 혼신의 힘을 다해서 전국을 돌아다니며 유세를 지원했습니다.

저는 이명박 정권과 검찰로부터 억울한 누명을 쓰고 부당하게 기소가 되어서 2년 가까이 정치적인 재판을 받고 있습니다. 더구나 받고 있는 '정치 재판'이 1심 선고공판을 불과 보름 정도밖에 남겨두고 있지 않았습니다. 재보선 지원에다 제 자신의 선고공판을 기다리는 것만도 힘에 벅찬데, 과연 보내준 원고들을 읽고 추천사를 써줄 정도의 여유가 있을까 망설이지 않을 수 없었습니다.

결국, 문재인 노무현재단 이사장이 책의 공동 저자인데다, 제 자신이 부당한 검찰 권력에 의해 수십 년을 고생해온 당사자라는 점까지를 감안해서, 그야말로 '의무방어전'을 치른다는 심정으로 추천사를 써드리겠다는 회신을 보냈습니다.

하지만 막상 김 교수에게 온 이메일을 열고 원고들을 보는 순간부터 그런 '망설임'이나 '의무방어전을 치러야 할 것 같은 심리'는 완전히 자취를 감추었습니다. 방대한 분량의 자료 조사와 연구, 검찰개혁과 관계된 다양한 사람들과의 인터뷰를 바탕으로 써내려간 400쪽 분량의 원고는 너무나 쉽고 경쾌한 문체로 깔끔하게 잘 정리가 돼 있었습니다. 제 자신과 직결된 문제여서 그랬는지는 몰라도, 재미난 소설도 아닌 딱딱한 주제의 책 중에서 이렇게 단숨에 읽었다는 느낌을 주었던 책은 정말로 오랜만이었습니다.

이것은 아마도 문재인 이사장의 깔끔하고 명쾌한 분석력과 그분이 선호하는 읽기 쉽고 눈에 쏙쏙 들어오는 대중적 문체, 그리고 법조인 출신 김인회 교수의 법률적 전문성과 학자적 집요함이 함께 빚어낸 오묘한 조화로움 탓이 아닐까 생각해봅니다.

2.

책을 읽는 내내 문재인 이사장의 《운명》이라는 책과 제가 쓴 자서전들이 오버랩되며 떠올랐고, 이명박 정권과 검찰 권력에 의해 억울하게 서거하신 노무현 대통령님의 잔영이 떠올라 가슴이 먹먹해질 때가 한두 번이 아니었습니다. 아무리 생각하지 않으려고 애써도, 그렇게도 염원하던 검찰개혁의 뜻을 끝내 이루시지 못하고 오히려 검찰

권력에 의해서 스스로 몸을 던져야만 했던 대통령님 생각이 머릿속을 떠나지 않았습니다.

그리고 지난 4년간의 세월이 주마등처럼 스쳐갔습니다. 가슴속에만 묻어두었던 검찰의 치졸하고도 집요했던 모습들이 송글송글 뇌리에 다가와 맺혔습니다. 검찰이 흘린 피의사실을 마치 진실인 양 앞 다퉈서 헤드라인에 올리던 언론의 모습, 포토라인 앞에 선 대통령의 모습과 연신 터지던 플래시, 그리고 비극적인 부엉이 바위의 잔영까지.

그런데 이상하게도 책이 중반을 넘어서자 정치검찰에 의해 억울하게 서거하신 노무현 대통령님의 모습에서 자꾸만 이름조차 알 수 없는 국민들의 모습이 하나둘 떠오르는 것이었습니다. 시장에서 생선이며 야채 같은 것들을 팔던 분들, 골리앗 크레인에서 고공 농성을 하는 노동자들, 유세차 앞에서 악수를 청하던 분들, 시청 앞 광장에서 촛불을 들던 유모차 부대는 물론이고, 골리앗 크레인 앞에서 삿대질을 하던 사장님이나 촛불을 보고 손가락질하며 지나가던 어르신들, 군복을 입고 '빨갱이 타도'를 외치는 보수단체 회원들, 심지어는 강남 고급 주택에 살면서 호화롭게 사는 분들의 모습까지 모두가 하나같이 노무현 대통령님의 얼굴을 하고 있었습니다.

그들도 하나같이 검찰 앞에서 온몸이 벌거숭이가 되어 있었습니다. 검찰의 고압적인 모습에 벌벌 떨어야 했습니다. 어느 날 갑자기 날아온 소환장에 잠을 설쳐야 했고, 불시에 들이닥친 수색영장에 사건과 관련 없는 치부까지 몽땅 다 검찰에 드러내야만 했습니다. 졸지에 죄인이 되어 포토라인에서 카메라 플래시를 받았으며, 있지도 않은 일들이 언론을 통해 오르내려도 누구에게 하소연할 곳조차 변변히 없었습니다. 부당하게 기소가 돼서 재판을 받아도 물질적·정신적 피해는 그 누구에게도 보상받지 못했습니다. 온 집안이 쑥대밭이 되고, 눈에 보이지도 않는 이메일이 갈가리 찢겨져도 누구 하나 도와줄 사람조차 없었습니다. 대한민국 검찰 앞에서는 이렇게 모두가 한 모습이었습니다.

3.

이 책의 가장 큰 미덕은 어떻게 하면 국민 위에 군림해온 검찰을 국민의 품으로 돌려줄 것인가를 가장 깊게 연구하고, 가장 이해하기 쉽게 서술했다는 데 있습니다. 흔한 격언 중 하나로, "많이 알수록 쉽게 쓴다"는 말이 있지요? 저는 이 책이 이 간단한 격언이 담고 있는 진리를 가장 잘 드러내주는 모범사례가 아닐까 생각합니다.

이 책을 읽으면 국민 편에서 국민을 위해 봉사해야 할 검찰 권력이 어떤 과정을 거쳐, 어떤 구조적 요인으로 오히려 국민의 자유와 인권을 억압하게 되었는지, 왜 민주정부 10년 동안, 특히 검찰개혁에 그 어떤 정부보다도 강한 의지를 가졌던 참여정부에서 검찰 권력을 개혁하지 못했는지, 검찰 권력을 개혁하기 위해 앞으로 남은 과제는 무엇인지를 생생하게 알 수 있습니다. 특히 "민주주의가 취약하고 정치 수준이 낮을수록 검찰의 힘이 커진다"는 저자들의 지적은 정말로 통렬하게 다가옵니다.

노무현 대통령님과 문재인 당시 민정수석후에 시민사회수석, 비서실장 역임, 그리고 강금실 법무부 장관 등 많은 분들이 왜 검찰개혁을 이루려 했고, 어떤 과정을 거쳐 그것이 미완의 실패작이 되고 말았는지에 대해서도 실감나는 증언과 사료들을 통해 자세히 알 수 있게 됩니다.

하여, 책의 제목처럼 온 국민이 다 함께 읽으며, 다시 한 번 "검찰을 생각해보기를" 권합니다. 아니, 지금이야말로 대한민국의 민주주의와 국민의 자유·인권을 위해 다시 한 번 "검찰을 생각해봐야 할 때"입니다. 우리가 그냥 아무 일도 하지 않은 채 이대로 있으면, 언젠가는 여러분도 똑같은 일을 당할 수 있을 뿐만 아니라, 노무현 대통령님 서거와 같은 비극도 언젠가는 다시 재현될 수밖에 없기 때문입니다.

추천사
검찰개혁은 반드시 이루어져야 한다

김선수_ 민주사회를위한변호사모임 회장

　우리나라에서 검찰개혁을 정부 차원의 의제로 삼아 본격적으로 추진한 것은 노무현 정부가 처음이다. 법조인 양성제도와 법원 및 재판의 개혁에 대해서는 사회가 민주화된 김영삼 정부 이후 꾸준히 추진되었다. 김대중 정부에서 그 논의가 심화되었고, 노무현 정부에서 다시 추진되어 법학전문대학원 제도와 국민참여재판 제도의 도입, 형사소송법의 대폭적인 개정, 법조일원화의 단계적 도입, 대법관추천자문위원회의 설치 등 상당한 성과를 거두었다.
　그러나 검찰개혁은 논의의 역사가 짧은 탓인지 노무현 정부에서도 핵심적인 사항을 관철시키지 못했다. 검찰의 정치적 중립을 위한 개선은 어느 정도 이루었지만, 검찰 권력의 분산과 민주적 통제를 위한 개혁 방안은 대통령의 의지에도 불구하고 좌절되었다. 대표적인 사항은 고위공직자비리조사처의 설치, 대검찰청 중앙수사부의 폐지, 검찰과 경찰의 수사권 조정, 법무부의 탈검찰화 등이다. 재정신청 제도의 개선은 왜곡되었고, 구속영장 단계 조건부 석방제도의 도입이나 검사 작성 피의자신문조서의 원칙적 증거 능력 부정도 무산되었다. 수사권과 기소권의 분리는 의제로 설정되지도 못했다.

견제 장치가 없는 무소불위의 권력기관

이명박 정부 들어 검찰은 스스로 정권에 과도하게 코드를 맞추어 편파적이고 무리한 수사와 기소를 남발했다. 정치가 불신 받는 상황에서 검찰은 아무런 견제 장치가 없는 무소불위의 권력기관이 되어버렸다. 노무현 정부에서 이루었던 일부 성과가 후퇴하기도 했는데, 개방직으로 되었던 법무부와 대검찰청의 일부 보직이 다시 검사로 되돌아간 것이 대표적이다.

국회에 사법개혁특별위원회가 구성되어 검찰개혁도 추진했으나, 여야 위원들이 합의한 대검찰청 중앙수사부 폐지, 특별수사청의 설치, 영장 단계 조건부석방 제도의 도입 등도 검찰의 강력한 반발에 밀려 결국 실패했다. 검찰개혁의 절실한 필요성을 다시 한 번 절감하는 계기가 되었다.

검찰개혁 과제에 대해 구체적 방안 제시

이 책은 노무현 정부에서 검찰개혁을 직접 추진하고 점검한 저자들이 노무현 정부의 검찰개혁을 객관적으로 기술하고 평가하면서 우리 사회에서 검찰의 왜곡된 현실과 개혁의 필요성 그리고 앞으로의 검찰개혁 과제에 대해 구체적인 방안을 제시하고 있다. 나는 노무현 정부 사법개혁추진위원회 기획추진단장으로 활동하면서 저자들과 사법개혁 작업을 함께하여 개혁 법안을 국회에서 입법화하기까지 했다. 당시 정말 무모할 정도로 순수한 열정으로 일했다.

　우리 사회 민주화의 성숙과 선진화를 위해서는 지나치게 비대하고 기형적인 검찰 권력을 정상화하는 것이 반드시 필요하다. 이 책은 검찰개혁의 추진 과정에서 중요한 길잡이가 될 것이라 믿는다. 이 책에서 제시한 검찰개혁 방안이 국민의 일치된 여론으로 되어 정치권을 견인한다면 검찰개혁은 확실한 성과를 낼 것이다. 저자들이 바라는 검찰개혁은 시간의 문제여서 언젠가는 이루어질 것이다. 그 사이에 국민들이 받을 희생과 시행착오를 생각한다면 이를 최소화하기 위해 가능한 빠른 시기에 이루어지길 바란다.

들어가는 글

국민의 **자유**를 위해 검찰과 **맞서야** 한다

법원과 검찰은 국민 편이 아니었다

우리는 시대적 변화기에 서 있습니다. 기존의 시스템을 버리고 새로운 시스템을 모색해야 하는 상황입니다. 해방 이후 우리의 선배들이 짜놓은 체제는 이제 생명을 다해서 더는 지탱하기가 어렵습니다. 결정적인 증거는 1987년 민주화투쟁과 1997년 외환위기입니다. 이 두 사건을 계기로 우리는 새로운 시스템을 마련해야 한다는 절체절명의 과제에 직면했다는 것을 깨달았습니다. 낡은 시스템을 버리고 새로운 시스템을 짜기 위해서 우리는 민주정부를 출범시켰습니다. 김대중 대통령과 노무현 대통령의 민주정부는 정치, 경제, 외교, 남북관계, 사회, 문화, 인권, 환경, 복지 등 모든 분야에서 개혁을 했습니다. 국가가 망할 수도 있다는 위기의식은 더 절박한 개혁과 새로운 시스템 구축을 필요로 했습니다.

민주정부 10년 동안 개혁은 마치 불길과 같이 전 분야로 번져나갔습니다. 민주주의와 인권, 평화와 복지가 보장된 새로운 국가를 건설하기 위해서는 전 방위의 개혁이 필요하기 때문입니다. 개혁은 정치, 행정, 경제, 복지, 사법, 사회 등 국가의 중추적인 분야에서 진행되었습니다. 많은 성과를 내기도 했고 한계를 보이기도 했습니다.

많은 개혁 중 사법개혁이 있습니다. 사법제도는 국민의 권리를 적극적으로 보장하고 국가의 행정을 법률로 규제함으로써 국민의 자유로운 삶과 기본 인권을 옹호하는 것이 목적입니다. 우리의 과거는 그렇지 못했습니다. 사법제도의 핵심인 법원과 검찰은 국민의 편에 서지 않고 정치권력의 요구대로 국민을 강압적으로 통치하는 데 적극 도왔습니다. 법원은 인권의 최후의 보루라는 기본 역할을 방기했습니다. 민주주의와 인권을 탄압하는 수많은 사건을 형식상 합법적인 판결을 통해서 정당화해주었습니다. 검찰은 법원의 정당화 작업을 끌어내기 위해 적극적으로 정보기관이나 경찰과 협력하여 사건을 과장하기도 하고 조작하기도 했습니다. 모두 법률이라는 이름으로 정당화되었습니다. 법원과 검찰의 인권 침해 행태를 견제해야 할 변호사는 제대로 된 역할을 하지 못했습니다. 소수의 인권변호사들이 있었으나 이들의 힘은 미약했습니다. 변호사의 숫자도 절대적으로 부족했고 대부분의 변호사들은 정치권력과 맞서기를 포기했습니다. 한마디로 국민의 편에 서야 하는 사법제도와 기관이 정치권력의 편에 서서 국민을 억압했던 것입니다. 사법제도는 민주주의와 인권에 직접적인 영향을 미치므로 민주화가 되면 일차적으로 개혁되어야 하는 분야입니다. 이런 이유로 민주화가 되자 사법개혁은 피할 수 없는 과제가 되었습니다. 국민의 자유와 권리에 직접적인 영향을 미치는 사법개혁이 시작된 것입니다.

역사상 처음으로 이루어진 검찰개혁
그리고 노무현 대통령의 죽음

이 책은 검찰개혁을 다루고 있습니다. 검찰개혁은 사법개혁의 한 분야이면서 또 독립된 분야입니다. 검찰개혁은 사법개혁의 핵심 부분입니다. 국민의 자유와 권리, 인권에 치명적인 영향을 미치는 권력기관 중 가장 중요한 기관이 검찰이기 때문입니다. 검찰은 과거 군부독재와 권위주의 정권 시절 정권을 위해 국민을 탄압하는 데 앞장서왔습니다. 권력의 시녀이니 주구니 하는 말이 있었습니다. 이 책은 바로 이런 검찰개혁 이야기를 하고 있습니다.

민주주의가 발전하고 인권의식이 높아지면 권력기관은 변해야 합니다. 정권의 권력기관, 통치자의 권력기관에서 국민의 권력기관으로 바뀌어야 합니다. 하지만 권력기관은 스스로 그렇게 변할 수 없습니다. 기득권을 포기하지 않기 때문입니다. 기득권을 포기하기보다는 저항을 선택합니다. 저항 없는 개혁은 역사상 존재해본 적이 없습니다.

이런 이유로 검찰개혁, 권력기관의 개혁을 포함한 모든 개혁에서 개혁의 대상이 개혁의 주체가 될 수 없습니다. 실제로는 국민에 의해 선출된 대통령과 의회가 주축이 되지 않을 수 없습니다. 여기에 시민사회나 민간 전문가의 힘, 국민의 참여가 함께 이루어져야 합니다. 그러므로 전면적인 개혁 작업은 민주화 이후에만 가능합니다.

참여정부는 사법개혁과 함께 검찰개혁을 시작했습니다. 국민의 자유와 권리, 인권을 억압하는 구조를 타파하고자 했습니다. 정권의 안보, 정권의 사적 이익을 위해 작동하는 시스템을 혁파하고 검찰을 포함한 권력기관을 국민의 품으로 돌려보내고자 했습니다. 역사상 처음으로 있었던 일입니다. 검찰의 저항은 상상 이상이었습니다. 엘리트 의식으로 뭉친 특권집단으로서 검찰은 자신에 대한 불만이나 요구를 이해할 능력도, 이해할 의지도 없었습니다. 개혁에 대한 의지도 박약했습니다. 검찰을 둘러싸고 있는 보수세력의 힘도 막강했습니다.

참여정부는 역사상 처음으로 검찰개혁을 국가적 과제로 상정하고 시도했습니다. 그동안 제기된 검찰개혁 과제들을 하나하나 의제화하고 제도화하려고 했습니다. 정치적 중립 과제나 인권친화적 수사에서는 성과를 보였습니다. 하지만 전반적으로 보아 성과보다는 실패가 많았습니다. 그리고 참여정부가 끝나고 나서도 개혁을 둘러싼 참여정부와 검찰의 대립은 남아 있었습니다. 그 결과가 노무현 대통령의 비극적인 죽음입니다.

왜 참여정부의 검찰개혁은 부분적인 성공에 그치고 실패로 끝났을까요? 왜 검찰은 참여정부를 싫어했고 노무현 대통령을 미워했을까요? 새 정부가 이전 정부 세력을 정치적으로 보복하고 탄압하는 일이 지금의 시대에 와서도 자행된다는 것은 이해하기 힘든 일입니다. 게다가 검찰 권력이 정치 보복과 탄압의 주된 수단이 되고 있는 것은 더 더욱 그러합니다. 법률에 따라서만 권한 행사를 해야 할 검찰이 노무현 대통령 수사에서 금도를 잃고 권한을 남용하고 위법을 저질렀습니다. 증거가 부족한데도 무리하게 수사를 강행했고, 사실이 아닌 내용, 혐의사실과 관련 없는 내용까지 실시간 생중계하듯 유포해서 언론 조작을 했습니다. 정치권력의 요구와 이에 부응한 검찰의 맹목적 충성, 지극히 정치적이고 감정적인 사건 처리. 이것이 노무현 대통령 수사에서 드러난 검찰의 모습이었습니다.

우리는 참여정부의 검찰개혁과 그 이후의 과정에서 검찰의 본질을 똑똑히 보았습니다. 그 경험을 분석하고 종합하고자 하는 것이 이 책의 목적입니다. 이 책은 참여정부 검찰개혁의 성과와 실패를 되돌아보면서 검찰의 본질을 성찰하는 것을 목표로 합니다. 검찰의 역사는 참여정부 이전과 이후로 확연하게 구분될 것입니다. 참여정부의 검찰개혁이 역사상 처음으로 시도되었기 때문입니다. 그리고 검찰개혁의 청사진을 국가 차원에서 처음으로 제시했기 때문입니다. 그 전까지 우리가 가졌던 검찰에 대한 이론, 학설, 환상, 이미지, 신화, 이데올로기는 모두 깨졌습니다. 실천은 현상을 넘어 본질을 밝힐 수 있는 유일한 무기입니다. 검찰의 본질을 알기 위해서는 검찰과의 투쟁이 필요합니다. 검찰이 어떤 이론을 바탕으로 권한을 행사하는지, 권한의 행사가 정당한 것인지, 국민의 자유와 권리, 인권 보호에 얼마나 부합하는 것인지에 대해 진지하게 의문을 품고 재검토하려면 검찰과 맞서야 합니다.

참여정부는 무엇을 바꾸고 무엇을 바꾸지 못했을까

이 책은 참여정부의 검찰개혁을 평가합니다. 노무현 대통령과 참여정부의 검찰개혁을 정리하면서 검찰의 본질을 밝히고자 했습니다. 그리고 참여정부와 검찰의 충돌, 참여정부가 이룩한 검찰개혁의 성과, 참여정부가 이루지 못한 검찰개혁 과제를 정리하고 있습니다. 참여정부의 검찰개혁 중 성공한 부분은 성공한 대로 실패한 부분은 실패한 대로 평가합니다. 실증적인 분석을 통해 검찰개혁에 대한 참여정부의 공과를 분명히 하고자 합니다. 참여정부 이후 예상보다도 훨씬 빨리, 훨씬 쉽게 검찰이 과거로 회귀한 것을 두고 참여정부의 검찰개혁이 실패했다는 느낌을 갖기 쉽습니다. 노무현 대통령의 비극적인 죽음과 한명숙 전 총리에 대한 수사, 촛불집회에 대한 대응 등을 보면 검찰개혁의 성과가 전혀 없는 것이 아닌가 생각되기도 합니다. 하지만 느낌만 가지고 평가하는 건 정당한 평가가 아닙니다. 이런 평가는 앞으로 새롭게 시작해야 할 검찰개혁에 올바른 방향을 제시하지 못합니다. 참여정부가 무엇을 바꾸었고 무엇을 바꾸지 못했는지 그리고 실패한 원인은 무엇인지 실증적으로 분석해야 합니다. 구체적인 분석이야말로 올바른 대안 마련의 지름길입니다.

저자들은 검찰개혁의 필요성을 깊이 인식하고 그 실현을 위해 참여정부의 검찰개혁을 정리하기로 했습니다. 앞으로 민주정부가 들어서면 검찰개혁은 첫 번째 개혁 과제가 될 것입니다. 검찰개혁의 필요성과 방향을 시민들과 함께 고민하기 위해 이 책을 준비했습니다. 검찰개혁은 국민들의 참여 없이는 이루어지기 어렵기 때문입니다.

저자들은 참여정부에서 검찰개혁과 사법개혁에 관여했습니다. 특히 문재인은 검찰개혁과 사법개혁의 많은 부분에 직접 관여하고 경험한 당사자입니다. 그래서 저자들은 검찰개혁을 평가할 때 참여정부 당시의 상황을 증언하면서 사후의 객관적 평가를 함께해야 하는 입장에 있습니다. 경험자의 주관과 평가자의 객관을 함께 살릴 필요가 있었습니다. 다른 관계자들의 경험에서 나온 평가들과 종합해서 판단할 필요도 있었습니다.

그래서 저자들은 분리와 통합이라는 전략을 선택했습니다. 검찰개혁의 구체적인 진행 상황에 관해서는 최대한 당시의 상황을 복원하기 위해 문재인의 인터뷰를 그대로 살렸습니다. 저자 중 한 명이 당시의 증언자로 참여하게 되었고, 다른 관계자들의 인터뷰와 함께 다뤄졌습니다. 이런 이유로 이 책의 2부와 3부는 김인회가 정리했습니다. 인터뷰 내용을 제외한 다른 부분은 충분히 논의를 거쳐 함께 저술했습니다. 이 책 1부와 4부는 공저입니다. 검찰의 현상과 본질에 대한 진단과 참여정부 검찰개혁의 평가는 토론을 통해 정리했습니다. 이로써 객관적인 서술의 1부와 4부, 주관적이면서도 객관적인 서술의 2부와 3부가 완성되었습니다. 과거와 현재의 시점을 오가면서, 주관과 객관을 오가면서 검찰개혁의 평가와 과제를 도출하고자 했습니다.

검찰개혁에 직접 참여한 사람들의 증언

이 책 1부는 대한민국 검찰의 실체를 현재의 권한, 역사, 이론 등을 통해 살펴봅니다. 2부, 3부는 참여정부의 검찰개혁을 구체적으로 평가합니다. 시간의 흐름에 따라 정리하면서도 중요한 사건에 초점을 맞췄습니다. 검찰개혁에 직접 참여한 인사들의 증언과 평가, 검찰의 저항, 검찰의 본질 등으로 구성되어 있습니다. 이 책의 가장 핵심 부분입니다. 시기와 성과를 중심으로 구분했습니다. 강금실 장관 시대와 성공한 개혁 과제를 2부에, 천정배 장관 시대와 무산된 개혁 과제를 3부에 배치했습니다. 그리고 4부는 참여정부의 검찰개혁을 평가합니다. 성과와 한계를 실증적이고 구체적으로 밝히고자 했습니다. 현재의 검찰에 대한 진단을 통해 더욱 근본적인 검찰개혁이 필요하다는 것도 강조하고 있습니다.

이 책은 문헌적인 연구 방법도 함께 사용했습니다. 참여정부는 공식적으로 국정운영백서를 발간했고, 정책기획위원회가 정책보고서를 발표했습니다. 참여정부의 개혁 성과를 정리하고 향후 개혁에 참고자료로 삼기 위해서였습니다. 이들 자료들과 대통령직인수위원회 백서를 기본 자료로 활용했습니다. 법무부와 검찰, 경찰의 연례보고서나 연감도 참조했습니다.

검찰에 대한 이론적 연구는 선행 연구에서 도움을 받았습니다. 특히 검찰에 대한 비판적인 연구와 우호적인 연구 사이에 벌어진 논쟁은 검찰에 대한 시각을 정리하는 데 큰 도움이 되었습니다. 선행 연구자들에게 깊이 감사드리며, 일일이 각주로 소개하지 않은 점을 널리 양해해주시기 바랍니다. 철학적으로는 미셸 푸코, 에드워드 사이드, 아마르티아 센, 루쉰, 리영희 선생님의 방법을 많이 참조했습니다. 인류의 위대한 스승으로 평가받을 이들의 철학과 방법론은 모든 권위에 대한 의심에서 출발합니다.

이 책의 가장 큰 특색은 참여정부에서 권력기관의 개혁을 직접 담당했던 인사들의 인터뷰 내용을 담고 있다는 것입니다. 권력기관 개혁을 위해 현장에서 뛰었던 대통령 비서실장, 민정수석, 법무부 장관, 비서관의 진술을 채록했습니다. 이들의 설명은 일치하기도 하고 모순되기도 합니다. 평가가 서로 다른 경우도 있습니다. 일치하면 일치하는 대로 모순되면 모순되는 대로 이들의 진술은 참여정부의 검찰개혁의 진실을 말해줍니다. 이 내용을 가감 없이 전달하고자 했습니다. 인터뷰에 응해주신 분들에게 진심으로 감사드립니다. 저자 중 한 명인 문재인의 인터뷰를 그대로 살린 것은 다른 인사들의 인터뷰와 종합함으로써 당시의 상황을 정확하게 재구성하기 위해서입니다.

노무현 대통령의 말씀도 해당 부분에서 인용했습니다. 참여정부의 권력기관 개혁은 노무현 대통령의 철학과 의지를 말하지 않고는 제대로 설명할 수 없습니다. 대통령의 철학과 의지가 없었다면 권력기관의 개혁은 시작되지도 못했을 것입니다. 불리하다는 걸 알면서도 자신이 옳다고 믿는 바를 실행하는 원칙주의와 추진력은 노무현 대통령의 매력 중 하나입니다. 노무현 대통령과 권력기관 개혁 주체들이 생각했던 개혁 원칙과 방향, 그리고 그들 스스로의 평가는 권력기관 개혁에 대한 가장 생생한 설명이고 평가입니다. 향후 참여정부의 권력기관 개혁을 넘어서서 개혁 전반, 최종적으로 참여정부 자체에 대한 평가에서 중요한 자료로 활용될 것으로 믿습니다. 다만 노무현 대통령의 말씀은 이미 출판된 책에서 인용했습니다.

원래 이 책은 노무현재단에서 발주하고 한국미래발전연구원에서 수행한 용역과제에서 시작됐습니다. 참여정부의 경험을 정리함으로써 향후 집권과 개혁에 지침 역할을 하기 위해서입니다. 용역과제는 김인회가 담당해 완결했고 이미《진보와 권력》이라는 책자에 '참여정부 검찰 및 경찰개혁 평가'로 담겨 출판됐습니다. 이 책의 관련자들 인터뷰는 당시에 이루어졌습니다. 하지만 본 책자는 용역과제에 기반을 두긴 했지만 모두 다시 작성했습니다. 내용도 대폭 보강했습니다. 완전히 다른 책이라고 할 수 있습니다.

이 책을 출판하는 데 도움을 주신 분들이 너무나 많습니다. 그리고 이 책을 헌정하고 싶은 분들도 너무 많습니다. 일일이 소개하지 못하는 걸 용서해주시기 바랍니다. 다만 한 분께는 헌정하고 싶습니다.
이 책을 노무현 대통령 영전에 바칩니다. 사상 처음으로 검찰개혁의 의지를 가졌으나, 제대로 이루지 못함을 탄식했던 노무현 대통령께 이 책을 바칩니다.

2011년 11월
문재인, 김인회

차례

추천사 진정한 민주주의를 염원한다면 반드시 읽어야 할 책! | **한명숙** · 5 ·
추천사 검찰개혁은 반드시 이루어져야 한다 | **김선수** · 10 ·
들어가는 글 국민의 자유를 위해 검찰과 맞서다 · 12 ·

1부 | 대한민국 검찰의 본질

    1. 대한민국 검찰의 권한 · 27 ·
    2. 대한민국 검찰의 뿌리 · 34 ·
    3. 대한민국 검찰의 논리 비판 · 56 ·
    4. 시대적 과제 · 78 ·

2부 | 참여정부 검찰개혁 1기

    1. 강금실 장관의 등장 · 107 ·
    2. 인사권을 둘러싼 반발 · 116 ·
    3. 평검사들과의 대화 · 124 ·
    4. 불법 대선자금 수사 · 135 ·
    5. 검찰청법 개정 · 152 ·
    6. 검찰과 정치 · 173 ·
    7. 사법개혁 · 196 ·
    8. 검찰과 인권 · 228 ·

3부 | 참여정부 검찰개혁 2기

1. 천정배 장관의 불구속수사 지휘 · 247 ·
2. 검찰과 경찰 · 274 ·
3. 검찰과 통제 · 300 ·
4. 검찰과 법무부 · 314 ·
5. 검찰과 과거사 · 331 ·
6. 검찰과 국민 참여 · 352 ·

4부 | 검찰개혁은 계속되어야 한다

1. 참여정부의 검찰개혁 평가 · 363 ·
2. 검찰의 원점 회귀 · 391 ·
3. 민주주의와 계속 개혁 · 407 ·

참고문헌 · 413 ·

1부

대한민국 검찰의 본질

01

대한민국 검찰의 권한

검찰이 지배하는 대한민국

검찰이 대한민국을 지배하고 있다. 정치뿐 아니라 경제, 사회, 문화 등 거의 모든 분야에서 검찰의 힘이 압도하고 있다. 이미 오래된 현상이다. 검찰은 체제와 정권 유지에 결정적인 역할을 한다. 검찰은 체제 유지를 위한 합법적인 물리력의 핵심이다. 검찰은 경찰과 정보기관의 활동을 순화하고 합법화하는 역할을 한다. 과거처럼 군과 경찰, 정보기관을 동원한 무단 통치는 민주화된 현대사회에서는 더 이상 불가능하다. 법치주의 때문에 검찰이 통치의 핵심이 되지 않을 수 없다. 한국은 여기서 더 나아가 검찰이 경찰을 수하에 둔다. 정치권력이 검찰을 장악하면 사실상 권력기구를 전면 장악하는 셈이 된다.

검찰은 이처럼 정치와 밀접하다. 그래서 정치권력은 검찰을 이용하고, 검찰은 정치권력의 요구에 부응하면서 자신의 권한을 적극 확대한다. 그러기 위해 검찰은 사건을 정치적으로 처리한다. 권력형 비리 사건이나 정경유착 등 대규모 부정부패 사건을 정상적으로 처리하지 않고, 정치권력의 의도에 따라 왜곡하기도 한다. 권력형 비리 사건은 주로 정권 변동기에 발생하는데, 지는 권력은 수사 받고 떠오르는 권력은 수사 받지 않는다. 정치권력의 요구에 맞춰 사건을 처리하기 때문에 공평함을 생명으로 하는 법치주의가 무너지는 것이다. 수많은 권력형 비리 사건, 부정부패 사건을 검찰이 처리했는데도 유사한 사건이 여전히 반복되는 이유이다. 권력형 비리 사건을 동일한 기준으로 수사하고 기소하지 않기 때문이다. 이 과정에서 정치권력과 검찰은 서로 자신들의 권한을 확대하고 기득권을 극대화한다.

검찰의 정치적 역할은 여기에서 그치지 않는다. 군부독재나 권위주의 정부가 통치하기 위해서는 정치적 반대파를 제거해야 한다. 수사와 재판이라는 형사절차를 동원해 반대파 정치인을 파렴치한 형사범으로 만들어 처벌하는 것이다. 합법 형식의 탄압이다. 이 역할을 검찰이 담당한다. 여기에 더해 만성적인 권력형 비리나 정경유착 등 부정부패, 정치권의 구조적인 금권선거 풍토는 사정기관으로서의 검찰의 권한을 더욱 확대한다. 정치가 스스로 개혁되지 못하면 그 역할을 검찰이 담당하게 된다. 이 과정에서 정치는 검찰에 종속된다.

검찰은 또한 민주화운동이나 사상운동을 탄압하면서 정권안보에 기여해왔다. 민주화운동이나 사상운동은 군부독재나 권위주의 정권에게는 위험요소다. 정치권력은 이를 탄압하기 위해 검찰을 동원했다. 민주화운동이 활발해지자 검찰은 사상검찰, 공안검찰이 되어 적극적으로 정치에 개입했다. 정치권력을 직접 옹호하는 수단으로 활용된 것이다.

나아가 검찰은 민중생존권투쟁에 대한 수사와 재판을 통해 정치권력의 안보를 보장해왔다. 노동자, 농민의 투쟁은 권위주의 체제를 항상 위협했다. 체제를 위협하는 민중생존권투쟁을 법률을 동원해 가혹하게 탄압했다. 구조적으로 약자의 위치를 강요받아온 민중들이 떨쳐 일어섰을 때 검찰은 법률의 이름으로 처벌했다. 법률은 적용되지만 인권은 보장되지 않는 구조이다. 한국에서 법치주의는 인권 보장이나 민주주의와 무관한 개념, 심지어 인권과 대립되는 개념으로 인식되었다. 한국의 법치주의는 인권친화적 법치주의가 아니라 폭력친화적 법치주의의 성격을 띠어왔다. 검찰의 권한 행사는 모두 법률로 정당화된다. 그 결과 항상 체계적, 폭력적으로 사회적 약자나 소수자를 배제해왔다. 검찰은 통치와 법률을 연결시켜 통치를 정당화시킬 수 있는 실력과 지위를 갖춘 유일한 집단이다. 검찰이 통치를 담당하면서 한국 특유의 폭력적인 법치주의가 완성된다.

검찰의 정치적 역할은 권력형 비리 사건의 처리, 반대 정치인, 사상운동, 민중생존권투쟁 탄압 과정에서 잘 나타난다. 이 과정을 통해 정치권력은 자신의 안보를 유지했고, 검찰은 그 반대급부로 자신의 권한을 적극 확대했다. 검찰의 정치적 편향은 이제 만성화되어 정치권력과 함께 통치하는 수준에 이르렀다. 스스로 정치화된 것이다. 노무현 대통령 수사 등 과거 권력에 대한 가혹한 수사, 거의 복수에 가까운 수사가 이를 잘 보여준다. 정치권력의 요구가 있었겠지만 검찰은 여기에 그치지 않고 마치 자신이 복수의 주인공이 된 듯 노무현 대통령을 수사했다. 검찰의 정치적 권한은 더 나아가 입법부와 행정부를 조종하는 데까지 발전했다. 최근 대검찰청 중앙수사부 폐지 문제를 둘러싸고 벌어진 일은 검찰의 힘이 어느 정도인지를 보여준다. 제18대 국회 사법제도개혁특별위원회는 여야 합의로 대검 중수부 폐지를 결정했다. 검찰은 격렬하게 반대했다. 정치권을 압박하기 위해 일괄사표라는 극단적인 방식도 불사했다. 검찰이 반대를 하자 검찰 출신 국회의원들은 야당과의 약속을 폐기하면서까지 대검 중수부 폐지를 반대했다. 검찰 출신 국회의원들은 국회의원이 아니라 전직 검사에 지나지 않았다. 이명박 정부의 청와대도 적극 동조했다. 이명박 정부가 반개혁적이어서 검찰개혁에 반대한 것으로 볼 수도 있지만 임기 말 검찰의 반대를 뿌리칠 힘이 없기 때문이기도 하다. 결국 검찰의 반대가 입법부와 청와대를 움직인 것이다. 검찰의 정치적 힘이 한국을 장악하고 있다는 것을 보여주는 사례이다.

형사절차의 주재자이자 지배자

검찰은 수사와 재판의 주재자, 지배자이다. 검찰은 수사기관이자 공소기관으로서 수사의 시작, 수사 방법 선택, 구속영장 신청, 기소 여부 선택, 공판 진행, 재판 집행, 형사재판 이외에서 국가의 대리 등 법률상 권한을 행사한다. 세계적으로 유사한 사례가 없는 권한의 초집중 현상이다. 여기에 더해 수사와 재판과정의 브리핑, 공소제기 전 피의사실 공표, 소환사실 공표 등 비제도적인 권한을 통해 수사 및 재판 과정을 지배한다.

검찰은 직접 수사를 함으로써 수사를 지배한다. 한국 검찰의 모델이라는 독일이나 일본은 수사권을 행사하지 않든지 아니면 직접 수사를 자제한다. 하지만 한국 검찰은 특히 직접 수사를 중시한다. 검찰의 직접 수사는 정치권과 경제권 수사, 민주화운동과 민중생존권투쟁 수사로 나타난다. 검찰은 자신의 수사가 경찰보다 우수하다는 이미지를 만들어 최고 수사기관으로서 수사를 지배하는 것이다.

나아가 검찰은 경찰에게 수사지휘권을 행사하여 수사 전체를 지배한다. 수사지휘권을 통한 지배는 수사의 지배에 그치지 않고 경찰에 대한 전면적인 지배로 발전한다. 검찰의 경찰 지배라는 극적인 사례는 1971년에 발생했다. 유신 선포 전후 수도경찰의 총수로 30세의 이건개 검사가 발탁되었다. 이 사례만큼 검찰과 경찰 관계를 확실하게 보여주는 것은 없을 것이다.

검찰의 경찰 통제는 원래 경찰의 인권 침해에 대한 대책으로 의도되었다. 경찰의 문제를 검찰의 통제로 해결하고자 한 것이다. 경찰의 문제는 분명히 존재한다. 검찰보다 더 많은 문제점을 안고 있었고 지금도 그렇다. 하지만 그 해결 방법으로 검찰의 통제만 있는 것은 아니다. 경찰의 인권 침해에 대한 대응은 원칙적으로 피의자의 방어권을 강화하고 변호인을 확충해 해결해야 한다. 또 경찰의 자체 감찰 기능을 강화하든지 재판기관인 법원의 견제 기능을 강화해 해결했어야 했다. 검찰이 기소 기능을 가지고 경찰의 수사를 견제, 감시하는 것도 하나의 방법이다. 그러나 검찰이 수사권마저 갖고 있으면서 경찰을 전면적으로 지배하는 것은 문제이다. 검찰의 권한이 지나치게 강화되어 검찰을 통제할 방법이 없어지게 되기 때문이다.

한국에서 수사를 지배하는 자는 재판까지 지배한다. 현재 한국의 형사사건의 유죄율은 99%이고, 서류재판인 약식명령을 제외한 정식 재판사건에서도 유죄율은 97% 이상이다. 형사재판은 아직까지도 수사결과를 확인하는 절차에 그치고 있는 것이 현실이다. 이렇기 때문에 수사를 지배하는 자는 재판도 지배한다. 여기에 더해 재판의 집행도 검사가 담당하고 있다. 결국 검사는 형사절차 전반을 지배하는 것이다. 검사 중심 형사사법 시스템이다.

막강한 검찰 권력을 감시할 시스템이 없다

검찰은 한국에서 가장 강력한 정치권력을 행사하고 있다. 그 근본 힘은 형사절차의 주재자, 지배자로서의 지위에서 나온다. 검찰은 이 양자의 권한을 바탕으로 자신의 특권을 적극 확대해왔다. 양자의 권한은 상호 보완, 상승의 관계이다. 그러나 그 결과 검찰 권한에 대한 견제와 감시 시스템은 실종되었다. 검찰 권한 행사를 견제하고 감시하지 못하면 국민의 자유와 인권은 축소되기 마련이다. 검찰이 커지면 국민은 작아진다.

검찰 권한을 견제하고 감시하지 못하면 검찰의 권한 남용, 위법 행위, 비리나 부패를 견제하지 못한다. 검찰의 권한 남용이나 위법 행위는 이미 많이 확인됐다. 노무현 대통령 수사나 한명숙 전 총리 재판, 미네르바 재판과 KBS 정연주 사장 재판, 〈PD수첩〉 재판 등에서 충분히 확인되고 있다. 중요한 정치적 사건에서 무죄가 빈발하는 것이 그 증거이다. 반복되는 검찰의 비리도 검찰 견제와 감시 시스템이 없기 때문에 발생하는 것이다. 1999년 판사와 검사가 변호사에게 정기적으로 돈을 제공받은 대전 법조 비리 사건, 뇌물을 수수한 떡값 검사, 스폰서에게서 뇌물과 성매매까지 제공받은 스폰서 검사, 사건을 유리하게 조작하는 데 가담한 그랜저 검사 등이 예이다. 이 많은 비리에도 2001년부터 2010년 8월까지 해임된 검사는 단 1명, 면직된 검사는 3명에 불과했다.

최근까지도 검찰은 자신들만큼 깨끗한 공직자가 없다고 주장해왔다. 김준규 전 검찰총장은 "권력과 권한을 견제하는 것은 맞지만 검찰만큼 깨끗한 데를 어디서 찾겠습니까?"라고 말한 바 있다. 비리에 대한 검찰의 인식 수준이 얼마나 한심한지 알 수 있는 대목이다. 견제와 감시가 없으면 어떤 조직이라도 부패하기 마련이다. 특히 권력기관은 더 쉽게 부패한다. 스폰서 검사니 그랜저 검사니 사건이 중요한 이유는 검찰 조직의 수준을 보여주는 사건이기 때문이다. 검사들은 아무런 죄의식이나 거리낌 없이 스폰서에게서 금품과 향응을 제공받았고, 사건에 개입했다. 내부 감찰 기능과 외부의 견제, 감시 시스템이 아예 없거나 전혀 작동하지 않았다는 것을 보여준다. 막강한 권한으로 한국 사회를 장악하고 있는 검찰이 민주적으로 통제되지 않고 있다는 것이 증명된 것이다.

02

대한민국 검찰의 뿌리

일제하 형사절차와 조선 인민의 인권

우리 형사 시스템의 뿌리는 일본에 있다. 근대 사법제도를 일본을 통해 도입했을 뿐 아니라 일본에게 직접 지배를 받았기 때문이다. 일제 식민지 동안 조선의 법률가들은 일본의 사법 시스템을 체질화했다. 그리고 해방 이후 일본의 사법 시스템을 거의 그대로 채택했다. 그 뿌리에는 일본은 근대화에 성공해 제국이 되었고 조선은 근대화에 실패해 식민지가 되었다는 인식, 그래서 일본을 따라 배워야 한다는 인식이 자리 잡고 있었다.

하지만 일본의 사법 시스템은 따라 배우기에는 너무나 후진적이었다. 일본의 사법 시스템은 제2차 세계대전 전 독일 시스템을 받아들인 것으로서 국가주의, 전체주의에 입각한 것이었다. 독일의 시스템은 통일되기 전 프로이센이 마련한 것이었다. 1930년대 중반 이후 천황 중심의 전시체제가 되면서 일본의 사법 시스템 중 그나마 국민의 인권을 보호해주는 규정들은 완전히 사라졌다. 일본의 검사 중심 형사사법 시스템이 패전 이후 완전히 해체된 까닭은 국민의 인권 탄압, 국가 총동원 체제의 보루로 기능한 형사사법 시스템에 대한 반성 때문이었다.

식민지 조선의 상황은 더욱 어려웠다. 식민지 조선은 일본에 비해 이중 삼중으로 차별을 받았다. 식민지 조선의 형사사법은 국가 우위의 기본 시스템에 더해 일본인 우위, 검찰 우위, 경찰 우위의 사법이었다. 일본은 조선형사령을 제정해 검찰과 경찰이 구속, 체포, 수색, 압수 등을 할 수 있도록 했다. 일본에서는 판사에게만 인정되던 권한이었다. 조선인은 법관의 영장 없이 경찰에서 10일, 검찰에서 10일을 구속당했다. 그리고 범죄즉결례를 정해 경찰이 3월 이하의 징역을 처할 수 있도록 했다. 마지막으로 조선태형령을 통해 조선인에게 매질을 가할 수 있도록 했다. 징역형은 비용이 많이 든다고 매질을 장려했다. 물론 일본인과 외국인에게는 금지되었다. 근대 형법의 기본 원칙은 신체에 직접 상해를 가하는 것을 엄격히 금지한다. 그런데도 일본은 조선인에게 태형을 가했다. 매질이 합법이었기 때문에 고문과 가혹행위도 합법인 것처럼 용인되었다.

그 결과는 이렇다. 범죄를 저질렀다고 의심되는 조선인은 일본 순사에게 체포된 후 10일 동안 구금된다. 구금된 10일 동안 고문이나 가혹행위, 매질을 받으며 자백을 강요당한다. 고문이나 가혹행위가 위법한 수사라는 인식조차 없다. 자백은 조서로 정리되는데 조서는 곧 재판에서 증거로 사용된다. 중죄는 검사에게 송치되어 정식 재판을 받지만 3개월 이하의 징역에 처하거나 태형을 할 만한 죄는 경찰이 스스로 재판관이 되어 판결했다. 그리고 그 판결 내용이 태형인 경우 경찰이 직접 매질을 집행했다. 변호사는 극히 적었고 가난한 조선 인민은 변호사를 선임할 엄두도 내지 못했다. 이것이 조선 인민들이 순사를 그토록 두려워했던 원인이다.

일제하 사법이 경찰 중심이었다고 해서 검찰의 역할이 적었던 것은 아니다. 경찰은 검찰의 권한을 위임받았다. 검찰은 직접 수사를 하든지 아니면 수사지휘권을 통해 경찰을 지배했다. 그리고 수사과정에서 만들어진 조서를 통해 재판도 지배했다. 식민지 통치의 핵심은 검찰이었고 그래서 식민지사법을 검찰사법이라고 불렀다. 다만 검사가 적어서 경찰이 검찰의 권한을 일부 행사한 것뿐이다. 식민지의 검찰사법은 일제가 군국주의화하고 총력전 태세를 취하게 되자 일본 본토에서도 정착된다.

이런 사법 시스템은 최소의 비용으로 최대의 치안을 유지하기 위해 고안된 것이다. 판사와 검사도 극히 소수였다. 일본과 인구비율로 따져 절반도 안 되는 판검사가 근무했다. 그 중 조선인은 판사 20% 내외로 30명 정도, 검사 10% 내외로 10명이 채 안 되었다. 일제 강점기 때 판사와 검사를 할 정도면 일본 제국주의의 지배 철학을 실행하는 중간 간부라고 해도 무방하다. 당연히 친일파로 분류된다. 그럼에도 조선인 판검사는 철저히 차별을 받았다. 조선인은 판사와 검사 중에서도 고급 간부는 될 수 없었다.

철저한 국가우선주의와 전체주의, 검찰의 강력한 권한, 경찰의 인권 탄압, 법원과 검찰의 일체화, 관료제에 의해 지배받는 적은 수의 강압적인 판사와 검사, 피의자·피고인의 무권리 상태, 극소수 변호사와 미미한 변호 활동, 남발하는 고문과 가혹행위 등이 바로 일제하 형사절차의 특징이다. 이런 특징은 해방 이후 지금까지 사법개혁에서 계속 지적되고 있는 내용이다. 우리의 형사사법이 본질적으로 식민사법을 벗어나지 못했기 때문이다.

해방 후 법조인들은 민중 속으로 가지 않았다

 해방이 되자 조선인에게 새로운 모습으로 국가를 건설할 기회가 주어졌다. 마찬가지로 조선의 법조인들에게도 새로운 사법 시스템을 구성할 기회가 주어졌다. 주변 상황도 나쁘지 않았다. 일본 제국주의 사법의 문제점을 알고 있던 미군정은 일본에서 고강도의 사법개혁을 추진했다. 미군정은 조선에서도 친인권적인 사법개혁을 요구했다. 판사의 권한을 강화해 수사기관을 견제하고자 한 것이 개혁의 큰 방향이었다.

 식민지 시대를 경험한 조선에게 필요한 사법 시스템은 말할 것도 없이 조선 인민의 인권을 가장 우선시하는 사법 시스템이었다. 일제 식민지하에서 조선인들은 인권이라는 말을 들어보지 못했을 정도로 보호받지 못했기 때문이다. 조선의 법조인들도 수사와 재판과정에서 조선 인민의 인권 침해를 무수히 목격했다. 조선 인민들은 일본에서는 시행한 바 있는 배심제도 경험하지 못했고, 경찰의 고문에 의해 만들어진 거짓 조서로 일본 판사에게 재판을 받았다. 일본인에게는 이미 폐지된 태형을 선고받아 매질을 당하기도 했다. 경찰과 검찰은 조선 인민에게 극히 적대적이었으며 판사도 조선인의 호소에 귀 기울이지 않았다. 이 모든 것을 조선의 법조인들, 구체적으로는 변호사들이 경험했다.

그러므로 조선의 법조인들은 상식적으로 생각하더라도 조선 인민들의 인권 보호를 위해 필요한 모든 개혁을 했어야 했다. 일본과 같이 과거에 얽매일 필요도 없었다. 일본은 성공한 역사라도 있었지만 조선은 청산해야 할 과거도 없었다. 친일분자만 처벌하면 충분했을 뿐 국가가 반성할 것은 없었다.

해방 이후 마련했어야 할 새로운 사법 시스템을 구체적으로 보면 다음과 같다. 먼저 국가 시스템 차원에서 시도했어야 하는 과제이다. 첫째, 법원과 검찰을 정치권력에서 독립시켰어야 했다. 일제 식민지 시절 법원과 검찰이 천황과 총독에 충성을 하면서 조선 인민을 통치하고 탄압한 것을 생각하면 당연한 과제이다. 둘째, 법원과 검찰의 관료제를 혁파했어야 했다. 관료제를 통해 천황과 총독이 사법을 조종하고 조선 인민을 통치했기 때문이다. 셋째, 법원과 검찰을 분리했어야 했다. 법원이 검찰과 한 몸이 되어 경찰과 검찰의 수사결과를 재판으로 합법화시켜주는 시스템을 혁파했어야 했다. 재판절차를 개혁해서 법원이 수사기관의 견제와 감시기구가 되도록 했어야 했다. 검찰 우위의 사법을 깨고 법원이 공평한 판단자로서 최종 심판할 수 있는 시스템은 인권 보호를 위한 기본 제도이다. 넷째, 검찰과 경찰을 분리했어야 했다. 일제하 검찰과 경찰이 사실상 일체화되어 조선 인민을 탄압한 것을 생각하면 당연히 수사권과 기소권을 분리했어야 했다. 일본은 패전 이후 수사권과 기소권을 분리했다. 경찰에게 1차적 수사권을 부여해 경찰을 사실상 검찰로부터 독립시켰다. 검찰은 원칙적으로 2차적 수사권을 갖는다. 미군정은 일본의 검찰 중심 사법체계가 일본 제국주의의 기반이었다고 보고 이를 분쇄하기 위해 경찰에게 수사권을 부여했다. 해방된 조선도 그렇게 했어야 했다.

다음으로 조선 인민을 위한 개혁 과제이다. 첫째, 피의자·피고인의 권리를 대폭 확대했어야 했다. 아무리 국가가 피의자·피고인의 인권을 보장해준다고 해도 이것은 어디까지나 후견적이고 이차적이다. 직접 당사자가 자신의 권리를 주장하는 것보다는 못하다. 식민지 시절 일본 제국주의의 통치 대상으로만 존재했던 피의자·피고인으로 대표되는 국민의 권리를 적극 보장함으로써 인권을 보장했어야 했다. 둘째, 피의자·피고인이 변호인의 도움을 받을 권리를 적극 보장했어야 했다. 피의자·피고인이 수사와 재판의 주체라고 하더라도 이들에게 변호인이 없다면 자신의 권리를 제대로 행사할 수 없다. 더구나 당시 교육 수준이 낮았던 점에 비춰본다면 변호인은 인권 옹호를 위해 더욱 필요한 존재이다. 셋째, 판사, 검사, 변호사의 숫자를 대폭 늘렸어야 했다. 극소수의 판사, 검사, 변호사로는 국민의 인권을 옹호할 수 없다. 최소한 일본 수준으로 법조인 수를 확대했어야 했다.

이상과 같은 해방 직후 이루어졌어야 할 사법개혁의 목록은 지금도 여전히 공감을 불러일으킨다. 마치 현재의 사법개혁 방향을 제시하는 것처럼 보인다. 우리의 사법 시스템이 지금까지도 본질적으로 변하지 않았기 때문이다.

조선의 법조인들은 해방 직후 요구되었던 개혁을 거부했다. 그들은 조선 인민의 인권 옹호라는 절박한 요구를 받아들이지 않았다. 그들은 조선 인민 속으로 들어가기를 거부하고 고고한 법조 틀 안에 그대로 남아 있기를 선택했다. 일본인들이 떠난 자리를 신속하게 차지하고 바로 문을 닫아버렸다. 이러한 선택이 불가피했다고 말하기도 한다. 시급하게 건국해야 할 시점에 일일이 새로운 법제를 연구하고 채택할 시간이 없었다고 말이다. 그러나 중요한 것은 연구나 토론의 시간이 아니라 조선 인민의 절박한 요구를 정면으로 바라보고 해결을 위해 노력했느냐 하는 것이다. 그들의 선택은 건국 이후에도 그대로 이어져 법조인들이 민중 속으로 들어가지 않는 전통을 만들었다. 건국 이후 법조인들은 민중의 인권을 가장 중요한 것으로 인식하지 않았고 권력과 돈을 가장 중요한 것으로 생각했다. 식민지 조선의 상황과 완전히 같았다. 이런 의미에서 본다면 한국의 법조인들이 단절했어야 할 식민지 제도와 단절하지 않고 오히려 연속을 선택한 것의 폐해가 더욱 두드러진다.

예를 들어보자. 국민인 피의자·피고인의 인권을 보호하기 위해서는 이들의 방어권을 충실히 보장해야 한다. 피의자·피고인의 방어권의 핵심은 변호인에게 도움을 받는 것이다. 평생에 한 번 있을까 말까 하는 일을 당한 피의자·피고인이 스스로 알아서 자신의 권리를 행사하는 것은 사실상 불가능하다. 따라서 법률 전문가인 변호사가 형사 사건에서 변호인으로 선임되어 피의자·피고인을 돕는 것은 반드시 필요하다. 헌법에도 규정하고 있는 기본적인 인권이다. 일본 제국주의 하에서 조선인들이 변호사가 부족해서 많은 어려움을 겪은 걸 조선의 변호사들은 직접 경험했다. 따라서 해방 이후 국민의 인권을 지키기 위해서는 변호사를 많이 충원해서 피의자·피고인을 도울 수 있도록 했어야 했다.

하지만 해방 이후 변호사 수는 오히려 대폭 줄어들었다. 일제 패망 직전인 1940년 조선에서 판사는 232명, 검사는 127명이었고, 변호사는 354명이었다. 판검사 수와 변호사 수가 거의 비슷했다. 1935년에는 변호사 수가 많았으나 이후 판검사의 수가 증가하면서 거의 비슷해졌다. 그런데 건국 첫 해인 1948년에는 판사는 156명, 검사는 145명이었으나 변호사는 60~70명으로 엄청나게 축소되었다. 오히려 일제 강점기보다 변호사의 도움을 받을 수 있는 가능성이 5분의 1로 축소된 것이다. 이것은 변호사들에게 엄청난 물질적 이익, 권력적 지위를 보장해주었다. 잠재적인 변호사인 판검사의 이해관계와도 일치한다. 해방된 조국에서 국민들은 일제 강점기보다 못한 대우를 받게 된 것이다. 1940~50년대 일본의 변호사 숫자가 5,000~6,000명이었던 점에 비춰본다면 얼마나 한국의 변호사 수가 적은지를 실감할 수 있을 것이다. 변호사 수가 거우 1,000명을 넘어선 것은 1980년이었고, 변호사 수가 판검사의 수를 넘어선 것은 1990년이었다. 1990년에 판사는 1,124명, 검사는 787명, 변호사는 1,983명이었다. 최소한 해방 이후 45년 동안 변호사가 판검사보다 적었다. 그동안 한국 민중은 일제 강점기보다 못한 대우를 받고 있었다.

이러한 선택에 누가 책임이 있을까? 대한민국 건국 과정에서 사법 시스템을 구성한 사람들에게 책임이 있다. 미군정하에서 대법원장, 사법부장, 검찰총장을 지낸 김용무, 김병로, 이인이 그들이다. 건국 후 대법원장, 법무부 장관을 지낸 김병로, 이인 등이 그 책임자라고 할 수 있다. 형사소송법과 법원조직법, 검찰청법을 만든 입법부도 책임을 면하기 힘들다. 김병로는 조선의 변호사로서, 대한민국 대법원장으로서 바람직한 변호사상과 법관상을 제시한 것으로 평가받는다. 그러나 그는 대한민국의 사법 시스템을 만들면서 일본 제국주의 시스템을 그대로 채택했다. 김병로를 포함한 조선의 법률가들은 한국의 민중 속으로 들어가지 않았고 식민지 제도와 단절하지 않고 연속을 선택했다. 그런 만큼 한국 민중의 인권 상황은 개선되지 않았고 오히려 후퇴했다. 이때부터 사법개혁의 요구는 계속되어왔다. 사법 시스템에 민중의 인권이 없기 때문이었다. 건국 이후 사법개혁의 요구가 계속되는 이유, 지금도 해방 당시의 사법개혁 요구가 공감을 얻는 이유가 여기에 있다.

친일파가 대한민국의 법무부 장관

일제하 사법 시스템은 제도적으로 계속되었을 뿐 아니라 인물을 통해서도 연속되었다. 해방 이후 대법원장으로 초대 김병로, 제2대 조용순, 제3·4대 조진만, 제5·6대 민복기의 순서로 이어진다. 초대 김병로를 제외하고 조용순, 조진만, 민복기는 모두 일제 식민지 시절 판사로 있었다. 이들은 모두 법무부 장관을 역임한 후 대법원장이 되었다. 이들이 대법원장으로 활동한 기간은 1958년부터 1978년까지 무려 21년이다. 민복기는 검찰총장까지 역임했다.

  법무부 장관에는 일제하 검사들이 더욱 많이 임용되었다. 제5대 법무부 장관으로 조진만, 제7대 장관으로 조용순, 제8대, 제20대 장관으로 이호, 제9대 장관으로 홍진기, 제11대 장관으로 조재천, 제16대,

제17대, 제18대 장관으로 민복기가 임용되었다. 역시 일제 강점기 시절 판검사 출신이다. 이들이 법무부 장관으로 활동한 기간은 1951년부터 1970년까지이다. 법무부 장관에 일제하 법조인이 많이 임용된 것은 일제 시스템의 연속성을 설명하는 또 하나의 요소이다. 검찰총장으로는 민복기, 박승준, 이태희, 정창운 등이 친일 경력을 가지고 있다. 이들은 1955년부터 1963년까지 검찰총장으로 활동했다. 일제하 판검사 출신인 이들은 모두 친일인명사전에 등재되어 있다.

이 중 특히 눈에 띄는 인물은 이호이다. 1914년생인 이호는 도쿄제국대학 재학 중 일본고등문관시험 사법과에 합격한다. 이후 조선에서 해방 때까지 검사로 재직한다. 해방 이후 서울고등검찰청 검사로 활약하다가 반민족행위처벌법이 상정되자 사직을 청하기도 한다. 그러나 사표는 수리되지 않았고 이후 출세 가도를 달린다. 법무부 장관, 한일회담대표, 내무부 장관, 다시 법무부 장관, 주일대사를 거쳐 1980년 격동기에는 헌법위원회 위원장과 국가보위입법회의 의장을 지낸다. 법무부 장관 재임 기간은 모두 5년 정도이다. 일제하 사법 시스템이 몸에 배인 인물이 해방 이후 법무행정을 책임지고 헌법 기초에 참여했다는 것을 새삼 확인할 수 있다. 1980년 신군부의 쿠데타 이후 새로운 법률 질서를 만들었던 국가보위입법회의 의장이 일제하 검사 출신이라는 것이 제5공화국의 성격을 말해준다.

다음으로 주목되는 인물은 민복기다. 민복기는 검찰총장, 법무부 장관, 대법관 판사, 대법원장을 모두 역임한 사람이다. 1913년생인 민복기는 경성제국대학 법학부를 졸업하고 일본 고등문관시험 사법과에 합격한다. 해방 전 그는 판사로 근무했다. 해방 이후 서울지방검찰청 검사장을 거쳐 검찰총장에 임용되었다. 그리고 대법관으로 근무했다가 법무부 장관을 거쳐 1968년부터 1978년까지 무려 11년 동안 대법원장으로 근무한다. 박정희의 3공화국과 유신시대 때 법무부 장관과 대법원장을 지내면서 유신체제 안정에 협조한 것으로 유명하다. 일제 사법 시스템과 유신시대 사법 시스템의 유사성을 민복기의 사례에서 확인할 수 있다.

조진만은 일제하 부장판사까지 역임한 인물이다. 일제하에서 부장판사까지 한 인물은 조진만과 김준평 두 명뿐이다. 조진만은 해방 직전 변호사 개업을 했고 해방 이후 법무부 장관을 지내고 대법원장으로 재직한다. 조진만은 법무부 장관 재직 시절 이승만 대통령과 대립하기도 했고, 3공화국 당시 대법원장으로서 법원의 독립을 위해 노력한 것으로 평가받는다. 그러나 일제의 시스템에서 벗어나 국민의 자유와 권리, 인권의 보장을 가장 중요한 법조인의 덕목으로 규정하고 인권친화적 사법 시스템을 구축한 것은 아니었다.

이처럼 일제 강점기의 사법 시스템은 최고위급 법조인을 통해서 그대로 유지되었다. 당시 일부 조선의 지도자들은 일본 시스템에서 벗어날 필요성을 절실히 느꼈겠지만 실무에서는 일본 시스템을 그대로 받아들이고 있었다. 동아시아에서 식민지로 전락하지 않고 근대화에 성공한 일본의 경험 때문에 특히 실무에서는 일본을 따라 배워야 한다는 의식이 있었다. 일본 식민지 시대에 성공을 경험한 엘리트들은 일제 시스템을 선진 시스템으로 인식하고 있었던 것이다. 이것이 일본 시스템을 해방 조선에서 저항 없이 받아들인 심리적 요인일 것이다. 그리고 그 심리적인 요인은 일제 강점기에 성공해서 일본에게 충성을 바친 인물들이 다시 중용되는 것을 통해 강화되었다. 에드워드 사이드의 지적처럼 식민지 지식인들이 제국주의자들과 역사를 공유함으로써 제국주의자의 의존자가 된 것이다. 일본과 직접 전쟁이나 투쟁을 해본 지도자들만이 일본에서 벗어날 수 있었다. 스스로 투쟁하여 얻는 해방이 그만큼 중요한 것이다.

정치적 반대파 제거, 조봉암 사건

해방 후 검찰은 일제의 경험을 바탕으로 신속하게 정치화된다. 그 과정에서 검찰의 권한은 강화되어 검찰 중심의 사법이 형성된다. 정치 검찰의 대표적인 사례는 조봉암 진보당 당수 사건이다. 경찰과 검찰은 1958년 총선을 앞두고 조봉암을 전격 체포하고 기소했다. 조봉암은 1948년 제헌국회의원과 초대 농림부 장관, 1950년 제2대 민의원 부의장을 지냈다. 1952년 제2대 대통령 후보를 거쳐 1956년 제3대 대통령 후보로 다시 출마했으나 낙선했다. 그러나 이 과정에서 200만 표 이상을 득표해서 이승만의 대안 세력으로 등장했다. 조봉암은 진보당을 창당하여 '책임 있는 혁신 정치, 수탈 없는 계획경제, 민주적 평화통일'이라는 강령을 내걸었다. 이렇게 조봉암이 이승만의 대안 세력으로 성장하자 진보당에 대한 탄압이 시작됐다. 1심 재판은 국가변란 혐의에 대해 무죄를 선고했다. 다만 간첩혐의가 아닌 국가보안법의 선전, 선동 혐의만 유죄로 인정, 징역 5년을 선고했다. 그러나 서울고등법원과 대법원은 조봉암에게 국가변란혐의와 간첩혐의를 인정하여 사형을 선고했다.

조봉암 사건은 정치적 반대파를 제거하기 위해 형사절차가 동원된 대표적인 사례이다. 이와 유사한 사례는 1980년 김대중 내란음모 사건이다. 당시 신군부의 쿠데타를 정당화하기 위해 유력한 정치인이었던 김대중을 내란혐의로 수사하고 기소한 것이다. 조봉암 사건은 진실화해위원회 조사 결과 야당 정치인을 제거하기 위해 조작된 사건임이 밝혀졌다. 법원은 재심에서 조봉암에게 무죄를 선고했다. 김대중 내란음모 사건도 역시 재심에서 무죄가 선고되었다.

조봉암 사건에서 검찰은 정치적 반대파 제거를 위해 형사절차를 동원하는 역할을 했다. 나아가 사건을 조작하는 데도 적극 개입했다. 민간인에 대한 수사권이 없는 특무대가 관련자를 불법 감금하고 고문을 가했는데도 이를 묵인하고 방조했다. 나아가 사건 조작을 합법화하는 역할을 수행했다. 이것이 법조인으로서 인권 옹호 의무가 있다고 스스로 주장하는 검찰의 자화상이고 역사이다.

국민을 간첩으로 만들다

군부독재나 권위주의 정권은 위기 시대의 정부이다. 외부의 위기를 극복하기 위해 존재하는 긴급정부임을 표방한다. 외부의 위협이 존재해야만 정권의 폭력적인 권한 행사가 정당화되기 때문이다. 이 때문에 정치적 반대파의 저항이나 민주화운동, 민중생존권투쟁에 신경질적인 반응을 보인다. 압제적인 정부는 위기를 조성하기 위해 위기를 스스로 만들기도 한다. 위기가 있어야만 공포에 기반한 통치를 할 수 있기 때문이다. 역사상 가장 큰 규모의 위기 조성 사례는 1986년 평화의댐 사태이다. 전두환 정권은 북한이 금강산댐을 조성해 서울을 물바다로 만든다는 거짓말로 엄청난 위기를 조성해서 국민의 민주화 요구를 탄압했다.

위기 조성의 가장 비열한 방법은 간첩 사건 조작이다. 국가가 보호해야 할 국민을 간첩으로 만들어 정권 유지에 활용한 것이다. 1968년 태영호 선원 8명은 연평도 부근에서 북한 경비정에 의해 나포되었다. 태영호 선원은 4개월 동안 북한에 억류되었다가 풀려났다. 이후 경찰과 검찰의 수사결과 월경 탈출에 대한 인식이 없었다는 점이 확인되었다. 하지만 정읍지청 검사들의 생각은 달랐다. 검사들은 태영호 선원들이 어로저지선과 군사분계선을 넘어 어로작업을 했고 북한으로 탈출했다는 혐의를 씌웠다. 당시 검사는 태영호가 월경하지 않았다는 사실을 이미 알고 있었다. 수사과정에서 해군본부가 태영호가 어로저지선을 넘지 않았다는 점을 확인해준 것이다. 그런데 검사는 이 결정적인 증거를 은닉하고서 기소했으며, 그 사실을 법원에 제출하지 않았다. 그리고 선원들이 불법구금 상태에서 가혹한 고문을 당한 사실도 묵인했다. 인간으로서 해서는 안 될 일을 검사가 한 것이다. 법원도 태영호 선원들의 주장을 무시하고 검사의 기소에 따라 징역 1년에 집행유예 2년 등을 선고했다. 이 사건도 진실화해위원회 조사 결과 불법구금과 고문에 의해 사건이 조작되었다고 밝혀졌다. 그리고 법원도 재심 판결에서 태영호 선원들에게 무죄를 선고했고 국가가 손해배상 책임이 있음을 인정했다. 진실화해위원회에 의하면 134건의 진상규명 인권 침해 사건 중 36건이 간첩 조작 의혹 사건이다.

정치권력과 한 몸 되기

정치권력과 검찰의 부도덕성이 가장 선명하게 드러난 사건은 부천경찰서 성고문 사건이다. 1986년 발생한 이 사건에서 부천서 형사 문귀동은 한 여대생을 성고문했다. 서울대 학생이었던 권인숙은 노동운동을 하기 위해 공장에 취직했다. 학생의 신분으로는 취직할 수 없었기 때문에 다른 사람의 주민등록증을 위조했다. 수사기관은 위장취업 사실을 발견하고 그녀를 연행했다. 그녀는 공문서변조죄에 대해서는 순순히 자백했다. 그러나 문귀동은 노동조직 사건으로 만들기 위해 용서받지 못할 범죄를 저질렀다. 그녀를 수사하면서 옷을 벗기고 무릎을 꿇게 하고 가슴을 만지고 자신의 성기로 추행하는 등 성고문을 했다.

권인숙은 문귀동을 강제추행죄로 고소했다. 문귀동은 오히려 권인숙을 명예훼손으로 맞고소했다. 검찰이 수사를 담당했다. 검찰은 성고문에 대해 혐의 없음 결정을 하고 폭언과 폭행 부분만 혐의를 인정했다. 그나마 문귀동의 공로를 인정해 처벌할 만한 가치가 없다고 기소유예처분을 했다. 검찰은 여기에 그치지 않았다. 검찰은 보도자료를 통해 "급진좌파 사상에 물들고 성적도 불량하여 가출한 자가 성적 모욕이라는 허위사실을 날조·왜곡하여 자신의 구명과 수사기관의 위신을 실추시키고 정부의 공권력을 무력화시키려는 의도"가 사건의 배후라고 발표했다. 사건의 실체와는 전혀 관련 없는 개인적인 비방이었다. 물론 거짓이었다. 명예훼손죄에 해당하는 비열한 행위였다. 하지만 진실을 영원히 가둬둘 수는 없는 법이다. 대한변호사협회는 검찰 결정이 부당하고 문귀동을 기소해야 마땅하다고 법원에 재정신청을 냈다. 고등법원은 문귀동에 대한 성고문 사실을 인정하면서도 기소를 거부했다. 어처구니없는 일이었다. 변호사들은 대법원에 항고했고 그동안 6월항쟁이 발생했다. 대법원은 6월항쟁이 발생하고 나서야 겨우 문귀동을 재판에 회부할 것을 결정했고, 결국 문귀동은 징역 5년으로 처벌됐다. 경찰, 검찰, 법원의 부도덕성과 정치권력과의 야합을 보여주는 대표적인 사례이다.

이 사건은 검찰이 정치권력의 안보를 위해 사건을 왜곡 조작한 대표적인 사례이다. 정치적 중립을 바탕으로 국민의 인권 옹호를 위해 정치권력을 견제해야 할 검찰이 정칙권력에 빌붙어 사건 조작에 가담한 것이다. 검찰 역사상 가장 부끄러운 사건 중 하나이면서 검찰이 준사법기관이라거나 인권옹호기관이라거나 하는 이론이 한국에서는 적용될 수 없다는 것을 보여준 사건이기도 하다.

부천서 성고문 사건이 정치권력과 일체화된 검찰의 부도덕성을 보여준 사건이라면 건국대 사건은 검찰이 적극적으로 정치권력화된 사건이다. 1986년 전국반외세반독재애국학생투쟁연합이라는 긴 이름의 학생 조직을 만들기 위해 건국대에 학생들이 모여 반독재민주화투쟁을 벌였다. 당시는 전두환 군사독재정권에 대한 투쟁이 최고조에 달했던 시기였다. 학생들의 투쟁이 전국적인 조직으로 수렴되던 때이기도 했다.

이때 전두환 정권은 그 이전의 학생시위와는 달리 참가자 전원을 연행하고 거의 전부 구속해버렸다. 이전의 학생시위에 대한 대응은 주로 해산 위주였는데 이때는 검거가 주된 대응이었다. 연행된 학생은 1,525명, 구속된 학생은 1,289명으로 단일 사건으로는 건국 이래 최대였다. 시위 주동자와 참가자를 구분하지 않는 가혹한 탄압이었다. 그렇게 양산된 구속자 처리는 검찰의 몫이었다. 검찰은 민주화를 요구하는 학생들의 시위를 법률적으로 처리함으로써 정치권력의 통치수단으로서 기능했다. 이때부터 검찰은 독재권력의 가장 중요한 통치기구가 된다. 전두환 정권 후반기부터 검찰의 권한이 특히 강해졌다고 평가하는데, 그 시작은 건국대 사건이었다.

검찰이 사건을 조작하다, 강기훈 유서 대필 사건

군부독재 시대 때 이뤄진 간첩 조작 사건이나 국가보안법 사건에서는 주로 경찰과 정보기관이 불법감금과 고문으로 사건을 조작하고 검찰은 이를 합법화하는 역할을 했다. 그런데 이러한 경향은 1990년대 들어서면서 바뀐다. 검찰이 조연에 그치지 않고 직접 사건 조작에 개입하기 시작한 것이다. 그 계기가 된 것이 강기훈 유서 대필 의혹 사건이다.

1991년 5월 8일 전민련 사회부장이었던 김기설이 당시 노태우 정권에 항의하면서 분신자살하는 사건이 발생했다. 당시는 노태우 정권 집권 후반기로 수서지구 특혜 분양 사건, 국회의원 뇌물 외유 사건, 대구 페놀 방류 사건 등 대형비리 사건이 연이어 발생하던 때였다. 정권에 대한 투쟁도 최고조에 달해서 4월부터 6월까지 강경대의 죽음을 포함해 13명이 분신, 투신, 의문사로 사망했다. 안타까운 젊은이의 죽음이 이어졌다. 죽음을 불사하는 투쟁에 정권은 위기 상황에 몰렸다.

김기설의 분신이 발생하자 노태우 정권은 대통령 비서실장 및 관계 장관들이 참여한 가운데 치안관계대책회의를 열었다. 검찰총장은 배후 세력 개입 여부를 철저히 조사할 것을 지시했다. 서울지검은 민주화운동의 도덕성에 타격을 가하기 위해 김기설의 유서를 다른 사람이 작성한 것으로 몰아갔다. 그리고 강기훈을 유서 대필자로 지목하고 구속한 후 자살 방조 혐의와 국가보안법 혐의로 기소했다. 검찰은 강기훈을 잠재우지 않고 극심한 수면 부족 상태에서 수사를 진행했다. 다른 참고인에게는 폭행까지 가했다. 주목할 점은 대책회의에 따라 수사가 시작되었다는 것이다.

　조작의 하이라이트는 필적 감정이었다. 당시 김기설의 유서가 강기훈의 필적이었다는 국립과학수사연구소의 감정 결과는 감정의 기본 원칙을 무시한 것이었다. 진실화해위원회 조사에 의하면 국과수 공동 감정인들은 4명이었는데 1명이 감정을 했고 나머지 1명은 면밀하게 심성에 참여하지 않았으며 2명은 아예 참여하지 않았다. 그 2명은 나중에 "감정인인 김 실장이 김기설의 필적 변화성에 대해 고려하지 않은 것이 가장 큰 잘못이고 한글의 일반적인 유사성을 유서와 강기훈 필적에 그대로 적용하다보니 그러한 결론을 내린 것으로 보인다", "일반적인 문제로 보면 부적합한 자료를 가지고 감정을 한 결과로 생각되는데 속필체와 정자체의 대조, 필기구에 대한 고려, 미성년자 필적에 대한 유의성을 잘 살펴보았어야 했는데 가장 초보적인 감정 원칙이 무시된 결과라고 생각한다"라고 밝혔다. 검찰은 필적 감정을 의뢰하면서 충분한 자료를 제공하지 않았고 검사가 직접 감정물을 가지고 와서 의뢰를 하고 감정이 끝나면 감정서와 자료를 받아간 적도 있었다. 국과수는 공동감정을 하게 되어 있는 자체 규정을 어기고 한 명이 주도하여 감정을 했다. 부실한 감정이고 부실한 수사였다. 미리 정해진 방향에 따라 짜 맞춘 수사였기 때문이다.

진실화해위원회는 2006년 김기설의 유서에 대해 다시 감정을 실시했다. 이때 국과수는 유서가 강기훈의 필적과는 상이하고 새로 발견된 김기설의 전대협 노트와 낙서장은 동일 필적이라는 감정 결과를 내놓았다. 지난 감정 결과를 뒤집은 것이다. 이 결과는 국과수가 아닌 7개 사설 감정원의 감정 결과와도 일치한다. 1991년 감정과 진실화해위원회 감정에 모두 참여한 감정인은 "금번에 위원회에서 의뢰한 감정은 저희 문서감정실 감정인 전원이 참여하여 원본 자료를 검토하고 토의를 한 결과물"이라고 밝혔다. 결국 검찰은 허위 필적 감정 자료를 제출받아 의도적으로 강기훈을 유서 대필자로 몰아갔던 것이다. 이 사건에 대해 진실화해위원회는 잘못된 필적 감정에 기초한 것이라는 취지의 진상규명 결정을 했고 고등법원은 재심개시결정을 했다. 하지만 검찰은 대법원에 즉시항고를 했다. 다른 사건과 달리 검찰이 직접 수사한 사건이기 때문이다. 정치적 의도에 의한 잘못된 수사를 반성하기는커녕 검찰의 무오류 신화에 기반하여 법원의 결정에 불복한 것이다. 대법원은 아직 즉시항고에 대한 결정을 하지 않고 있다.

이 사건에서 중요한 점은 필적 감정 등 수사를 주도한 것이 검찰이라는 것이다. 정보기관이나 경찰의 위법, 부당한 수사를 사후에 합법화시키는 역할에서 벗어나 직접 사건을 조작했다. 이 사건은 청와대가 주도한 치안관계대책회의에 따라 검찰총장이 직접 지휘했다. 그에 따라 위법한 수사가 자행되고 무리한 기소로 이어졌다. 수사과정의 위법과 부실이 기소과정에서 걸러질 수가 없었다. 검찰이 수사를 직접 하게 되었을 때 발생할 수 있는 근본적인 문제점을 보여준 사건이기도 하다.

수사와 재판 지배를 위한 일관된 여정

해방 이후 검찰의 역사에서 중요한 사건을 간단하게 살펴보았다. 이외에도 많은 사건들이 규명되어야 할 과거사로 존재한다. 진실화해위원회는 인권 침해 사건 중 134건을 진상규명했다. 대부분이 경찰과 검찰, 정보기관과 법원의 합작에 의한 조작 사건이다. 시기로 보면 1950년의 국민방위군 사건부터 1991년의 강기훈 유서 대필 의혹 사건까지이다.

해방 이후 검찰의 역사를 평가할 때 이승만, 박정희 정권 시기에는 소극적 수동적인 역할을 했고, 어느 정도 민주화가 된 노태우 정권부터 적극적인 역할을 했다는 인식이 일반적이다. 군부독재 시기에는 군인이나 정보기관, 경찰이 직접 국민을 탄압했고 검찰은 간접적이거나 소극적으로 관계했다는 사실, 그리고 노태우 정권 이후 법치주의의 필요성이 커지면서 검찰 권한이 확대되었다는 사실에 근거한다. 최소한의 민주화 세례로 이전처럼 무단통치가 불가능해졌으니 검찰이 나서게 되었다는 것이다.

그러나 검찰의 역할을 이렇게 이분법적으로 구분할 수는 없다. 왜냐하면 군부독재 시절부터 검찰은 수사의 주재자, 지배자로서 역할을 해왔고 점점 강화시켜왔기 때문이다. 이미 박정희 정권 때부터 검찰은 수사의 지배자 지위를 확보하기 위해 권한을 계속 확대해왔다. 검찰의 영장신청권이 헌법에 규정된 것은 5·16 쿠데타 이후 비상시기에 단행된 5차 헌법 개정 때부터였다. 유신헌법 개정 이후 형사소송법은 검찰 중심으로 편재되었다. 검찰의 불기소처분에 대한 불복 수단인 재정신청제도는 극도로 축소되었다. 이건개 사태에서 보듯이 경찰에 대한 검찰의 지휘권은 극대화되었다. 시국 사건이나 국가보안법 사건을 중심으로 검찰의 수사권한은 더 확대되었고 재판과정에서도 법원을 압도했다. 공안부가 강화된 것도 이 시기이다. 검사 구형대로 판사가 판결을 하는 정찰제판결이라는 비판이 나오게 된 것도 이때부터였다. 수사에서는 정보기관이나 경찰의 위법 행위를 묵인하기도 하고 이를 합법화하기도 했다. 검찰은 최종결정권자로서 수사의 전 과정을 지배하려 했고 실제로 지배했다. 검찰이 통치의 주체로 나서기 위한 모든 준비가 이미 군부독재 시기에 마련되었다.

  1971년 7월 제1차 사법파동 때 서울형사지법, 민사지법 판사들이 작성한 건의문에서는 사법권의 독립을 위태롭게 하는 사례를 다음과 같이 들고 있다.

- 반공법, 국가보안법 위반 사건의 영장발부로부터 선고에 이르는 과정까지 검찰과 견해를 달리할 때 담당 법관을 용공분자로 취급, 공공연히 압력을 가하고 신원조사를 하는 등 심리적 압박 작용을 조성한 사례.
- 행정부에서 관심 있는 사건의 담당 법관에게 검사 자신의 명맥이 걸려 있다는 말까지 하며 재판결과에 영향을 미치는 처사를 하고 있는 사례.
- 일반 사건에서 무죄 또는 집행유예 판결이 났을 때 그에 관한 상

소심 판단도 받기 전에 법관이 부정한 재판을 한 양 공공연히 비난을 하고 그 책임을 법관에게 전가하는 사례.
- 사건 담당 법관을 미행하거나 함정수사, 가정조사, 예금통장을 조사하는 등 방법으로 은밀히 재판부에 압력을 가하고 있는 사례.
- 구속영장을 법원 창구에 접수시키지 않고 검사가 직접 판사실로 가져와 발부를 강청하는 등 영장발부에 부당한 작용을 가하려는 사례.
- 법원 내에서 사건이 발생하면 그 진상을 조사하기 전에 무고한 법관을 피의자 취급하여 모욕, 협박, 폭언 등을 서슴지 않는 사례.

따라서 검찰의 역사는 군부독재 시기와 그 이후의 시기로 구분되는 것이 아니라 일관되게 진행되어왔다. 그것은 수사와 재판의 지배자로서의 지위를 확보하는 것이었다. 이 목표는 수사지휘권을 통해 경찰을 지배하고 수사결과를 통해 재판을 시배하는 것으로서 일세 강점기의 검찰 중심 형사사법 모델이다. 검찰은 군부독재 시절에 일제 강점기의 검찰사법을 확보하는 걸 목표로 했고 이를 달성했다. 물론 정치권력의 지원 속에 이루어진 일이기는 하지만 검찰 스스로도 형사절차의 지배자가 되려고 했다. 곧 검찰의 바람직한 모습이 과거에 존재한 적이 없다는 것을 말한다.

03

대한민국 검찰의
논리 비판

준사법기관론과 객관의무론 비판

검찰이 이처럼 특별대우를 받는 것은 단순히 많은 권한을 가지고 있어서가 아니다. 검찰의 특별한 권한은 검찰의 특수성을 설명하는 이론에 기반하고 있다. 폭력에만 의존한 권력은 오래 유지되지 못한다. 지식과 이론을 갖춘 권력이라야 헤게모니를 갖기 때문에 장기간 유지될 수 있다. 그런데 검찰을 설명하는 이론은 과연 논리적으로 수긍할 만하며 역사적으로 검증된 것일까? 검찰의 특수성을 설명하는 준사법기관론부터 비판적으로 살펴보자.

형사절차개혁, 검찰개혁을 논의할 때 검찰이 준사법기관이라는 전제에서 출발하는 경우가 많다. 검찰의 준사법기관론은 검사가 행사하는 검찰권이 원래는 행정권에 속하지만 사법권과 밀접한 관계가 있다는 점, 검찰권에 대한 영향은 직접 사법권에 영향을 미치고 사법권 독립의 정신은 검사에게도 요구된다는 점 때문에 검사는 행정기관이면서 사법기관의 성격을 가지고 있다는 이론이다. 나아가 검사는 사법기관과 같이 진실과 정의에 따라야 할 의무가 있으므로 행정권과 사법권의 성격을 함께 갖는 준사법기관이라는 것이다. 장황하고 또 이해하기 어렵지만 간단하게 말하면 사법부와 비슷하기 때문에 독립성이 중요하고 그래서 준사법기관이라고 부른다는 것이다.

검사의 준사법기관론은 검사 활동의 공평성, 공정성을 강조하는 이론으로 발전한다. 그 발전된 형태가 객관의무론이다. 검사의 객관의무란 공익의 대변자라는 지위에 있기 때문에 피의자·피고인에게 불리한 내용뿐만 아니라 유리한 내용도 조사해서 법원에 제출해야 하는 의무를 말한다. 이 역시 용어와 내용이 일치하지 않아 이해하기 힘들다.

많은 논자들이 검찰의 준사법기관론을 주장하는 이유는 검찰의 권한 행사를 견제하기 위한 적당한 이론이라고 생각하기 때문이다. 확실히 검찰이 준사법기관이라고 생각한다면 검찰의 권한 남용을 견제하는 데 유리하다. 검사들에게 가장 중요한 덕목인 공평성, 공정성을 준사법기관에서 도출할 수 있기 때문이다. 솔직하게는 검사들에게 준사법기관이라는 특별한 대접을 해줄 테니 그 대신 부정부패에 물들지 말고 공평하게 사법정의를 세우는 일에만 집중하라는 선의에서 준사법기관론과 객관의무론을 주장한다고 볼 수 있다. 이것이 많은 진보적인 학자나 법률가, 활동가들이 준사법기관론을 주장하는 이유이다.

검찰은 국가의 정책을 집행해야 하는 행정부

하지만 검찰의 준사법기관론은 이론적으로 올바르지 못할 뿐 아니라 실천적으로도 유용하지 않다. 검찰의 준사법기관론의 근거는 사법부와 동일한 정도의 법률구속성과 피의자·피고인의 이익을 위한 객관의무에 있다고 한다. 그리고 준사법기관론과 객관의무론은 검찰 고유의 특징 혹은 독자적인 조직 구성 원리라고 설명한다.

 그러나 사법부와 동일하거나 비슷한 정도의 법률구속성은 이미 일반 행정부도 비슷한 수준에 이르렀다. 법치주의 행정이 확립된 것이다. 법치주의 행정은 단순히 법률규정에 맞는 행정이라는 낮은 단계의 법치주의가 아니라 국민의 자유와 권리, 인권을 보장하는 높은 단계의 법치주의 행정을 말한다. 검찰행정과 비교해서 본질적인 차이는 발견되지 않는다. 검찰은 본질적으로 행정부이다. 이를 부정할 방법은 없다. 사법부와 행정부의 차이가 본질적인 것이지 검찰과 행정부의 차이가 본질적인 것은 아니다.

 핵심은 경찰이나 검찰 모두 국민의 가장 기본적인 인권인 생명과 신체의 자유를 취급하기 때문에 다른 행정기관보다는 법률구속성이 더 높다는 점에 있다. 즉, 재량의 여지가 거의 없는 것이다. 경찰과 검찰은 사람을 잡아 가두기도 하고 심지어 생명을 박탈하기도 한다. 검찰행정이 국민에게 미치는 영향은 일반 행정부와 질적으로 차이가 있다. 그래서 검찰 권한 행사에는 엄격한 절차가 지켜져야 한다. 수사기관이 사람을 구속하는 경우 반드시 구속영장을 발부받아야 한다는 영장주의가 대표적이다. 이처럼 검찰의 법률구속성은 사법부와 동일한 구성에서 나오는 것이 아니라 업무의 특수성에서 나오는 것이다. 그리고 법치주의가 발전하면 할수록, 행정의 법률구속성이 강화되면 될수록 검찰과 행정부의 차이는 없어진다. 사법부에 본질적으로 요청되는 소극성, 공평성이라는 조직 구성 원리는 행정부인 검찰의 조직 구성 원리와 질적으로 다르다. 검찰은 적극적이고 능동적으로 국가의 정책을 집행해야 하는 행정부이다.

객관의무는 검찰의 고유 의무가 아니다

피의자·피고인의 이익을 위해서도 수사를 해야 한다는 객관의무도 검찰의 고유 의무가 아니다. 국가는 기본적으로 공정, 공평해야 하기 때문이다. 국민에게 유리한 사정이 있는데 이를 무시하는 것은 어떤 국가기관에게도 허용되지 않는다. 국민을 속이는 것이기 때문이다. 공정하지 않는 권력기관은 사적 이익을 위한 폭력 행사 기관에 지나지 않는다. 이러한 공정성 유지의무는 모든 국가기관에 적용된다. 검찰이라고 특별한 것이 아니다. 복지 대상인 국민을 속여 복지 혜택을 주지 않는 경우는 국가가 공정성을 지키지 못한 것이고 이는 당연히 국가기관 스스로 바로잡아야 하는 일이다.

검찰의 객관의무가 유래한 독일에서는 애초에 "형사절차에 관여하는 모든 국가기관은 객관의무가 있다"는 규정이 북부 독일 영방의 형사소송법 초안으로 제안된 적이 있다. 이 규정은 법원조직법 규정과 동일했다. 객관의무가 검찰만의 의무가 아니었던 것이다. 형사절차

관여 국가기관의 객관의무는 제국 형사소송법 입법 과정에서 입법화되지 못했다. 당연한 규정이기 때문이다. "검사는 세계에서 가장 객관적인 조직"이라는 유명한 말도 프로이센의 검사 후고 이젠빌이 한 말이다. 희망과 이상일 뿐 현실은 아니다.

독일에서는 객관의무 때문에 검사들이 수사와 일정한 거리를 두려고 한다. 즉, 검사가 수사로부터 일정한 거리를 유지함으로써 공평하고 선입견 없는 업무 처리가 가능하다고 보고 있다. 객관의무를 강조하면 검사는 직접 수사로부터 거리를 두어야 하는 것이다. 그러나 한국의 검찰은 수사권과 수사지휘권을 잃을까봐 노심초사한다.

객관의무는 검사의 지위를 혼동시킨다. 수사나 기소, 재판은 범죄 혐의의 확신이 없으면 불가능하다. 이때 검사는 어디까지나 피의자·피고인의 대립 당사자로 기능한다. 무고한 자의 입장에서 보면 거의 원수나 다름없다. 검사의 입장에서도 최대한 유죄의 증거를 수집해야 한다. 그런데 갑자기 검사에게 피의자·피고인을 변호하라고 하고 피의자·피고인에게는 검사를 믿으라고 한다. 이것은 검사의 역할에 혼동을 초래한다. 아무리 이론적으로 분리할 수 있다고 하더라도 혼동은 혼동이다. 그리고 검사가 최선을 다해 유죄의 증거를 수집하면서 무죄의 증거도 수집한다고 하더라도 두 가지 기능은 동등할 수 없다. 그래서 실효성도 없다. 대표적인 사례는 위에서 본 태영호 간첩 조작 사건이다. 검사가 강도 강간 사건에서 피해자의 팬티에서 나온 정액이 피고인의 정액이 아니라는 사실을 국립과학수사연구소 검사 결과로 알고 있었는데도 감정 결과를 제출하지 않아 1심에서 유죄선고를 받은 사건도 있다. 그것도 15년형이었다. 다행히 법원은 항소심 단계에서 국립과학수사연구소에 직접 사실 조회를 한 뒤 비로소 위와 같은 감정 결과가 나온 사실을 알고 무죄 판결을 선고했다. 이렇게 편파적인 행위를 해서는 안 될 의무는 검사에게만 있는 것이 아니다. 공무원 모두의 의무이며 인간의 기본 윤리이기도 하다.

　검사의 국가형벌권 행사 기능과 피의자·피고인 보호 기능은 동일할 수 없다. 검사는 현재 본질적으로 수사기관이면서 소추기관이기 때문이다. 국가의 형벌권을 행사하는 기관인 것이다. 검사에게 피의자·피고인에 대한 참된 변호를 기대할 수는 없다. 변호는 역시 변호사가 맡아야 한다.

피의자·피고인은 검사와 동등한 주체

검찰이 준사법기관이고 객관의무가 있다고 하면 검사는 피의자·피고인을 충분히 변호해야 한다. 그러나 이것은 수사와 재판과정에서 피의자·피고인을 주체가 아닌 단순한 객체로 만드는 부정적인 역할을 한다. 그것도 이중의 객체이다. 우선 피의자·피고인은 검사에 의해 수사와 재판의 객체, 대상이 된다. 나아가 피의자·피고인은 변호의 객체, 대상이 된다. 이러한 구조는 검사로 대표되는 국가가 수사와 재판과정에서 가지는 압도적인 힘을 더욱 강화한다. 수사와 재판을 넘어 변호에서도 검사의 힘이 피의자·피고인의 힘을 압도하는 것이다. 이렇게 되면 수사와 재판의 공정성과 평등성은 보장되지 않는다. 피의자·피고인이 검사와 동등한 주체로 인정받지 못하면 수사와 재판의 정당성을 보장하기 어렵다. 재판 결과의 정당성과 신뢰는 절차의 공정성에 의해서만 보장될 뿐이다.

현대 수사와 재판의 기본 구조는 피의자·피고인의 권리를 충분히 보장하면서 그 주체성을 인정한다. 현대 국가는 피의자·피고인에게 수사와 재판에 적극 참여해서 증거를 수집하고 상대방을 반박하며 자신을 방어할 권리를 인정한다. 이것은 곧 피의자·피고인이 수사와 재판의 주체라는 점을 말한다. 피의자·피고인의 주체성은 곧 국가기관과의 평등을 의미한다. 평등이란 충분한 정보를 알고 있는 상태에서 참여하여 자신의 의견을 주장할 기회가 보장되었을 때 이루어진다. 그런데 검찰의 준사법기관론, 객관의무론은 이것을 가로막는다. 검사가 피의자·피고인을 보호해줄 테니 검사에게 모든 것을 말하고 의지하라는 것이다. 피의자·피고인의 권리를 부정함으로써 수사와 재판에서의 주체성을 부정하는 것이다. 준사법기관론은 피의자·피고인의 방어권, 기본적 인권이 충분히 발전되지 않은 상태에서 주장된 이론이다.

이런 의미에서 볼 때 준사법기관론이 극단적으로 발전하게 되면 국가 우위 사상이 된다. 그 극단적인 형태가 바로 일본 제국주의나 나치의 검사상이다. 이때 검사는 피의자·피고인에게 대립되는 역할을 버리고 온전히 국가를 대신하게 된다. 결국 판사와 검사가 일체화되어 피의자·피고인을 포위하게 된다. 피의자·피고인을 국가가 보호하겠다고 주장한 이론의 종착점은 피의자·피고인의 무권리 상태이다.

수사는 수사기관에게, 변호는 변호사에게

피의자·피고인의 권리는 변호인에 의해 더 잘 보장된다. 변호사가 부족하고 국가 예산이 부족했던 시절에는 국민의 인권을 보호하기 위한 방편으로 준사법기관론이 주장되기도 했다. 이 때문에 아직 피의자·피고인의 변호와 관련해서 검사나 판사의 변호를 실질적 변호라고 부르고 변호사에 의한 변호를 형식적 변호라고 부르는 논자도 있다. 국가중심주의 사상이고 검사우선주의 사고방식이다. 변호사 입장에서 보면 모욕적인 설명이다. 그동안 변호인의 변호가 얼마나 형식적이었는가를 반성하게 되는 대목이기도 하지만 이론적으로 틀렸다. 변호는 변호사에게 맡겼을 때 제대로 이루어질 수 있다.

  피의자·피고인을 보호하기는 해야 하나 변호사가 부족할 때 국가기관에게 피의자·피고인 보호의무를 부과할 수도 있다. 하지만 피의자·피고인에게 유리한 사정은 변호사가 검사보다 훨씬 더 잘 알기 마련이다. 검사는 수사와 재판에서 공정하면 충분하다. 수사와 재판에서 피의자·피고인의 상대방인 검사는 원래 피의자·피고인의 보호자인 변호사보다 더 좋은 변호를 제공할 수 없다. 수사와 재판에서 방어권 및 공정성 보장은 가장 기본적인 국가의 의무이다. 이것은 변호인의 존재에 의해 달성된다. 이 의무는 검사나 판사에게 넘길 수 있는 것이 아니다. 수사와 재판은 협력의 과정이 아니라 투쟁의 과정이기 때문이다. 수사는 수사기관이, 변호는 변호사가 담당하는 것이 원칙이다.

검찰 권한 확대의 보루
준사법기관론

검찰의 준사법기관론과 객관의무론은 검사의 결정에 대해 합법성이라는 옷을 입힌다. 검사가 준사법기관이고 피의자·피고인의 이익까지 조사했으므로 검사의 기소결정이나 불기소결정은 모두 법관의 결정과 동일할 정도로 합법적이고 적정하다는 것이다. 하지만 법관과 검사는 질적으로 다른 존재이다. 검사의 결정을 법관의 판결과 동일하게 볼 수 있는 근거는 그 어디에도 없다. 한국의 검사는 여전히 수사기관이고 기소기관이므로 피의자·피고인을 위한 수사 활동을 기대할 수 없다. 그럼에도 이론적으로만 검사에게 법관과 유사한 지위와 의무를 부여한다. 이로써 검찰의 정치화나 인권 침해 행위에 합법성의 외관, 면죄부를 부여하고 검사의 결정에 비판할 수 없게 된다. 이러한 논리는 검찰에 대한 외부의 비판을 봉쇄하는 도구로 사용된다.

나아가 준사법기관론은 경찰에 대한 수사권 지휘나 경찰 통제의 기반이 된다. 검찰은 경찰과 동일한 수사기관임에도 법원과의 공통점과 경찰과의 차이점을 극대화한다. 수사기관 사이에서는 관할의 차이는 있을 수 있지만 상하의 차이는 없는 것이 원칙이다. 그런데 준사법기관이라고 주장하면서 경찰과 완전히 다른 수사기관이라는 외관을 만든다. 경찰 통제의 기초가 되는 것이다.

그리고 세상을 향해서는 법관과 같은 수준의 독립성과 신분 보장을 요구하는 기반이 된다. 검찰의 준사법기관론은 행정부 공무원임에도 법관과 같은 동일한 특별대우, 특권적 지위를 보장받으려고 한다. 특별하지도 않은 검찰의 지위를 특별하게 만들기 위한 이론인 것이다.

검찰은 준사법기관론에 근거해 검찰의 독립도 주장한다. 그러나 검찰에게 필요한 것은 독립이 아니라 정치적 중립이고 국민과 정치권력, 법원에 의한 견제와 감시이다. 검찰이 본질적으로 행정부 소속이기 때문이다.

이렇듯 준사법기관론과 객관의무의 폐해는 심각하다. 검찰의 의무는 적은데 비해 검찰이 누리는 것은 많다. 검찰의 준사법기관론과 객관의무는 하나의 신화이다. 검찰의 준사법기관론과 객관의무론은 검찰이 경찰과 법원, 변호사, 정치권력을 지배하는 도구로 기능했다. 검찰행정의 수준을 높이기 위해 준사법기관의 의무를 강조할 수는 있으나 이것은 곧 검찰의 권한 강화, 견제와 감시 시스템의 와해를 초래했다는 점을 명심해야 한다. 검찰의 수준을 높이기 위해서는 오히려 검사에 대한 견제와 윤리, 인권 교육이 강조되어야 한다.

검찰의 전면 독립 주장은 왜 위험한가

검찰의 준사법기관론은 검찰의 정치적 독립과 조직적 독립 주장으로 발전한다. 일부 논자는 검찰이 준사법기관이므로 정치적 중립을 넘어 법원과 같은 수준의 완전한 독립을 보장해주어야 한다고 주장하기도 한다. 검찰의 정치적 독립이 제대로 보장되지 않았기 때문에 검찰 조직의 민주화, 친인권화, 검찰 권한의 적정한 행사가 제대로 이루어지지 못한다는 입장이다. 그래서 검찰의 완전한 정치적 독립을 위해 검찰청의 완전한 독립 또는 법무부 장관의 지휘권 배제 등을 주장한다. 검찰청의 완전한 외청화, 검찰 인사권의 완전 독립, 예산권의 독립, 검찰총장 임명 시 현직만을 임명하는 제도 등이 이러한 주장에 포함된다. 의외로 검찰개혁을 지향하는 자유주의적 인사들이 많이 주장하는 이론이다. 진보적인 논자들이 검찰의 준사법기관론과 객관의무론을 많이 주장하는 것과 유사하다. 준사법기관론의 극단적인 표현이다.

그러나 이 주장은 매우 위험하다. 아무리 사법 업무에 종사한다고 하더라도 검찰이 원래 행정부 소속이라는 걸 부정할 수 없다. 검찰은 법무행정의 일부인 것이다. 재판이 시작되어야 사건에 개입하는 소극성과 수동성을 특징으로 하는 법원과 수사개시 여부 및 기소 여부를 적극적, 능동적으로 결정하는 검찰은 본질적인 면에서 다르다. 정책의 영향을 받는 면에서도 다르다. 사법부의 독립 원칙이 검찰에게는 적용될 수 없다.

나아가 현재 한국의 검찰은 이미 충분히 정치화되어 있고 형사절차상 권한을 독점하고 있다. 검찰 스스로 정치적 편향을 보이고 있다. 이런 상태에서 검찰의 독립은 검찰에 대한 민주적 통제를 포기하는 것과 같다. 만일 검찰에 대한 민주적 통제, 국민적 견제를 포기한다면 검찰은 무소불위의 기관이 될 것이다. 지금도 견제되지 않는 권력인데 완전한 독립을 보장해주면 그것은 곧 재앙을 의미한다. 검찰 정치화의 궁극적인 목표는 자신들이 가지고 있는 현재의 기득권을 옹호하고 극대화하는 것이다. 정치적 중립이 정치적 독립으로, 다시 조직적 독립과 인사의 독립, 예산의 독립을 거쳐 완전한 독립으로 왜곡 해석되어서는 안 된다. 검찰은 초과 권력을 가지고 있으면서 외부의 통제를 배척하기 위해 완전한 독립을 꾀하고 있고 그 바탕을 바로 정치적 독립에서 구한다.

그렇다고 한국의 검찰이 완전한 정치적 독립 의지를 갖고 있는 것도 아니다. 이미 충분히 정치화되어 있기 때문에 사건의 정치적 처리나 법무행정을 통해 적극적으로 정치에 개입하고 있다. 검찰 권한 확장에는 독립을 주장하지 않는다. 법무부 장관을 비롯한 법무부와 검찰의 고위간부 자리는 절대로 양보하지 않는다. 국회의원이나 정무직 진출도 적극 시도한다. 청와대에 검사를 파견하기도 하고 청와대 근무를 위해 사직한 검사를 주저 없이 재임용한다. 검찰의 독립 주장은 외부의 비판을 봉쇄하는 데에만 사용될 뿐 스스로 정치권력과 관계를 단절하는 데 사용되는 것은 아니다.

검찰에게 필요한 것은 중립을 지키는 것이고 정치권력에 의한 민주적 통제와 외부의 건전한 비판을 수용하는 것이다. 검찰의 정치적 성격은 부인하기 어렵다. 그래서 검찰의 정치적 중립이 중요하다. 정치적 중립이 중요한 만큼 민주적 통제와 외부의 비판도 필요하다. 그런데 검찰은 독립이라는 권한만을 주장할 뿐 민주적 통제나 외부의 비판은 거부한다. 검찰은 참여정부 당시 가장 높은 수준의 정치적 중립, 자율성을 누렸으면서도 참여정부에 저항했다. 참여정부가 검찰개혁을 통해 검찰의 권한을 제한하려고 시도했기 때문이다. 검찰의 민주적 통제, 즉 견제와 분산 시스템을 만들지 않으면 검찰개혁은 이루어지지 않는다는 참여정부의 경험은 검찰의 완전한 정치적 독립이 이론적으로도 실천적으로도 타당한 주장이 아니라는 점을 보여준다.

법원과 검찰의 본질적 차이

검찰은 본질적으로 법원과 다르다. 사법체계가 발전하고 시민사회가 발전할수록, 민주주의와 인권이 발전할수록 검찰과 법원의 차이점은 명확해진다. 원래 한국과 같은 대륙법체제는 검찰과 법원을 동일시한다. 어떤 경우에는 검찰을 더 본질적인 사법의 구성 부분으로 보기까지 한다. 이것은 태생적으로 검찰과 법원이 모두 국민을 법률적으로 통제하고 포섭하기 위해 출발했다는 점에 기인한다. 근대국가로 돌입하면서 국가건설을 위해 검찰과 법원이 함께 출발하고 작동했기 때문이다. 급속히 근대화를 이루기 위해서는 법률이 적극적인 역할을 하지 않으면 안 된다. 특히 후발 국가의 경우 근대화 과정은 국가 중심이 될 수밖에 없고 따라서 검찰이 중심 역할을 하게 된다. 우리가 근대화에 성공했다고 생각하는 독일과 일본이 그랬다. 두 나라 모두 제2차 세계대전 전, 즉 나치 독일과 일본 제국주의 당시까지 검찰의 힘이 극도로 강했다.

 검사와 법관은 동일한 공무원이고 조직 구성 원리도 관료주의 시스템으로 동일하다. 모든 법조인은 같은 시험 사법시험과 같은 학교 사법연수원 출신이다. 차이나 다양성보다는 동질성을 강조하는 법조인 양성 시스템이었다. 그 목적은 국가에 이바지하는 관료를 양성하는 것이다. 특히 한국은 급속한 근대화를 이루기 위해 국가가 주도적인 역할을 담당했고, 법원과 검찰을 구분하지 못했다.

 하지만 검찰과 법원의 태생적 동일성은 민주주의와 인권의 발전, 사법부의 독립 원칙, 피의자·피고인의 권리 확대와 주체성 인정, 법치주의의 발전, 사법의 정치에 대한 상대적 자율성 등으로 인해 무너질 수밖에 없다. 사법부는 민주주의와 인권이 발전함에 따라 행정부와 독립하여 국민의 일상적이고 세세한 권리를 지켜주어야 하기 때문이다. 법원은 국민의 인권을 지키는 최후의 보루라는 점에서 검찰과 존립 이유가 다르다. 검찰이 국민의 인권을 지킨다고 하더라도 검찰의 본질은 어디까지나 국가나 시민사회의 형벌권 실현에 있다. 법원은 기소가 되어야 재판을 하는 소극성을 특징으로 하지만 검찰은 적극적으로 수사와 기소를 하는 행정부의 특징을 그대로 가지고 있다.

지금 한국은 검찰과 법원의 차이를 명확히 하고 그 차이에 근거하여 법원에 의한 검찰 견제를 실질화하는 것이 필요한 시점이다. 민주주의와 인권의 발전에 따른 것이다. 따라서 검찰과 법원을 동일시하여 법원의 구성 원리와 검찰의 구성 원리를 섞는 것으로 검찰을 개혁하려는 것은 옳지 않은 방법이다. 더구나 법원도 제대로 개혁되지 않은 이 시점에서 검찰을 법원과 동일시하는 것은 민주주의와 인권의 후퇴를 초래할 것이 명약관화하다. 법관과 검사의 일체화는 국민의 자유와 권리라는 측면에서 볼 때 매우 위험하다. 수사 기능과 재판 기능을 통합하게 되면 결국 근대 이전의 중세 재판 또는 일제 강점기의 사법제도로 되돌아가게 된다. 총독의 지휘 아래 판사와 검사가 함께 조선 인민의 인권을 침해했던 역사를 잊어서는 안 된다. 사법부 독립의 역사는 검찰과 법원이 동일한 원리에서 구성되었다가 법원이 독립하여 행정부의 구성 원리에서 벗어나는 과정이었다. 법원과 검찰이 일체화되면 국민의 인권은 더욱 왜소화된다. 일제 강점기와 군부독재 시대에 이미 경험한 역사이다.

한국 검찰은 국민의 자유와 권리를 위해 행동한 적이 없다

 모든 이론은 현실을 설명할 수 있어야 한다. 독일에서도 제2차 세계대전 전까지 검찰이 준사법기관으로서 오로지 객관의무에 충실했다고 보기는 어렵다. 프로이센과 나치 검찰의 역사가 그랬다. 그리고 패전 전 일본의 검찰이 준사법기관이었던 적은 한 번도 없었고 패전 후에도 마찬가지다. 다만 공정하기를 바라는 희망만 있었을 뿐이다. 하지만 백보 양보해 외국에서 이 이론이 적용될 수 있었다고 하더라도 이 이론으로 한국의 검찰을 설명할 수 있을까?

 한국에서 검찰은 준사법기관이라고 불릴 정도로 법률에만 근거해 활동한 적이 없다. 국민의 자유와 권리, 기본적인 인권을 지키기 위해 행동한 적이 없다. 예외적으로 그런 경우가 있었다고 하더라도 검찰의 본질을 규정할 정도는 아니다. 정권의 안전을 위해 경찰의 고문이나 가혹행위를 묵과하고 직접 고문을 가해 자백을 받기도 했다. 조작된 간첩 사건과 같이 무죄가 명백한 사건에서도 유죄를 다투고, 무죄 판결에 항소를 하고, 국가기관의 잘못을 인정한 재심 판결까지 거부하는 것이 한국의 검찰이다. 이것이 현실이다. 의심스러우면 진실화해위원회에서 발간한 인권 침해 사례를 참조하라. 그리고 2002년 서울지방검찰청에서 있었던 피의자 고문치사 사건을 상기해보라. 2002년 서울지방검찰청에서 긴급체포된 피의자가 검사의 수사를 받던 중 고문으로 사망했다. 1986년 박종철 열사 고문치사 사건으로 우리 사회가 고문을 추방해야 한다는 공감대가 형성된 지 15년이 지난 후에도 준사법기관이라고 주장하는 검찰 내부에서 고문이 자행되고 있었던 것이다.

　아무리 이론이 옳다고 주장해도 현재 한국 검찰의 실태는 부정할 수는 없다. 중요한 것은 선험적으로 검찰이 준사법기관이고 객관의무가 있다는 것이 아니라 한국의 검찰이 준사법기관인지 행정기관인지, 객관의무론이 타당한지를 현실에 기초해 설명하는 것이다. 한국의 검찰은 처음부터 사법기관과 같은 모습을 보인 적도 없고 국민의 자유와 권리를 위해 적극 행동한 적도 없다.

　조직으로서 검찰이 수사기관이고 기소기관인 까닭에 개별 검사도 인권에 둔감하다. 검사는 무죄 판결을 부끄러워한다. 공정함과 법률을 가장 중시하는 것이 아니라 유죄 판결을 받아내는 것을 가장 중요하게 생각한다. 그래서 수사과정에서 무리를 범하기도 하고 기소한 후에는 어떻게든 유죄 판결을 받으려고 한다. 이처럼 심리적으로도 준사법기관론이나 객관의무론은 설 자리가 없다.

　검찰은 준사법기관이라고 지칭하지 않더라도 충분히 중요한 역할을 담당하고 있다. 명예도 높은 직업이다. 범죄를 처단하고 정의를 세우는 일을 하는 것만으로도 존경을 받을 수 있다. 공동체의 유지와 발전을 위해서 반드시 필요한 직업이다. 어쩌면 정의를 인격적으로 체현하고 있는 사람이 검사일지도 모른다. 준사법기관이 아니라고 해도 검찰의 지위와 역할을 얼마든지 설명할 수 있다.

검사동일체 원칙, 기개는 없고 명령에만 복종

검사동일체 원칙은 전국의 검사가 검찰총장을 정점으로 상하의 위계질서를 이루면서 마치 하나의 기관인 것처럼 활동하게 하는 조직원리라고 한다. 검사들은 이것이 검찰 고유의 매우 중요한 조직원리라고 주장한다. 개정 전 검찰청법에서는 "검사는 검찰사무에 관하여 상사의 명령에 복종한다"라고 규정되어 있었다.

그러나 검사동일체 원칙은 검찰 고유의 조직원리라고 하기에는 내용이 없다. 검사는 국가공무원이다. 따라서 당연히 복종의무가 있다. 즉, "공무원은 직무를 수행할 때 소속 상관의 직무상 명령에 복종하여야 한다"국가공무원법 제57조. 그러나 상관의 직무명령은 형식적으로 적법해야 할 뿐 아니라 실질적으로도 적법, 유효해야 한다. 만일 위법한 명령이라면 공무원은 이의를 제기하거나 복종을 거부할 수 있다. 독일공무원법에 따르면, 공무원은 상관의 지시가 부당하다고 판단되면 직속상관이나 차상급자에게 이의를 제기할 수 있고, 차상급자의 확인에도 불구하고 여전히 인간의 존엄성을 침해하거나 위법한 범죄행위라고 인정되면 지시를 이행하지 않아도 된다.

국민의 가장 기본적인 인권인 생명과 신체의 자유를 다루는 검사에게 무조건 상부의 명령에 따라야 한다는 검사동일체 원칙은 존재할 수도 없고 존재해서도 안 된다. 기본적 인권을 침해하는 지시는 인간의 존엄성을 침해하거나 위법한 범죄행위 지시에 해당한다. 일반 공무원들도 이런 경우에 불복종할 수 있는데, 하물며 사람의 생명과 신체의 자유를 다루는 검사에게 이러한 자유가 인정되지 않는다면 언어

도단이다. 이처럼 검사동일체 원칙은 검찰만의 특수한 조직원리가 될 수 없는 이론이다.

원래 검사동일체 원칙은 개별 검사들의 법률행위에 통일된 효과를 부여하기 위해 마련된 것이다. 즉, 한 검찰청에 여러 검사가 있을 때 그 중 어느 검사가 기소를 한다든지 불기소를 하는 경우 그 효과가 일치하지 않는 것을 방지하기 위해 전체 검사의 처분과 같은 효과를 인정하겠다는 원칙이다. 검찰청에 속한 검사의 의사는 단일하고 불가분하다는 것이다. 검사들의 일상적인 행동 통일을 위한 조직원리가 아니다.

일본과 한국에서는 그동안 검사동일체 원칙이 마치 검찰의 고유 원칙인 것처럼 통용되어왔다. 검사동일체 원칙을 본래의 취지와는 달리 마치 행동 통일의 원칙인 것처럼 강조한다. 그것도 검찰 조직 구성 원리 중 가장 중요한 원칙인 것처럼 주장한다. 그러나 전국의 검사들이 하나처럼 행동해야 할 이유나 명분은 없다.

검사동일체 원칙은 상명하복을 가장 중요한 검찰문화로 인식하도록 만들었다. 그 결과 불법·부당한 명령에도 반드시 따라야 하는 문화가 생겼다. 상사 검사에게 충성을 외치며 폭탄주를 마시는 문화는 검사동일체 원칙과 무관하지 않다. 나아가 검사의 힘을 극대화하기 위해 검사동일체 원칙을 동원했다. 검사동일체 원칙이 있는 한 정치권력이 검찰총장을 통해 전 검찰 조직을 모두 장악할 가능성이 항상 존재한다. 검사동일체 원칙이 존재하는 한 검찰의 민주적 구성이나 개별 검사들의 자유로운 활동은 제약받는다. 검사동일체 원칙은 검찰 조직의 민주화를 막는 대표적인 조항이었다.

이처럼 검사동일체 원칙은 원래 내용이 없는 것이기 때문에 폐지한다고 해서 당장 큰 변화를 기대하기 어렵다. 참여정부는 검사의 소신 있는 결정을 최대한 보장하기 위해 검사동일체 원칙을 폐지했다. 단순히 일반 공무원과 같은 수준의 활동 보장이 아니라 법조인으로서 소신 있는 결정을 기대한 것이었다. 이런 기대는 검사들이 개별적으로 매우 높은 윤리의식과 책임의식을 가지고 있다는 것을 전제로 한다. 그러나 한국의 검찰은 1960년대 이후 관료화되었기 때문에 소신 있는 결정을 할 수 없는 존재가 되어버렸다. 검사 개인이 존재하는 것이 아니라 관료 검사만이 존재하는 것이다. 검사동일체 원칙이 폐지되어도 검찰 조직의 비민주성은 해결되지 않았다. 관료주의가 변화하지 않았기 때문이다.

한국 검사와 관료주의의 관계를 보여주는 대표적인 사례가 1964년에 있었던 제1차 인민혁명당 사건이다. 중앙정보부는 인민혁명당이 북괴의 지령을 받아 발족된 대규모 지하조직으로 6·3 학생시위를 배후 조종해오다가 검거되었다고 발표했다. 하지만 중앙정보부로부터 사건을 송치 받은 서울지검 공안부 검사팀의 수사결과는 달랐다. 증거가 없었던 것이다. 검사들은 공소제기를 거부했다. 그러나 검찰 상부는 빨갱이 사건은 일반 사건과 다르고 정부의 체면을 생각해서라도 기소하라고 압력을 가했다. 결국 수사검사들은 기소를 거부했고 대신 당직 검사의 서명으로 기소가 이루어졌다. 41명이 검찰로 송치되었고 26명이 기소되었다. 기소된 26명 중 14명은 공소취하되어 석방되었고 12명은 반국가단체 고무찬양으로 공소장이 변경되었다. 1심 재판에서는 2명만 유죄를 받았다. 이 정도로 수사는 엉망이었다. 하지만 항소심에서는 모두 유죄를 받았다. 정치 재판이었기 때문이다.

당시 이용훈 검사 등 담당 검사들은 사표를 냈다. 법률가로서 양심을 지킨 것이다. 이 사건은 한국 검찰 역사에서 검찰이 정치권력에 저항해 정치적 중립을 지킨 사건으로 기록된다. 그러나 검찰의 저항으로서는 마지막 사건이었다. 이후 검찰은 완전히 관료화되어 정권의 통치수단이 되어버렸다. 이때부터 검사 개인은 없어지고 조직으로서 검찰만이 남았다. 어떤 검사도 국민의 자유와 권리라는 입장에서 검찰권의 부당한 행사를 견제하려고 하지 않았다. 흔히 생각하는 기개 있는 검사는 없어지고 창백한 관료제의 검찰만이 남은 것이다. 이 때문에 사회가 민주화되고 검사들의 숫자는 많아지고 지위가 높아졌음에도, 검사들의 수준은 이승만 정권이나 박정희 정권 초기 때보다 오히려 후퇴했다. 그때 있었던 정권과 검찰 사이의 마찰 정도도 발생하지 않는다. 결국 조직 자체의 민주화가 중요한 것이지 검사동일체 원칙이 중요한 것은 아니다.

검사동일체 원칙은 적극적인 검찰 구성 원리가 아니다. 존속으로 인한 폐해가 크기 때문에 폐지하는 것은 당연하다. 오래된 요구였으나 겨우 참여정부에 와서야 폐지됐다. 그러니 여전히 관료주의 속에서 문화로 남아 있다. 상사에 대한 충성심이 다른 어떤 조직보다도 강한 것이다.

인권옹호기관론 비판

검찰과 일부 논자들은 검찰이 인권옹호기관라고 주장한다. 이 주장은 검사에게 사법기관 혹은 준사법기관으로서 인권 옹호 의무가 있다는 것을 근거로 한다. 검사에게 구속장소 감찰의무가 있다는 것은 실정법상의 근거이다. 검사는 매월 1회 이상 수사관서의 피의자 체포·구속 장소를 감찰하여 적법 절차에 의하지 않고 체포 또는 구속된 것이라고 의심할 만한 상당한 이유가 있는 경우에는 즉시 체포·구속된 자를 석방하거나 사건을 검찰에 송치할 것을 명해야 한다. 이렇게 검사는 경찰에 의해 인권이 침해된 국민을 보호할 의무가 있다는 것이다.

  검사에게 경찰의 위법, 부당한 업무 처리를 견제, 감독할 의무가 있고 그 결과 국민의 인권이 보호되는 것은 사실이다. 그리고 검찰이 인권옹호기관이라고 한다면 검찰에게 인권을 지키라고 요구하는 것이 쉽게 느껴진다. 그렇다고 하더라도 검찰이 인권옹호기관이라는 것은 과장이다. 검사의 구속장소 감찰 기능은 권력기관 사이의 견제와 감시라는 국가의 의무를 구체화한 것에 불과하다. 경찰 단계나 검찰 단계, 법원 단계에서도 만일 위법, 부당한 체포·구속이 있다면 당연히 바로잡아야 한다. 국민의 신체의 자유를 다루는 직업이기 때문에 조심하고 또 조심하지 않으면 안 된다. 위법이 있다면 언제든 어떤 장소에서든 이를 시정해야 한다. 이것이 견제와 감시 시스템이다. 검찰이 인권옹호기관이 아니라고 하더라도 설명할 수 있는 것이다.

  검찰의 인권옹호기관론은 검찰이 마치 인권을 가장 중요시하는 기관이라는 외양을 만드는 부작용이 있다. 그 결과 검찰의 행위를 정당화하는 기능을 한다. 하지만 검사들의 인권의식이 높다는 증거는 없다. 1986년 김근태 민청련 민주화운동청년연합 의장은 야만적인 고문을 당했다. 전기고문과 물고문이었다. 워낙 심하게 당해서 그 정도가 심각해 검사를 만났을 때도 후유증이 남아 있었다. 그러나 검사는 고문 사실을 수사하지 않았다. 당시 담당검사는 "다리를 절룩거려 고문이 있었을 것으로 직감했으나 수사해달라는 명확한 의사를 밝히지 않아 수사하지 않았다"라고 변명했다. 고문은 범죄이고 검사는 범죄를 수사해야 한다. 특히 검사는 경찰의 고문을 견제하고 감시하고 수사해야 한다. 이것이 검찰에게 수사지휘권을 부여한 근본 이유이다. 그러나 당시 수사검사는 그렇게 하지 않았다. 이것이 검사들이 갖는 인권의식의 현주소이다. 최근 인권의식이 높아졌다고 주장하기도 한다. 하지만 2002년 서울지방검찰청 피의자 고문치사 사건을 상기해본다면 김근태 사건 당시나 지금이나 검찰의 인권의식에 별다른 차이가 없다는 걸 알 수 있다. 개혁이 없으니 인권의식이 높아지지 않는 것이다.

한국의 검찰은 어디까지나 수사와 공소를 담당하는 기관이다. 형사절차상 국민의 인권을 침해하지 않을 수 없다. 그런데 형사절차가 너무 강력하므로 모든 관련자들의 인권이 최소한으로 침해되도록 운영해야 한다. 그래야만 국가의 도덕적 정당성이 확보되는 것이다. 이런 면에서 볼 때 검찰의 인권옹호기관론은 국가의 인권 최소 침해의 원칙, 견제와 감시 시스템을 달리 표현한 것에 지나지 않는다. 다른 국가기관과 차이는 없다. 검찰에 대해 과도하게 기대하게 하고 검찰의 행동을 인권을 위한 것으로 해석하게 만드는 검찰의 인권옹호기관론은 부정확할 뿐 아니라 유용하지도 않다.

04

시대적
과제

검찰개혁의 동력은 시대적 과제로부터 나온다. 대한민국이 어떤 국가로 가고 있고 또 어디로 가야 하는가라는 시대정신에서 검찰개혁의 기본 방향이 도출된다. 한국의 발전 방향은 1987년 6월 항쟁으로 민주화가 된 이후 국가중심주의에서 국민중심주의로, 독재에서 민주와 자유, 인권 옹호로, 권위주의에서 자유주의 민주주의로 바뀌고 있다. 이런 인식은 군부독재와 권위주의 정부가 끝난 이후 일관되게 흐르는 시대정신이다. 김영삼 대통령의 문민정부도 이런 흐름을 일부 반영하지 않을 수 없었다. 김대중 대통령의 국민의정부, 노무현 대통령의 참여정부에서는 이런 흐름이 전면화되었다. 그리고 이 흐름은 이명박 정부를 지나고 있는 지금도 여전히 도도하게 흐르고 있다.

국민이 정치에 적극 참여하다

한국의 민주주의 발전 역사에서 대통령의 변화, 정권 교체는 매우 중요하다. 대통령의 상징성만이 아니라 대통령이 가진 권한과 지도력이 막강하기 때문이다. 김대중 대통령의 국민의정부 전까지 한국의 민주주의는 제도적 민주주의가 아니었다. 국민의 요구가 제도화된 기구를 통해 반영되지 못했고 국민이 권력에 접근할 수도 없었다. 김대중 대통령의 수평적 정권 교체로 민주주의는 제도화되기 시작했다. 경찰이나 검찰 등 공권력을 앞세운 폭력적인 통치에서 벗어나기 시작한 것이다.

민주주의의 발전은 참여정부가 출범하면서 새로운 단계로 접어들었다. 국민들은 이전보다 더 적극적이고 능동적으로 정치에 참여했다. '돼지저금통', '노사모'로 표현되는, 노무현 대통령 후보에 대한 국민들의 적극적인 참여가 이런 현상을 잘 보여주었다. 국민은 단순히 선거 때만 주권자로 등장하는 것이 아니라 일상적인 정치 단계에서도 주권자로서 권리를 행사하기 시작했다. 권력을 정당하고 효율적으로 행사하기 위해서도 국민의 참여가 필요했다. 권력 행사의 정당성이 국민에게서 나오고 정책의 성공은 국민의 참여가 있어야만 효과적이기 때문이다. 이런 현상은 민주적이지도 개혁적이지도 않은 이명박 정부에 들어서도 계속되고 있다. 민주주의와 인권은 후퇴하고 있지만 촛불집회에서 보는 바와 같이 국민의 참여 의지는 더욱 강해졌다.

민주주의는 시민사회의 발전과 함께 이루어진다. 시민사회는 여러 가지로 정의되지만 기본적으로 국가와 독립한 존재로서 국가의 폭력에는 저항하고 국가의 정책 결정에는 참여하는 복합적인 기능을 한다. 민주주의의 발전은 시민사회가 성장하는 기반을 제도적으로 마련해주고 시민사회의 성장은 민주주의를 질적, 양적으로 더욱 발전시키는 기능을 한다.

국민이 정치에 참여하기 위해서는 우선 국민과 권력 사이가 평등해야 한다. 평등한 상태에서 국가가 가지고 있는 정보를 공유해야만 국민이 권력을 행사할 수 있다. 이를 참여민주주의 혹은 직접행동민주주의라고 할 수 있다. 국민이 권력과 평등한 상태에서 충분한 정보를 가지고 주저 없이 정치에 참여할 수 있는 정치의 시대가 도래했다. 참여정부는 국민과 눈높이를 맞추면서 국민에게 최대한 많은 정보를 제공하고 국민과 함께 정책을 수립하고 집행하는 원칙을 세웠다. 참여정부의 인식은 지금도 여전히 유효하다. 아니 비민주적인 정부 하에서 더욱 필요하게 되었다.

인권을 이야기하다

한국에서 인권은 민주화 이후에 본격적으로 고민되기 시작했다. 국가인권위원회의 설립은 이것을 증명하는 하나의 징표이다. 폭력, 고문, 불법감금, 공포에서 해방되는 것, 즉 가장 기본적인 형사상의 인권에서부터 시작되었다. 그리고 교육, 의료, 복지, 환경 등 사회적 기본권은 물론 여성, 아동, 노동자, 학생, 외국인, 난민, 성적 소수자, 양심적 병역거부자 등 사회적 약자와 소수자의 인권까지 사회적 의제가 되었다.

　인권은 참여정부 출범 당시에도 계속되던 시대적 요구였다. 인권의 발전은 국가공권력의 행사가 인권친화적으로 되어야 할 것을 요구한다. 공권력 행사의 정당성을 보장하기 위해서는, 첫째 공권력 발동에 도덕적 정당성을 갖춰야 한다. 공권력의 행사는 국민의 자유와 권리를 침해하는 속성이 있으므로 우월한 도덕적 정당성이 없다면 행사를 정당화할 수 없다. 둘째, 공권력의 행사 과정에서도 인권 침해가 최소화되어야 한다. 목적이 수단을 정당화하지만 목적을 정당화하는 것 역시 수단이다. 공권력 행사는 인권에 대한 침해로 나타나므로 항상 최소화를 지향해야 한다. 셋째, 공권력은 권력을 행사하는 과정에서 일체 감정을 버리고 권한 행사의 위법성을 스스로 감시하고 견제해야 한다. 공권력은 권력 행사 과정에서 피해자를 대리해서도 안 되고 국민의 적이 되어서도 안 된다. 감정에 이끌리거나 특정한 목적을 위해 과도하게 행사해서도 안 된다. 따라서 공권력 행사기관 내부에서, 그리고 공권력 행사기관 사이에서 감정적이거나 과도한 공권력 행사가 불가능하도록 견제와 감시 시스템을 갖추어야 한다. 넷째, 공권력의 잘못에 대해서는 엄격히 책임을 물어야 한다. 공권력 행사에 의한 피해는 너무나 무겁기 때문이다.

　이러한 요구들은 이명박 정부에 들어서 더욱 절실해지고 있다. 반대 정치인에 대한 가혹한 수사와 재판, 표현의 자유에 대한 탄압과 언론 통제, 민중생존권투쟁에 대한 탄압 등으로 한국의 인권은 위기에 처해 있다. 공권력의 도덕성은 땅에 떨어지고 있고 공권력 행사 과정에서 인권 침해가 계속 발생하고 있다. 역사는 평탄하게 발전하지 않는 법이지만 지금의 인권 상황이 겪고 있는 퇴행은 매우 우려스럽다.

갈등은 민주주의와 함께 존재한다

민주화가 되면 갈등에 대한 인식이 바뀐다. 우선 갈등이 폭발적으로 증가해서 사회의 일상적인 현상이 된다. 우리와 함께 살아가지 않으면 안 되는 현상이 된 것이다. 군부독재나 권위주의 통치 기간에는 갈등은 항상 부정적인 것으로 취급되었다. 질서 위반 행위이기 때문이다. 따라서 갈등은 폭력적인 진압 대상이 되었을 뿐이다. 사회적 갈등은 존재했으나 대부분 폭력으로 은폐되었다. 더 이상 참을 수 없을 정도로 심각할 때에만 겉으로 드러났다. 어렵게 외부로 표출되는 갈등은 평화적 해결 시스템이 없었기 때문에 대부분 폭력이 수반되었다. 아니 폭력을 수반하지 않으면 사회적 이슈로 대접받지도 못했다. 그리고 폭력이라는 이유로 더 큰 폭력으로 진압되었다. 사회적 약자들이 평소 차별받다가 그 차별을 떨치고 일어서자 법률이라는 이름으로 진압한 것이다. 그 결과 갈등을 발생시키는 원인은 근본적으로 해결되지 못하고 잠재되어버리고 만다.

민주주의가 발전하면 최소한 절차상 권리는 보장되므로 갈등은 현재화된다. 절차상 권리가 보장되므로 갈등이 폭력을 수반하는 경우가 적어진다. 그리고 갈등이 폭력적, 극단적으로 변화하지 않는 이상 정당한 대우를 받을 수 있다. 민주화가 되면 갈등은 공동체가 존속하는 한 공동체와 함께 존재하는 것임을 알게 된다. 나아가 갈등이 무조건 사회악으로 진압되어야 할 대상이 아니라 사회 발전의 원동력으로 기능한다는 점을 인식하게 된다. 갈등은 민주화된 사회에서 일상적으로 만나야 할 현상이다. 민주화된 사회에서 집단적인 문제는 사회갈등으로 표출될 수밖에 없다. 그렇지 않고 갈등이 잠재화되거나 폭력적으로 은폐되면 사회갈등은 결국 폭력 혹은 극단으로 표출되어 많은 상처와 문제를 남기게 된다.

민주주의의 결핍, 직접행동민주주의의 등장

시민사회의 성장과 정책 참여, 참여 시민의 등장과 참여민주주의 요구 증가 역시 갈등을 표면화시키는 요인이다. 민주화 발전 과정에서 사회적 약자나 소수자 역시 사회 정책의 수립과 결정에 참여하고자 한다. 또 이들의 사회적 참여를 보장할 필요가 있다. 민주주의와 인권은 보편성을 가지고 있기 때문이다. 하지만 이들은 대의민주주의 체제 하에서 제도적으로 소외되어 있다. 절차적 민주주의는 발전하지만 내용적, 제도적으로 이들을 대표할 만한 체제를 대의민주주의는 갖고 있지 못하다.

바로 민주주의의 발전 과정에서 생겨나는 민주주의의 결핍이다. 이들 사회적 약자나 소수자는 대의민주주의가 아닌 다른 경로를 통해 자신들의 의사를 표현하고 또 표현할 수밖에 없다. 형식적 민주주의는 최소한 폭력적이지만 않다면 이러한 의사 표현을 허용하기 때문이다. 이것이 직접행동민주주의의 기초이다.

직접행동민주주의는 결핍된 민주주의를 보충하는 기능을 한다. 대의민주주의, 자유민주주의가 포괄하지 못하는 사회적 약자와 소수자를 조직하고 연대하고 이들의 목소리를 사회에 전달하는 역할을 한다. 직접행동민주주의는 민주주의의 결핍을 민주주의의 방법으로 보완하고, 사회 질서를 부분적으로 파괴함으로써 더 큰 사회 질서, 정의를 실현한다.

최근 전 세계와 한국에서 벌어지고 있는 많은 집회나 시위는 모두 직접행동민주주의의 성격을 띤다. 물론 직접행동민주주의에서 테러와 같은 극단적인 폭력은 제외된다. 그리고 기득권자들의 기득권 지키기, 억압자들의 피억압자에 대한 집단적 대응 등도 제외된다. 직접민주주의로 포장되어 있지만 사실은 공익이나 인권이 아닌, 개인의 이익을 추구하는 행위도 제외된다. 공익과 사익의 구분이 선명한 것은 아니지만, 사회집단이 응당 받아야 할 몫 이상을 폭력적으로 추구하는 것은 공익과 인권을 바탕으로 하는 직접민주주의와 구분되어야 한다. 이런 면에서 갈등과 직접행동민주주의는 공통점도 있지만 차이점도 있다.

과거의 시각이나 집권자, 기득권 세력의 입장에서 보면 직접행동민주주의는 정상적인 사회에서 벌어지는 집단적인 일탈이다. 사회의 질서를 파괴하기 때문이다. 동일한 현상이 권력층이나 기득권 세력에서 보면 갈등이고, 행동하는 당사자 입장에서 보면 민주주의이다. 어쨌든 갈등이나 직접행동민주주의는 줄어들지 않고 더욱 확대될 것이다.

갈등 해결을 위한 공권력의 자세

현대 갈등의 특징 중 하나는 법에 의한 통치, 즉 법치주의를 통해 갈등을 해결하려는 경향이 증가했다는 것이다. 법에 의해 갈등을 해결하는 것은 공권력에 근거한 폭력적인 해결보다는 바람직하다. 최소한의 절차는 보장되기 때문이다. 그리고 이전의 폭력적인 진압보다는 평화적이다.

하지만 법에 의한 갈등 해결은 이해관계 사이의 조정을 통해 해결하는 것이 아니어서 획일적이란 게 단점이다. 따라서 갈등을 완벽히 해결하지 못하고 공동체의 유지 존속에도 기여하지 못한다. 그리고 체계적으로 배제되는 사람들이 존재하게 된다. 그들은 사회적 소수자일 가능성이 대단히 높다.

한국의 법치주의는 먼저 경찰에 의해 진압되고 바로 형사처벌되는 걸 의미해왔다. 한국의 법치주의는 공권력의 폭력에 의존하는 경향이 짙다. 이러한 경향을 경고하기 위해 노무현 대통령은 청와대 수석보좌관 회의2003년 7월 4일에서 "노동운동이 지나치게 정치화, 강경화되고 있다고 해서 노동사의 정당한 권익 향상을 외면해 새로운 갈등이 생기는 일이 없도록 각별히 유의해야 한다"며 "공권력 투입만이 법과 원칙인 것처럼 해석하는 것은 잘못된 생각"이라고 지적한 바 있다. 공권력의 투입만으로는 문제를 완벽하게 해결할 수 없고 오히려 새로운 갈등을 낳을 가능성이 높다. 한국 특유의 폭력적 법치주의, 인권을 배척하는 법치주의의 특징을 여기에서도 확인할 수 있다.

법에 의한 해결, 공권력 투입을 통한 해결은 본질적으로 민주화로 인한 갈등을 민주적이고 평화적인 방법으로 해결하지 못하는 단점을 안고 있다. 사회집단 간의 갈등은 다수가 관계하므로 대부분 공공성을 띠고 있다. 따라서 열린 공간에서 토론과 논쟁을 통해 해결 방법을 찾아야 한다. 곧 민주주의 절차를 통해 해결하는 것이 원칙이다. 법은 이런 민주주의 절차를 보호하고 보조하는 역할을 담당해야 한다. 또 갈등은 시민이나 국민의 참여를 통해 해결되어야 한다. 민주주의 원칙에 기초한 법치주의, 인권을 발전시키는 법치주의 이념이 필요한 것이다.

민주화된 사회에서 공권력은 관계 당사자의 민주적, 평화적, 참여적 갈등 해결에 앞서서 개입해서는 안 된다. 또 개입하더라도 최소 개입 원칙을 지켜야 한다. 특히 국가의 특정 정책을 집행하기 위해서 공권력을 동원하는 일은 마지막 수단으로만 허용될 수 있다. 공권력의 정책적 사용은 결국 사회적 소수자와 약자를 체계적으로 배제하는 것을 의미하기 때문이다.

권력기관을 국민의 품으로

민주주의가 확대되면 국가도 달라져야 한다. 국가행정에 국민이 평등한 관계에서 권리를 가지고 직접 참여함에 따라 국가기관, 특히 권력기관은 자신의 권력이 시민들에게서 왔음을 명백히 인식하게 된다. 공권력의 존립 이유가 국민의 권리와 자유를 보장하는 것이라는 것도 인식하게 된다. 국민이 직접 국가행정을 통제하기 때문이다. 이로써 권력기관이 정치권력의 사적인 이해관계나 지배로부터 벗어나 국민의 품으로 돌아가게 되는 계기가 형성된다. 권력기관을 국민의 품으로 돌려놓는 일이 시대적 과제로 나타나게 되는 배경이다. 최근 이명박 정부가 권력기관을 사병화함에 따라 권력기관을 국민의 품으로 돌려놓아야 할 필요성은 더욱 높아졌다.

권력기관의 도덕성은 그 무엇보다 중요하다

권력기관은 국가의 공권력을 행사하는 기관이므로 다른 행정에서는 찾아볼 수 없는 독특한 특징이 있다.

권력기관의 행위는 강한 도덕적 정당성을 갖는다. 범죄나 테러, 탈세와 같은 공동체의 존속을 위협하고 방해하는 행위에 대한 국가의 정당한 권한 행사가 공권력 행사이다. 따라서 권력기관은 불의에 대한 정의라는 구도에서 항상 정의의 편에 선다. 공권력의 행사는 공격적, 적극적, 선제적이지 않고 방어적, 소극적, 사후적이다. 이것 역시 공권력의 행사의 도덕적 정당성을 뒷받침한다.

그렇지만 현실의 권력기관이 항상 정당한 것은 아니다. 권력기관의 권한 행사가 국민의 자유와 권리를 침해하기도 한다. 권력기관의 정당성은 현실에서도 권력기관의 행위가 언제나 정당하다는 것이 아니라 정당해야 한다는 당위론적인 요구이다. 권력기관의 행위는 정당한 외양 속에서 늘 남용될 위험이 있다. 이런 현상은 독일의 나치와 같은 전체주의 국가에서 쉽게 찾을 수 있다. 물론 우리의 역사에서도 확인할 수 있다. 일제 강점기나 군부독재, 권위주의 시대에 정치권력은 자신의 안전을 위협하는 정치적 반대파나 민주화운동, 민중의 생존권투쟁을 형사법적인 범죄로 만들어 처벌했다. 만일 처벌 법규가 없으면 치안유지법이나 국가보안법과 같은 위헌적, 반인권적인 법률을 만들어냈다. 우리 형사소송법 제정자들도 경계했던, 형사절차를 정치적으로 악용한 예이다. 공권력이 남용되면 국민은 치명적인 피해를 입는다. 너무나 막강한 권한이기 때문이다. 노무현 대통령은 다음과 같이 설명했다.

"공권력은 특수한 권력입니다. 정도를 넘어 행사되거나 남용될 경우에는 국민들에게 미치는 피해가 매우 치명적이고 심각하기 때문에 공권력의 행사는 어떤 경우에도 냉정하고 침착하게 행사되도록 통제되지 않으면 안 됩니다. 그러므로 공권력의 책임은 일반 국민들의 책임과는 달리 특별히 무겁게 다루어야 하는 것입니다."

2005년 12월 27일 경찰의 시위 진압 과정 중 사망한 두 농민과 관련한 대국민 사과문

정권과의 사적인 이해관계를 종식시키고 정치적 중립을 확보할 때 권력기관은 자신의 정당성을 보장받을 수 있고 본래의 의미에서 국민을 위해 봉사할 수 있다. 나아가 공권력의 도덕성에는 현재의 공권력 행사만이 아니라 과거의 공권력 행사에 대한 정당성도 포함된다. 그래서 과거 군부독재 및 권위주의 정권 시절의 공권력의 불법, 부당한 행사에 대한 국가적인 반성이 필요하다.

권력기관에 대한 견제와 감시

권력기관은 견제와 감시 시스템을 갖추어야 한다. 권력기관의 공권력

행사는 항상 남용될 위험이 있기 때문이다. 국민이 국가의 유지와 존속을 위해 존재하는 것이 아니라, 국가가 국민의 자유와 권리를 보장하기 위해 존재한다. 따라서 국가가 공권력 행사를 통해 국민의 자유와 권리를 침해하는 경우 그 행위는 철저하게 사전에 정해진 절차에 따라 이루어져야 한다. 그 절차는 바로 국회에서 제정한 법률이다. 마치 개인이 복수하듯 권한이 행사되어서는 안 되고 스스로 권한 행사를 자제할 수 있는 절차를 포함하고 있어야 한다. 공권력 행사는 매 단계마다 합법성의 관문을 통과해야 한다. 이것이 바로 견제와 감시 시스템이다.

우리는 지금까지 이런 체제를 제대로 갖추지 못했다. 권력기관들은 국가의 통치기관으로서 서로 견제와 감시를 하기보다는 정치권력의 명을 받아 협조했고, 공동으로 행동했다. 공무원이라는 인식, 관료라는 인식을 바탕으로 누구나 할 것 없이 일체가 되어 국민을 통치한 것이다. 모든 국가기관이 근대화, 산업화라는 과제에 종속되어 있었다. 인권의 최후 보루라고 하는 사법부마저 검찰과 경찰, 정보기관의 불법과 위법 행위를 합법화시켰으니 다른 기관은 말할 것도 없다.

민주화된 시대의 권력기관은 견제와 감시 시스템을 구축해야 한다. 이것은 각 기관 내부 시스템만이 아니라 권력기관 사이의 시스템을 구축하는 것을 포함한다. 권력기관 사이의 견제와 감시 시스템은 각 권력기관의 권한을 재조정하는 방식으로 이루어진다. 여기에서 중요한 점은 하나의 권력기관이 모든 권한을 독점해서는 안 된다는 것이다.

권력기관과 법치주의

　권력기관의 행위는 기본적으로 법률에 따라야 한다. 근대국가가 성립한 이후 모든 권력기관의 행위는 법률에 의해 이루어지게 된다. 법률은 우선 국가가 국민의 자유와 권리를 침해하는 요건과 절차를 규정함으로써 이를 정당화하는 기능을 한다. 이런 면에서 법치주의는 국가의 폭력적인 지배를 순화시키는 기능을 한다. 나아가 법률은 국민의 자유와 권리를 보장해야 한다. 법치주의와 인권이 서로 만나야 하는 것이다. 이것이 현대의 법치주의이다.

　우리의 역사에서는 법치주의와 인권이 서로 만나지 못했다. 일제강점기에 정치권력의 안보를 위해 동원된 권력기관 시스템은 법치주의라는 형식적 틀 위에서 비법치주의적 통치를 극대화했다. 국민의 대표에 의해 정해진 법률에 따라 국민의 자유와 권리를 보장하는 것이 아니라, 법률이라는 이름하에 국민의 자유와 권리를 억압하는 것을 정당화해온 것이다. 군부독재, 권위주의 정권 시대도 동일했다. 민주주의가 발전하자 겨우 인권과 법치주의가 주목받기 시작했다. 따라서 공권력 행사를 정당화하기 위해서는 인권 옹호에 맞도록 법치주의의 수준을 제고해야 한다.

　법치주의 수준을 높이는 방향은 두 가지다. 하나는 권력기관에게 의무를 부과하는 것이고, 다른 하나는 국민에게 권리를 부여하는 것이다. 법치주의 수준을 높이기 위해서는 권력기관의 권한 행사 과정을 엄격하게 법률로 규제해야 한다. 공권력의 발동 요건, 행사의 요건, 견제 방법, 사후적 규제 방법 등을 상세하게 규정해 공권력에 의한 국민의 인권 침해를 사전에 최소화해야 한다. 그런 뒤 국민에게 공권력의 행사가 정당한 것인지를 심사할 수 있는 권리를 줘야 한다. 즉, 공권력 행사의 대상이 되었을 때 공권력과 대등한 지위에서 그 정당성을 따질 수 있는 권리가 국민에게 있어야 한다. 이것이 곧 국민의 인권이다. 이 지점에서 법치주의와 인권이 만나게 된다. 인권 없는 법치주의는 폭력이고 법치주의 없는 인권은 공허하다.

권력기관과 민주주의

권력기관의 행위는 민주주의와 정치에 결정적인 영향을 미친다. 권력기관은 사회의 주요 쟁점을 해결하는 데 가장 강력하고 확실한 도구이다. 물리력을 갖추고 있기 때문이다. 사회의 갈등과 대립은 필연적으로 발생하기 마련이지만 이에 대한 대응은 민주적 정권과 비민주적 정권이 다르다. 민주적 정권은 민주주의 원칙에 따라 열린 광장에서 대화와 토론을 통해 해결하고자 한다. 그러나 비민주적 정권은 오로지 정권의 안보를 위해서 갈등과 대립을 억압할 뿐이다. 갈등과 대립을 폭력적으로 억압하는 데 공권력 행사보다 나은 것은 없다. 외관상의 정당성과 함께 형식적으로 법치주의의 외관을 띠고 있기 때문이다. 그리고 권력기관의 입장에서는 정치 문제에 적극 개입해서 스스로 권력화하고 정치화되는 계기가 된다. 이로써 정치권력과 권력기관은 서로 자신의 권한과 이익을 최대화한다. 하지만 권력기관을 통한 국민의 통치보다는 국민의 자유와 권리가 우선적인 가치이다. 따라서 권력기관은 민주주의와 정치, 인권에 양보해야 한다.

권력기관의 이러한 현상과 특징은 권력기관을 정상화하기 위해서는 민주주의가 발전해야 한다는 점, 권력기관의 정치적 중립이 보장되어야 한다는 점, 권력기관의 초과 권한을 박탈해야 한다는 점 등을 말해준다.

대통령도 권력기관을 마음대로 할 수 없다

이상과 같은 원리를 체현하는 공권력 구성을 위해서는 구체적으로 다음과 같은 내용이 필요하다. 참여정부의 시대 인식이지만 지금도 여전히 공명을 일으키는 시대적 과제들이다.

첫째, 정권의 권력기관 사유화를 막아야 한다. 정권이 권력기관을 사유화하게 되면 공동체의 유지, 존속을 위해 사용해야 할 권력기관을 정권의 유지, 존속을 위해 사용한다. 개인의 이익을 위해서도 사용한다. 전두환, 노태우 두 전직 대통령의 비자금 사건이 대표적인 예이다. 전두환 대통령에게 2,205억 원, 노태우 대통령에게 2,628억 원을 추징한 판결이 있었음을 잊어서는 안 된다. 사유화된 권력기관은 국민이 주인임을 잊고 국민의 자유와 권리를 침해한다. 국민의 재산을 자기 마음대로 사용하기도 한다. 따라서 권력기관을 정권의 손에서 빼앗아 주인인 국민의 품에 돌려주어야 한다. 이것이 권력기관의 정치적 중립 보장이다.

노무현 대통령은 2003년 3·1절 기념식 식사에서 권력기관을 국민의 기관으로 개혁할 것임을 밝혔다.

"개혁 또한 멈출 수 없는 우리 시대의 과제입니다. 무엇보다 정치와 행정이 바뀌어야 합니다. 이른바 몇몇 권력기관은 그동안 정권을 위해 봉사해왔던 것이 사실입니다. 그래서 내부의 질서가 무너지고 국민의 신뢰를 잃었습니다. (……) 이제 이들 권력기관은 국민을 위한 기관으로 거듭나야 합니다. 참여정부는 더 이상 권력기관에 의존하지 않을 것입니다. 언제나 당당한 정부로서 국민 앞에 설 것입니다."

노무현 대통령의 권력기관에 대한 철학에 관해 이병완 전 비서실장은 다음과 같이 설명하고 있다.

"대통령께서는 제왕적 권력을 내려놔야 하고, 권력기관의 정치적 중립, 권력과의 관계를 힘싱 긴장관계로 유지해야 한다는 기본 인식을 가지고 계셨습니다. 결국은 대통령과 권력자를 위한 권력기관이 아니라 국민의 권력기관으로 바뀌어야 한다는 것을 처음부터 여러 번 말씀하셨습니다."

이런 원칙은 권력기관 개혁을 진행하는 과정에도 적용된다. 목표로서의 정치적 중립만이 아니라 과정으로서의 정치적 중립도 요구되는 것이다. 참여정부 이전 문민정부와 국민의정부에서 시도된 권력기관 개혁은 많은 노력과 성과에도 불구하고 여전히 인권 침해·불법 감청·이권 개입·권력 남용 논란이 끊이지 않았다. 정치적 중립이 보장되지 않은 가운데 개혁이 진행되었기 때문이다. 정치적 중립은 개혁의 출발점이면서 또한 개혁의 목적이고 개혁 추진 과정의 원칙이다.

정치와 민주주의를 통한 갈등 해결

둘째, 권력기관의 정상화를 위해서는 정치와 민주주의를 발전시켜야 한다. 정치와 민주주의 발전을 통해 대규모 갈등을 미연에 방지하거나 초기에 해결해야 하는 것이다. 공권력은 아무리 민주적이고 인권친화적이라고 하더라도 그 권한 행사 과정에서는 국민의 자유와 권리를 침해하지 않을 수 없다. 공권력의 행사는 사회적 소수자와 약자를 체계적으로 배제할 가능성이 높다. 사회적 소수자와 약자의 이해관계를 보호하기 위해서는 정치적 공간이 훨씬 넓어져야 하고 공권력을 동원한 방법은 자제되어야 한다. 공권력 행사는 항상 정치와 민주주의에 양보해야 한다. 정치 시스템 역시 투명하고 생산적이고 효율적이어야 한다. 정치개혁이 필요한 이유 중 하나이다.

공권력 행사기관의 민주적 통제

셋째, 권력기관에 대한 민주적 통제 시스템을 마련하고 정착시켜야 한다. 권력기관의 민주적 통제를 위해서는 우선 민주적 정당성을 가진 기관이 공권력을 견제해야 한다. 공권력 담당자의 임명권을 가진 대통령에 의한 견제와 감시, 입법권을 가진 국회에 의한 견제와 감시, 사법부에 의한 견제와 감시라는 고전적인 방식이 정상적으로 작동해야 한다. 군부독재와 권위주의 정부 시기에는 이런 견제와 감시 시스템이 완전히 붕괴되었다. 고전적인 방식의 재구축만으로도 공권력은 상당히 견제와 감시를 받을 수 있다.

그리고 현대적인 방식의 견제와 감시 시스템도 개발 적용되어야 한다. 엄격한 인사 검증, 국회 인사청문회, 각종 감사 및 감찰 시스템, 내부 감시 체제 구축, 정보 공개, 공익 제보자 보호, 옴부즈맨 제도, 시민 참여 제도, 주민소송 제도, 시민에 의한 담당자의 직접 선출 등 새로운 방식의 견제와 감시 시스템이 이루어져야 한다. 새로운 견제와 감시 시스템은 고전적인 시스템을 보완 혹은 대체하는 것으로서 대부분 이미 실효성이 입증되었다.

권력기관의 민주적 구성과 인권친화적 문화

넷째, 권력기관의 정상화를 위해서는 권력기관의 민주적 구성과 인권친화적인 문화 조성도 필요하다. 권력기관의 민주적 구성은 권력기관의 존립 근거가 국민을 위해 있다는 것을 전제로 시작된다. 권력기관은 자신의 임명권자에게 충성하면서도 임명권자의 위법하거나 부당한 지시·명령에 대해서는 국민의 이름으로 거부할 수 있어야 한다. 민주적 정당성을 가진 대통령에 대한 충성과 위법·부당한 명령에 대한 거부권은 민주 사회에서 서로 모순되지 않는다. 오직 독재체제에서만 모순될 뿐이다. 조직이 민주적으로 구성되면 될수록 권력 행사 과정에서 국민의 권리와 자유가 침해될 가능성은 낮아진다.

권력기관 역시 인권친화적으로 바뀌어야 한다. 권력기관은 원래 인권 보호 기관이 아니라 오히려 공권력 행사 과정에서 국민의 인권을 침해할 수밖에 없는 조직이다. 하지만 권력기관도 역시 국민의 권리와 자유를 보장하기 위해 존재한다. 공권력 행사 과정은 인권 침해 최소의 원칙에 따라 이루어져야 한다. 이것은 법적, 제도적 장치에 의해서만 이루어질 수 있는 것이 아니다. 권력기관 스스로 국민의 인권에 대한 존중심을 가지고 조심스럽게 권력을 행사해야 하는 문제이다. 인권 보호 조직까지는 아니지만 인권친화적인 조직이 되어야 하는 것이다. 하지만 이 문제는 제도 개혁의 문제만이 아니라 문화의 문제이므로 시간이 걸릴 수밖에 없다.

도약을 위한 또 다른 과제
부정부패 추방

금권정치, 권력형 비리, 정경유착 등 부정부패는 한국 사회에서 반드시 추방되어야 한다. 최근 정치권력과 자본권력이 급속히 가까워지면서 부정부패를 추방해야 할 필요성이 더욱 높아지고 있다. 참여정부 출범을 전후로 금권정치의 추방, 부정부패 추방이 시대적 과제로 부상했다. 대통령 선거에서 드러난 깨끗한 정치에 대한 요구는 전면적인 반부패투쟁이 필요하다는 걸 잘 보여주었다. 2002년 대통령 선거에서 부정부패 추방은 주요한 쟁점이었다. 노무현 대통령 후보는 시

종일관 "특권층이 반칙을 저질러도 용납되던 시대, 반칙해서 얻은 승리가 용인되던 시대는 이제 끝났다"고 주장했다. 이회창 후보 역시 부정부패 추방을 공약으로 제시했다.

노무현 대통령 후보는 2002 대선 정책 자문단 자료집에서 다음과 같이 밝혔다.

"우리는 원칙이 특권에 의해 좌절되고 상식이 반칙에 의해 훼손되는 '비상식의 역사'를 목도해왔습니다. 그러나 역사 앞에서 우리는 때로 생존을 위해 굴종을 감수했고 체념과 포기를 사회의 미덕인 양 우리 아이들에게 가르쳐야 했습니다.

하지만 우리 사회는 이미 공정한 사회적 규범들과 원칙들이 지켜지는 실질적인 민주화 시대로 접어들었습니다. 특권층이 반칙을 저질러도 용납되던 시대, 반칙해서 얻은 승리가 용인되던 시대는 이제 끝났습니다.

사회의 기본 원칙이 바로 서야 선진사회로 나아갈 수 있습니다. 원칙이 승리하는 사회, 상식이 통하는 사회, 그것이 정상적인 국가입니다. 정직하고 성실하게 살아가는 사람, 정정당당하게 승부하는 사람이 성공하는 사회를 만들어야 합니다. 인간의 자존심이 활짝 피는 역사, 원칙이 승리하는 사회를 우리 아이들에게 물려주어야 합니다.

원칙이 바로 서야 국가의 기강도 제대로 설 수 있습니다. 도덕적 해이와 집단이기주의를 극복하고 나라의 기강을 바로 세워야 합니다. 원칙이 성공하는 역사, 반칙과 특권이 발붙일 수 없는 국가를 만들어야 합니다.

그러기 위해서 가장 먼저, 정치를 바로 세울 것입니다. 정치는 사회적 규범을 준수하고 원칙을 지키면서 사회갈등을 조절하고 반영하는 제 기능을 발휘할 수 있어야 합니다. 사회갈등을 치유하고 공적 이익을 위해 봉사해야 할 정치 영역에서 특권과 반칙이 용인된다면 사회와 나라의 기강도 제대로 설 수 없음은 자명한 일입니다.

고집스럽게 원칙을 지켜나가는 리더십에 기반하지 않고는 강력한 원칙의 고수는 불가능하며 실질적 민주주의로의 전진도 불가능합니다."

나아가 노무현 대통령 후보는 2002년 12월 11일 '새로운 정치를 위한 기자회견'에서 부정부패 추방을 위한 구체적인 방안을 다음과 같이 밝혔다.

"부패와 비리를 철저히 척결하겠습니다. 부패에 연루된 사실이 있거나 혐의가 있는 사람은 일체 공직 임용에서 배제시키고 정당의 선출직 공천도 금지하는 방안을 입법화하겠습니다. 고위 공직자에 대해서는 재산 변동사항뿐 아니라 처음 신고하는 재산의 형성 과정까지 신고·소명케 함으로써 부정한 방법으로 재산을 모은 사람이 공직에 임용되는 것을 원천적으로 방지하겠습니다.

대통령의 가족과 4촌 이내 친인척의 재산 등록을 의무화하고 대통령 임기 중 재산 변동 사항도 공개토록 하겠습니다. 또한 대통령의 임기 중 가족과 친인척의 신규 공직 임용을 배제함으로써 비리의 소지를 원천적으로 차단하겠습니다.

이와 함께 대통령 친인척과 고위 공직자의 권력형 비리 의혹에 대해서는 '고위공직자비리조사처'의 신설과 '특검제'의 상설화를 통해 철저하게 조사하고 사실을 규명하겠습니다.

다음으로 낡은 정치의 청산입니다. 낡은 정치 청산에는 두 가지가 기본이 됩니다. 하나는 제도의 개혁입니다. 또 다른 하나는 사람의 교체입니다. 구시대의 낡은 정치를 재생산해온 구조와 제도를 혁파하겠습니다. 돈 안 드는 선거제도를 정착시키고 국민의 정치 참여와 감시를 확대해나가겠습니다. 국민의 정치 불신을 가중시켜온 불의하고 부정한 정치인들을 배척하겠습니다. 유능하고 깨끗한 새 인물들이 정치의 새로운 중심이 되도록 여건을 만들어나가겠습니다."

참여정부의 시대인식, 노무현 대통령의 철학은 지금도 유효하다. 부정부패가 구조적으로 추방되지 않았기 때문이다. 이명박 정부 하에서 정치권력과 자본권력의 결탁은 여전하고 규모나 정도가 심각해지고 있다. 임기 말이 되면 될수록 부정부패 추방의 필요성은 더욱 높아질 것이다.

부정부패 추방을 위해서는 부정부패가 발생할 수 없는 구조, 시스템을 구축하는 것이 필요하다. 한국의 부정부패는 특별한 몇 개의 부처에만 한정된 문제가 아니다. 부정부패를 전담할 국가 기구가 필요하다. 부정부패 전담 기구에는 부정부패를 방지하기 위해 사전적, 사후적 감시 시스템을 마련해야 한다. 이 요구는 참여정부에서 국가청렴위원회로 구체화되었다.

국가청렴위원회의 활동에서 수사와 기소 기관은 매우 중요하다. 비리가 발생할 경우 엄정하게 수사해서 법에 따라 엄단하지 않으면 부정부패 추방 원칙이 제대로 집행될 수 없기 때문이다. 권력기관은 부정부패 추방을 위해 효율적인 전문기관으로 거듭나야 한다. 부정부패 추방은 시대적 요구로서 참여정부로서는 피할 수 없는 과제였다.

참여정부는 불법 대선자금 수사를 통해 부정부패 추방을 한 단계 높였다.

　부정부패 추방에 대한 노무현 대통령의 의지는 정권 말까지 일관된다. 노무현 대통령은 2006년 11월 9일 제8차 반부패 관계기관 협의회에서 "5·31 지방선거 때 나타난 공천 헌금과 당비 대납 등은 현대판 매관매직이라고 할 수 있는 문제로 깨끗하고 투명한 선거를 가로막는 걸림돌"이라며 "이의 근절을 위해 법무부가 보고한 당선 무효 대상 범위의 확대 등 제도적 장치 마련을 적극 검토하겠다"고 밝힌 바 있다.

부정부패 추방 기구, 고위공직자비리조사처

참여정부가 부정부패를 추방하기 위한 방안으로 제시한 것은 '고위공직자비리조사처'의 설치였다. 고위공직자비리조사처 고비처는 특별검사제가 발전된 형태로서 특검이 갖는 문제점을 극복하기 위해 제안되었다.

　특별검사제는 권력형 비리 사건, 정경유착 사건이나 공권력 남용 사건에 대해 검찰의 부실한 수사를 대체하는 것이다. 검찰은 대형 비리 사건을 정치적 편향과 정권 눈치 보기 때문에 제대로 수사하지 못했다. 검찰 수사의 정치적 편향을 제거함으로써 부정부패 수사가 온전히 이루어지도록 하는 것이 특검의 목적이다. 따라서 특검제는 검찰의 정치적인 수사, 불충분한 수사에 대한 강력한 견제책이다. 특검에 대비해서라도 검찰은 철저한 수사를 하지 않을 수 없게 된다. 특검은 1989년 2월 발의된 특별검사 임명 및 직무에 관한 법률안이 발의되면서 처음 논의되기 시작했다. 그러나 당시 야당이 제출한 특검법안은 야당이 여당이 되자 유야무야됐다. 이후 특검은 야당이 여당을 공격하는 방편으로 활용되었다. 최초의 특검은 1999년 조폐공사파업 유도 및 옷로비 사건 특별검사법이었다. 두 사건 모두 검찰의 미진한 수사 때문에 특별검사가 도입되었다.

그러나 특별검사제는 다음과 같은 단점이 있다. 첫째, 국민적 의혹 사건 혹은 검찰의 미진한 수사에 대한 발동이 국회에서 결정되어야 하니 시작하기가 어렵고, 둘째 시작을 한다고 하더라도 정략적인 차원에서 결정되어 악용될 가능성이 항상 존재한다. 셋째, 검찰 수사 이후 특검이 실시되니 재수사, 이중 수사라는 문제가 있고, 넷째 상시 가동되지 못하기 때문에 부정부패 추방에는 적절한 기구가 아니라는 문제점이 있다. 다섯째, 인적 구성에서도 기존의 검찰, 경찰 등 수사 인력에 의존할 수밖에 없고 활동 시한도 60일 혹은 90일로 제한된다. 제한된 시간 안에 변호사 출신과 검찰 출신, 경찰 출신 등 공무원이 합심하여 수사를 해야 하지만 이들의 조화를 기대하기가 쉽지 않다. 효율적인 전문기관이 되기 어려운 것이다. 고비처는 이런 특별검사제의 문제점을 극복하기 위한 것이다. 상시적인 조직으로서 일상적으로 부정부패를 수사할 수 있는 전문기관으로서 장점이 있다.

참여정부 대통령직 인수위는 특검제의 한계를 직시하고 부정부패 추방을 위해 고비처 이외에 한시적 특검제의 상설화를 과제로 제시했다. 그러나 한시적 특검제의 상설화는 여전히 특검제의 한계를 안고 있다. 특검제가 상설화된다고 하더라도 어떤 사건을 수사할 것인가는 국회나 다른 기관에서 결정해야 하기 때문이다. 그리고 특검제의 상설화는 고비처가 신설된다면 불필요한 과제가 된다. 고비처 자체가 상설 조직이기 때문이다.

정치권력과 자본권력에서 독립하기

부정부패, 권력형 비리 사건을 추방하기 위해서는 전문적인 수사기관이 필요하다. 정경유착 등 권력형 비리 사건이 은밀하게 자행되므로 상설 전문조직이 필요한 것이다. 이런 면에서는 사건이 발생했을 때 검사를 모집해 수사를 진행하는 대검찰청 중앙수사부나 특검은 한계가 있다.

그런데 고비처는 전문성보다 정치적 중립과 자본으로부터의 독립이 더 중요하다. 정경유착에 대한 수사와 처벌이 항상 미진했던 것은 수사기관이 정치권력에서 자유롭지 못했기 때문이다. 정치권력의 영향과 지시를 받아 수사를 진행했기 때문에 수사결과는 왜곡되었다. 수사가 왜곡되니 실세는 처벌받지 않는다. 정경유착이나 권력형 비리가 끊이지 않는 원인이다. 따라서 고비처의 생명은 정치적 중립에 있다.

나아가 정경유착을 제대로 수사하기 위해서는 자본권력으로부터도 독립되어야 한다. 이때는 중립이 아니고 문자 그대로 독립이다. 한국 사회에서 갈수록 자본의 힘은 강력해지고 있다. 수사와 재판도 자본에 의해 좌우되고 있다. 유전무죄, 무전유죄 현상은 갈수록 심해지고 있다. 불법 대선자금 수사과정에서 기업에 대한 수사를 확대하지 않았고 기업 총수를 처벌하지 않았다. 재벌 총수의 비자금 형성에 대해서 불구속, 집행유예를 선고하는 것은 이제 상식이 되어버렸다. 심지어 재벌이 돈을 믿고 린치를 가하는 사태까지 생겨났다. 경제를 살려야 하므로 재벌이나 기업에 대한 수사는 늘 조심해야 한다는 주장이 있다. 검찰도 예외가 아니다. 김성호 전 법무부 장관은 아예 "분식회계를 자진 신고하는 기업은 형사처벌을 면제해야 한다"라고 발언한 적도 있다. 범죄행위를 처벌하지 않겠다는 것이다. 이유는 기업이 일자리를 창출한다는 것이다. 그러나 일자리는 일자리이고 범죄는 범죄이다. 자본권력에 대한 국가권력의 종속 현상을 잘 보여주는 발언이다.

이런 인식으로는 자본이 관여하는 정경유착을 제대로 수사할 수 없다. 정경유착은 정치권력이 윽박지르고 자본이 이에 마지못해 응하며 벌어지는 것이 아니다. 자본 역시 적극적으로 정치권력을 이용한 것이다. 물론 자본의 목적은 특혜와 이권이다. 자본의 속성에 대한 깊은 인식과 자본권력으로부터의 독립 의지가 고비처 설립과 운영과정에서 중요한 원칙이 되어야 한다.

2부

참여정부 검찰개혁 1기

01

강금실 장관의 등장

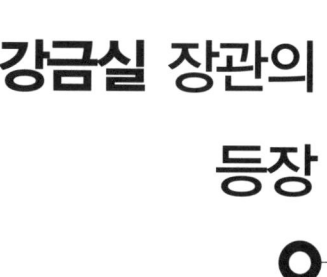

강금실 장관의 취임

노무현 대통령은 2003년 2월 27일 강금실 변호사를 법무부 장관으로 임명한다. 검찰개혁 신호탄이었고, "획기적이고 매우 생각하기 어려운 인사"문재인였다. 이로써 검찰 내부에서 강조되어온 조직순혈주의, 관료이기주의, 기수중심주의, 남성중심주의 등이 모두 깨졌다. 여성, 법관, 변호사, 낮은 기수 출신의 장관을 임명함으로써 검찰개혁의 정도와 방향을 대외적으로 명확히 한 것이다.

"그 당시 강금실 변호사가 검찰의 수장, 법무부 장관이 되는 순간 검찰개혁의 반은 이루어진다는 것이 대통령의 생각이었습니다. 검난檢亂이 일어날지도 모른다는 보고에 대해서도, 설사 일어난다고 해도 절대 6개월 이상은 못 갈 것이라고 생각하셨습니다." 문희상

"가장 상징적인 것이 국정원장에 고영구 변호사, 법무부 장관에 강금실 변호사를 임명한 것입니다. 강금실 변호사는 특히 젊은 여성이었죠. 그것이 권력기관에 대한 대통령의 의지와 신념 그리고 변화에 대한 열망을 그대로 보여주는 것이라고 봅니다." 이병완

　강금실 장관은 문재인 당시 민정수석으로부터 중요 자리를 담당할 것을 요청받았다. 강금실 장관은 노동부 장관 혹은 법무부 장관을 제안 받았는데 노동 쪽은 잘 모르는 분야였다는 점, 권력기관인 법무부 장관으로 활동하는 것이 훨씬 더 의미가 있다는 판단에서 법무부 장관을 원했다. 강금실 장관이 임명됨으로써 참여정부가 완전히 새로운 법무부 모델과 검찰 모델을 원하는 것이 확인되었다. 강고한 기득권 중심의 법무부와 검찰이 아닌 더 민주적이고 자유롭고 인권친화적인 모델이었다.

　강금실 장관은 문재인 당시 민정수석과의 미팅 과정에서 기억나는 에피소드로 검찰이 다 반발해서 사표 내면 어떻게 하느냐는 이야기를 했다고 한다. 그런데 나중에 들은 이야기로는 검사들 사이에 실제로 집단 사표 이야기가 나왔다고 한다. 그만큼 강금실 장관도 검찰도 긴장하고 있었다는 증거이다.

　강금실 장관의 발탁에 대해서는 애초에 반대한 사람도 상당히 있었

던 것으로 알려져 있다. 문재인 전 비서실장 역시 "강금실 변호사를 장관으로 발탁하는 데 추천하기도 하고 지지했던 나조차도 대통령이 법무부 장관으로 바로 임명하는 것은 반대"했다고 증언하고 있다. 그러나 노무현 대통령은 "검찰개혁에 대한 의지와 함께 여성의 발탁에 대한 의지가 굉장히 강했고", "여성이라고 해서 여성부, 환경부, 보건복지부에 임명되어야 하느냐는 기존의 고정관념을 벗어나려는 의지가 굉장히 강했으므로 법무부 장관직을 강행"문재인했다. 권력기관에 여성 지도자를 발탁한 것은 노무현 대통령의 중요한 인사 원칙이었다. 이후 대법관에 두 명, 헌법재판관, 헌법재판소장에 여성을 임명한 것도 이런 맥락에서 이해할 수 있다.

법무부 장관과 검찰개혁 준비

강금실 법무부 장관이 개혁 진영의 전폭적인 지원을 받으면서 법무부 장관에 취임한 것은 틀림없는 사실이다. 그리고 기대만큼 충분한 자질을 가지고 있었다. 그러나 검찰개혁을 위한 충분한 준비와 조직적인 뒷받침을 가지고 취임했는가는 다른 문제이다. 강금실 장관 자신의 평가이다.

"검찰 출신이 아니고 여성이며 게다가 서열을 파괴하기까지 한 저의 취임이 참여정부의 철학을 보여주는 상징성은 매우 컸지만, 검찰을 개혁하는 힘을 갖고 가지는 못했어요. 개혁을 하려면 조직의 실태를 잘 분석해놓았어야 했고, 실제로 팀을 짜서 준비가 되어 있어야 한다고 생각해요. 그렇게 준비를 해서 언제 어떻게 일을 할 것인가까지 나와 있어야 하는 것이죠. 가서 무작정 시작하는 것은 시간이 너무 늦습니다. 왜냐하면 한국의 정서상 1~2년만 지나면 레임덕이 오기 시작하는데 혼자 가서 1년 동안 자리를 잡고 그 다음에 개혁하는 것은 굉장히 힘든 일이거든요."

타당한 설명이다. 이에 대한 천정배 전 법무부 장관의 평가도 유사하다.

"근데 법무부 장관 혼자 일합니까? 내가 보니까 강금실 장관은 굉장히 대가 세고 강력한 사람이더군요. 제대로 뽑았습니다. 근데 검찰이라는 무지막지한 집단에 강금실이라는 한 사람만 낙하산에 태워 뚝 떨어뜨려 놓은 거란 말이에요. 너 혼자 알아서 해봐라. 이런 거랑 똑같은 거죠."

강금실 장관이나 천정배 장관은 법무부 장관으로 취임하면서 검찰개혁을 제대로 할 수 있는 조직적인 차원의 지원이나 준비가 없었다는 점을 지적하고 있다. 그런데 관료 시스템에서 법무부 장관이 어떤 준비를 해야 제대로 된 개혁을 할 수 있는지는 명확한 답이 없다. 가장 바람직한 방법은 장관이 필요한 인력으로 팀을 구성해 취임하는 것이다. 장관 개인으로서는 한계가 있기 때문에 팀을 구성해서 조직적으로 대응하는 것이다. 그러나 미국식 엽관제가 아닌 이상 처음부터 임명할 사람의 수는 극히 제한적이다. 이 문제를 해결하기 위한 제도적 개선 방안이 필요하다.

이와 관련해 법무부에 설치된 정책위원회 활동이 특히 눈에 띈다. 검찰개혁을 처음으로 시도했기 때문에 강금실 장관이나 천정배 장관 시절 검찰개혁 방안은 아직 충분히 검토되지 않은 상태였다. 법무부 정책위원회는 법무부와 검찰 조직에 대한 다양한 개선 방안을 제시했고 이는 장관의 주요 시책으로 추진되었다. 법무부 정책위원회는 검찰 및 법무부 개혁안을 마련하는 데 기초역할을 담당함으로써 법무부 장관을 보좌했다. 강금실 장관은 "정책위원회를 한 안경환 위원장과 한인섭 교수가 적극적으로 일을 끌어줬기 때문에 그나마 성과를 내고 1년을 버틸 수 있었다"고 평가하면서 정책위원회 활동에 적극적으로 의미를 부여하고 있다.

제도의 개혁 이전에는 청와대가 법무부 장관과 함께 의논하고 토론하여 문제를 해결하는 것, 장관이 충분한 권한을 행사하도록 뒷받침해 주는 것 외에는 다른 방법은 없다고 본다. 그렇나고 그것이 장관의 임무를 일일이 상의하는 것을 의미하는 것은 아니다. 청와대로서도 마땅히 법무부 장관을 도울 만한 제도적인 힘을 가지고 있는 것은 아니다. 정치적 중립을 보장하면서 개혁을 추진해야 하기 때문이다.

법무부 장관과 검찰총장

검찰개혁을 하는 데 법무부 장관이 가장 중요하다는 것은 말할 것도 없다. 그 다음 중요한 인물은 검찰총장이다. 검찰의 총수로서 검찰을 안정화시키면서 개혁까지 해야 하는 것이 검찰총장이다. 그런데 참여정부의 검찰총장은 그렇지 못했다. 개혁성에 문제가 있었던 것이다. 천정배 장관은 송광수 총장을 검찰총장에 임명한 것을 두고 검찰개혁이 실패한 원인 중 하나라고 지적한다.

"송광수 검사를 검찰총장에 임명한 것은 최대의 실수지요. 검찰개혁에 가장 저항하는 중심 인물을 검찰총장에 앉혔잖아요? 인사의 최대 실패작입니다."

강금실 장관의 평가도 이와 유사하다.

"검찰총장은 대통령과 정치철학이 같은 사람이어야 합니다. 정권의 말을 잘 듣는 사람이 아니라 검찰개혁을 하겠다는 정치세력의 몇 가지 철학과 맞아떨어지는 사람이 맡아야지요. 이를테면 수사의 독립, 정치적 중립, 인권 옹호 등의 철학을 갖추고 있는 사람이지요. 그 점에서 송광수 총장이 적임자였다고 하긴 어렵습니다. 송광수 총장은 검찰의 독립의지는 강한데, 검찰이 민주적 견제를 받아야 하고 인권이 옹호되어야 한다는 인식은 없습니다. 그런데 실제로 그런 사람을 구하기는 매우 힘듭니다."

이처럼 대통령과 철학이 맞지 않아 장관과 마찰이 뻔히 예상되는 인사를 임명한 것은 검찰개혁에 큰 장애가 된다. 더구나 검찰총장이 검찰개혁에 전혀 의식이 없거나 오히려 검찰개혁을 검찰의 기득권 침해로 해석하고 적극 저항하는 경우에는 법무부 장관이 검찰개혁을 제대로 수행할 수가 없다. 법무부 장관의 업무 수행에 대한 지원의 부족으로 해석될 수도 있다.

하지만 달리 선택의 여지가 없을 경우도 있다. 송광수 검찰총장의 임명이 그런 경우이다. 송광수 검찰총장의 임명에 대해서는 이호철 전 민정수석은 달리 선택의 여지가 없었다는 점을 강조한다. 현실론의 입장이지만 강금실 장관도 인정한 바 있다. 이호철 전 민정수석의 설명이다.

"송광수 검찰총장 이외에 검찰 쪽에 개혁 마인드를 갖고 있는 사람이 누가 있었을까요. 아무도 없어요. 다 비슷해요. 법무부 장관은 정치권에서 구할 수 있으니 괜찮은데 검찰총장은 정말 쉽지가 않습니다. 대통령께서 그런 걸로 고민을 참 많이 하신 걸로 알고 있습니다. 결국 대부분 비슷합니다. 문제는 다 똑같아질 뿐 아니라 총장을 꿈꾸는 사람은 나름내로 도덕성을 깆추고 있고 진부 보수적입니다."

참으로 어려운 문제이다. 검찰 고위직은 유능하지만 모두 개혁성에 문제가 있다. 개혁세력과 함께 일을 하면서 개혁적인 철학을 접할 계기가 없었기 때문이다. 검찰개혁에 가장 중요한 역할을 할 검찰총장을 상대적으로 덜 보수적인 인물로 해야 하는 어려움이 있었던 것이다.

대통령직 인수위원회의 검찰개혁 구상

강금실 장관의 임명부터 시작되는 참여정부의 검찰개혁 구상은 제16대 대통령직 인수위원회에서 확인할 수 있다. 대통령직 인수위원회의 검찰개혁 구상은 그동안 법조계와 시민사회에서 제기된 검찰개혁 과제를 모두 반영하고 있었다. 구체적인 내용은 다음과 같다.

- 검찰 인사의 공정성·중립성 확보를 위한 방안으로 검찰인사위원회를 자문기구에서 심의기구 또는 의결기구 등으로 격상해 위상을 강화하고, 외부 인사의 참여 폭을 확대해 검찰 인사의 공정성과 투명성을 제고함.
- 권력형 비리 예방 및 수사 방안으로 대통령 친인척 및 고위공직자의 비리 감시 및 통제를 위한 '고위공직자비리조사처'를 설치하고 검찰의 정치적 중립성 확보를 위한 한시적 특별검사제를 상설화함.
- 검사동일체 원칙과 관련하여 이를 개선하여 검사의 소신 있는 결정을 최대한 보장하도록 함.
- 재정신청 대상 범위를 대폭 확대함.
- 경찰의 독자적 수사권 부여와 관련하여 민생치안 범죄에 대한 경찰의 독자적 수사권 인정.
- 공안부와 관련하여 과거 부정적으로 비추어진 공안부의 이미지 및 기능에 대한 오해를 불식시키기 위해 공안부 폐지 또는 기능 축소·분산을 검토하고, 공안 기능을 유지하더라도 '공안부' 명

칭 변경 검토 필요함.
- 부정부패 사범에 대한 공소시효를 배제 또는 연장해 끝까지 처벌할 수 있도록 추진.

대통령직인수위원회의 검찰개혁 방안은 크게 검찰의 정치적 중립 보장, 부정부패 일소, 민주적이고 인권친화적인 검찰상 마련, 검경수사권 조정으로 요약할 수 있다. 모두 굵직굵직한 검찰개혁 과제이고 그동안 시민사회를 비롯해 정치권에서 제기된 검찰개혁의 과제들이다. 지금 읽어봐도 여전히 유효한 과제들이다. 특히 고위공직자비리조사처나 검경수사권 조정, 공안부의 폐지 등이 그렇다. 대통령직 인수위원회의 검찰개혁 방안은 참여정부 검찰개혁의 기본 방안이 되었다. 강금실 장관의 임명도 이런 연장선상에 있었다. 하지만 이들 검찰개혁 방안에 대해 법무부와 검찰은 모두 일관되게 반대하거나 소극적이었다. 이미 대통령직 인수위원회 단계에서부터 참여정부와 검찰은 충돌하고 있었다.

02

인사권을 둘러싼 반발

검찰의 인사권 반발

강금실 변호사의 법무부 장관 임명을 본 검찰은 참여정부의 검찰개혁에 반발하기 시작한다. 2003년 3월 6일 청와대와 법무부 장관이 작성한 검찰인사에 반대건의서를 올리는 등 검찰은 집단 반발했다. 참여정부 첫 검찰인사의 원칙은 정치검사의 배제였다. 이것은 검찰의 정치적 중립을 보장하기 위한 첫 조치였다. 검찰을 정치적으로 지배하지도 이용하지도 않기 위해 정치권력에 가까이 있던 검사들을 배제했다. 이것이 기존 검찰인사와 차이가 난다고 해서 검찰이 반발했다. 이에 대해 강금실 장관은 소신에 따라 장관직을 수행하겠다고 강행 의사를 밝힌다. 노무현 대통령은 강금실 장관을 지지하면서 3월 7일 인사 방안 발표에 대해 "검찰의 독립성과 중립성을 지키지 못한 검찰 지휘부에 대해 책임을 묻는 것"이라고 일축하고 헌법에 의해 주어진 인사권을 행사할 것을 명확히 했다. 그런데도 일부 평검사들은 검찰의 인사권과 예산권을 검찰총장에게 이관하라며 계속 반발했다.

참여정부의 최초 검찰인사에 문제가 있었다는 일부의 지적이 있다. 즉, 정치검사라는 이름하에 구체적인 사정을 살피지 않고 특정 지역의 검사들을 무조건 배척했다는 것이다. 이 결과 검찰 내부에서도 수긍하지 못하는 인사가 되었고 이것이 결국 저항을 몰고 왔다는 것이다. 구체적으로 국민의정부 시절 검찰의 요직을 거쳤다는 이유로 능력 있는 호남 출신 검사들을 배척했다는 것이다. "섬세하지 못한 인사"강금실 장관였다는 평가도 있다. 하지만 검찰의 정치적 중립 확보는 참여정부 검찰개혁의 핵심이었다. 검찰개혁의 핵심이고 출발점이었기 때문에 일부의 비판에 흔들릴 사안이 아니었다.

그리고 검사들의 반발은 인사문제가 계기가 됐을 뿐이지 인사문제에 국한된 것이 아니었다. 만일 인사문제에 한정된 불만이었다면 정해진 절차에 따라 문제점을 지적하고 시정을 구하면 충분했다. 집단 반발로 대응할 문제가 아닌 것이다. 인사는 원래 대통령의 고유권한이기 때문이다. 과거에는 이보다 더한 파격적인 인사가 있었어도, 정치권 마음대로 인사를 행했어도 검찰은 저항하지 않았다. 1963년 대통령 박정희는 당시 37세의 신직수를 검찰총장으로 임명한다. 신직수는 박정희 대통령의 법무참모 출신이다. 기수와 서열을 중시한다는 검찰 입장에서는 엄청나게 파격적인 인사였다. 하지만 검찰의 저항은 없었다. 참여정부의 최초 검찰인사에서 시작되었던 검찰의 반발은 인사를 핑계로 한 검찰개혁에 대한 반발이었다. 검찰의 반발은 인사문제와 상관없이 예정된 것이었다.

인사는 개혁의 핵심

당시 검찰인사가 적합했는지 아닌지는 검찰개혁 관점에서 본다면 중요한 것은 아니다. 구체적인 인사권 행사는 제도의 문제가 아니기 때문이다. 문제는 인사가 검찰개혁에 어떤 영향을 미쳤는가, 검찰의 인사가 얼마나 중요한 것이었는가 하는 점이다. 검찰인사에 대한 강금실 장관의 설명이다.

"장관은 인사를 통해 권력을 보여줄 때 자리를 잡을 수 있습니다. 제가 법무부에 가서 자리를 잡은 것은 인사를 통해 힘을 보여주었기 때문입니다. 언제 이 조직이 장악되는구나 하고 느꼈느냐면, 제가 2004년 5월에 인사를 하고 난 다음이었습니다. 고위공직자비리조사처안과 중수부 폐지안을 두고 송광수 검찰총장이 반대 발언을 하자 대통령이 화를 내서 위기가 온 적이 있습니다. 그 다음날 기자회견을 하면서 제가 정리하는 역할을 했습니다. 그리고 나니 느낌이 확 오더라고요. 충성하는 분위기를 느낄 수 있었습니다. 인사권을 행사하고 검찰총장보다 장관이 힘이 세다는 것을 보여주니 검찰이 완전히 충성하기 시작했습니다. 그때는 마음대로 개혁할 수 있었지요. 그런데 그때 그만두게 되었습니다."

"검찰개혁의 핵심은 법무부가 인사를 얼마나 공정하게 하느냐에 있습니다. 인사권 때문에 검찰이 다 비틀비틀하는 것이에요. 인사권을 정치세력이 쥐고 있기 때문입니다. 참여정부는 놔줬지만요. MB정부에 오니깐 검찰이 다시 엉망진창이 되는 이유는 인사권을 청와대가 쥐고 있고 의도적으로 과거 방식 인사를 하기 때문입니다. 인사를 통해서 요직에 이런 사람이 갈 수 있다는 것을 보여주니까 검찰이 하루아침에 무너지는 것입니다."

이어지는 천정배 장관의 추가 설명이다.

"나한테 다음 인사권 없다는 것을 뻔히 아는데 누가 충성을 하겠어요? 5년 동안 저 사람한테 잘못 보이면 아무것도 없다는 것이 되어야 합니다. 그래야 일관성 있게 정책도 추진될 수 있지 않겠어요?"

검찰의 인사는 검사에게 사활이 걸린 문제이고 법무부 장관이 검찰행정과 검찰개혁을 추진하는 데 매우 중요한 무기이기도 하다. 자존심이 강한 공무원일수록 인사에 민감하다. 검사들은 특히 그렇다. 《삼성을 생각한다》를 쓴 김용철 변호사의 말처럼 암으로 죽어가면서도 다음 보직을 걱정하는 것이 검사들이다. 아무리 강단 있는 검사라도 인사문제 앞에서는 약해질 수밖에 없다. 검찰 간부는 해마다 보직인사를 받는데 연거푸 두 번만 한직으로 발령이 나면 회생 불가능한 상태가 된다.

법무부 장관을 통해 검찰개혁을 진행할 수밖에 없다면 법무부 장관에게 인사에 대한 권한이 대폭 강화, 집중되어야 할 것이다. 그리고 가능한 한 임기를 길게 보장해야 한다. 특히 법무부 장관의 인사권은 검찰에 대한 문민통제의 의미가 있다. 하지만 검찰을 정치적으로 좌우하는 정치적 인사가 되어서는 안 된다. 검찰의 정치적 중립이 먼저 이루어진 다음 인사권이 행사되어야 한다. 검찰은 공권력 행사 기관으로서 국가권력의 물리적 기초이다. 그런 만큼 정치적 중립도 필요하고 민주적 정당성을 가진 정치권에 의한 민주적 통제도 필요하다. 그렇지 않으면 자신의 기득권에 빠져 정치권과 결탁하여 국민의 자유와 권리를 침해한다. 더구나 한국의 권력기관은 이미 정치적 편향을 가지고 있다. 마치 군부에 대해 문민통제가 필요한 것처럼 검찰에도 문민통제는 필요한 것이다.

　검찰은 행정부인 이상 대통령의 철학과 정책을 수행해야 한다. 이것은 정치적 중립과 관련이 없다. 정치적 중립 보장이란 정치권력의 사적인 이해관계로부터 검찰을 보호해야 하는 것을 말한다. 민주적 정당성을 갖는 정치권력의 정당한 정책 집행을 거부하기 위해 정치적 중립이 있는 것은 아니다. 대통령의 철학과 정책을 수행하기 위한 방법은 역시 인사권과 지휘권밖에 없다.

인사문제와 인사에 대한 항명은 다르다

인사에 문제가 있었다는 것과 인사에 항명하는 것은 완전히 다른 문제이다. 검찰은 참여정부의 검찰인사에 대해 역사상 한 번도 시도해 본 적이 없는 집단항명으로 저항했다.

검찰청이 행정부의 일부이고 행정부의 수반인 대통령이 검사들의 인사권자임에도 불구하고 검찰은 이를 배척했다. 자신들의 지휘자, 최고의 수장은 검찰총장이라고 주장했다. 검찰총장은 대통령으로부터 임명을 받지만 검사 중에서 임명되므로 검찰의 이익을 충실하게 지킬 수 있기 때문이다. 정치적 중립 혹은 독립을 표면적인 이유로 댔지만 본질은 개혁에 대한 거부였다. 당시 인사권 및 예산권 이관 주장은 검찰 권한을 최대화하기 위한 술수로서 정치적인 주장이었다.

그런데 왜 검찰은 이렇게까지 참여정부에 저항했을까? 공권력 행사 기관인 권력기관은 그 속성상 군대와 같은 일사불란함, 통일성을 중시한다. 특히 검찰은 자신들이 주장하는 검사동일체 원칙으로 무장하여 군대와 같은 상명하복에 익숙한 상태이다. 충성을 가장 중요한 덕목으로 인정하기까지 한다. 대통령은 최고통수권자이므로 당연히 검사들이 대통령에게 항명한다는 것은 상상할 수 없는 일이다.

이것이 가능했던 이유는 검사들이 강금실 장관의 임명에서 보듯 검찰개혁의 수준과 방법이 상상을 초월할 것이라고 생각했던 점에 있다. 검찰개혁으로 인하여 검사들이 기존에 누리던 모든 기득권이 다 빼앗긴다고 생각해 이에 저항한 것이다. "궁지에 몰린 쥐의 심정으로 고양이에게 한번 대들어보는 것"천정배이 바로 참여정부 초기 검찰 저항의 본질이었다. 실제로는 정치검사만이 기득권을 잃었으나 정치검사들이 주류를 형성하고 있어 이들이 전체 검찰의 의견을 주도하고 있었다.

검찰 저항의 이론적인 근거는 검사들의 최고 지휘자가 검찰총장이어야 한다는 것이다. 이를 위해 검찰은 정치적 중립 혹은 독립의 개념을 동원했다. 하지만 검찰의 정치적 중립은 정치권이 검찰권의 행사에 간섭하는 것을 배제한다는 소극적, 방어적 의미를 가지고 있을 뿐이다. 이것을 넘어서서 자신의 기득권에 대한 견제와 감시를 배척하는 적극적, 공세적 의미는 검찰의 정치적 중립이라는 개념에 포함되지 않는다. 만일 검찰의 정치적 중립을 적극적, 공세적으로 해석한다면 검찰의 외부 세력이 검찰의 인사나 행정, 공소권 행사 등 권한 행사를 통제할 수도 없고 통제해서도 안 된다. 그러나 이 논리는 정치적 중립을 민주적 통제의 부재로 해석하고, 검찰의 이익, 즉 기득권을 지키기 위해 검사들 스스로 인정한 지도자에게만 지휘를 받겠다는 것의 세련된 표현일 뿐이다. 정치적 중립을 정치적 독립으로 해석하고 정치적 독립을 행정적 독립과 조직적 독립으로 확대 해석한 후 종국적으로는 완전한 독립을 주장하는 것이다.

  이 주장의 끝은 법무부로부터 검찰이 독립되어야 한다는 것이다. 법무부는 정치권력의 지휘를 받기 때문이다. 하지만 한국의 검찰은 법무부를 포기하지 않는다. 기득권을 포기하지 않기 때문이다. 참여정부 전까지 법무부는 검찰의 정치적 이익을 옹호하는 역할을 해왔을 뿐 검찰을 견제하거나 개혁하는 입장을 취한 적이 없다. 법무부는 행정부 내부에서 검찰의 입장을 적극 대변하는 등 검찰 기득권 이익 옹호와 확장에 적극 기여해왔다. 그리고 검찰 고위직의 자리를 보장해주는 훌륭한 역할을 해왔다. 법무부가 검찰개혁을 추진하지 않는 이상 법무부와 단절될 하등의 이유가 없는 것이다. 참여정부의 법무부와 검찰은 그렇게 불편한 관계였는데도 이명박 정부의 법무부와 검찰 사이에는 불편한 기류가 전혀 없는 것이 바로 이 때문이다. 이런 면에서도 검찰의 정치적 중립은 검찰의 정치적 독립이나 인사상의 독립, 조직적 독립 주장으로까지 발전해서는 안 된다는 점을 알 수 있다. 검찰의 정치적 중립은 민주적 통제와 함께 이루어지지 않으면 매우 위험한 결과를 낳을 수 있다.

03

평검사들과의 대화

참여정부와 검사의 정면충돌

2003년 3월 9일, 대통령과 검사와의 대화가 전국에 생중계되었다. 신정부 출범 이후 불과 20일도 되지 않았을 때였다. 대통령직 인수위원회의 검찰개혁 방안 마련, 강금실 장관의 취임, 인사권을 둘러싼 저항을 거치면서 검찰은 참여정부의 검찰개혁에 점점 반항의 강도를 높여갔다. 검찰개혁을 추진하는 참여정부와 개혁을 거부하는 검찰의 충돌은 피할 수 없게 되었다. 이제 공은 참여정부로 넘어왔다. 그런데 뜻밖에도 청와대는 직접 대통령과 평검사 사이의 대화로 검찰개혁 문제를 본격화하기를 희망했다. 그리고 전격적으로 대통령이 검찰개혁 문제를 놓고 평검사들과 대화를 벌인다. 사상 초유의 일이었다. 이 사건은 너무나 상징적이어서 이후 참여정부와 검찰의 충돌, 투쟁을 압축적으로 보여준다.

전국 검사들과의 대화에서 노무현 대통령은 검사들의 인사권 이양 요구에 대해 "현재의 검찰 상층부에 불신을 갖고 있으며 과거의 관행에 조금이라도 덜 물든 사람들을 끌어올리려는 것"이라고 대답했다. 그리고 강금실 법무부 장관은 "이번 인사 과정에서 검찰총장의 인사안을 전달받았으나 이용호 게이트, 옷로비 사건, 피의자 고문치사 사건 등의 관련자가 들어 있어 납득할 수 없었다"고 검찰의 구태를 지적했다. 검사들이 그간 중립성을 지키지 못한 것은 정치권 때문이라고 반박하자 노무현 대통령은 "검찰 중립은 정치인들이 지켜주는 것이 아니고 검찰 스스로 지켜야 한다"고 일축했다. 강금실 장관은 옷로비 사건, 소폐공사 파업 유도 발언 사건, 신승남 전 검찰총장 동생 사건 등을 예로 들며 "지금까지 정치권보다는 검찰 내부의 문제로 수사의 공정성이 지켜지지 못한 경우가 많았다"고 지적했다.

한편 검사들은 검찰개혁에 대해서는 원칙이나 방안을 일체 제시하지 않았다. 참여한 검사들은 오로지 인사권을 검찰로 넘길 것을 주장했다. 검찰개혁을 위한 많은 주제가 있었고, 국민들의 관심사도 검찰 개혁 방안에 집중되어 있었음에도 검사들은 인사권 이야기만을 계속 지루하게 반복했다. 서로의 입장을 전달하기는 했으나 생산적인 논쟁으로 이어지지는 못했다. 그 결과 "완전히 대한민국 검사들의 수준만 국민들한테 보여준 꼴"문재인이 되어버렸다.

검사와의 대화는 검찰의 문제점을 국민적으로 확인하는 순간이었다. 검사와의 대화를 통해 검찰의 문제점, 검사들의 수준, 검찰개혁의 핵심 등 검찰의 본질이 정확하게 드러났다. 그동안 검찰은 두터운 권력의 벽 뒤에 있었다. 굳이 국민들 앞에 공개될 이유도, 필요도 없었다. 국민을 통치하려면 공개보다는 비공개가 훨씬 효율적이다. 실체가 알려지지 않았을 때 권력은 자신의 힘을 극대화할 수 있기 때문이다. 검사와의 대화는 검찰의 본질과 검찰개혁의 필요성을 국민 앞에서 공개적으로 논의하는 자리였다. 검사들의 준비 부족으로 검사와의 대화를 통해 검사와 함께 검찰개혁을 모색하고자 한 노무현 대통령의 본래 목적은 달성될 수 없었다. 그러나 검찰의 문제를 공개적으로 명확히 할 수 있었고 검찰개혁의 필요성을 국민들이 확인할 수 있게 되었다.

또한 검사와의 대화는 참여정부의 입장에서는 검찰개혁을 선포하는 계기였다. 검찰개혁의 필요성을 국민에게 알리고 검찰개혁의 방향에 대한 동의를 구하는 계기가 검사와의 대화였다. 국민의 참여 없이는 개혁도, 통치도 어려운 시대라는 인식이 참여정부의 기본 인식이었다. 국민의 참여 없는 일방적인 개혁이나 비밀스러운 개혁은 참여정부가 지향하는 바가 아니었다.

대화, 노무현 대통령의 철학

검사와의 대화에 대해서는 기획부터 실행까지 많은 찬성과 반대, 옹호와 비난 등이 있었다. 너무 큰 사건이었기 때문이다. 정부 출범 초기, 검사들의 저항에 대해 노무현 대통령이 직접 나서야 했을까? 이 문제에 많은 참모들이 반대한 것으로 알려져 있다. 문재인 당시 민정수석도 반대했다.

"우선은 너무 급하게 결정되었습니다. 꼭 대통령께서 나서야 될 문제인지에 대해 판단이 필요했고, 설령 직접 나서시더라도 사전에 대화가 조율될 필요가 있다는 생각이 들었어요. 그래서 반대 의견을 말씀드렸는데, 대통령께서 그냥 발표를 하셨지요."

검사와의 대화는 정부 출범 초기에 대통령이 직접 나서야 하는 문제가 아니었다. 검사들의 저항은 정부의 운명을 좌우할 정도는 아니었다. 참모들도 이구동성으로 반대했다. 대통령이 직접 나설 일은 아니라는 것이고 나서더라도 좀 더 많은 준비가 필요하다는 것이었다. 강금실 장관의 의견도 마찬가지였다.

한 가지 분명한 것은 검사와의 대화 방안은 노무현 대통령의 아이디어였다는 점이다. 현장의 문제를 현장에서 대화와 토론으로 풀어야 한다는 노무현 대통령의 철학에서 비롯된 것이었다. 왜 검사와의 대화였는가라는 질문에 대해 문재인 전 비서실장의 답변은 간단했다. "뭐 다른 이유가 있겠습니까? 이게 일종의 노 대통령님 캐릭터지요." 이병완 전 비서실장은 "그분의 성정이 문제가 터지면 우회를 안 하려는 경향이 있어요"라고 설명한다. 문희상 전 비서실장의 증언은 이를 좀 더 상세히 설명하고 있다.

"대통령의 독특한 캐릭터랄까. 어쨌든 참여정부 전체를 일관하는 키워드가 몇 개 있는데 이를테면 그 중에서 중요한 것이 토론이에요. 8

대 국정원리가 있었지만 대화와 토론을 아주 기본적인 국정원리로 판단하셨어요. 이를테면 검사와의 대화가 처음으로 바깥에 표출된 대화지만 다른 것도 다 토론문화로 이루어졌어요. 노무현 대통령은 토론을 즐겼습니다. 민주적 절차의 요체는 토론이잖아요. 그러니까 검사하고도 토론을 한 것입니다. 그 토론이라는 것이 상하 지위와 관계없이 계급장 떼고 하자는 말을 장관한테 들을 정도로 자기 스스로가 모범을 보였으니까 말입니다. 검사와의 대화가 그런 토론문화를 정착시키는 첫 번째 사례였을 것이라고 봅니다."

노무현 대통령의 민주주의 철학이 검사와의 대화가 이루어지게 한 가장 큰 동력이자 원인이었다. 현장에서 대화로 문제를 해결한다는 참여정부의 철학 때문인 것이다. 대화와 토론을 통한 문제의 해결은 참여정부의 철학이었고 양보할 수 없는 원칙이었다. 민주주의가 실질화되는 단계에서는 모든 문제를 공론화하고 토론을 통해 해결하는 것 외에는 다른 방법이 없다. 군부독재나 권위주의 시기와 같이 폭력이나 기만으로 문제를 해결할 수 없기 때문이다. 이 원칙이 표현된 것이 검사와의 대화였다.

그렇다고 해서 상대를 고려하지 않고 대화만을 중요시한 것은 아니다. 노무현 대통령이 개혁 작업과 관련해 공무원과 직접 공개 대화에 나선 것은 검사가 처음이다. 모든 개혁에 직접 대통령이 나선 것은 아니었다. 그만큼 검사를 존중했고 검찰을 중요시한 것이다. 노무현 대통령은 법조인 출신으로 검찰개혁의 철학을 확고하게 가지고 있었다. 그래서 검찰과 함께 검찰을 개혁하기 위해 검사와의 대화에 나선 것이다.

대통령과 평검사의 대화는 민주주의로 무장한 완전히 새로운 행정부가 들어섰음을 보여주었다. 그것도 개혁에 가장 완강히 저항하는 검사들과의 대화를 통해 전 국민에게 보여주었다. 검사와의 대화는 누구든 새로운 정부에게 무엇이든 말할 수 있고, 새로운 정부는 그 문제를 민주적인 과정으로 해결한다는 점을 상징적으로 보여준 사건이었다.

검찰개혁의 동력 모색

검사와의 대화를 평가할 때 노무현 대통령이 검사와의 대화를 통해 검찰개혁의 계기와 동력을 마련하려고 한 점을 주목할 필요가 있다. 현상에서 대화와 토론으로 문세인식을 공유하고 해결 방안을 마련하는 것은 매우 민주적이고 평등하고 바람직한 태도이다. 대화와 토론 과정에서 서로의 인식의 지평을 넓히고 창조적인 해결 방안을 마련할 수 있기 때문이다. 그리고 검사를 존중하고 검찰을 중요시한 대통령 입장에서는 검사들 역시 대통령과 대통령의 개혁 철학을 존중해줄 것으로 믿었다. 노무현 대통령은 다음과 같이 회상하고 있다.

> "검사들의 인사에 대한 오해와 불만을 해소하는 것과 함께 젊은 검사들이 정치적 독립의 충정을 토로하면 공감을 표시하고 필요한 약속을 하려고 했다." 노무현 대통령, 《운명이다》

검사와의 대화는 검찰개혁의 동력을 정부 차원에서, 검찰 차원에서, 나아가 국민적 차원에서 확인할 수 있는 기회였다. 검사와의 대화가 갖는 의미에 대해 문재인 전 비서실장은 다음과 같이 설명하고 있다.

"검사와의 대화에서 그들을 납작하게 만들어 청와대가 원하는 대로 검찰을 끌고 갈 생각을 했던 것은 아닙니다. 참여정부가 출범하니까 당시 검찰도 평검사회의를 통해 검찰 내부의 여러 개혁 방안들을 만들어 막 도출하고 있었어요. 그 가운데 우리가 보기에 바람직한 개혁 방안도 많았지요. 그래서 대통령님 생각은 평검사하고 대화를 통해 그 사람들이 의문을 가지고 불만을 갖고 있는 인사문제에 대해서 설명을 하고 납득을 시킨 후에 검찰개혁의 방향과 방안을 서로 합의하는 모습을 보여주고 싶으셨어요. 평검사들이 요구하면 대통령이 받아들이고, 거꾸로 대통령이 평검사에게 제의하면 평검사들이 환영하는 모습을 통해서 검찰개혁의 확실한 모멘텀을 얻자는 거였죠."

하지만 청와대의 의도와는 달리 검사들은 준비가 되어 있지 않았다. 검사들은 검찰의 문제점을 인정하지 않았고 검찰개혁 방안을 제시하지도 않았다. 문제를 정면으로 바라보고 원인을 진단한 다음 해결 방안을 제시해야 하는 최소한의 준비와 태도를 갖추지 못했다. 검사들은 오로지 인사문제만을 제기했고 동일한 주장만을 반복했다. 대통령은 검사들을 인정했지만 검사들은 대통령을 인정하지 않았다. 검사들은 검찰개혁에 저항하는 모습으로 일관했다.

참여정부 초기 평검사들 사이에 검찰개혁의 목소리가 있었다. 하지만 내부의 검찰개혁 목소리가 조직적으로 수렴되지 않는 이상 조직은 자신의 기득권을 지키기 위해 행동할 수밖에 없다. 검사와의 대화에 참석한 검사들은 사실 검찰 조직을 대변하고 있었기 때문에 검찰개혁의 방향과 방안에 대한 생각 자체가 없었을 가능성이 크다. 검찰을 대변하는 검사라는 생각에 빠지는 순간 검찰개혁의 방향과 방안을 논의하는 것은 불가능해진다. 왜냐하면 검찰개혁의 방향과 방안을 논의하는 것 자체가 검찰 조직의 배신자가 되어버리기 때문이다. 관료주의의 병폐이다. 개인은 없고 조직만 남는 것이다. 그리고 개혁은 기존 문제에 대한 인식과 반성에서 시작되는데, 대화에 참여했던 검사들은 검찰 조직의 문제점을 제대로 인식하지도 못했다. 아마 검찰의 문제점이 무엇인지 제대로 성찰해본 경험이 없었을 것이다. 그만큼 검찰에 대한 비판, 견제와 감시가 없었다는 것을 말하기도 한다.

검사와의 대화가 남긴 것

검사와의 대화를 통해 무엇을 얻었을까. 직접 검사와의 대화를 기획하고 추진한 노무현 대통령의 평가이다.

"무척 실망스러운 결과였다. 그러나 검사들이 대통령과 공개적으로 논쟁하는 것을 온 국민에게 보여줌으로써 적어도 내가 검찰을 정치적으로 악용할지 모른다는 우려를 해소하는 효과 정도는 있었다. 나는 검찰의 중립을 보장한 것에 대해 자부심을 느낀다. 검찰의 발전을 위해서는 그렇게 하는 것이 옳다고 생각한다. 그러나 대통령이 검찰의 정치적 독립을 보장하면 검찰도 부정한 특권을 스스로 내려놓지 않겠느냐는 기대는 충족되지 않았다. 그렇게 하지 않았다. 아쉬운 일이다." 노무현 대통령, 《운명이다》

검찰개혁에 대한 노무현 대통령과 참여정부의 의지를 보여준 것이 가장 큰 성과이다. 특히 검찰의 정치적 중립을 보장하겠다는 점을 국민 앞에 약속함으로써 검찰개혁의 굵직한 방향을 보여준 것은 큰 성과라고 할 만하다. 검찰의 정치적 중립은 검찰개혁의 중심이자 출발점이다. 그동안 검찰을 정치적으로 악용해온 정치권력만을 경험한 국민의 입장에서는 신선한 충격이었고 검찰개혁의 방향을 숙고하는 계기가 되었다.

두 번째 성과는 대한민국 검사들의 수준을 보여준 것이다. 검사들은 자기의 기득권을 지키기 위해 대통령에게까지 인사권과 예산권을 모두 내놓으라고 주장했다. 심지어 노무현 대통령이 변호사 시절에 한 변호 활동을 두고 간섭이라고 지적하기도 했다. "문제의 본질을 흐리는 전형적인 정치 공세, 즉 지금 해결해야 하는 문제가 아닌 완전히 다른 문제를 제기함으로써 쟁점을 흐리고 상대방을 공격하는 정치 공세" 천정배 방식을 사용했다. 검사들의 안하무인적인 태도, 마치 피의자·피고인을 대하는 것과 같은 태도는 "이쯤 되면 막가자는 거지요"라는 유명한 유행어를 낳기도 했다. 그 결과 검사와의 대화를 통해 검사들의 수준이 국민들에게 폭로되어 검찰이 개혁되어야 한다는 목소리는 높아졌다. 그만큼 토론에서 보인 검사들의 실력과 도덕성, 인품과 태도는 문제가 많았다.

강금실 장관의 리더십이 강화되었는가 하는 점은 명확하지 않다. 즉, 기대한 대로의 성과가 있었다면 리더십은 강화되어야 했겠지만 내용 면에서는 성공이라고 평가하기 어렵기 때문이다. 문재인 전 비서실장은 강금실 장관의 리더십이 강화되었다고 볼 수 있겠는가 하는 질문에 다음과 같이 평가한다.

"평검사들하고 대화한 것 때문에 강금실 장관의 리더십이 강화되었는지 여부는 잘 모르겠습니다. 하여튼 평검사와의 대화는 기대했던 것만큼 전혀 성과가 없었고 서로 상처만 남았다고 생각합니다. 평검사들은 강금실 장관에게 검찰의 개혁을 막 요구하기도 했습니다. 그래서 강 장관은 검찰 지도부 쪽하고는 그렇게 원만하지 못했지만 임기 내내 평검사들한테는 지지를 받았어요. 그게 강 장관에게 큰 힘이 됐죠."

큰 틀에서 참여정부와 검찰이 상처를 입었기 때문에 검찰개혁의 동력을 마련하지 못했다는 평가이다. 그런데 의외로 강금실 장관은 이 대화를 통해 1년 5개월 정도 장관직을 수행하는 데 큰 도움이 됐다고 평가한다.

"결과적으로는 제가 도움을 받았어요. 제가 장관이 되면서 제일 걱정했던 것이 여성인데다가 너무 지지기반이 없다는 사실이었죠. 게다가 그 전에 여성 장관이 여러 차례 낙마한 사례가 있어 보수언론들이 허점을 찾는 데 주안점을 둘 수도 있었어요. 더구나 언론 전체가 다 반대하는 분위기였잖아요. 이럴 때 제가 100일도 못 채우고 낙마하면 참여정부 초기에 큰 타격을 입힐 거라는 생각이 들었어요. 그게 제일 큰 걱정이었습니다. 그런데 검사와의 대화를 통해 제가 빨리 노출이 되어버렸어요. 빨리 노출되는 바람에 국민의 지지를 얻을 수가 있었던 거예요. 국민의 지지를 받자 언론의 보도 태도가 오전과 오후가 완전히 바뀌었어요. 사실 검사와의 대화는 제가 설 자리가 없는 방식이었어요. 그리고 실제 현장에서도 보조의자에 앉았잖아요. 아침 신문에서는 장관은 존재하지도 않는다는 식으로 보도되었는데 국민들이 지지를 보내자 저녁에 논조가 바뀌었어요. 팬카페까지 생겼습니다. 국민에게 빨리 노출되어서 국민의 지지를 받으며 그 힘으로 버틸 수 있었던 것입니다."

강금실 장관은 국민에게 노출됨으로써 국민의 지지를 받게 되었다. 공개와 국민의 참여만이 진정한 개혁의 동력이고 방법이라는 것을 다시 확인하게 된다.

하지만 검찰개혁의 원칙이나 방향에 대한 합의는 이루어지지 않았다. 청와대에서 생각한 검찰개혁의 모멘텀은 만들어지지 않았다. 검사와의 대화에 대한 준비가 부족했기 때문이다. 즉 검사와의 대화를 준비하면서 "대체로 그 흐름에 대해서 특히 법무부 장관을 통해서 사전에 조금이라도 조율이 가능했을 텐데"문재인 이것이 너무 조급하게 실행되면서 이루어지지 못한 것이다. 더 정확하게는 검찰이 검찰개혁에 대해서 아무런 준비 없이 대통령에게 항명성 질문만을 준비했던 것이 실패의 원인이었다. 검찰의 막무가내식 저항이 검사와의 대화가 실패한 결정적인 이유였다. 이러한 모습은 다른 검찰개혁 과제에서도 계속 반복되었다.

04

불법 대선자금 수사

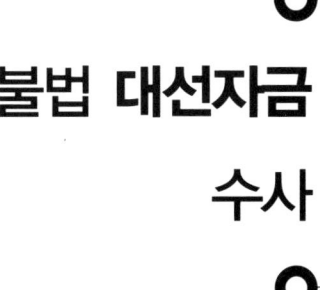

수사의 경과

참여정부 초기에 검찰과의 관계를 규정한 가장 큰 사건은 불법 대통령 선거자금 수사이다. 불법 대선자금 수사에 비하면 검사와의 대화는 하나의 에피소드에 지나지 않는다. 불법 대선자금 수사는 검찰의 가능성을 보여준 대표적인 사건이면서 참여정부 시기 검찰과 검찰개혁의 운명을 결정한 중요한 사건이다.

불법 대선자금 수사는 2003년 7월 15일 노무현 대통령이 "작금의 대선자금을 포함한 정치자금 논란은 정파 간의 소모적 정쟁으로 끝날 일이 아니다"라며 "국민과 역사 앞에 진솔하게 진실을 밝혀 정치개혁의 계기로 승화·발전시켜야 한다"고 발표하면서 시작된다. 대통령은 "여야 모두 지난 2002년 대선자금의 모금과 집행 내역을 국민 앞에 소상히 밝히고, 여야가 합의하는 방식으로 철저히 검증하자"고 제안했다. 노무현 대통령의 제안은 정치자금과 관련한 부정부패 문제를 국민 앞에서 해결함으로써 정치권의 부정부패를 추방하자는 제안이었다. 하지만 같은 날 한나라당은 "정부와 여당이 불리해진 상황을 피하기 위해 야당을 끌어들이는 태도를 용납할 수 없다"며 청와대의 제안을 거부했다.

노무현 대통령은 같은 달 21일 기자회견을 열어 중앙선관위에 신고된 법정 선거자금과 함께, 각 정당 대통령 후보가 확정된 이후 사실상 대선에 사용한 각종 정치자금과 정당의 활동자금, 대선 잔여금을 모두 여야가 함께 공개할 것을 제안했다. 나아가 노무현 대통령은 "공개만으로는 부족하며 국민이 신뢰할 수 있는 절차를 통해 철저하게 검증을 받아야 한다"며 "수사권이 있는 기관이 조사하되, 여야가 합의한다면 특별검사도 좋고, 검찰도 좋다"고 했다. 이로써 불법 대선자금 수사가 시작되었다.

노무현 대통령은 2003년 11월 2일 기자간담회에서 "검찰이 멈칫거리지 않고 소신껏 수사하길 바란다"며 "검찰이 수사를 통해 정치자금의 전모를 드러내고, 이를 토대로 정치자금 구조의 근본적 개혁을 이루는 방향으로 가야 할 것"이라고 밝혔다. 불법 대선자금 수사에 대해 정치적 간섭이나 개입을 하지 않겠다는 점을 분명히 한 것이다.

대통령의 정치적 중립 보장에 힘입어 불법 대선자금 수사는 성역 없이 진행되었다. 2003년 12월 2일 대검 중수부는 노 대통령의 오랜

후원자인 강금원 씨를 특정경제범죄 가중처벌법의 배임 등 혐의로 구속영장을 청구했다. 그리고 같은 날 대검 중수부는 이재현 전 한나라당 재정국장에 대한 첫 공판에서 한나라당의 대선 잔금이 최소한 선관위 신고액인 29억 원의 두세 배에 이른다고 밝혔다. 같은 달 9일, 검찰은 2002년 11월에 이회창 전 후보의 법률고문 서정우 변호사가 삼성에서 100억 원, 엘지에서 150억 원을 각각 받은 사실을 확인했다고 밝혔다. 소위 차떼기 방식의 대선자금 수수였다. 서정우 변호사는 긴급체포되었다. 같은 달 29일 대검 중수부는 민주당 대선자금 수사 결과를 발표하면서 최도술, 안희정, 이광재, 여택수 씨 등 대통령의 정치적 동지들이 받은 불법자금 액수가 40억 원대에 달한다고 밝혔다. 같은 달 30일, 대검 중수부는 10대 기업 가운데 한 기업이 10억 원대의 무기명 채권과 거액의 현금을 한나라당에 몰래 전달한 사실을 확인하고, 불법 자금 전달 경위 및 채권의 행방을 뒤쫓고 있다고 밝혔다. 이로써 한나라당 대선자금 규모는 5대 기업에서만 500억 원을 상회하게 된다. 수사결과 최종적으로 야당이 기업체로부터 받은 돈은 823억 원, 여당은 119억 원이었다. 4대 기업 기준으로는 730억 원과 30억 원이었다. 이후 대선자금 수사는 한나라당이 국가안전기획부 자금을 선거자금으로 쓴 이른바 '안풍' 사건으로까지 발전하게 된다.

불법 대선자금 수사의 성과

불법 대선자금 수사는 성공적인 수사로 평가받는다. 정경유착이라는 거악을 성역 없이 수사한 것이다. 여당과 야당을 구분하지 않고 모두 처벌함으로써 정경유착의 실체를 밝혀냈다. 불법 대선자금 수사는 그동안 정치권의 압력에 의해 밝혀지지 않았던 정치권과 경제계의 음습한 유착관계, 즉 정경유착을 밝혀냈고 또 단죄했다. 정치권은 권력을 매개로 경제계에 자금을 요구했고, 경제계는 이권을 목표로 정치권에 자금을 제공했다. 기득권자들의 거래였다. 그 희생자는 바로 국민이었다. 국가의 재산이 정치권력과 자본권력의 야합 속에 마음대로 처분되었다. 불법 대선자금 수사는 정치개혁과 부정부패 추방이라는 측면에서 반드시 이루었어야 할 과제였다. 정경유착 문제를 명확히 드러내고 이를 처벌함으로써 정경유착을 끊을 수 있는 중요한 계기가 되었다. 또한 돈이 들지 않는 정치를 위한 정치개혁의 계기도 되었다.

불법 대선자금 수사가 가능했던 이유는 부정부패 추방을 위한 국민적 열망이 높았기 때문이다. 지금과 같은 정경유착의 구조, 기득권자들의 결탁 구조를 두고서는 한국의 미래는 없다는 절박한 인식이 불법 대선자금 수사를 지탱해준 가장 근원적인 힘이었다. 선진국으로 발전하는 데 가장 큰 걸림돌이 바로 권력형 비리, 부정부패라는 것이 국민의 인식이었다. 지금도 이런 인식은 여전하다.

여기에 국민의 열망과 시대적 요구를 회피하지 않고 정면으로 해결하고자 한 참여정부의 의지가 작용했다. 노무현 대통령은 자신을 수십 년 동안 도와온 정치적 동지들의 희생과 도덕적 타격을 감수하면서까지 불법 대선자금 수사를 추진했다. 한나라당의 반대에 편승할 수도 있었을 것이나 시대의 요청, 국민의 열망을 비껴갈 수는 없었다.

불법 대선자금 수사는 검찰의 역량을 보여준 사례이기도 하다. 정치권력의 부패문제를 정면으로 처리함으로써 검찰이 정치부패 사건

수사를 제대로 할 수 있다는 것을 보여주었다. 진실에 거의 다가갔다. 정치권력에 줄을 서더라도 범죄행위는 처벌받는다는 것이 확인되었다. 그동안 죽은 권력만을 물어뜯었던 검찰의 행태를 벗어났다. 다만 구시대적 수사 방법이 동원된 문제는 있었으나 수사의 성공에 가려졌다. 국민들은 열광했고 검찰의 신뢰는 사상 유례없이 높아졌다.

정치권력의 불간섭과 수사의 성공

불법 대선자금 수사에서 대통령의 정치적 불간섭은 결정적인 역할을 했다. 불법 대선자금에 대한 검찰의 성역 없는 수사는 노무현 대통령의 대선자금 공개 약속과 그 이행으로 가능했다. 이전에는 권력층이 항상 정치자금에 관여되어 있었기 때문에 검찰은 수사하려고 해도 수사할 수 없었다. 정치권력에 레임덕이 발생하거나 교체된 다음에야 다른 권력의 요청으로 수사를 할 수 있었다. 힘이 빠진 권력만을 대상으로 했던 것이다. 이런 이유로 정치자금을 둘러싼 정경유착은 종결될 수 없었다.

불법 대선자금 수사와 관련한 전해철 전 민정수석의 설명이다. 추가 설명이 필요 없을 정도로 간결하고 명확하다.

"대통령님의 검찰에 대한 생각은 일관되게 검찰의 수사에 영향을 주지 않을 것이며 수사를 하는 데 독립성을 갖고 하라는 것이었습니다. 대통령님도 대선자금 수사 때문에 직접 혹은 간접적으로 자유스럽지 않은 분위기인데도 공정하게 하라고 늘 말씀하셨습니다. 이것은 노무현 대통령님의 기본 철학입니다. 원래 민정비서관이나 민정수석은 관계되는 사람들의 수사 상황도 체크할 필요도 있고, 때로는 진행 상태에 대해 보고를 해야 할 일도 있습니다. 그럴 때마다 아주 일관되게 이야기하신 게 민정수석실에서는 검찰의 수사에 관여하지 말라고 하셨어요. 그걸 자칫 무능력이나 교감이 부족한 것으로 해석해서는 절대 안 된다고 봅니다. 대통령님의 검찰의 정치적 중립에 대한 강한 의지 표현입니다."

당시 송광수 검찰총장, 안대희 대검 중수부장도 참여정부가 불법 대선자금 수사에 간섭하지 않았다는 점은 솔직하게 인정한다. 정치적 중립이 보장되었고 그것은 참여정부의 공이라는 것이다. 청와대 민정수석실과의 핫라인도 끊겼다.

송광수 당시 검찰총장의 일화이다. 송광수 검찰총장의 월간지 인터뷰에 따르면 대선자금 수사 내용이 공개되기 전 대통령에게 직접 전화가 왔다고 한다. 수사에 대해 청와대에 들어와서 상의하자는 내용이었다. 그때 송광수 검찰총장은 "대통령님을 뵙고 나면 그 수사결과가 공정하다고 국민이 믿겠습니까. 제가 들어가는 건 적절치 않다고 봅니다"라고 말했다. 그러자 대통령은 "아 그렇습니까, 알았습니다" 하고 끊었다고 한다. 당시 노무현 대통령의 정치적 중립에 대한 의지를 확인할 수 있는 순간이다.

그러나 값비싼 대가를 치렀다

불법 대선자금 수사가 검찰의 정치적 중립을 보장한 대가이기는 하지만 노무현 대통령에게도 고통스러운 과정이었다. 노무현 대통령은 정치인 노무현을 도왔던 많은 사람들, 자신이 아끼는 사람들, 정치적 동지들이 검찰에 구속되는 것을 목격하면서도 이 수사를 묵묵히 받아들였다. 나아가 불법 대선자금 수사 도중 재신임 문제까지 거론되었다. 노무현 대통령은 도덕적 권위가 없다면 하루도 지도자를 할 수 없다고 생각했다. 이에 대한 이병완 전 비서실장의 설명이다.

"2003년 10월, 싱가포르에 갔다 오시면서 재신임 문제를 말씀하셨습니다. 상당히 중요한 문제라고 봐요. 저간의 여러 가지 사정이 있겠지만 결국은 도덕성 문제지요. 그 과정에서 한나라당의 10분의 1 발언도 나왔지만, 그러면서 마지막에 재신임 문제를 제기하셨거든요.
검찰의 정치적 중립을 좋아서 했겠습니까? 자기 수족 다 털리고 살아 있는 권력만 더 뒤진 것 아닙니까? 거꾸로 보면 검찰에 대해서 상당한 인내와 신념을 가지고 계셨던 것 같아요. 그 과정을 통해 검찰이 거듭날 수 있다고 생각하셨겠지요. 검찰은 양날의 칼이고 권력과 권력이 야합하는 순간 피해는 국민이 입는다는 기본 전제가 있었습니다."

노무현 대통령과 참여정부는 불법 대선자금 수사와 관련해 검찰의 정치적 중립을 보장하고 도덕적, 정치적 피해를 입는다. 그리고 대선자금 수사 당시 받았던 정치적 타격은 검찰개혁 및 다른 개혁 작업을 수행하는 데 장애로 작용한다. 대선자금 수사의 성공과 검찰의 정치적 중립을 위해 매우 값비싼 대가를 치른 것이다. 시대의 요청을 정면으로 수용하지 않았다면 불가능한 일이었다. 이 정도의 대가를 치르더라도 정경유착과 부정부패를 추방할 수 있었기 때문에 대선자금 수사는 여전히 긍정적인 평가를 받는다.

하지만 대통령을 비롯한 정치권력이 구체적 사건에 간섭하지 않는 것은 제도화할 수 없다는 문제점이 있다. "결국 정치적 중립은 검찰권에 대한 개입을 스스로 절제, 자제하는 것이고 조금 더 오래 지속되면 하나의 문화로 굳어지는 것"문재인이기 때문이다. 이를 위해서는 제도를 포함한 사회적 환경을 우선 만들어야 한다. 그리고 검찰도 이에 적응하게 해야 한다. 그러나 검찰은 스스로 변화하려고 하지 않는다. 대선자금 수사에서 보장된 검찰의 정치적 중립은 검찰의 입장에서는 그냥 일회적인 사건이었을 뿐이었다. 검찰 스스로 개혁의지가 없었기 때문에 불법 대선자금 수사와 검찰개혁을 연결시킬 수 없었다.

검찰개혁의 공감대는 오히려 약화되었다

불법 대선자금 수사로 인해 검찰개혁의 당위성에 대한 국민적 공감대가 약화되었다. 검찰이 불법 대선자금 수사를 성공적으로 마치자 검찰에 대한 국민적 신뢰가 유례없이 높아졌다. 정치개혁을 실현할 수 있는 주체로서 검찰이 정치권을 제치고 떠올랐다. 팬카페가 만들어지고 화환과 음식이 대검찰청 중앙수사부에 배달되었다. 국민검사라는 칭호도 생겨났다. 정권의 힘이 시퍼렇게 살아 있는 정권 초기에 현재의 정치권력을 과감히 수사한 검찰의 신뢰가 높아진 것이다. 검찰에 대한 높은 신뢰는 검찰을 굳이 무리해서까지 개혁해야 하는가 하는 의문을 불러일으켰다. 사실 참여정부의 검찰개혁은 검찰이 정치적 중립을 지키지 못하기 때문에 거악을 척결하지 못한다는 점에 초점이 맞춰져 있었다. 이런 이유로 정치적 중립의 보장, 고비처의 신설, 법무부와 검찰의 관계 정상화 등을 목표로 한 것이다. 그런데 대선자금 수사로 검찰이 제대로 사정기관으로서 역할을 하게 되자 검찰개혁의 명분이 약화된 것이다.

불법 대선자금 수사가 가능하게 된 것은 검찰이 정치권력으로부터 중립성을 보장받았기 때문이다. 이것은 노무현 대통령의 정경유착 추방 의지와 검찰의 정치적 중립 철학이 워낙 강했기 때문이다. 하지만 이러한 철학과 의지는 제도화되기 어렵다. 언제든 입장이 다른 정권이 들어서면 다시 원상 복귀할 가능성이 있다. 우리는 이명박 정부에서 이를 확인하고 있다. 그리고 한 번 수사가 성공했다고 해서 검찰개혁의 필요성이 사라질 리가 없다. 검찰의 형사절차상 권한이 그대로 남아 있는 한 언제든 검찰은 다시 정치의 중심에 설 수 있다. 검찰 권한의 분산과 견제, 감시라는 민주화의 과제는 여전히 남아 있을 수밖에 없다. 그러나 대선자금 수사를 통해 검찰개혁의 필요성에 대한 국민들의 공감대는 약화되었다.

특히 고위공직자비리조사처 신설의 동력이 약화되었다. 기존의 사정기관인 검찰이 제대로 역할을 하면 새로운 기관 신설 주장은 약해지게 마련이다. 문재인 전 비서실장의 증언이다.

"대선자금 수사 때 검찰이 제대로 해버렸단 말이에요. 그래서 국민에게 아주 검찰이 잘한다, 모처럼 아주 오랜만에 검찰이 잘한다는 갈채를 받았습니다. 이렇게 되는 바람에 검찰과 별개의 사정기구에 대한 요구가 상대적으로 조금 수그러들 수밖에 없었죠."

그렇다고 해서 참여정부의 의지가 약화된 것은 아니다. 노무현 대통령은 계속해서 검찰 견제를 위해 고비처의 필요성을 역설했고 청와대 역시 이를 강력히 추진했다. 하지만 국민적 공감대 및 시민사회단체의 지지는 이미 상당히 약화된 상태였다.

대검찰청 중앙수사부의 존속

불법 대선자금 수사로 대검찰청 중앙수사부의 폐지 추진력이 약화된 점도 주목해야 한다. 더 정확하게 말하면 주요한 개혁 과제에서 거의 실종되었다. 검찰의 정치적 중립을 보장하기 위한 여러 개혁 과제 중에서 대검 중수부를 폐지하는 것은 중요한 의의를 갖는다. 대검 중수부는 검찰총장의 명을 받아 주로 정치적인 사건을 수사하는 곳이다. 그런 만큼 정치권의 요구를 수용하는 창구이고 또 정치검사를 양산하는 기관이기도 하다. 퇴임한 이후 노무현 대통령에 대한 수사를 대검 중수부에서 한 것도 이런 이유 때문이다.

다른 한편 대검 중수부는 수사를 직접 행함으로써 검찰이 직접 수사를 해야 하고 또 경찰에 대해 수사를 지휘해야 한다는 이데올로기를 만들어낸다. 한국의 검찰은 수사권을 가지고 있다. 수사권의 보유와 수사지휘권을 통한 경찰의 지배라는 검찰 논리의 물리적 구현체가 대검 중수부이다. 왜냐하면 가장 수사를 잘하는 곳은 검찰 중에서도 대검 중수부이기 때문이다. 수사권과 기소권을 분리함으로써 국민의 자유와 권리를 보장한다는 개혁 목표에 비추어본다면 검찰의 수사권과 수사지휘권 주장의 물리적 기초인 대검 중수부는 폐지되어야 한다.

그런데 불법 대선자금 수사가 정경유착이라는 거악을 척결하자 대검 중수부의 역할이 국민적으로 인정받게 되었다. 나아가 대선자금 수사로 참여정부 출범 때 중요한 역할을 한 노무현 대통령의 핵심 인사들이 구속되어 처벌되었다. 따라서 만일 참여정부가 대검 중수부를 해체할 경우 이것은 곧 대선자금 수사 보복으로 비춰질 가능성이 있었다. 이런 기류에 따라 송광수 검찰총장은 대검 중수부 폐지론에 대해 "검찰권 행사에 불만을 품은 세력이 검찰의 힘을 무력화하려는 의도로밖에 볼 수 없다", "차라리 내 목을 쳐라"는 빌인을 하면서까지 강력하게 저항했다. 문재인 전 비서실장의 설명이다.

"중수부 폐지론도 그때 중수부가 워낙 활약을 하는 바람에 쑥 들어가버렸습니다. 그래서 참여정부 내내 중수부 폐지를 정부가 도모하거나 추진하게 되면 마치 대선자금 수사에 대한 정권 차원의 보복 또는 검찰 손보기라는 식의 오해를 받을 소지가 많이 있었습니다. 그래서 추진력이 많이 떨어졌습니다."

이어지는 이호철 전 민정수석의 증언이다.

"대선자금 수사를 하는 과정에서 검찰과 중수부가 집중 조명을 받았어요. 만일 중앙수사부를 폐지하려 한다면 한편으로 정치 보복이라는 인상을 줄 수도 있고 우리가 오히려 국민의 지지를 못 받을 가능성이 있었어요. 고위공직자비리조사처 문제는 좀 다릅니다. 그런데도 검찰이 참여정부 하에서는 정치적 중립을 지키고 국민의 지지를 받는 측면들이 있었어요. 그리고 국회의원이 다 대상이 되니까 여야 모두 반대했습니다. 그리고 검찰도 반대하니 밀고나갈 수 있는 동력이 없었던 거지요. 대통령은 그런 부분을 많이 아쉬워했습니다."

법무부 차원에서도 중앙수사부의 폐지 문제를 추진하고 있었으나 이 역시 대선자금 수사로 더 이상 진척되지 못한다. 강금실 장관의 설명이다.

"그때 중수부 폐지라고는 할 수 없고 중수부를 대검에서 지방검찰청으로 이관하는 안이 제안되었습니다. 이에 대해 검찰 내부에서 90% 이상이 찬성했어요. 자기들도 문제를 느끼고 있었습니다. 이렇게 가면 검찰이 몇 가지 사건 때문에 전체가 욕을 먹는다는 것을 잘 알고 있었습니다. 그래서 다 찬성해서 이관할 수 있는 상황까지 갔습니다. 그런데 이것을 하기에도 힘이 부쳤어요. 왜 그랬냐면 대선자금 수사 직후에 국민의 지지를 받은 대검의 힘이 너무 셀 때여서 중수부 폐지와 이관을 연구하는 것 자체에 시비를 걸었습니다. 제가 중간에 그만두어서 더 이상 추진은 안 되었지만 만일 제가 있었다고 해도 중수부를 실제로 이관할 수 있었는지는 장담하기 어렵습니다."

물론 이런 여론에 의하지 않고 중앙수사부 폐지를 강행했어야 한다고 반박할 수도 있다. 하지만 참여정부가 소수파 정권이었고 정치권과 언론이 극도로 적대적이었던 점을 고려해야 한다. 진보세력의 역량은 불충분했을 뿐 아니라 분열되어 있었다.

노무현 대통령은 탄핵 이후 다시 복귀하면서 고위공직자비리조사처의 신설을 강력하게 주장했다. 고비처가 신설되면 중수부와 중복된 기능을 수행하지만 장기적으로는 대검 중수부의 기능을 흡수하게 된다. 노무현 대통령이 고비처 설치안을 공식 의제로 하면서 이미 모멘텀을 상실한 중수부 폐지 문제는 자연스럽게 개혁 의제에서 사라지게 되었다. 하지만 고비처 역시 검찰이 전력을 기울여 반대하고 있었고 국회의원들도 반대했기 때문에 실현되지 못했다.

권한 남용의 수사 형태는 변하지 않았다

불법 대선자금 수사로 인해 과거의 부정적인 수사 행태가 계속 반복되었다. 검찰의 불법 대선자금 수사는 "기업을 털어서 비자금이라든지 비리들을 움켜쥐고 정치자금에 대해 자백하게 만드는 식, 그러니까 증거를 가지고 수사를 한 것이 아니라 요거 안 깨지려면 불어라는 식으로 자백하게 만드는"문재인 식의 수사였기 때문에 "굉장히 구태의연하고, 다시 있어서는 안 될 수사 방식"문재인이었다. 그러나 대선자금 수사는 성공했고 대중은 수사과정의 문제를 제기하지 않았다. 개혁되어야 할 수사 방식, 즉 수사권 남용이 자행되었고 이것이 용인되는 상태가 된 것이다.

　대검 중수부는 불법 대선자금을 수사하면서 이전 수사 행태를 그대로 반복했다. 문어발식 수사, 표적 수사, 흠집 내기, 강압 수사, 범인과의 협상 등의 위법 수사와 수사권한 남용 행태가 반복되었다. 피의자를 중심으로 친지까지 계좌추적을 벌이고 인격적인 모멸감을 불러 일으켜 친지에게 미안해서라도 자백하게 만드는 수사기법이 그대로 유지되었다. 그 행태는 훗날 전혀 관계없어 보이는 곳에서 다시 나타났다. 노무현 대통령 수사과정에서 또 등장한 것이다. 노무현 대통령은 박연차 회장의 대검찰청 중앙수사부의 진술에 대해 "박연차 회장이 사실과 다른 이야기를 하지 않을 수 없는 무슨 특별한 사정"이 있을 것이며, "박 회장이 검찰과 정부로부터 선처를 받아야 할 일이 아무것도 남지 않은 상황에서 그의 진술을 들어볼 때까지" 계속 진실을 다툴 것임을 밝혔다. 대검 중수부의 수사 행태에 대한 강한 불신을 나타낸 것이다. 그리고 문재인 전 비서실장도 "박 회장이 사실과 다른 진술을 한 이유에 대해 저희 나름대로 짐작하는 바도 있고 직간접적으로 들은 바도 있다"고 하며 수사 방식에 대한 불신과 불만을 표시했다.

　수사는 피의자를 존중하면서 인권친화적으로 진행되어야 한다. 피의자도 권리를 가진 주체이고 국가의 보호를 받아야 하는 국민이기 때문이다. 그런데 대검 중수부의 위법, 부당한 수사는 변하지 않았다. 수사 행태의 개혁도 역시 검찰개혁의 주제였던 만큼 대검 중수부의 수사 행태에 대한 개혁도 깊이 있게 논의되었어야 했다. 그러나 수사 성과 때문에 이런 문제는 제대로 지적되지 않았다.

　수사과정의 위법이나 권한 남용은 국민의 자유와 권리에 직접 영향을 미치지만 제도 개혁만으로는 이루기 어렵다. 민주주의와 인권을 중요시하는 수사기법을 개발하고 또 수사나 기소 과정에 대한 견제와 감시가 실시간으로 이루어져야 해결할 수 있다. 내부 감찰이나 내부 견제 시스템도 필요하다. 조직문화의 측면에서 장기적으로 해결해야 할 과제인 것이다. 이 문제가 대선자금 수사과정에서 묻히게 되었다. 참여정부 동안 검찰의 수사 및 기소권 행사를 내부적으로 견제하고 수사를 인권친화적으로 개혁하기는 했지만 검찰의 인권친화적인 수사문화가 완전히 정착되지 못했다는 점을 생각해보면 대선자금 수사의 영향은 여전히 남아 있다고 할 수 있다.

개혁 추진력 약화론과 그 비판

불법 대선자금 수사결과 검찰의 정치적 힘이 극대화되었고 청와대와 정치권의 힘이 약해져 검찰개혁 추진력이 약화되었다는 평가가 있다. 강금실 장관의 설명이다.

"참여정부의 검찰개혁은 원천적으로 실패할 수밖에 없었는데 왜냐하면 불법 대선자금 수사 때문입니다. 대선자금 수사를 하는 순간 법무부 장관이 대선자금 수사에 대해서 구체적인 수사지휘권을 발동하기가 매우 민감하고 어려워졌습니다. 실제로, 검찰총장에게 구체적인 수사 지휘를 할 수 있지만 이것을 수사에 간섭한다고 언급하는 사례가 있었습니다. 대국민 관계에서도 청와대보다 대검찰청의 파워가 더 세진 겁니다. 청와대는 피의자 측 조사 대상이 된 것이지요. 그때 수사에 대해 구체적으로 개혁을 언급하는 것은 매우 어려운 상황이었습니다. 왜냐하면 법무부 장관은 불법 대선자금 수사가 인사권자인 대통령을 향한 수사이기 때문에 거기에서 정치적 중립을 지키면서 수사라인을 유지한다는 것이 매우 미묘한 상황이 되어버린 거예요. 법무부 장관도 지휘하기 어렵고 청와대도 수사를 지휘하거나 간섭하기가 어렵게 되었지요."

불법 대선자금 수사든 다른 수사든 수사의 과정과 방법은 친인권적으로 이루어져야 한다. 피의자는 수사의 대상만이 아니라 엄연히 형사절차에서 자신의 권리를 행사할 수 있는 주체이다. 그리고 수사권이 남용되지 않도록 어떠한 형태로든 견제와 감시가 작동되어야 한다. 그래서 법무부 장관으로 대표되는 민주적 정당성을 갖는 권력이 수사의 상황을 계속 주시하면서 지휘 감독을 하는 등 견제와 감시 역할을 해야 한다.

그런데 불법 대선자금 수사는 대통령의 측근들을 대상으로 했다. 검찰의 권한 남용을 견제, 감시하고 검찰개혁을 추진해야 할 청와대의 구성원이 피의자가 된 것이다. 이로써 청와대나 법무부 장관이 대선자금 수사와 관련해 검찰권의 행사에 어떠한 입장을 표명하는 것 자체가 곤란하게 되었다. 아무리 죄가 없고 정당하다고 하더라도 피의자가 되면 도덕적인 정당성이 약해진다. 이 상태에서 청와대가 견제와 감시를 하고 검찰개혁을 강력하게 추진하면 이것은 곧 범죄를 저지른 피의자가 수사를 방해하는 외형이 되어버린다.

나아가 불법 대선자금 수사가 전 정치권을 대상으로 하게 되자 검찰에 대한 정치권의 견제가 실종되었다. 사실상 대선자금에 연루되지 않은 정치인은 없었다. 정치권력의 정당한 민주적 통제마저도 검찰에 대한 부당한 개입이나 간섭으로 오해 받는 상황에 이르게 된 것이다. 나아가 정치개혁을 정치권이 아니라 검찰이 담당하게 되면서 정치권은 위축되고 검찰의 도덕적 정당성은 강화되었다. 후진적인 정치 시스템은 검찰 권한 강화의 원인 중 하나이다.

이처럼 불법 대선자금 수사는 청와대와 정치권의 검찰개혁에 불리한 지형을 형성했다. 하지만 참여정부는 이 문제에 관한 한 아무런 불만이 없었다. 참여정부는 검찰의 정치적 중립을 가장 중요시했기 때문에 대선자금 수사에 대해 간섭이나 지휘할 생각이 전혀 없었다. 검찰개혁이 불법 대선자금 수사로 실패했다고 할 수는 없다. 정경유착에 대한 수사와 검찰개혁은 서로 다른 문제이다. 주체의 노력 여하에 따라서는 극복할 수 있는 문제이고 실제로 참여정부는 대선자금 수사와 관계없이 고비처 신설, 검경수사권 조정, 법무부의 문민화 등 검찰개혁 과제들을 꾸준하게 추진했다. 오히려 문제는 위에서 본 바와 같이 검찰개혁에 대한 국민적 공감대가 약화된 것에 있었다. 참여정부의 검찰개혁이 불법 대선자금 수사로 실패할 수밖에 없었다는 것은 과장이다. 영향은 결코 적었던 것은 아니지만 이후 참여정부가 사법개혁과 검찰개혁을 꾸준히 추진한 점에 비추어보면 검찰개혁 실패의 원인을 불법 대선자금 수사로 돌릴 수는 없을 것이다.

05

검찰청법 개정

정치적 중립은 검찰개혁의 중심이자 출발점

참여정부는 검찰의 정치적 중립을 보장하기 위해 검찰 조직의 중립성을 강화했다. 검찰 조직의 중립성 강화는 제도적으로 검찰청법 개정으로 나타났다. 참여정부가 관심을 기울인 부분이고 성과가 가장 많은 부분이다.

검찰의 정치적 중립은 검찰개혁에서 가장 중요한 문제이면서도 우선적인 문제이다. 검찰의 정치적 중립이 보장되면 수사해야 할 사건을 수사하고 수사하지 않아야 할 사건은 수사하지 않게 된다. 수사권한을 남용하거나 위법을 저지를 가능성은 확실히 낮아진다. 정경유착에 대한 수사도 정치권력의 눈치를 볼 필요 없이 엄정하게 이루어질 수 있다. 사건이 정치권력의 의사와 관계없이 공정하게 처리된다. 이렇게 되면 정경유착과 같은 부정부패 사건이 반복되지 않게 된다. 지금까지 검찰의 정치적 중립이 보장되지 않음으로 해서 정치적 반대파의 정치 활동과 민주화운동, 노동자·농민의 생존권투쟁이 탄압을 받았다. 검찰의 정치적 중립이 보장되면 민주주의와 인권은 더욱 발전하게 된다.

다음으로 검찰의 정치적 중립이 보장되지 않고는 검찰 권한 통제, 검찰 조직의 민주적이고 인권친화적인 변화 등 다른 중요한 개혁 과제를 수행할 수 없다. 정치적 중립이 선행되지 않으면 검찰개혁에는 반드시 검찰 길들이기, 검찰 장악 등의 의혹이 발생한다. 정권과 검찰의 관계를 단절하지 않고는 모든 검찰개혁 과제가 국민들에게 오해를 받게 될 가능성이 농후하다. 국민들에게 검찰개혁의 진정성을 인정받는 방법, 그것은 바로 검찰의 정치적 중립을 보장해주는 데서 시작한다. 정치적 중립은 권력기관 개혁의 목표이면서 개혁 과정의 원칙이기도 하다.

노무현 대통령의 검찰의 정치적 중립 철학이나 불개입 의지는 명확했다. 기회가 될 때마다 검찰에게 정치적 중립을 강력하게 요구하고 개입하지 않겠다는 것을 밝혔다. 노무현 대통령은 김종빈 대검찰청 차장의 업무보고_{2003년 3월 17일}에서 자신의 일부 측근들이 연루된 의혹을 받은 나라종금 퇴출 저지 로비 사건을 언급하면서 "수사가 중지됐다고 하는데 만약 내가 걸림돌이라서 그랬다면 전혀 정치적인 고려를 하지 말고 잘못이 있으면 철저히 수사하라"고 지시했다. 노무현 대통령은 또 송광수 검찰총장 등 검찰간부 36명과의 오찬2003년 6월 26일에서 "검찰도 이제 시대의 변화에 적응해야 한다"며 "검찰 스스로 정치권력과의 결탁을 끊으라"고 강조했다. 2003년 11월 2일 가진 기자간담회에서도 "검찰이 멈칫거리지 않고 소신껏 수사하길 바란다"며 "검찰이 수사를 통해 정치자금의 전모를 드러내고, 이를 토대로 정치자금 구조의 근본적 개혁을 이루는 방향으로 가야 할 것"이라고 밝혔다.

이를 두고 문재인 전 비서실장은 "가장 중요한 개혁 과제는 역시 정치적 중립, 또는 탈정치였습니다. 정권의 목적에 의하여 구사되고 사용되는 그런 도구가 돼서는 안 되고, 말하자면 국민들을 위해서 봉사하는 그런 기관으로 거듭나야 된다는 것을 가장 중요하게 생각했습니다"고 설명하고 있다. 비슷한 내용을 이병완 전 비서실장은 이렇게 설명한다.

"권력기관 문제에 대해서는 노무현 대통령께서 명확한 인식을 가지고 계셨습니다. 국민의 권력기관으로 거듭나야 한다, 대통령도 제왕적 권력을 내려놔야 한다와 같은 말씀을 하셨지요. 권력자를 위한 권력기관이 아니라 국민을 위한 권력기관으로 바꿔야 한다는 것을 여러 번 강조하셨습니다."

검찰을 비롯한 권력기관의 정치적 중립은 노무현 대통령의 확고한 정치철학이었다. 노무현 대통령은 검찰만이 아니라 경찰의 정치적 중립도 수시로 강조했다.

"경찰은 앞으로 절대 정치적이거나 정치적인 판단을 담은 보고를 하

지 말라, 정책 정보의 질을 높여야 한다." 2003년 3월 24일 행자부 업무보고

"우리 경찰은 한때 업무 수행 과정에서 정치적 중립을 지키지 못해 국민을 실망시킨 일이 더러 있었습니다. 그러나 지금은 엄정 중립의 자세를 견지하면서 새로운 모습으로 국민에게 다가가고 있습니다. 정권을 위한 경찰이 아니라 진정 국민을 위한 경찰로 거듭난 것입니다." 2003년 3월 20일 경찰대학 졸업식 축사

"그동안 우리 경찰은 부단한 자기 혁신을 통해서 명실상부한 국민의 경찰로 거듭났습니다. 이제 국민 위에 군림하는 경찰이란 오명은 과거의 이야기가 되었습니다. 대다수 국민들이 친절한 경찰, 봉사하는 경찰을 실감하고 있습니다. 뿐만 아니라 권력의 그늘에서 완전히 벗어나 정치적 중립을 확고히 지켜나가고 있습니다. 오히려 깨끗한 정치를 만드는 파수꾼 역할을 충실히 해내고 있습니다." 2004년 10월 20일 제59회 경찰의날 기념식 연설

"경찰청장에 대한 인사 청문과 임기제를 도입해서 권력의 눈치를 살피지 않는 경찰로 다시 태어났습니다. 정치적으로 엄정한 중립을 지키면서 오직 국민을 위한 일에만 전념하고 있습니다." 2006년 10월 20일 제61회 경찰의날 기념식 연설

이렇게 강조한 결과 경찰의 정치적 중립 수준은 급격히 높아졌다. 문재인 전 비서실장의 증언이다.

"경찰의 탈정치화 또는 정치적 중립 부분은 제도보다도 정권 스스로의 자제, 절제가 필요한 거죠. 그 부분은 철저하게 했고 우리 임기 중에는 적어도 경찰이 정치적으로 어떻게 뭘 한다는 식의 평을 들은 적이 한 번도 없었습니다."

노무현 대통령의 정치적 중립 의지는 권력의 사유화 방지 철학에서 비롯된 것이다. 권력이 사유화되면 국가가 정상적으로 운영되지 않는다. 그 사유화의 정점이 비록 국민의 선거에 의해 선출된 대통령이라고 하더라도 말이다. 권력의 사유화를 막기 위해 노무현 대통령이 취한 극적인 조치는 권력기관 장과의 독대를 없앤 것이다. 국가정보원장과 같은 권력기관의 수장과 독대를 하는 것은 독대 보고를 하는 기관의 힘을 강화시키면서 대통령의 권한도 확대시킨다. 이에 대한 노무현 대통령의 회상이다.

"임기 내내 한 번도 국가정보원장의 독대 정보 보고를 받지 않았다. 정례 보고든 수시 보고든 독대 보고는 없었다. 국가정보원장의 보고를 받을 때는 관련 장관이나 청와대 참모를 반드시 배석시켰다. 대통령이 국가정보원장의 독대 보고를 받으면 대통령은 저절로 제왕이 된다." 노무현 대통령, 《운명이다》

이에 대한 문재인 전 비서실장의 설명이다.

"독대를 하게 되면 대통령이 한쪽의 정보만 듣고 판단을 하기 때문에 그 판단이 오류가 날 수 있고, 그 자리에서 결론을 내리게 되면 그

것이 잘못된 결과로 나타날 수도 있습니다. 그리고 그런 과정을 통해서 국가정보원장에게 말하자면 공식, 비공식의 힘이 생기는 것입니다. 그 음성적인 힘을 배제하는 의미도 있고 해서 반드시 비서실장이나 정보의 성격에 따른 해당 분야의 수석을 배석하게끔 했습니다."

이런 이유로 노무현 대통령은 "독대를 바로 권력 남용의 역사적 병폐로 보고 그것을 없애버렸고 실제로 그대로 실행"이병완했다. 권력의 사적 이용에는 항상 독대라는 형식이 따르게 된다. 국정운영 시스템에 따른 치열한 토론이나 검증을 거칠 필요가 없기 때문이다. 이런 면에서 독대를 완전히 배제한 것은 대통령의 권한을 사적인 이익을 위해 사용하지 않고 대통령의 권한 행사를 시스템화하는 것을 의미한다. 노무현 대통령의 참여정부는 독대 폐지를 통해 권력기관을 사적으로 이용하고 권력기관에게 법률에 나와 있는 권한 이외의 것을 부여하는 관행을 혁파했다.

검찰청법 개정

참여정부의 검찰청법 개정 성과는 다음과 같다.

첫째, 법무부 장관과 검찰총장 인사청문회 제도를 도입했다2005년 7월 28일 국회법 제65조의 2 개정, 2003년 2월 4일 검찰청법 제34조 2항 개정. 법무부 장관 및 검찰총장의 인사청문회는 도덕성 및 업무 적합성을 검증함으로써 장관과 검찰총장 인사의 정당성을 제고하기 때문에 검찰의 정치적 중립 가능성을 높인다. 국회의 인사청문회와 국민의 여론에 의한 검증을 통해 최악의 인사를 방지할 수 있고 부족한 민주적 정당성을 보충하는 기능도 한다.

둘째, 검찰총장을 제외한 모든 검사 직급을 일원화해서 검찰총장과 검사로 구분했다2004년 1월 20일 검찰청법 제6조 개정. 검찰총장을 제외한 검사 직급의 일원화는 검찰의 관료 조직화를 완화시킨다. 검사 직급의 일원화는 검찰 상부를 장악한다고 하더라도 검찰 전체를 장악할 수 없도록 만드는 완충 작용을 한다. 관료주의를 완화하면 조직은 그만큼 민주화된다. 촘촘히 짜여진 관료적 위계질서는 상명하복을 제도적으로 완성시키기 때문이다. 검사들이 승진에 매달리면서 위법·부당한 상사의 명령에 따르는 폐단이 사라질 수 있게 되는 것이다.

셋째, 검사동일체 원칙 규정을 개정하여 검찰 사무에 관한 지휘·감독관계로 개정했다2004년 1월 20일 검찰청법 제7조 개정. 이미 살펴본 바와 같이 검사동일체 원칙은 검찰 조직의 적극적인 구성 원리는 아니다. 검사들의 외부적 의사 표시에 통일성을 부여하기 위해 마련된 이론일 뿐이다. 그러나 검사동일체 원칙은 검찰을 군대와 유사한 조직으로 만들어 일사불란한 지휘체계가 마치 본질적인 것으로 오해하게 만드는 역할을 한다. 이로써 정치권력이나 검찰 상층부의 위법하고 부당한 명령이 하위직 검사에게까지 관철된다. 검사동일체 원칙을 삭제하는 것은 당연하다.

넷째, 검사 보직과 관련해 법무부 장관이 검찰총장의 의견을 들어 대통령에게 제청하도록 했다2004년 1월 20일 검찰청법 제34조 제1항 개정. 검사는 국민의 가장 기본적인 인권인 생명과 신체의 자유를 직접 다루는 업무를 한다. 따라서 국가의 행정권 일부를 이루면서도 다른 기관에 비해 더욱 헌법과 법률, 그리고 인권에 구속되지 않으면 안 된다. 그렇기 때문에 인사권을 가진 정치권력에 의해 인사를 하되 상대적으로 독립성을 존중하고 보장할 필요가 있다. 검찰의 인사권은 대통령이 행사하되 대통령의 권한을 침해하지 않는 범위 내에서 검찰의 의견을 반영할 수 있는 틀을 마련하는 것은 검찰의 정치적 중립을 보장하는 방법 중 하나이다. 그러나 이 제도가 검사의 인사권을 검찰이 행사하는 것, 혹은 민주적 정당성을 갖는 권력의 견제와 감시를 배척하는 것으로 확대되거나 왜곡되어서는 안 된다. 실제로 이 제도가 검찰총장이 지속적으로 검찰의 개혁 인사에 반발과 도전을 하게 된 주요한 근거가 되었다고 강금실 장관은 보고 있다. 검찰의 정치적 중립 보장이라는 수동적인 제도가 검찰의 민주적 통제를 배척하는 공격적인 제도로 변할 수 있다는 점을 보여주는 경우이다. 검찰에 대한 문민통제의 원칙이 흔들려서는 안 된다.

다섯째, 검찰인사위원회를 자문기구에서 심의기구로 격상시켜 검찰 인사의 공정성을 제고했다2004년 1월 20일 검찰청법 제35조 제1항 개정. 검찰인사위원회는 정치권력에 의한 검찰 인사의 전횡을 막기 위한 기구이다. 검찰 인사가 검찰의 관료적 조직 이기주의에 의해 이루어지는 것을 막는 기능을 한다. 이런 의미에서 검찰인사위원회에 외부 인사가 참여하는 것은 필요할 뿐 아니라 필수적이다.

여섯째, 검사적격심사 제도를 도입해 모든 검사는 임명 후 7년마다 검사적격심사위원회에서 적격심사를 받도록 했다2004년 1월 20일 검찰청법 제39조 개정. 검찰에 대한 정치적 중립 보장과 함께 부적격 검사에 대한 퇴출 방안 역시 필요하다. 검찰의 정치적 중립이 곧 무능한 검사나 정치검사에 대한 면죄부가 되어서는 안 되기 때문이다.

이상의 내용은 검찰의 정치적 중립을 위한 기초적인 제도 개혁에 해당한다. 검찰 조직을 민주적으로 구성해 정치권력의 사적인 요구에 대응할 수 없도록 만드는 기본적인 제도 개혁인 것이다. 검찰의 정치적 중립이 검찰개혁의 출발점에 해당하기 때문에 검찰청법 개정의 의의는 결코 작지 않다. 검찰이 처음부터 끝까지 이런 제도 개혁에 반대한 것은 검찰청법 개정이 검찰의 기득권을 박탈하기 때문이다.

제도적 과제는 달성했으나 개혁은 부족했다

참여정부는 검찰개혁 과제 중 검찰의 정치적 중립을 보장하는 과제는 거의 모두 달성했다. 참여정부는 정검유착을 단절하기 위해 검찰의 수사나 권한 행사에 일체의 물리적 간섭을 하지 않았다. 노무현 대통령의 의지가 워낙 분명했기 때문이다. 그리고 검찰청법 개정에서 보듯이 정치적 중립 보장을 위한 제도적 과제도 거의 완수했다.

하지만 검찰의 정치적 중립은 이루어지고 있지 않다. 정치권력에 의한 중립 보장도 이루어지지 않았고, 검찰의 정치적 편향도 교정되지 않았다. 검찰의 형사절차상 권한 집중 현실도 변하지 않았다. 오히려 참여정부 이후 정치권력과 검찰의 결탁은 노골화되었고 정치검찰은 정권의 주구가 되어버렸다. 이 모순은 무엇을 의미하는가? 정치적 중립과 관련한 제도들이 정치적 중립을 확립하기에는 미흡했기 때문이다. 왜 그런가?

정치적 중립과 관련한 제도적 과제의 약점

우선, 정치적 중립과 관련한 제도들이 정치적 중립을 보장하는 데 불충분하기 때문이다. 검찰총장 인사청문회는 검찰총장 지명 이후 이루어지는 절차이기 때문에 소극적으로 최악의 인사를 배제하는 데 적합할 뿐 적극적으로 검찰의 정치적 중립에 적합한 인물을 선정하는 제도가 아니다. 검사 직급의 일원화도 제도상으로 이루어졌을 뿐 실제 직위에서의 차이는 그대로 존속하고 있다. 그래서 그 효과가 즉시 나타나지 않는다. 검사동일체 원칙의 폐지는 이미 살펴본 대로 한계가 있다. 검사동일체 원칙이 검찰 조직 구성의 적극적인 원칙이 아니기 때문에 삭제한다고 해서 당장의 효과를 얻기는 어렵다.

검사 보직 시 검찰총장의 의견개진권은 검찰의 정치적 중립에는 도움이 되지만 지나치게 검찰총장의 의견에 구속되면 검찰의 민주적 통제를 포기하는 결과가 된다. 그리고 검사적격심사제는 검찰의 정치적 중립 보장을 위한 기본 제도이지만 검찰의 정치적 중립과 직접적인 관련은 없다. 검찰인사위원회의 지위를 격상시키고 외부 인사를 참여하도록 한 것은 검찰의 정치적 중립을 보장하는 데 도움이 되지만 역시 불충분한 제도이다. 즉, 전문적인 영역에 일반 시민이 참여하게 되는 경우 일반 시민은 해당 기관을 견제하고 감시하는 데 매우 큰 어려움을 느낀다. 따라서 전문가가 아니라면 검찰을 견제하는 역할을 수행하는 것은 쉽지 않다. 정보의 공개도 제한적일 뿐 아니라 공개된 정보를 해석하는 일도 쉬운 일이 아니다.

이상과 같이 검찰의 정치적 중립을 위한 제도적 개혁 방안은 그 자체로 각각 한계와 약점을 안고 있다. 모두 정치적 중립을 위한 소극적인 개혁 방법인 것이다. 마지막으로 이들 제도의 공통적인 약점은 정치적 중립 보장이 민주적 통제와 결합되지 않으면 순간적으로 통제의 공백이 생긴다는 점이다. 그 결과는 검찰 권한 확장이다.

정치적 중립은 민주적 통제 시스템과 함께해야

정치적 중립의 제도적 보장과 현실의 미정착 모순은 검찰의 정치적 중립과 함께 검찰 권한의 민주적 통제 시스템이 마련되었어야 한다는 것을 말한다. 검찰의 정치적 중립 보장은 순간적으로는 검찰이 보다 많은 권한을 행사하도록 한다. 최소한 정치권에서 이루어졌던 견제와 감시 시스템이 작동하지 않기 때문이다. 그리고 인사권에 개입할 수 있는 검찰의 권한을 증대시킨다. 그런데 검찰은 한국에서 이미 충분히 강력한 권한을 보유하고 있다. 나아가 기득권 세력으로서 일정한 정치적 편향을 가지고 있다. 이 상태에서 정치권의 견제와 감시가 작동하지 않고 검찰의 자율성이 높아지면 검찰은 그 누구도 손을 댈 수 없게 된다. 검찰은 강화된 권한을 국민을 위해서가 아니라 기득권 지키기에 사용해왔다. 검찰의 대검 중수부 폐지 반대가 바로 그런 경우이다. 검찰은 참여정부의 대검 중수부 폐지에 극력 저항했다. 대선자금 수사를 하는 것과 중수부를 해체하는 것은 전혀 다른 문제이다. 그러나 검찰은 이를 결부시켜 중수부 해체에 반대했다. 지금도 검찰은 대검 중수부 폐지에 반대하고 있다. 참여정부 당시와 조금도 변한 것이 없다. 권력기관이 확대된 권한을 자제할 가능성은 없다. 이 때문에 민주적 통제, 감시와 견제 시스템 구축을 이야기하는 것이다.

검찰의 정치적 중립 보장은 검찰 권한에 대한 견제와 분산 시스템 구축과 함께 이루어져야 한다. 특히 한국의 검찰은 권한이 초집중되어 있을 뿐 아니라 극도로 정치화되어 있다. 그리고 한국의 검찰은 관료적 조직 이기주의로 뭉쳐 있다. "군대보다 상명하복 시스템을 더 잘 갖추고 있는"천정배 집단인 것이다. 따라서 검찰의 권한을 견제하고 분산시켜야 하고 검찰 권한이 집중되는 것에 경계해야 한다. 검사 보직에 대한 검찰총장의 의견개진권을 강금실 장관은 이렇게 설명한다.

"검찰청법을 개정할 때 검사 보직과 관련해서 검찰총장의 의견을 듣는다고 돼 있는 것은 굉장히 잘못된 조항입니다. 인사권은 장관에게 있고 검찰총장에게는 없는 것입니다. 검찰총장은 최종 수사권은 가지고 있되 그 권한을 견제하기 위해서 법무부 장관이 구제석인 사건에 대해 지휘 감독권을 가지고 있습니다. 검찰총장에게 인사에 대해 의견개진권을 준 것은 인사권자가 지나치게 수사권을 흔들 경우를 대비해서 수사의 총책임자인 검찰총장에게 간섭할 수 있는 공간을 준 것이지요. 그렇지만 그것은 명문화될 수 없는 것입니다. 그게 명문화되는 순간 검찰의 권한이 너무 강해집니다. 기소, 수사, 인사에 대한 의견개진권까지 보장해주면 검찰의 권한이 너무 세지는 것입니다."

강금실 장관은 검찰의 권한이 충분히 분산되고 견제, 감시되지 않는 상태에서 인사 권한까지 검찰에게 부여하면 검찰의 권한이 확대된다는 점을 정확하게 지적하고 있다. 검찰이 자신의 권한을 자제해본 경험이 없는 상태에서 정치적 중립이라는 이름하에 권력에 의한 민주적 통제마저 없어지게 된다면 이것은 검찰 권한의 확대에 지나지 않는다.

검찰의 정치적 중립만으로는 검찰의 문제점을 해결할 수 없다. 검찰의 문제점을 해결하기 위해서는 검찰 권한의 견제와 분산을 위한 큰 제도적 개혁과 함께 정치적 중립 보장 시스템을 마련해야 한다. 그런데 참여정부는 정치적 중립을 우선했고 검찰 권한의 분산, 견제와 감시를 위한 개혁 과제는 달성하지 못했다. 남은 검찰개혁 과제는 정치적 중립 보장과 함께 검찰 권한의 견제와 분산 시스템을 마련하는 것이다.

검찰의 권한과 정치화

본질적으로 한국의 검찰이 정치화 경향을 보이는 것은 검찰의 권한이 집중되어 있기 때문이다. 한국의 검찰이 세계적으로 유례없이 막강한 권한을 가지고 있는 것은 이미 여러 차례 설명했다. 이렇게 막강한 권한을 가지기 때문에 정치권력은 검찰을 정치적으로 이용하고 검찰은 정치권력의 요구에 부응하면서 자신의 권한을 적극 확대했다.

검찰이 이미 충분히 많은 권한을 가지고 있는데 또 다른 권한을 확대한다는 것이 모순인 것 같지만 두 개의 권한은 서로 다르다. 검찰이 원래 가지고 있는 권한은 형사절차상의 권한으로서 법률이 보장하는 것이다. 그러나 검찰이 확대하고자 하는 권한은 법률적인 권한이 아니라 정치적인 영향력이나 기득권과 같은 비법률적인 권한이다. 검찰의 정치적 영향력이나 기득권은 정치권력을 위해 형사절차상의 권한을 사용하면서 획득한 것이다. 그랜저 검사 사건이나 스폰서 검사 사건에서 보는 바와 같이 그 정도가 자신의 이익이나 스폰서의 이익을 위해 사용하는 지경에 이르렀다. 최소한의 양식도 없어져버렸다. 검사의 형사절차상 권한을 바탕으로 정치적 영향력이나 기득권이 확대된 결과, 일제하에서는 '검존판비' 현상, 해방 후에는 판검사가 아닌 검판사라고 부르는 현상까지 발생했다.

정치적 중립과 정치적 책임은 다른 문제

일부에서는 검찰의 정치적 중립을 보장하기 위해서는 정치권의 민주적 통제마저 배제해야 한다고 주장한다. 논자에 따라서는 외부의 시민사회나 여론으로부터도 완전히 독립되어야 한다고 주장한다. 정치적 중립, 정치적 독립이라는 말 속에는 외부의 비판이나 통제가 바람직하지 못하다는 의미가 포함되어 있다. 하지만 정치적 중립은 검찰이 외부의 부당한 간섭으로부터 업무의 순수성, 업무의 법률구속성을 지키기 위한 소극적, 방어적 개념일 뿐이다. 외부의 민주적 통제나 책임 추궁을 배제하는 적극적, 공세적 개념이 아니다. 만일 정치적 중립을 적극적, 공세적 개념으로 사용하는 경우 검찰은 국민의 통제도 받지 않는 무소불위의 '검찰 파쇼'가 될 것이다. 정치적 중립이 정치적 독립을 거쳐 행정적, 조직적 독립, 검찰의 완전한 독립으로 확대 해석되는 것은 경계해야 한다.

검찰총장의 임기제는 정치적 외압에서 검찰을 지키기 위한 제도이지 자신이나 검찰의 잘못에 대해 임기 동안 책임을 지지 않기 위한 것이 아니다. 임기제를 이유로 책임마저 거부한다면 이것은 정치적 중립을 악용하는 것이다. 하지만 권력기관의 총수가 스스로 책임을 지는 것과 임명권자가 책임을 물어 임기 전에 해임하는 것은 다른 문제이다. 만일 임명권자인 대통령이 사안의 중대성을 이유로 해임을 한다면 이것은 국민에 대한 책임정치는 될 수 있으나 임기제를 존중하지 않는 결과가 된다. 그렇다고 사안이 중대한데도 권력기관의 장이 계속 자리를 유지한다면 국민 여론을 역행하는 것이고 국민에 대한 책임을 다하지 못하는 결과가 된다. 일종의 딜레마 상황이다. 참여정부 임기 동안 검찰총장과 관련해서는 이런 일이 발생하지 않았다. 하지만 비슷한 권력기관인 경찰의 경우 이런 상황이 벌어졌다.

농민 사망 사건과 허준영 청장의 사표

2005년 12월 15일 시위 도중 전용철, 홍덕표 두 농민이 사망하는 불행한 사건이 발생했다. 쌀 협상 비준 반대 시위 도중에 경찰의 과잉 진압에 의해 사망한 것이다. 국가에 의한 불법 행위였다. 국가와 경찰이 책임을 지지 않을 수 없었다. 국가는 국민의 인권을 보장하기 위해 존재하는 것이지 국민의 생명을 빼앗을 권리는 없기 때문이다.

노무현 대통령은 2005년 12월 27일 직접 대국민 사과문을 발표했다. 노무현 대통령이 이 문제를 얼마나 무겁게 보고 있었는가를 알 수 있다. 도덕적 정당성만이 유일한 통치 수단이라고 생각하고 있었으므로 노무현 대통령의 실망은 더욱 컸다.

"존경하는 국민 여러분, 시위 도중 사망한 고 전용철, 홍덕표 두 분의 사인이 경찰의 과잉 행위에 의한 결과라는 인권위원회의 발표가 있었습니다. 그리고 경찰은 이 조사 결과를 수용한다는 입장을 발표했습니다.
참으로 유감스러운 일입니다. 국민 여러분께 머리 숙여 사죄드립니다. 그리고 돌아가신 두 분의 명복을 빕니다. 유가족 여러분께도 깊은 사죄 말씀을 드리고 아울러 위로의 말씀을 드립니다.
인권위원회의 권고에 따라 정부는 책임자를 가려내어 응분의 책임을 지우고, 피해자들에 대해서는 적절한 절차를 거쳐 국가가 배상을 하도록 하겠습니다. 그리고 나시는 이런 일이 발생하시 않도록 한 번 더 다짐하고 또 교육을 강화하도록 하겠습니다.
저의 이 사과에 대해서는, 시위대가 일상적으로 휘두르는 폭력 앞에서 위험을 감수하면서 힘들게 직무를 수행하는 경찰의 사기와 안전을 걱정하는 분들의 불만과 우려가 있을 수 있을 것입니다. 특히 자식을 전경으로 보내놓고 있는 부모님 중에 그런 분들이 많을 것입니다. 또 공권력도 사람이 행사하는 일이라 자칫 감정이나 혼란에 빠지면 이성을 잃을 수도 있는 것인데, 폭력시위를 주도한 사람들이 이와 같은 원인이 된 상황을 스스로 조성한 것임에도 경찰에게만 책임을 묻는다는 것은 불공평하다는 비판이 있을 수도 있을 것입니다.
그러나 공권력은 특수한 권력입니다. 정도를 넘어 행사되거나 남용될 경우에는 국민들에게 미치는 피해가 매우 치명적이고 심각하기 때문에 공권력의 행사는 어떤 경우에도 냉정하고 침착하게 행사되도록 통제되지 않으면 안 됩니다. 그러므로 공권력의 책임은 일반 국민들의 책임과는 달리 특별히 무겁게 다루어야 하는 것입니다. 이 점을 국민 여러분과 함께 공직사회 모두에게 다시 한 번 명백히 하고자 합니다.

아울러 말씀드리고 싶은 점은 쇠파이프를 마구 휘두르는 폭력시위가 없었다면 이런 불행한 결과는 없을 것이라는 점입니다. 이 점에 관해서는 정부와 시민사회가 함께 머리를 맞대고 진지하게 대책을 마련해나가야 할 것입니다. 정부도 이전과는 다른 대책을 세우도록 하겠습니다.

국민 여러분, 다시 한 번 송구스럽다는 말씀과 함께 다시는 이런 일이 생기지 않도록 철저히 대비하겠다는 다짐을 드립니다. 감사합니다."

노무현 대통령은 농민의 사망에 고도의 사과를 표명했다. 책임자 처벌과 국가의 충분한 배상, 재발 방지 대책도 약속했다. 그러나 노무현 대통령은 허준영 경찰청장 문책과 관련해서는 "지금 제도상 대통령이 경찰청장에 대한 문책인사를 할 수 있는 법적 근거나 권한을 갖고 있지 않다"며 "나머지는 정치적 문제이며, 대통령이 권한을 갖고 있지 않으면 본인이 판단할 수밖에 없다"고 말했다. 경찰청장의 임기제를 존중한다는 입장을 명확히 한 것이다. 문재인 전 비서실장의 설명이다.

"경찰에 의한 시위 농민 사망 사건은 대단히 잘못됐고 그 잘못된 부분에 대해서 경찰청장의 사과도 있었고 대통령님도 사과하셨죠. 당연히 사과를 해야 할 일이었습니다. 다만 경찰청장 경질 문제는 다르게 생각하셨습니다. 경찰청장을 경질하는 방식으로 경찰청장 개인을 문책해야 하느냐에 대해서는 다른 문제로 보셨죠."

노무현 대통령은 경찰청장의 임기제를 존중하여 경찰청장의 경질을 고려하지 않았다. 법률로 보장된 임기제를 정치적인 이유로 흔들어서는 안 된다고 생각했던 것이다. 대통령 스스로가 대국민 사과를 할 정도였기 때문에 사안을 가볍게 생각한 것은 결코 아니다. 노무현 대통령에게 경찰청장의 임기제는 경찰의 정치적 중립의 징표였기 때문에 이를 중시하는 결정을 내린 것이다.

이 사건은 같은 달 29일 허준영 경찰청장이 사표를 제출하고 노무현 대통령이 이를 수리함으로써 종결된다. 대통령은 임기를 존중하고 경찰청장이 스스로 사안의 중대성을 깨닫고 사임한 것이다. 경찰의 정치적 중립을 위한 임기제와 책임정치의 원리가 타협을 본 것이다.

이 사례에서 보듯 검찰, 경찰과 같은 권력기관의 정치적 중립은 다른 가치에 의해 제약을 받는다. 국가기관인 이상 국민에게 책임을 지지 않으면 안 된다. 검찰총장도 2002년 서울지방검찰청에서 고문으로 인한 피의자 사망 사건이 발생했을 때 사임한 바 있다. 이것은 제도만으로는 정치적 중립을 보장할 수 없다는 점을 보여준다. 권력기관이 스스로 자신의 권한이 제한적임을 깨닫고 국민과 다른 기관을 존중하는 분위기를 만들지 않으면 안 된다. 국민에 대한 존중, 봉사의 정신이 없는 정치적 중립은 존재하기 어렵다.

인사청문회의 위력

정치적 중립을 보장하기 위한 제도적 장치가 부족하다고 하더라도, 그리고 정치적 중립과 권한의 분산이 함께 이루어져야 한다고 하더라도 제도 개혁의 의의를 과소평가해서는 안 된다. 그 대표적인 예가 인사청문회이다. 인사청문회는 검증을 통해 부적격한 인물을 발견해서 그 임용을 좌절시키는 효과가 있다.

2009년 천성관 검찰총장 후보자가 대표적인 사례이다. 천성관 후보자는 인사청문회 제도로 인해 부적격성이 드러났다. 천성관 후보자는 위장전입 주민등록법 위반, 특정 사업가와의 유착 의혹 포괄적 뇌물수수, 고급 아파트와 고급 승용차 등 재산 형성 과정의 의문, 스폰서의 존재, 아들의 병역비리 의혹 등 많은 비리가 있다는 것이 드러났다. 그리고 공안부 출신으로서 국민의 기본 인권을 침해하고 공정성을 상실한 편파 수사를 한 사실도 드러났다. 천성관 후보자는 낙마했다. 그러나 만일 인사청문회 제도가 없었다면 천성관 후보자는 검찰총장으로 그대로 임명되었을 것이다.

인사청문회 제도와 같이 검찰청법 개정으로 나타난 검찰의 정치적 중립을 위한 제도는 적극적으로 검찰을 개혁하는 것이라기보다는 소극적으로 검찰이 악화되는 것을 방지하는 역할을 한다. 검찰의 후퇴를 방지하는 최소한의 안전판이고 장래의 검찰개혁을 위한 발판인 셈이다. 검찰이 정치권력의 하수인이 되는 최악의 상태를 막아주는 기본 역할을 한다. 여기에 더해 검찰의 정치적 중립을 위한 대통령의 철학과 검찰총수의 태도 등이 반영된다면 검찰개혁은 새로운 동력을 얻을 수 있다. 이런 측면에서 정치적 중립에 관한 제도적 개혁 성과를 의미 없는 것으로 보는 것은 정치적 중립에 대한 오해에 기초한 평가이다.

한편, 인사청문회 제도를 민주적 정당성이라는 측면에서도 볼 필요가 있다. 국민의 의사가 검찰총장 임용에 반영되어야 한다는 측면에서 본다면 인사청문회 제도는 국회의 검증 절차를 거침으로써 간접적으로 국민의 의사를 반영하는 제도이다. 하지만 이것을 두고 국민의 의사가 반영되었다고 하기에는 너무 미약하다. 이중 삼중의 간접적인 경로이기 때문이다. 한국의 사법부와 검찰은 민주적 정당성이 지극히 취약하다. 이 때문에 사법부와 검찰의 권위나 신뢰가 문제된다. 검찰에 대한 불신도 여기에서 비롯되는 측면이 강하다. 따라서 민주적 정당성을 더 확보하기 위한 새로운 제도가 필요하다.

조직과 문화를 바꾸려면 시간이 필요하다

검찰의 정치적 중립을 위한 제도가 취약하다고 느끼는 또 다른 이유는 정치적 중립이 제도의 문제만이 아니라 문화의 문제이기 때문이다. 즉, 정치적 중립이 안정화되고 정착되려면 검찰 조직의 성격이 변화해야 한다. 그런데 이것은 시간이 필요한 문제이다. 제도의 변화는 단기간에 이루어질 수 있지만 조직의 변화는 인적 구성의 변화나 문화의 변화까지 이루어져야 하므로 시간이 걸린다.

그렇다고 제도의 개혁이 쉽고 문화의 변화가 어렵다거나 혹은 문화의 변화가 중요하고 제도 개혁은 중요하지 않다는 것은 아니다. 제도의 개혁도 어렵고 중요하다. 문화의 개혁 역시 그러하다. 핵심은 제도 개혁을 조직이나 문화의 변화, 인적 쇄신까지 끌고 갈 수 있는 일관된 정책과 개혁이 필요하다는 점, 그리고 조급하게 생각할 것 없이 개혁 과제를 꾸준히 진행해야 한다는 점이다.

참여정부는 제도적 개혁 과제는 일관되게 추진했다. 하지만 법무부 장관을 일관되게 임명하지 못한 사실에서 확인할 수 있는 것처럼 법무부나 검찰의 조직문화를 바꾸는 것, 인적 쇄신까지를 일관되게 추진하는 것에는 한계가 있었다. 검찰개혁의 직접 담당자인 법무부 장관의 임명이나 검찰 내부 개혁과 정치적 중립, 검경수사권 조정 등에서 일관성이 부족한 점이 발견되기 때문이다.

하지만 더 큰 문제는 참여정부의 검찰개혁을 다음 정부가 계속 이행하지 않은 점에 있다. 참여정부는 제도 개혁에 따른 성과를 확인할 절대적인 시간이 부족했다. 개혁은 한 정부 내에서 완료할 수 있는 것이 아니다. 조직과 문화까지 개혁하는 경우에는 더욱 장시간이 필요하다. 참여정부에 지적할 부분과 다음 정부에 지적할 부분은 구분해야 한다.

06

검찰과 정치

　참여정부는 검찰의 정치적 중립을 위한 거의 모든 제도 개혁을 완수했다. 그런데 다시 정치검찰이 등장했다. 그 이유는 이미 살펴본 바와 같이 정치적 중립을 위한 제도들이 충분한 중립 보장의 장치가 아니라는 점, 검찰에 대한 정치적 중립 보장이 민주적 통제와 함께 이루어지지 않으면 오히려 검찰 권한의 확대로 이어진다는 점 때문이었다.

　그러나 본질은 더 심오한 곳에 있다. 검찰과 정치가 매우 긴밀한 관계에 있다는 것이다. 검찰은 공권력 행사기관 중 가장 합법적이고 가장 강력한 조직이다. 이것은 수사나 기소권한을 모두 갖고 있다는 점에서 확인할 수 있다. 공권력 행사기관 중 중추이고 법치주의가 발전하면 할수록 더욱 중요해진다. 검찰은 현대 국가의 통치에서 빠질 수 없는 조직이다. 독일과 일본의 역사에서 확인할 수 있는 바와 같이 후진국이 국가 주도의 근대화를 하기 위해서는 검찰의 힘을 동원하지 않을 수 없다. 법을 통한 지배라는 법치주의와 국가의사 관철이라는 국가주의를 연결할 수 있는 유일한 조직이 검찰이기 때문이다. 검찰은 항상 국가, 정부, 정치와 긴밀하게 결합되어 있다.

검찰은 원래 정치적이다

검찰의 업무 자체가 정치적이다. 검찰의 정치성을 완전히 부인할 수 있는 방법은 없다. 대륙법체계에서 검찰이 탄생한 이유는 행정부가 법원을 통제하기 위해서였다. 국가의 이해관계를 사법부에 반영시켜 통치를 효율적으로 하기 위해서 검찰제도를 도입했다. 특히 독일의 경우 법원의 업무 집행이 전체주의 국가의 이익에 봉사해야 한다는 필요에 의해 검찰제도가 도입되었다. 그래서 검찰을 두고 법률의 감시자라고 부르는 것이다. 따라서 국가가 중심이 되어 급속히 근대화해야 하는 시기나 국가주의, 전체주의가 강조되는 경우 검찰의 권한은 극적으로 확대되었다. 독일 나치 시대나 일본의 군국주의 시대에 검찰이 사상검찰, 경제검찰을 거쳐 국가통치의 중추가 된 것은 바로 이 때문이다.

검찰은 행정부이면서 사법부를 통제하기 위해 재판으로 법원을 감독하고 법원의 재판에 불만이 있으면 상소하는 역할을 한다. 검찰은 본질적으로 행정부로서 비정치적인 법원을 정치적인 이유로 견제하기 위해 탄생한 것이다. 검찰이 본래 정치적이라는 점에 대해 강금실 장관은 자신이 겪은 바를 다음과 같이 설명하고 있다.

"그런데 법무부 장관은 굉장히 정치적인 자리예요. 법무부가 국회, 청와대, 검찰 사이에 조정을 해야 하는 자리거든요. 국회와의 관계에서는 검찰을 대변해야 하고 청와대와의 관계에서는 거의 빠지는 회의가 없을 정도입니다. 사실상 법률자문기구잖아요. 모든 회의에 들어갈 정도로 정치적으로 중요한 자리이고 더군다나 검찰이라는 가장 권력이 강한 기관을 지휘 감독하기 때문에 정치성이 굉장히 고감도로 요구됩니다. 이렇게 법무부 장관이 정치적으로 민감한 자리이기 때문에 오래 못 가는 것 같아요. 법무부 장관이 단명하는 것은 아직은 검찰이 정치적으로 이용되는 우리나라 정치 상황이 후진국형이기 때문이라고 봅니다."

강금실 장관의 설명은 법무부가 정치적이라는 것이지만 검찰 역시 동일한 이유로 정치적이다. 검찰이 정치적인 이유는 가장 많은 권한을 가지고 있으면서 정치권력의 유지에 가장 중요한 역할을 하기 때문이다.

검찰개혁을 하는 데 검찰의 정치성을 인정할 필요가 있다. 즉 검찰이 국가나 정치권력의 운명에 관련되는 중요한 사건을 처리할 수밖에 없고 국가의 정책을 법률로 집행해야 한다는 정치성을 인정한 다음, 그 권한을 어떻게 민주적으로 통제할 것인가를 고민해야 한다. 이런 입장을 취해야만 검찰에 대한 정치적 중립과 민주적 통제의 과제를 조화롭게 해결할 수 있다. 그렇지 않고 정치성을 부인하면 검찰이 마치 법원과 같은 비정치 집단이 되어야 한다는 결론에 이르게 된다. 검찰개혁에서 정치적 독립이 가장 중요한 요소가 되고 나아가 인사, 조직, 예산의 독립을 거쳐 완전한 독립이라는 목표를 세우게 된다. 그러나 이것은 이미 설명한 바와 같이 검찰의 완전 독립론으로서 검찰의 권한이 오히려 강화되는 결과를 초래한다. 검찰의 정치성을 인정하되 이것을 어떻게 통제할 것인가, 정치적 중립을 어떻게 보장할 것인가 하는 점이 검찰개혁의 핵심이다.

검찰의 정치적 편향

검찰은 참여정부가 끝나자마자 마치 기다렸다는 듯이 다시 정치권력과 손을 잡고 통치의 주체로 떠올랐다. 대검찰청 중앙수사부를 통한 노무현 대통령 수사가 이를 증명한다. 정치검찰 복귀 현상은 검찰의 문제가 단순히 정치권력만의 문제로 축소되지 않는다는 것을 강력하게 시사한다. 검찰이 충분히 정치적으로 중립화되었다면 검찰은 반대파 제거를 위한 정치적 수사에 저항할 수도 있었을 것이다. 검찰에게는 헌법과 법률이라는 무기, 인권이라는 무기가 있다. 따라서 편향적이고 정권의 사적 이익을 위한 수사는 거부할 수 있고 또 마땅히 거부해야 한다. 하지만 검찰은 그렇게 하지 않았다. 오히려 적극적으로 정치권력의 요구에 부응했다. 상층부 일부 정치검사만 권력지향적이었던 것이 아니라 검찰 자체가 권력지향적이었던 것이다.

검찰의 정치화와 권력지향성, 이것이 참여정부와 검찰의 관계가 불편했던 궁극적인 원인이다. 한국에서 검찰은 충분히 정치화되어 있어 정권에게 특별대우를 요구해왔다. 검찰은 최고의 권력기관으로서 정치권과 소통하면서 함께 통치하는 주체이기 때문이다. 군부독재가 무너진 이후에는 정치권력과 검찰이 함께 통치를 해왔으므로 정치권력이 검찰을 특별대우할 수밖에 없었다. 이것이 정권과 검찰의 유착관계, 정검유착이다.

그런데 노무현 대통령은 이것을 거부했다. 노무현 대통령은 "나는 절대로 검찰 신세를 안 지겠다고 작심"했는데 그 이유는 "검찰이 내 살림을 살아주면 자기도 또 뭘 누리는 게 있어야" 하기 때문이었다. 다시 말하면 "검찰에 의지하다보면 검찰에게 뭔가 특별한 권력을 주어야 하고, 그 검찰은 국민 위에 군림"하게 되므로 검찰과의 공동통치를 거부했다. 정경유착의 거부가 재벌에 대한 특혜를 거부하는 것이었듯이 성검유착을 거부한 것은 곧 검찰에 대한 특별대우를 거부하는 것이다.

노무현 대통령은 검찰과 손을 잡는 것, 혹은 검찰을 정치적으로 이용해 통치에 활용하는 것이 구조적으로 불가능하다고 보았다. 노무현 대통령은 "검찰과 손잡으면 청와대에서 걸어서 못 나온다고 생각"했는데 이것은 검찰이 "사고를 묻어놨다가 말년에 와서 크게 터트리는 것"을 우려했기 때문이다. 또한 "검찰하고는 절대 손잡지 않았습니다. 장악하지 않는다가 아니라 손잡지 않는다는 거였죠. 검찰은 장악되는 데가 아닙니다. 검찰 조직이 일사불란한 것도 아니고요"라고 말한 바도 있다. 검찰이 정치적으로 중립되어 있지 않는 한 검찰을 동원한 정치보복이 반복될 것임을 이미 잘 알고 있었던 것이다. 노무현 대통령은 검찰의 정치적 중립 보장이 검찰로부터 정치를 보호하는 것이라고 생각했다.

검찰의 입장에서도 정치적 중립은 거부할 이유가 없다. 하지만 문제는 특별대우, 기득권이었다. 정치적 중립을 보장하는 대신 검찰이 그동안 누렸던 권한, 즉 정권과 함께 통치하는 권력을 내놓도록 요구하자 검찰은 반발했다. 노무현 대통령은 검사들의 특별대우 요구를 거부했다. 특별대우를 바라지 말고 민주적 통제를 받으면서 국민의 검찰이 될 것을 요구했다. 이것이 검찰로서는 불편했다. 여기에 참여정부와 검찰의 불편한 관계의 핵심이 있다. 검사들이 역사상 검찰의 정치적 중립을 위해 가장 많은 개혁을 한 참여정부를 조직적인 차원에서만이 아니라 개인적으로도 불편하게 생각하고, 검찰의 정치적 중립을 침해해온 정권을 편안하게 여긴 이유는 여기에 있다.

민주주의가 취약하면 검찰의 힘은 커진다

검찰의 정치적 편향은 우리의 역사에서도 찾을 수 있다. 민주주의가 취약할 때 검찰 권한이 막강했고 민주주의가 발전하면 축소되었다. 식민지 당시 막강했던 일본 검찰과 경찰의 권한, 군부독재 및 권위주의 시절의 검찰의 권한이 이를 잘 보여준다. 이에 대해 일제나 군부독재 시기에는 검찰보다는 경찰이나 정보기관의 힘이 더 강했다는 반론을 제기하는 사람도 있을 것이다. 그러나 당시 경찰이나 정보기관은 모두 검찰의 지휘를 받았다는 점, 더 구체적으로는 경찰이 검찰의 지휘 하에 수사를 했다는 점을 잊어서는 안 된다. 검찰이 경찰과 정보기관의 위법 행위를 사후 추인했다는 점도 중요하다. 그리고 경찰과 정보기관의 무단통치는 법치주의가 발전하고 최소한의 민주적 절차가 보장되면 더 이상 유지되기 힘들다. 그 기능은 검찰이 수행할 수밖에 없다. 위에서 본 바와 같이 법치주의와 국가주의를 연결시킬 수 있는 실력을 갖춘 곳은 검찰밖에 없다.

극단적으로 검찰의 권한이 강화된 예는 일본 군국주의 시대와 독일의 나치시대이다. 제2차 세계대전 당시 일본과 독일의 검찰은 여야를 막론하고 정치인과 사상범, 민중운동과 투쟁을 모두 반국가적 범죄로 규정하고 이를 처단하는 데 앞장섰다. 검찰 권한의 극대화는 검찰 수사권 확대, 경찰에 대한 수사지휘권 확대, 법원 견제 확대라는 방식으로 구체화되었다. 전향제도를 도입해 형의 집행단계까지 지배했다. 검찰이 형사사법 절차 전반을 지배하는 검찰사법이 완성된 것이다. 그 완성의 시기가 바로 사상 민주주의가 침해낭했을 때이다. 검찰 권한의 확대가 민주주의의 위기를 가속화한 점도 있다. 일본 군국주의와 독일 나치 시대의 검찰은 하늘에서 떨어진 존재가 아니다. 애초에 일본과 독일에서 검찰제도를 구상할 때 포함되어 있었던 검찰상이었다. 이것이 시대의 변화와 더불어 현재화된 것이다. 식민지 조선은 일본에 비해 훨씬 빨리 검찰의 수사권 강화, 경찰에 대한 수사지휘권 확보, 법원에 대한 견제 등이 정착되었으나 검사가 적었기 때문에 경찰의 권한 강화로 나타났다.

해방 이후에도 검찰 업무의 정치적 성격은 완화되지 않았다. 검찰이 원래 정치적인 사건을 해결하는 기관이기 때문이기도 했지만 민주주의가 취약했기 때문이다.

검찰은 2008년 검찰 창립 60주년을 맞아 20대 사건을 선정한 바 있다. 이 중 정치와 관련된 것은 ①1949년 현직 상공부 장관 독직기소 사건당시 상공부 장관이었던 임영신 등 관련자 16명을 수뢰죄로 처벌, 건국 이후 최초의 고위공직자를 상대로 한 수사, ②1956년 장면 부통령 암살 미수 사건 배후 규명 사건장면 부통령의 암살 미수 사건에 집권당인 자유당 간부 등이 개입했던 것으로 판명된 사건, ③1995년 12·12, 5·18 등 전직 대통령 관련 사건검찰은 당초 성공한 쿠데타는 처벌할 수 없다는 논리로 공소권 없음 처분을 했지만 특별법 제정 이후 처벌함, ④2003년 불법 대선자금 및 대통령 측근 비리 관련 사건2002년 대선과 관련, 대통령 측근 및 유력 대선후보 캠프 등에 전달된 거액의 뇌물 사건 등 4개, 정경유착 등 거대 부패 사건은 ①1966년 한국 비료 사카린 밀수 사건삼성 계열의 한국비료가 일본에서 사카린을 밀수한 사건, ②1982년 이철희·장영자 어음사기 사건유례없는 거액의 사기 사건으로 당시 영부인의 인척 등이 구속됨, ③1982년 명성그룹 사건명성그룹에 대한 탈세 횡령 사건, 전직 교통부 장관 등 뇌물수수 혐의 규명, ④1993년 슬롯머신 관련 비리 사건슬롯머신 대부 정모씨 등의 탈세 사실이 밝혀져 박철언 당시 의원 등 14명이 기소된 사건, ⑤1997년 한보비리 사건한보그룹 총수 정태수가 정관계에 거액의 뇌물을 제공한 사건, ⑥2001년 대우그룹 분식회계 비리 사건대우그룹 4개 계열사들의 41조 원 상당의 분식회계를 적발한 사건 등 6개, 민주주의나 인권과 관련한 것은 ①1969년 태영호 납북귀환 어부 간첩 사건, ②1982년 부산 미문화원 방화 사건부산 미문화원 방화로 인해 사상자가 발생한 사건으로 반미투쟁이 본격화된 사건, ③1986년 부천서 성고문 사건, ④1987년 박종철 고문치사 사건경찰 조사 단순 쇼크사로 보고된 사건을 사제단의 폭로와 두 차례의 재수사를 통해 당시 치안본부장을 구속한 사건, ⑤2002년 홍모 검사 독직 폭행 사건서울지방검찰청에서 수사 도중 검찰의 가혹행위로 피의자가 사망한 사건 등 4개이다. 나머지 사건은 1991년의 오대양 집단 변사 배후 규명 사건1987년 경기도 용인에서 발생한 사건으로 오대양 대표박모씨 등 32명이 변사체로 발견된 사건, 1994 지존파 연쇄납치 살인 사건 감옥과 소각로를 만들어놓고 5명을 연쇄 납치해 살인한 사건, 1999년 대전 법조 비리 사건 변호사가 판·검사들에게 금품을 제공하면서 사건 처리를 부탁한 법조계 전관예우 사건, 2001년 IMF 공적자금 관련 비리 사건 IMF 사태 후 공적자금 투입기관의 비리를 파헤친 사건, 2002년 SK그룹 부당 내부거래 및 분식회계 비리 사건 비상장 주식을 이용한 부당 내부거래를 최초로 적발한 사건 이다. 검찰 스스로 선정한 사건 중 무려 15개가 정치와 민주주의, 인권과 직접 관련이 있는 것들이다. 이러한 사건들을 봐도 검찰 업무가 얼마나 민주주의, 인권, 정치와 긴밀하게 결합되어 있는지를 알 수 있다.

정치의 수준이 낮을수록 검찰 권한은 커진다

검찰 권한의 강화, 검찰 기득권의 확장 과정에서 정치는 매우 중요한 역할을 한다. 특히 정치의 부패는 검찰의 권한을 강화시키는 결정적 계기이다. 원칙적으로 정치는 검찰보다 우위에 있다. 국민의 선거로 선출된 권력은 민주적 정당성을 갖기 때문이다. 하지만 권력은 항상 부패할 가능성이 있다. 특히 금권정치에서는 부패나 정경유착이 필연적이다. 그런데 부정부패와 정경유착은 반드시 추방되어야 하고 그 과정에서 검찰과 같은 수사기관이 개입해야 한다. 법치주의가 확대되는 데 정치라고 예외일 수는 없다.

검찰이 부정부패 추방에 나서는 것은 문제가 아니다. 문제는 검찰이 이러한 정치권 관련 수사를 통해 스스로를 정치화하고 또 적극적으로 자신의 권한을 확대한다는 것이다. 정치개혁의 역할을 검찰이 담당하면서 정치권이 위축되고 검찰의 권한이 확대되는 것이 문제이다. 정치개혁을 정치권에서 하지 못하는 한 검찰이 개입할 수밖에 없고 그렇게 되면 검찰은 정치화된다. 나아가 정치개혁을 검찰이 적극 담당하게 되면서 검찰이 정치를 지배하기도 한다.

일본 검찰은 소위 오우라 사건에서 내무대신을 기소유예하는 조건으로 정계은퇴를 요구한 바 있다. 일본 검찰은 1915년 내무대신인 오우라 가네타케의 선거 간섭, 의원 매수, 독직 혐의를 적발했다. 정치와 검찰은 대립했다. 사법대신은 검찰에게 오우라에 대한 불기소처분을 지시했다. 검찰은 지시를 무시하고 기소를 하든지 아니면 지시에 따라 불기소처분을 해야 하는 기로에 섰다. 그러나 놀랍게도 검찰은 불기소의 교환 조건으로 오우라의 공직사퇴와 정계은퇴를 요구했다. 그 결과 오우라는 내무대신 사임과 일체의 공직사퇴를 선언했고 검찰은 기소유예처분을 내렸다. 법률가이면서 국민의 가장 핵심적인 인권을 다루기 때문에 사실상 재량의 여지가 없는 검찰이 정치와 타협하면서 정치에 개입한 것이다. 한 정치가의 부패사건을 이용해 일본 검찰은 정치인처럼 행동했다. 패전 전 일본 검찰의 정치화를 보여주는 대표적인 사례이다. 이후 일본 검찰은 사상검사제를 도입해 정치를 제치고 군부와 함께 통치의 주체로 나섰다.

오우라 사건에 비해 가네마루 신 사건은 일본 검찰이 정치적으로 종속되었을 때 발생하는 문제를 잘 보여준 사례이다. 일본 도쿄지검 특수부는 1992년 사가와규빈 사건을 수사했다. 이때 일본 검찰은 가네마루 신 자민당 부총재가 5억 엔의 자금을 수수한 사실을 확인했다. 그런데 일본 검찰은 가네마루 신 자민당 부총재를 수사하지도 못했다. 정치권의 압력에 굴복한 것이다. 가네마루는 검찰의 조사 대신 정치자금법 위반 사실을 인정하는 상신서를 특수부에 제출했다. 그로부터 사흘 후 1992년 9월 28일 가네마루 부총재는 약식기소되었다. 벌금은 20만 엔이었다. 5억 엔의 뇌물에 벌금 20만 엔. 검찰이 정치권의 뇌물사건을 수사한 결과였다. 이미 다른 사건을 정치적으로 처리한 경험이 있으므로 이 사건에서도 정치적 처리를 배척할 수 없었던 것이다. 이때부터 도쿄 지검 특수부의 신화는 깨지게 된다.

한국 검찰은 12·12 쿠데타와 5·18 민주화운동과 관련하여 내란, 내란목적살인죄 등으로 고소된 전두환 등에 대해 기소유예의 불기소처분을 한 바 있다. 정치적인 이유였다. 기소유예의 이유는 다음과 같다. 주임검사는 장윤석 당시 서울지검 공안1부장이었다.

첫째, 전두환 등 피의자를 기소하는 경우 재판과정에서 과거사가 반복되고 법적 논쟁이 계속되어 국론 분열과 대립 양상을 재연함으로써 불필요하게 국력을 소모할 우려가 있다.

둘째, 검찰이 이 사건의 진실을 철저히 규명하고 그것이 범법 행위였음을 명백히 인정한 이상 불행했던 과거를 청산하고 불법적 실력행사를 경고하는 냉엄한 역사적 교훈을 남겨 역사 발전의 계기가 될 것이다. 따라서 이 사건에 대한 역사적 평가는 후세에 맡기고 관련자들에 대한 사법적 판단은 이번 검찰의 결정으로 마무리하는 것이 바람직하다.

셋째, 피의자들이 우리나라를 통치하면서 나름대로 국가 발전에 기여한 면이 있고 이 사건의 주역 중 한 명이 대통령으로 당선되고 이른바 5공 청문회를 거치는 등으로 이미 국민적 심판을 받았다고도 볼 수 있다.

넷째, 지금은 전 국민이 힘을 합하여 치열한 국제 경쟁을 이겨내고 숙원인 남북통일에 대비해야 할 시기이고 이러한 시기에 절실히 요구되는 것은 국민 화합을 토대로 정치와 사회의 안정을 기하고 이를 바탕으로 국가경쟁력을 강화하여 지속적인 국가 발전을 도모하는 것이므로 이런 시점에 과거에 집착하여 미래를 그르치는 것은 결코 바람직하지 않다.

검찰의 불기소 결정문은 마치 전두환과 노태우 등 피고인들을 사면하는 대통령의 특별성명처럼 보인다. 불기소 결정문 어디에도 법률적인 판단은 보이지 않는다. 대통령 수준의 정치적 감각만이 보일 뿐이다.

이런 사례는 검찰의 권한을 정치적으로 남용한 대표적인 사례이다. 법률가가 아닌 정치인의 감각으로 사건을 처리한 것이다. 검찰은 이미 정치화되어 사실상 정치를 하고 있다. 검찰은 국가를 좌우할 수 있는 정치적 권한을 스스로 보유하고 있고 또 확장하고 있음을 증명했다. 검찰은 중요한 정치 사건을 담당하고 있다. 이것을 막을 방법은 없다. 검찰과 정치는 그만큼 가까운 것이다. 문제는 검찰과 정치의 거리를 멀게 하는 것이 아니라 검찰이 이러한 사건을 중립적으로 공정하게 처리하도록 만드는 것이다.

정치권이 자신의 문제를 형사 문제화하여 고소, 고발과 같은 방식으로 검찰의 처분에 맡기는 데에도 문제가 있다. 최근 정치인들이 보이는 대표적인 행태이다. 국회 활동, 정치 활동 과정에서 서로 폭행이나 명예훼손 등으로 고소, 고발을 한다. 이것은 상대 정치인보다는 검사를 더 믿을 수 있다는 것을 전제로 한다. 하지만 검사가 사건을 법률적으로 공정하게 처리할 것이라는 믿음은 근거가 취약하다. 검사의 수사 대상이 됨으로써 자신과 상대 정치인 모두 취약한 지위에 빠진다. 결과적으로 정치 전체가 검찰의 수사 대상이 됨으로써 취약하게 되고 검찰은 정치를 좌우하는 지위에 이른다. 정치권의 개혁은 정치권이 먼저 해결해야 한다. 그렇지 않으면 검찰이 개입하게 되고 정치는 위축된다.

민주주의가 확대되어야 검찰을 막을 수 있다

검찰이 정치적 중립에 취약하다는 점, 검찰이 스스로 정치화되어 있는 현실은 원칙적으로 민주주의의 확대로 해결할 수밖에 없다. 민주주의의 확대는 정치의 정상화, 활성화를 말한다. 검찰은 형사절차라는 문을 통해 정치를 조정하고 간섭하고 스스로 정치화된다. 따라서 정치가 검찰의 수사 대상이 되지 않도록 정상화, 선진화되어야 한다.

검찰개혁과 정치개혁은 서로 긴밀한 의존 관계에 있다. 강금실 장관도 이에 동의하면서 다음과 같이 설명한다.

"현재 우리 검찰은 독일식입니다. 법무부가 지휘하고 검찰이 수사권을 갖고 사법 경찰에게 수사를 하게 하는 시스템이지요. 경찰이 만일 이런 역할을 담당했다면 안 그랬을까요? 아닌 것 같습니다. 수사권을 경찰에게 맡겼으면 경찰이 마찬가지로 극성을 부렸을 겁니다. 정치권력이 이용하려고 드는 한 방법이 없습니다. 후진국형이지요. 저는 근본적으로 정치권력이 선진화되지 않는 한 검찰개혁은 어렵다고 봅니다. 왜냐하면 후진국형이라는 것은 권력을 사설화해서 이용하는 것이잖아요."

　명쾌한 설명이다. 하지만 정치가 선진화되지 않는다고 해서 검찰개혁의 여지가 없는 것은 아니다. 강금실 장관의 설명은 좀 더 근본적인 설명이다. 참여정부는 검찰개혁을 추진하면서도 끊임없이, 그리고 가장 중요하게 정치개혁을 주장해왔다. 노무현 대통령이 가장 중요시한 것 중 하나가 정치개혁이었다는 점은 검찰개혁과도 관련이 있다.
　정치가 선진화되기 위해서는 우선 정치권의 부정부패를 일소해야 한다. 부정부패의 원인인 정치자금을 투명하게 운영해야 한다. 금권선거로부터 벗어나야 하는 것이다. 권력형 비리가 발생하지 않는 제도와 문화를 만들어야 한다. 돈 안 드는 선거, 정치 신인이 등장할 수 있는 문화가 필요하다. 나아가 정치권 스스로 검찰에 의존해 문제를 해결하려는 자세를 고쳐야 한다. 이를 위해서는 성숙한 토론문화와 승복하는 자세가 필요하다. 다음으로 민주주의가 확대되어야 한다. 민주주의는 단순한 대의민주주의에 한정되지 않는다. 국민이 직접 참여하는 직접참여민주주의, 풀뿌리민주주의, 숙의민주주의, 토론민주주의, 직접행동민주주의 등 다양한 민주주의가 시도되어 국민의 참여가 직접적이고 본격적으로 되어야 한다. 내용적으로도 민주주의가 사회 소외 계층에게까지 구석구석 미치는 실질적 민주주의, 사회복지 민주주의여야 한다. 이 모든 것은 정치개혁의 문제이다.

검찰의 꿈, 대검찰청 중앙수사부

검찰의 정치적 중립 보장 과제 중 대검찰청 중앙수사부와 공안부 폐지는 미완의 과제로 남아 있다. 대검 중수부가 노무현 대통령 수사를 했다는 사실은 많은 것을 설명한다. 대검 중수부는 정치권력이 사적 이익을 위해 검찰을 통제하는 통로이며 검찰이 정치권에 영향을 미치는 도구이다. 그리고 최고의 수사를 하는 곳이라는 신화를 통해 검사가 수사를 지배해야 한다는 논리를 만들어내는 곳이다.

검찰의 공안부 역시 비슷하다. 공안부는 정권의 위협 요소를 수사하고 기소한다. 정치권력의 안보가 중요 목표이다. 공안부는 중요 수사를 독점함으로써 수사의 지배자로서의 검찰, 수사지휘권 행사 주체로서의 검찰을 완성한다. 나아가 공안부는 공안사건의 특수성을 과장해 형사절차를 더욱 가혹하게 만든다.

대검 중수부는 검찰의 최고봉이다. 대검 중수부장은 검사들의 꿈이면서 모델이기도 하다. 대검 중수부는 두 가지 의미에서 검찰의 꿈이고 이상을 상징한다.

첫째, 대검 중수부는 거대한 범죄, 거대한 악을 척결한다는 검찰의 꿈을 상징한다. 검찰의 존재 이유라고 많은 사람들이 주장하는 것이다. 검찰은 정치권력이나 자본권력이 결탁된 정경유착이라는 큰 사건을 사심 없이 수사하는 곳으로 대검 중수부를 가리킨다. 정치적 영향을 받지 않는 검찰만이 이러한 수사를 할 수 있다는 것이다. 검찰은 대검 중수부를 정치적 중립의 실현체로 평가한다. 다른 수사기관은 정치권력의 영향력에서 자유로울 수 없다는 것이다. 경찰은 말할 것도 없고 일반 검사들도 정치적 영향에서 자유롭지 못하다고 본다.

둘째, 대검 중수부는 가장 수사를 잘하는 최고의 조직이라는 검찰의 꿈을 상징한다. 정치권력이나 자본권력과 같은 거악을 수사하고 처벌하기 위해서는 가장 뛰어난 인물들이 모여야 한다. 보통 사건을 취급하는 일반 검사는 여기에 어울리지 않는다. 가장 우수한 검사가 이렇게 어려운 수사를 할 수 있을 뿐이다. 경찰은 여기에 낄 수도 없다. 경찰의 수사력은 검찰보다 항상 낮기 때문이다. 수사 지휘를 받아야 하는 경찰이 어떻게 일반 검사들도 하지 못하는 수사를 할 수 있단 말인가?

이런 면에서 대검 중수부는 검찰의 희망이면서도 일반 대중의 희망이기도 하다. 가장 뛰어난 검사들이 모여 가장 힘센 권력과 자본을 상대로 수사를 벌인다는 신화가 만들어지는 곳이 바로 대검 중수부이다. 대검 중수부가 없어지면 거악을 척결할 수 없다고 한다. 하지만 이러한 꿈과 희망은 진짜 꿈과 희망일 뿐 현실이 아니다.

정치적 중립의 허구

대검 중수부는 검찰총장이 명하는 범죄사건의 수사를 담당한다. 오직 그뿐이다. 대검 중수부는 권력형 비리, 정경유착과 같은 정치권력이나 자본권력이 관련되는 사건이나 사회의 이목을 집중하는 사건을 수사한다. 5공 비리 사건이나 한보그룹 정태수 회장 비리 사건이 그 예이고, 최근 노무현 대통령 사건이 여기에 해당한다. 이러한 사건은 모두 정권 변동기에 발생한다. 정권 말기나 초기 권력의 이동 시기에 권력형 비리 사건이 집중된다. 그리고 수사결과, 지는 권력은 처벌의 대상이 되고 떠오르는 권력은 아무런 피해를 입지 않는다. 권력형 비리 사건, 즉 정경유착 사건이 유독 정권 변동기에 발생하는 것은 바로 대검 중수부가 권력의 행방을 정확히 알고 있다는 것을 보여준다.

정치권력과 자본권력의 비리를 수사할 때 정치적 중립은 필수적이다. 그러나 그만큼 지켜지기 어렵다. 권력형 비리 사건에서 실체가 명백히 밝혀진 사건이 몇 개 되지 않는 사실은 정치적 중립이 지켜지지 않았다는 것을 말한다. 참여정부 당시 불법 대선자금 수사가 성과를 보인 것은 노무현 대통령이 검찰의 정치적 중립을 보장해주었기 때문이다. 불법 대선자금 수사 이외에 사건들이 명확하게 해결되지 못하고 여러 번 특별검사제가 도입된 것은 대검 중수부가 정치적 중립에 취약한 구조라는 점을 잘 보여준다.

소수의 실력 있는 검사들이 모여서 검찰총장의 지시로 수사를 하는 구조는 정치적 중립에 취약한 구조이다. 왜냐하면 모든 결정이 검찰총장에게 집중되기 때문이다. 권력은 분산되었을 때 공정할 수 있다. 견제와 감시 없이 집중되는 순간 정치적 중립은 위태롭게 된다. 이러한 현상을 더욱 악화시키는 것은 정치권력의 검찰 장악 의도이고 또 검찰의 적극적인 정치화 경향이다. 사건 자체가 워낙 정치권력과 자본권력에 미치는 영향이 크기 때문에 정치권력과 검찰이 서로의 필요에 의해 만나게 되는 것이다. 문재인 전 비서실장의 설명이다.

"검찰이 자꾸 정치적 성향을 띠게 되는 이유 중 하나가 대검이 중앙수사부를 통해서 중요한 정치적인 사건들의 수사권을 직접 갖기 때문입니다. 지금 우리나라 대검이 직접 수사권을 갖고 있는 분야가 없잖아요. 전체 수사의 방향이나 지휘하는 기능만 갖고 있는데 딱 중앙수사부만 직접 수사 기능을 갖고 있단 말이에요. 그 부분은 해체되고 그 기능들은 각 지방검찰청이나 고등검찰청에 분산돼야 합니다. 우리는 초기부터 그렇게 인식하고 있었고 또 강 장관도 그렇게 추진했어요. 큰 과제로 생각했는데 대선자금 수사를 거치면서 추진력을 잃어버렸죠. 그 뒤로 중수부 폐지 같은 것을 이야기하면 대선자금 수사에 대한 일종의 보복이나 길들이기 차원으로 오도되는 바람에……그게 제일 아쉬웠던 부분입니다."

대검 중수부의 본질과 폐지의 필요성을 간략하고도 핵심적으로 지적하고 있다. 이러한 이유로 평검사들은 대검 중수부의 폐지 혹은 그 기능의 이전에 대해서는 찬성하는 경향을 보였다. 대검 중수부는 폐지하되 그 기능을 지방검찰청으로 이전하자는 것이다. 이 방법은 검찰총장을 통한 직접적인 정치권력의 간섭을 줄일 수 있는 장점이 있다. 이미 위에서 살펴본 바와 같이 강금실 전 법무부 장관은 재직 시절 대검 중수부의 지방검찰청 이전을 추진한 바 있다. 이에 대해 검찰 내부에서 90% 이상이 찬성했다. 검사들도 몇몇 사건 때문에 전체가 욕을 먹는 상황을 알고 있는 것이다.

대검 중수부, 초라한 수사 실력

대검 중수부에 대한 두 번째 이미지는 가장 어려운 수사를 가장 잘해내는 곳이라는 것이다. 이로써 중수부는 검찰의 독자적인 수사권을 적극 확대하고 검찰의 경찰에 대한 수사지휘권을 확립하는 데 기여한다. 이처럼 중수부의 신화는 검찰의 수사주재자, 수사의 지배자로서의 희망을 적극 드러내는 것이다. 그런데 수사의 주재자로서 검찰은 단순히 수사만을 지배하는 기관에 머무르지 않는다. 수사를 지배하는 자가 재판도 지배하기 때문이다. 형사소송 중 1심 형사공판 사건의 유죄율은 97% 이상이다. 아직까지도 재판은 수사의 결과를 확인하는 장에 지나지 않는 것이다. 참여정부의 사법개혁을 거치면서 서류재판 대신 공판중심주의와 직접심리주의가 확대되고 있다. 하지만 통계는 여전히 수사가 재판을 지배하고 있는 현실을 잘 보여준다. 재판은 수사결과를 확인하는 장소에 불과한 것이다. 수사의 주재자, 수사의 지배자라는 지위를 바탕으로 형사절차 모두를 지배하는 지위를 확보한다.

일본에서 동경지검 특수부는 검찰의 수사권 회복을 상징하는 존재이다. 패전 후 일본의 검찰은 1차적 수사권을 갖지 못했다. 그런데 쇼와덴코가 정치인들에게 광범위하게 뇌물을 제공한 사건이 발생한다. 이 사건에서 정치인들을 포함해 점령군 사령부가 경시청의 수사를 받게 되자 점령군 사령부는 경시청의 수사를 중단시키고 검찰에게 수사를 맡겼다. 점령군 사령부는 무관했으나 검찰은 이를 계기로 직접 수사의 필요성을 강하게 주장해 특수부를 창설했다. 그 이후 검찰은 패전 전 군국주의 시절 수사의 주재자로서 검찰이 위상을 확보하고자 했다. 독자적인 수사권도 강화하면서 수사지휘권도 강화했다. 그 현실적 기초가 된 것이 바로 동경지검 특수부이다. 수사의 주재자로서 검찰의 위상 확보는 수사의 정밀화를 통해 형사절차 전반을 지배하고

자 하는 형태로 나타났다.

가장 수사를 잘하는 뛰어난 인재들이 모인 곳, 대검 중수부. 이것은 신화이면서 이데올로기이다. 그러나 현실은 신화보다 항상 비참한 법, 대검 중수부의 현실은 신화만큼 찬란하지 않을 뿐 아니라 초라하기까지 하다.

대검 중수부가 2004년부터 2008년까지 수사하고 기소한 사건의 결과를 보자. 2004~2008년 사이 대검 중수부는 264명을 기소했다. 이 중 28명이 1심에서 무죄를 선고받았다. 1심 무죄율이 10.6%이다. 2008년만을 따로 살펴보면 대검 중수부의 무죄율은 27.3%이다. 2008년 전체 형사사건의 무죄율은 0.31%이다. 항소심과 상고심은 더욱 심각하다. 대검 중수부의 무죄율은 32%에 이른다. 이런 통계는 대검 중수부가 가장 수사를 잘하는 곳, 그래서 일반 검사나 경찰들이 따라 배워야 하는 곳이라는 신화가 진짜 이데올로기에 지나지 않는다는 것을 보여준다.

더욱 심각한 것은 수사과정에서 벌어지는 일이다. 노무현 대통령에 대한 수사과정에서 보인 피의사실공표 및 명예훼손 범죄 행위는 더 이상 말할 필요도 없다. 대검 중수부는 일단 사건을 맡은 이상 성과를 내야 하기 때문에 문어발식 수사, 흠집 내기 수사, 표적 수사, 강압 수사, 유죄 협상 등을 자행한다. 모두 사라져야 할 구시대적 수사 행태이다. 이미 위에서 본 바와 같이 불법 대선자금 수사 때 대검 중수부는 사라졌어야 할 수사 방법을 사용했다. 이런 수사 행태가 가장 수사를 잘한다는 신화를 갖고 있는 대검 중수부에 의해 유지되는 것이다. 대검 중수부는 폐지되어야 한다.

검찰
공안부

 검찰의 공안부 문제도 심각하다. 한국의 공안부는 일제하 사상검찰의 영향을 강하게 받았다. 일본의 검찰은 치안유지법 입법을 주도하면서 1925년경부터 사상검찰기구를 구성해나간다. 이 과정은 곧 검찰권의 강화 과정이었다. 그 과정은 검사국에 전속하는 사법경찰관의 설치, 검사국이 주도하는 사상계 경찰관에 대한 지도교양 체제 설치, 사상계 예심판사와 재판부의 사상부 설치, 사상범 수사를 위한 검사의 무제한적 구인·구류권 허용, 사상사건에서 예심과 재판의 통일과 간소화 등으로 나타난다.

 일본의 사상검찰 체제를 배운 한국의 공안부는, 첫째 사상이나 안보의 문제가 특수한 분야의 수사임을 강조하면서 검찰의 수사권을 적극 확대하는 데 기여했다. 검찰의 수사 기능이 필요하다는 이유는 정치인들의 부패가 아니라 사회주의자나 아나키스트 등 사상범들에 대한 수사의 필요성 때문이었다. 당시 경찰은 이들을 이해할 수 없었기 때문이다.

 둘째, 공안부는 사상범에 대한 수사를 바탕으로 경찰에 대한 수사지휘권을 확립하는 데 결정적인 역할을 한다. 일반 형사사건은 특별히 수사 지휘를 할 필요가 없으나 사상범이나 정치범에 대한 수사는 검찰이 담당하거나 지휘할 수밖에 없었기 때문이다. 여기까지는 대검 중수부의 역할과 거의 유사하다. 그 범위를 더욱 확대한 것이다.

 셋째, 공안부는 국가보위 사상으로 무장하기 때문에 법원에도 강한 영향력을 미친다. 국가나 정권이 위기에 처해 있다고 하면 공안부의 영향에서 법원도 벗어나기 어렵다. 따라서 공안부는 법원에 대한 검찰의 우위를 확립하는 데 큰 역할을 한다. 과거 우리 역사에서 법원이 검찰이 요구하는 대로 정찰제 판결을 한 것은 학생이나 노동자, 민주화운동가 등 시국 사건 재판에서였다. 법원은 강력한 관료제와 정치권력의 영향을 받아 국민의 자유와 권리를 외면했다. 국가의 이익에 봉사해야 한다는 의식과 근대화에 기여한다는 의식이 법원에도 작용한 것이다. 이처럼 검찰은 공안사건의 수사를 통해 재판을 지배했다.

넷째, 공안부는 정치범에 대한 수사와 기소를 담당함으로써 정치에 대한 검찰의 우위를 확보한다. 그 대표적인 예는 위에서 본 바와 같이 일본의 오우라 사건과 한국의 전두환, 노태우 불기소 결정이다.

다섯째, 공안부는 공안사건의 특수성을 과장해서 형사절차를 더욱 가혹하게 만든다. 이 과정에서 검찰의 권한은 확대된다. 즉, 구속기간도 늘리고 변호인의 도움을 받는 것도 제한한다. 국가보안법 위반 사건은 구속 기간이 일반 형사사건에 비해 경찰 단계에서 10일, 검찰 단계에서 10일이 더 허용되어 있다. 다른 경우에는 인정하지 않는 참고인 구인제도, 불고지죄도 인정된다. 과거 불법구금과 고문, 가혹행위가 있었던 사건은 간첩 조작 사건이나 민주화운동 관련 사건이었다. 모두 공안부 담당이다. 형의 집행 과정에서는 전향제도를 도입해 검찰의 지배력을 높인다. 형사절차의 지배를 통해 국민에 대한 전면적인 지배를 꾀하는 것이다. 이 모든 것은 검찰의 권한 확대, 법원과 변호사에 의한 견제의 부재를 의미한다. 수많은 공안사건에서 고문과 가혹행위, 불법체포, 장기간의 구금이 발생한 것은 이런 이유 때문이다. 이러한 공안사건의 특수성은 전시체제나 계엄체제, 혹은 테러사건 등 특수한 계기를 통해 일반 사건에도 확대된다. 공안사건에 대한 특별 취급이 일반화되어 한국은 거의 모든 사건이 공안적 시각에서 처리되고 있고 검찰 역시 공안화되고 있다.

공안부는 검찰 권한의 적극적인 확대의 진원지이자 현재의 검찰을 만든 가장 유력한 부서이다. 그리고 사건 자체가 정치적이므로 무리한 수사와 기소가 반복되는 곳이기도 하다. 1964년 인민혁명당 사건 당시 "빨갱이 사건은 일반 사건과 다르게 취급해야 한다"고 하면서 무리하게 기소했던 서울지검 검사장 서주연의 발언은 공안부의 속성을 잘 보여준다. 최근에는 공안부의 기능이 전 검찰로 확대되고 있다. 검찰이 정치화되면서 정권의 통치에 적극 협조하고 있기 때문이다.

공안부가 검찰개혁의 대상임은 틀림없으나 공안부를 완전히 폐지할 것인지에 대해서는 완전한 공감대가 마련되어 있지는 않다. 참여정부 당시 대검찰청 공안부는 3개 과에서 2개 과로 줄었고, 전국 15개 지방검찰청 가운데 서울중앙지방검찰청과 울산지방검찰청을 제외한 13개 검찰청의 공안과가 폐지된 바 있나. 하지민 공안부가 완전히 폐지된 것은 아니었다. 공안부가 담당하는 업무인 대공, 노동, 선거, 학원, 남북관계, 테러 등의 업무는 여전히 남아 있고 명칭도 변경하지 못했다. 이명박 정부 들어서 대검찰청 공안3과와 각 지방검찰청의 공안부가 부활했다. 공안부를 폐지하기 위해서는 전통적으로 공안의 업무로 되어 있는 분야를 과감히 줄이는 노력을 해야 하고 동시에 그 명칭을 변경해야 한다.

07

사법
개혁

사법개혁의 등장

참여정부는 사법개혁을 추진했다. 2003년 대법원 산하에 사법개혁위원회를 구성했고 2005년 대통령자문기구로 사법제도개혁추진위원회를 구성해 행정부와 사법부가 함께 사법개혁을 적극 추진했다. 전임 정부보다 훨씬 많은 자원을 투입했고 많은 성과를 거두었다.

한국의 사법제도는 일제하 시스템을 거의 그대로 답습했다. 그리고 50년 이상을 큰 변화 없이 그대로 사용했다. 그런데 일제하 사법 시스템은 일본 군국주의, 일본 제국주의 사법 시스템이었고, 독일 나치의 것과 유사했다. 법조인은 국민의 자유와 권리를 보장하기보다는 권력과 유착해서 국민을 통치하기에 바빴다. 그 반대급부는 많은 권력과 돈이었다. 한국의 사법제도는 개혁되었어야 했으나 판사, 검사, 변호사들은 먼저 개혁을 말할 수 있는 용기조차 갖지 못했다. 일부의 인권변호사만이 인권변론을 통해 겨우 한국의 사법제도가 살아 있음을 보여주었을 뿐이다.

사법개혁은 정권이 민주화되기를 기다려야 했다. 형사절차 개혁을 포함한 사법개혁은 법치주의의 최소한의 요구였기 때문에 1987년 6월 항쟁 이후 산발적으로 제기되었다. 사법개혁 요구가 국가적 차원에서 수렴된 것은 문민정부 때부터이다. 문민정부는 1993년 대법원 산하에 사법제도발전위원회를 구성해 사법개혁을 모색했다. 국민의 정부는 1999년 사법개혁추진위원회를 구성했다. 이들 사법개혁 논의는 형사사법 절차를 포함한 사법개혁의 전반적인 문제를 다룸으로써 참여정부의 포괄적이고 근본적인 사법개혁의 기초가 되었다. 사법개혁은 어느 날 갑자기 시작된 것이 아니라 민주화 이후 우리 사회가 해결했어야 하는 것으로서 이미 국가적 과제였다.

참여정부의 사법개혁은 2003년 대법관 인사파동에서 시작되었다. 강금실 법무부 장관과 박재승 대한변협 회장은 대법관제청자문위원회 회의장에서 대법관 제청 자문 방식에 문제를 제기하면서 항의의 뜻으로 퇴장한다. 대법관 제청과 관련해 대법원의 뜻만을 반영하고 정부나 변호사, 일반 시민의 의사는 전혀 반영할 방법이 없었던 것에 대한 항의였다. 반대의사 표시는 구속력이 없었기 때문에 퇴장 이외에는 다른 방법이 없었다. "정부를 대표해 참석한 법무부 장관으로서 정부의 반대 입장을 표명할 방법이 퇴장하는 것밖에 없었던" 강금실 것이다.

 사법개혁 과제로서 우선 제기된 것은 대법관 구성의 다양화였다. 시민사회와 심지어 법관들조차 대법관 구성의 다양화 및 사법개혁을 요구했다. 대법관의 구성을 다양화함으로써 사회적 약자와 소수자의 인권을 잘 보호하고자 한 것이다. 대법원의 다양한 구성이 문제가 된 것은 근본적으로 법원이 국민의 인권을 제대로 보호하지 못했기 때문이다. 법원이 관료 법관으로만 구성되어 외부와 소통하지 못하면서 국민의 인권 보호라는 본래의 임무를 다하지 못한 점이 비판받았다. 결국 사법개혁 요구는 법원과 법조계를 재구성해서 국민의 자유와 권리를 보장하는 것에 집중되었다.

 대법관 제청파문은 노무현 대통령과 대법원장이 사법개혁을 공동으로 추진하기로 합의하면서 수습된다. 참여정부의 사법개혁은 2003년 사법개혁위원회 구성, 2005년 사법제도개혁추진위원회 구성으로 범정부 차원에서 추진된다. 그리고 법조인 양성제도에서 로스쿨 제도의 도입, 법관 선발에서 법조일원화 도입, 형사재판에서 국민참여재판 도입과 공판중심주의 확립, 구속제도 개편 등 굵직한 성과로 나타났다.

사법개혁의 핵심은 검찰개혁

한국 사법개혁 역사는 곧 검찰개혁의 역사이다. 의식하든 의식하지 않든 사법개혁의 핵심은 항상 검찰개혁이었다. 사법개혁은 국민의 자유와 권리를 보장하여 국민의 자유로운 발전을 꾀하는 것이 최종 목표이다. 국민의 자유와 권리가 보장되기 위해서는 국민이 사법절차에서 타자화된 대상이 아니라 책임 있는 주체로서 대우받고 활동해야 한다. 이것은 형사절차에서 국민인 피의자·피고인이 방어권을 충분히 보장받아 경찰·검찰 등 수사기관 및 공소기관과 대등하게 활동할 수 있는 것을 보장함으로써 이루어진다. 이 목표는 국민인 피의자·피고인의 권리를 보장, 확대하는 것과 함께 수사기관과 공소기관의 권한을 견제, 감시하는 것으로 달성될 수 있다.

따라서 사법개혁은 검찰개혁을 중요한 과제로 포함하지 않을 수 없다. 한국의 형사절차는 검찰 중심, 검찰 지배의 형사절차였기 때문이다. 이런 이유로 지금까지 모든 사법개혁은 검찰 권한을 견제하고 감시하는 시스템을 구축하는 것을 포함하고 있었다. 특히 형사소송법 개정은 검찰의 권한 행사, 즉 수사와 기소, 그리고 재판의 공소유지 활동에 대한 법원과 변호사의 견제와 감시제제를 마련하는 것을 목표로 했다.

사법개혁 중 형사절차 개혁은 형사소송법 개정으로 결실을 맺었다. 형사소송법 개정은 검찰 권한을 견제, 감시하는 것을 목표로 했고 주요한 목표는 달성되었다. 위법수집증거배제법칙의 신설, 불구속수사와 재판 원칙 확립, 구속영장실질심사제 확대, 국민참여재판 제도 도입, 당사자주의 강화, 공판중심주의 도입, 집중심리주의의 도입, 수사과정의 투명성과 적법성 제고, 증거재판주의 확립, 국선변호인제도 확대, 피의자신문 시 변호인의 참여권 신설, 증거개시 제도 도입, 재정신청 제도 확대 등이 그것이다. 모두 피의자·피고인의 권리와 변호사의 참여를 확대하고 법원의 견제와 감시를 확대하는 것들이다. 이로써 최소한 근대 형사소송법상 검찰에 대한 견제 시스템이 도입된 것이다.

나아가 참여정부는 대법원의 구성의 다양화도 이루어 여성을 대법관이나 헌법재판소 재판관으로 임명했다. 변호사 경력을 갖춘 사람이 판사가 되는 법조일원화와 법조인 양성제도 개혁을 위해 법학전문대학원 제도도 도입되었다. 이러한 개혁의 성과는 참여정부의 사법개혁을 성공이라고 부르기에 부족함이 없을 것이다. 다만 군軍 사법개혁은 제대로 되지 못했다. 법안을 모두 마련해 국회에 제출했으나 국회의 공감을 얻지 못했고 시간이 부족해 입법되지 못했다. 군대의 사법개혁이 제대로 되지 못해 법치주의가 군대에까지 확대되지 못한 것은 매우 아쉬운 일이다. 최근 군대 내 빈발하는 사건, 사고는 군이 아직 민주화되지 못했다는 점을 보여준다. 군의 사법개혁으로 사건, 사고의 원인이 정확히 밝혀지고 처벌이 제대로 이루어졌다면 재발하지 않았을 것이다. 참여정부의 군 사법개혁 법안을 출발점으로 해서 군 사법개혁 논의가 다시 시작되기를 희망한다.

사법개혁과 검찰개혁을 연결시키지 못했다

검찰개혁 과제인 고위공직자비리조사처 신설과 검경수사권 조정 문제는 사법개혁 과제와 긴밀하게 결합되어 있었다. 이 두 사안은 권력기관의 권한을 어떻게 배분하고 또 어떻게 견제, 감시할 것인가 하는 문제와 관련되어 있었기 때문이다. 고위공직자비리조사처는 수사권과 기소권의 배분 문제이면서 검찰 권한 견제 문제이므로 사법개혁의 과제가 된다. 검경수사권 조정 문제는 검찰과 경찰 양 기관 사이의 권한 배분 문제에만 그치는 것이 아니라 수사권의 총량규제와 수사권의 인권친화적 개혁을 포함한다. 역시 사법개혁 과제가 될 수 있다. 고위공직자비리조사처 문제와 검경수사권 조정 문제가 사법개혁과 관련된 문제인 점이 명확했다면 이 두 과제는 사법개혁의 과제와 함께 해결되었어야 했다.

하지만 그렇게 추진되지 못했다. 그 결과 고위공직자비리조사처 신설과 검경수사권 조정은 실패했다. 특히 검경수사권 조정은 고위공직자비리조사처와 달리 법안을 만들지도 못했다. 이것은 좀 더 높은 수준의 추진력이 없었다는 것을 의미한다. 검경수사권 조정 문제가 "사법개혁위원회 틀 속에서 논의가 되었더라면 설령 나중에 입법은 되지 않는다고 하더라도 구체적인 추진 방안 정도는 만들어졌을 것"문재인이라는 평가와 같이 사법개혁과 검찰개혁은 긴밀하게 연결되어 있었다. 사법개혁 과정에서 검경수사권 조정을 논의했다면 최소한 다수가 공감하는 검경수사권 조정 방안은 마련될 수 있었을 것이다. 이렇게 되면 나중에 다시 검경수사권 조정 문제를 논의할 때 그 조정 방안이 출발점이 될 수 있다. 하지만 사태는 그렇게 되지 못했다. 참여정부는 검찰개혁을 매개로 사법개혁과 고위공직자비리조사처 설치 문제, 검경수사권 조정 문제가 하나의 문제라는 점을 명확히 인식하지 못하고 있었던 것이다.

사법개혁과 검찰개혁을 종합적으로
추진하지 못한 이유

참여정부가 사법개혁을 검찰개혁과 동시에 추진하지 못한 이유는 무엇일까.

첫째, 참여정부가 사법개혁을 처음부터 준비하지 않았던 것이 원인이다. 참여정부는 검찰개혁의 필요성을 느끼고 검찰개혁의 주요 방안에 대해서는 공감대를 가지고 있었다. 대통령직 인수위원회에서 마련한 검찰개혁 방안에서 이를 확인할 수 있다. 하지만 사법개혁은 주요 과제로 상정하고 있지 않았다. 참여정부는 사법개혁을 정부가 주도할 수 있는 개혁 과제 속에 포함시켜 생각하지는 않았다. 대통령직 인수위원회의 보고서에도 사법개혁 과제는 보이지 않는다. 그러나 2003년에 대법관 인사제청 파동이 생겨나면서 사법개혁에 대한 공감대가 확산되었고 사법개혁이 추진되었다. 문재인 전 비서실장의 증언이다.

"사법개혁은 참여정부 출범 당시와 인수위 시절에 우리가 주도할 수 있는 개혁 과제에 포함시키지 않았습니다. 문민정부와 국민의정부 때 각각 사법개혁 논의가 있었고 그때도 사법개혁위원회와 같은 기구에서 사법개혁 방안에 대해 논의가 이루어졌죠. 그러나 결국 실현되지 못한 걸 우리가 봐왔기 때문에 이 사법개혁 문제만큼은 정부가 앞장선다고 해서 해결될 문제가 아니라는 인식이 있었어요. 그런데 2003년에 대법관 인사제청 파동이 일어났고, 그 파동을 극복하고 수습해나가는 과정에서 사법부와 우리 사이에 사법개혁을 공동으로 추진하자는 합의가 이루어진 것입니다."

검경수사권 조정이나 고위공직자비리조사처 문제는 사법개혁위원회의 과제가 되지 못했다. 대법원과 협조하면서 사법개혁을 진행하면서 청와대와 대법원은 검경수사권 조정 문제는 관여할 문제가 아니라고 판단했다. 수사기관과 재판기관 사이의 견제와 감시 문제가 핵심이라고 보았다. 사실 이 과제만으로도 사법개혁 과제는 벅찬 것이었다. 그리고 사법개혁을 담당했던 주체들 사이에서 검경수사권 조정 문제를 사법개혁의 문제로 진지하게 고민하거나 논의한 흔적은 없다. 고비처 문제 역시 행정부 단위에서 충분히 해결할 수 있는 문제라고 판단한 것으로 보인다.

그러나 검경수사권 조정 문제는 "큰 틀에서는 사법제도의 축을 이루는 것"문재인이었기 때문에 사법개혁 과정에 포함될 논리적인 근거가 있고 또 청와대에서도 "대법원에 요구했으면 사법개혁 과정에 포함됐을 문제"라고 보았다. 하지만 검찰개혁과 사법개혁을 종합적으로 고려하지 못했으므로 이런 방안을 제안하지 못했다. 사법개혁의 동력이 검찰개혁의 동력보다 훨씬 광범위하고 높았다는 점에 비춰본다면 사법개혁의 동력 속에 검찰개혁의 과제를 포함시키지 못한 것은 아쉬운 점이다.

둘째, 사법개혁이 검찰개혁보다 더 크고 포괄적인 작업이었던 것이 원인이다. 사법개혁 과제는 검찰개혁 과제에 한정되지 않는다. 대법원의 구성을 포함해 법원의 구조와 기능을 재조정하는 문제, 법조인을 선발하는 문제로스쿨 제도의 도입, 법관을 선발하는 문제법조일원화 도입, 형사소송을 국제적인 기준에 맞추어 친인권적으로 개혁하는 문제, 군의 사법개혁, 기타 법조윤리를 확립하고 사법서비스를 확충하는 문제 등 다양한 문제가 포함되어 있다. 그만큼 복잡하고 포괄적인 개혁 작업이다. 이렇게 복잡한 사법개혁에 더 많은 문제를 포함시켜 과제를 복잡하고 다양하게 만드는 것은 사법개혁 자체를 어렵게 만들 가능성이 있었다. 최소한 사법개혁의 주체들은 사법개혁을 복잡하게 만드는 것을 가능한 한 피하고 싶어했다.

셋째, 사법개혁의 출발점이 법원이었다는 점 역시 사법개혁과 검찰개혁을 함께 시도하지 못한 원인이다. 참여정부의 사법개혁은 개인의 법조 비리를 넘어 법조의 구조적인 문제를 개혁하고자 했다. 법조의 구조를 정상화함으로써 국민의 자유와 권리를 보장하는 것이 목적이었다. 국민의 인권이 보장되지 못한 가장 큰 원인은 지금까지 법원이 제대로 기능을 다하지 못했기 때문이다. 여기에 더해 법원의 구조가 폐쇄적, 관료적이어서 국민의 사법 불신이 높아지고 있다는 점 등이 문제로 지적되었다. 한국의 사법개혁 중심에는 법원이 있을 수밖에 없다. 개인 비리라고 하더라도 법원이 전관예우로 연결되어 있고, 권력기관의 견제와 감시의 기능을 제대로 하기 위해서도 법원의 개혁이 선행되지 않으면 안 되기 때문이다. 법원이 개혁의 중심이 되는 이상 검찰이라는 다른 기관의 개혁 과제를 대법원 산하 기관에서 담당하는 것은 권한을 벗어났다고 인식됐다.

이런 이유로 검찰 권한의 분산과 견제와 같은 검찰개혁의 본질적인 문제는 사법개혁의 대상이 되지 못했다. 이에 대한 김선수 전 사법개혁비서관의 설명이다.

"사법개혁은 2003년 8월경 대법관을 제청하면서 대법원의 천편일률적인 구성이 문제가 되면서 시작되었습니다. 대법관 구성을 다양화해야 한다, 이런 문제가 제기되어 사법개혁의 필요성이 국민적인 지지를 얻어 부각되었고 그것으로 인해 대법원 산하에 사법개혁위원회가 설치되었습니다. 사법개혁을 담당하는 기구가 대법원 산하에 설치되니까 여기서 검찰 조직이나 검찰개혁 문제를 본격적으로 다루는 데는 한계가 있게 되었습니다. 남의 기관 것을 법원에서 하면 검찰과 법무부에서 수긍할 수 없고 그렇기 때문에 대법원 산하 사법개혁위원회에서는 형사사법 절차, 재판절차와 관련된 범위 내에서 개혁하게 됩니다. 이 결과 검찰 조직에 대한 개혁은 담을 수 없게 되었죠. 만약 정권 차원에서 큰 그림의 사법개혁을 기획했다고 하면 검찰개혁과 사법개혁이 긴밀하게 연관됐기 때문에, 대통령 산하의 사개추위 같은 형태로 해서 검찰개혁도 포괄해서 진행될 수 있었겠지요. 하지만 우선 법원 문제가 먼저 부각된 상황에서 법원 산하에 사법개혁위원회가 구성되니까 거기서 검찰개혁까지 커버하기는 어려운 상황이었습니다. 그래서 검찰개혁과 관련해서는 개별적으로 진행할 수밖에 없게 된 것이죠."

이런 인식과 사정으로 인해 검찰개혁 과제는 분산되어 추진되었다. 검찰의 정치적 중립은 청와대와 법무부에 의해 추진되었다. 검경수사권 조정은 검찰과 경찰의 합의에 의해 진행되었다. 고비처는 국가청렴위원회에서 추진했다. 사법개혁은 사법개혁위원회와 사법제도 개혁추진위원회에서 추진했다. 이 모든 개혁 과제가 검찰개혁과 깊은 관련이 있는데도 하나의 원칙하에 일관된 방식으로 하나의 조직에서 추진되지 못한 것이다.

검찰의 저항, 평검사회

 사법개혁 역시 아무런 저항 없이 순조롭게 이루어진 것이 아니다. 검찰은 검찰개혁과 같이 비상식적인 방식으로 저항하면서 사법개혁을 위기로 몰고 갔다. 서울중앙지검 평검사회는 2005년 5월 4일 모임을 갖고, 공판중심주의를 강화하기 위해 추진 중인 사법제도개혁추진위원회의 형사소송법 개정안을 전면 부정하고 사개추위와 절충을 시도했던 검찰의 지휘자인 김승규 법무부 장관까지 비판했다. 공판중심주의가 이루어지면 수사를 제대로 못한다는 것이 이유였다. 평검사회의는 각 지방으로 확산되었다. 전 검찰이 사개추위의 공판중심주의에 반대했다.

 여기에서 눈여겨볼 점은 간부들이 아닌 평검사들까지도 사법개혁, 즉 고전적인 의미의 검찰에 대한 견제와 감시 시스템을 반대했다는 점이다. 이것은 평검사들까지도 검찰의 기득권 수호를 위해서는 물불을 가리지 않고 적극 나선다는 사실을 보여준다. 물론 일부 소수의 개혁적인 검사들도 있을 수 있다. 하지만 이들도 어디까지나 검찰의 기득권이 침해되지 않을 때에만 자기 목소리를 낼 수 있을 뿐이다.

 그런데 참여정부는 이 사건을 일으킨 검사들에게 아무런 징계를 하지 않았다. 명백한 항명이었고 또 집단행동이었기 때문에 다른 공무원이었다면 당연히 징계 대상이 되었을 것이다. 만일 대상이 검사들이 아니었다면 공무원의 집단행동이었으므로 검찰이 수사를 하고 공소제기까지 했을 것이다. 그러나 당시 검사들의 집단행동에 대해 참여정부는 평검사회의의 규정을 만들어 평검사회의가 논의할 수 있는 주제와 소집절차 등을 규정하도록 했을 뿐이다. 문재인 전 비서실장의 증언이다.

"이때는 정말 괘씸해서 손을 보고 싶었고 문책을 하고 싶었습니다. 하지만 당시 사법개혁위원회에서 사법개혁 방안을 힘들게 마련했고, 이제 입법화하는 과정만 남아 있었죠. 그래서 입법화를 위해 사법제도개혁추진위원회를 별도로 만들어 논의하고 있었습니다. 입법안은 국회 통과가 되어야 하고 특히 법제사법위원회의 벽을 넘어야 합니다. 그런데 법사위라는 게 정말로 기득권의 아주 두꺼운 벽이지 않습니까? 그것을 타넘으려면 법사위가 몽니부리고 저항할 수 있는 빌미를 주지 않아야 합니다. 그래서 만약 평검사들의 행위를 우리가 문책하고 나섰다면 검찰이나 평검사들하고 정권이 갈등 관계가 되었겠지요. 그렇게 되면 법사위에서 옳다구나 하고 사개위, 사개추위가 만든 법안에 발목을 잡을 것이 뻔히 예상되었어요. 그래서 고심 끝에 정한 수위가 그 정도였죠."

소수파 정권의 한계를 보여주는 에피소드라고 할까? 행정부 공무원이 행정부 수반이 진행하는 개혁 작업에 항명하는 사태에 대해 개혁의 성공을 위해서 징계하지 못하는 상황이 벌어졌던 것이다. 그것이 참여정부의 사정이기도 했다.

당시 국회 법제사법위원회 위원장은 야당인 한나라당 의원이었다. 법사위 위원장이 한나라당 의원이 아니었다고 하더라도 법사위는 사법개혁에 우호적인 입장을 가지고 있지 않았다. 정부의 사법개혁 작업이 국회의 입법권을 침해하는 것이 아닌가 하는 근거 없는 우려를 가지고 있었고 정부의 사법개혁 내용에 대한 이해도 낮았다. 더 본질적으로는 법사위는 대부분 법조인 출신으로 구성되어 법조의 기득권에 배치되는 개혁에 무조건 반대하는 경향이 있었다. 법사위의 반개혁적인 입장은 사법개혁이나 검찰개혁 과정에서 항상 문제가 되었다.

어찌되었든 평검사들은 징계를 받지 않았고 이 문제는 유야무야되었다. 그렇다고 해서 공판중심주의가 결정적으로 약화된 것은 아니었고 사법개혁은 계속 진행되었다. 개혁 과정에서 "영향을 받는 집단이 불만을 터뜨리는 것은 있을 수 있는 일입니다. 그런 집단들의 불만을 압도할 만한 도도한 어떤 논의의 틀이나 흐름이 필요하겠지요. 사개추위는 그게 성공했던 것"문재인이었다. 그래서 평검사들의 항명은 일과성으로 결정적인 영향을 주지 못하고 끝나버렸다.

하지만 아쉬움은 여전히 남는다. 기득권에 근거한 검사들의 항명에 아무런 불이익 조치를 하지 않은 것은 검찰을 두려워한다는 표시이고 검찰개혁을 하지 않겠다는 표시로 읽힐 수도 있기 때문이다. 루쉰의 〈페어플레이는 아직 이르다〉는 글에서처럼 물에 빠진 개가 주인을 물지 않도록 하기 위해서는 끝까지 패야 했던 것은 아니었을까.

사법개혁 기구의 위력

사법개혁이 검찰개혁과 달리 성공한 이유 중 하나는 추진 기구를 따로 구성했기 때문이다. 사법개혁은 행정부 단위를 뛰어넘는 과제로서 입법, 행정, 사법부의 모든 국가기관이 관여해야 하는 사안이다. 참여정부의 사법개혁은 행정부와 사법부가 함께 작업해 개혁 법안을 마련했다. 그리고 마지막으로 입법부가 법률의 형태로 사법개혁을 마무리했다.

이와 같이 거의 전 국가적 역량이 동원된 것은 사법개혁이 단순히 형사절차의 개혁에 그치지 않고 법조인의 양성과 법률서비스의 확충, 대법원의 다양한 구성, 군의 사법개혁, 법조윤리 확립과 사법서비스 확충 등 국가 전반에 영향을 미칠 수 있는 개혁 과제를 대부분 포함하고 있었기 때문이었다. 그리고 국가 주도 시스템을 민간 주도 시스템으로 변화시키는 것을 포함하고 있었기 때문에 시민사회단체나 민간 전문가 등 민간의 참여 역시 적극적으로 이루어졌다. 이 점은 기존의 사법개혁과 검찰개혁이 법무부와 검찰 중심으로 이루어진 것과 차이가 있다.

그동안 검찰개혁은 검찰 자체의 문제로 인식됨으로써 검찰 내부에서 추신되었다. 법무부나 내검찰청 난위에서 개혁 작업이 이루어진 것이다. 이렇게 되면 검찰의 영향력이 절대적이다. 하지만 사법개혁에서는 사법부나 검찰이 절대적인 영향력을 행사하지 못했다. 행정부와 사법부가 합심했고 민간 전문 역량까지 동원되었다. 이로써 법무부와 검찰의 의견이 과반수 이상이 되는 것이 방지되었다. 물론 사법부도 과반수가 되지 못했다. "검사들의 불만을 압도할 만한 도도한 어떤 논의의 틀이나 흐름"이 완성된 것이다. 물론 이에 대해서도 검찰의 반발은 극심했다. 하지만 검찰도 논의 과정에 책임 있는 주체로서 참여했고 토론 결과에 최종 합의했다. 이 점은 검찰의 반발을 누그러뜨릴 수 있는 계기가 되었다. 김선수 전 비서관의 설명이다.

"사개추위에서 공판중심주의에 관한 논의를 할 때, 검찰의 입장은 이랬다고 합니다. 만약 표결을 해서 지게 되면 사개추위에서 탈퇴 내지 소환은 못하겠지만, 국회에 가서 반대해야겠다는 것이었지요. 즉, 사개추위에서 의결되었다고 해도 법안은 국회에 법무부 안으로 가야 하는데 그 단계에서부터 자기네 길을 가겠다는 것이지요. 그래서 어떻게든 다독거려야 했습니다. 학계에서는 검사 작성 피의자신문조서의 증거 능력 인정 때문에 불만족스럽다는 평가를 하기도 했는데, 그래도 검찰이 동의하는 선에서 법안을 만들었기 때문에 입법이 가능하지 않았을까 생각합니다.

구체적으로 공판중심주의를 논의하는 5인 소위의 검찰 쪽 검사장의 이야기를 들어보면, 자기네는 표결에서 지면 지는 걸로 가고, 대신 그 외 모든 것에 비협조할 생각이었다고 합니다. 즉, 법무부 법안으로 넘기는 단계에서부터 최선을 다해 막을 생각이었다고 합니다. 그런데 사개추위에서는 검찰을 포함해 모든 동의를 거친 뒤 법안을 만들었습니다. 국회에 법안이 갔을 때에도 검찰과 합의해서 같이 넘겼습니다. 만일 검찰이 반발하는 것을 뻔히 알면서도 최소한 설득도 안 한 상태에서 일방적으로 추진했다면 여러 가지 난관이 많았을 것 같습니다."

참여정부 사법개혁의 틀은 검경수사권 조정 사례와 대비된다. 검경수사권 조정은 검찰청과 경찰청의 합의에 의해 추진되었다. 검찰청과 경찰청의 의견이 팽팽해졌을 때 이를 조정하거나 압도할 만한 논의를 이끌어내지 못했다. 검경수사권 조정을 추진하는 단위에 다른 부처나 민간 전문가들이 아예 제도적으로 배제되어 있었기 때문이다.

형사소송법 개정의 방향,
피의자·피고인의 주체성 강화

형사소송법 개정은 피의자·피고인의 권리를 강화함으로써 수사와 재판의 위법이나 인권 침해를 견제하고 감시하고 예방하는 것을 목표로 한다. 피의자·피고인의 권리 강화는 궁극적으로 형사절차의 공정성을 보장하여 실체적 정의만이 아니라 절차적 정의도 실현한다. 이런 목표는 피의자·피고인의 인권과 방어권을 보장함으로써 달성된다. 지금까지 우리는 피의자·피고인이 가지는 방어권을 매우 경시해왔다. 이것은 일제 강점기 때 도입된 국가중심주의, 전체주의 사법 시스템에서 비롯된 것이다. 식민지 시대의 사법 시스템은 철저하게 일본이라는 국가를 위해서만 존재했다. 이런 의미에서 조선 인민은 국가에 비해 약자의 위치에 있던 일본인의 처지에 더해 식민지 피지배민으로서 이중의 차별을 받았다.

해방 이후 일제 식민주의는 철저하게 청산되지 못했고 특히 일제의 사법 시스템은 거의 그대로 남았다. 일제로부터 배웠던 법조인들이 선진 제국의 인권친화적 사법 시스템을 받아들이지 않고 자신의 기득권 옹호를 위해 일제 시스템을 존속시켰다. 형사절차의 중심은 항상 국가기관인 검찰과 법원이었고 특히 국가형벌권을 상징하는 검찰이 형사소송의 핵심이었다.

형사절차상 국민의 인권을 지키는 데에는 피의자·피고인의 권리를 확장하는 방안과 국가에게 인권 보호 의무를 부과하는 방안이 있다. 두 가지 방안 모두 적절하게 확대되어야 한다. 지금까지 우리는 형사절차상 발생할 수 있는 고문이나 가혹행위 등 인권 침해에 대해 수사기관에 의무와 부담을 지움으로써 문제를 해결하고자 했다. 수사과정을 일일이 기록하게 하는 등 수사절차상 투명성을 제고하고 수사 서류 작성 시 변호인을 참여하게 하고 진술거부권을 고지하게 하는 등 많은 절차적 제약을 부과했다. 국민의 인권 보호 의무는 국가의 기본적인 의무이고 특히 공권력 행사기관은 그 어떤 경우에도 꼭 지켜야 하는 의무이다. 심지어 국민이 자신의 권리를 포기하더라도 국가는 의무를 저버려서는 안 된다. 피의자가 고문을 허용하더라도 국가는 고문 금지 의무를 지켜야 한다. 국가 의무 부담 방식은 국가의 의무를 명백히 함으로써 공권력 행사의 정당성을 확보한다. 그리고 의무 위반이 발견된 경우에는 위법하게 수집한 증거를 증거로 사용하지 않거나 국가의 손해배상 의무를 인정하는 등 그 효과가 직접적이다.

하지만 국가 의무 부담 방식은 피의자·피고인이 수사와 재판의 주체이고 권리의 행사자로 보기보다는 일방적으로 보호의 대상으로 만들 가능성이 있다. 국민의 권리 주체성을 약화시킬 가능성이 있는 것이다. 수사기관이나 재판기관 등 국가가 다 알아서 인권을 보호해주니까 피의자·피고인에게는 특별한 권리를 인정할 필요가 없다는 논리이다. 이런 인식은 법관과 검사가 피의자·피고인과 평등한 관계라는 점을 부정한다. 검찰의 준사법기관론, 객관의무론에서 살펴본 바와 같다.

나아가 피의자·피고인의 권리를 부정하고 수사기관의 의무만을 강조하는 경우 수사기관에 대한 견제가 가장 중요하게 된다. 한국에서는 경찰에 의한 인권 침해가 가장 심각했기 때문에 검찰에게 경찰에 대한 감독권을 주고 이것을 강화하는 방향으로 제도를 개혁해왔다. 이로써 경찰의 검찰에 대한 종속성은 더욱 강화되었다. 수사지휘권을 넘어서서 사법 경찰의 활동 전체가 검찰의 지휘에 속하게 되어버렸다.

피의자·피고인의 권리를 확충하고 보장하는 방안은 피의자·피고인이 자율성을 가진 권리의 주체임을 인정한다. 피의자·피고인을 가장 잘 방어할 수 있는 사람은 자신이라는 전제에서 출발한다. 형사절차의 무기대등 원칙이 그것이다. 피의자·피고인이 수사와 재판에서 책임 있는 주체로서 자주적으로 참여한다면 인권은 충분히 보장된다. 그리고 수사와 재판의 공정성과 형평성은 놀랍도록 보장된다. 재판 결과에 대한 신뢰는 높아진다. 사법의 신뢰는 피의자·피고인에게 한정되는 것이 아니라 국민들에게 확장된다. 피의자·피고인에게 변호사도 선임되지 않은 상태에서 고문과 가혹행위를 한 다음 수사과정에서 작성된 서류를 가지고 재판을 진행한다면 피의자·피고인, 그리고 국민이 신뢰할 수 있겠는가? 피의자·피고인의 권리를 인정하게 되면 국가의 도덕성, 정당성 역시 높아진다. 수단을 정당화하는 것은 목적이지만 목적을 정당화하는 것도 수단이다. 순간적으로 하나의 사건 처리는 시간이 걸리고 힘이 들 수 있고 정의가 실현되지 않을 수도 있다. 그러나 장기적으로 생각하면 국가의 도덕적 정당성을 바탕으로 한 정의는 국민들에게 권리를 인정했을 때 가장 효과적으로 실현된다.

피의자·피고인의 권리 보장은 국제인권법의 기본 원칙이다. 세계인권선언이나 국제연합의 시민적·정치적 권리에 관한 국제규약, 경제적·사회적·문화적 권리에 관한 국제규약은 "인류 가족 모든 구성원의 고유한 존엄성과 평등하고 양도할 수 없는 권리를 인정하는 것이 세계의 자유, 정의, 평화의 기초가 됨"을 인정한다. 이처럼 개인에게 기본적인 인권을 인정하는 것은 사회적, 국가적, 국제적 차원에서 자유, 정의, 평화의 기초이다. 헨리 데이비드 소로우의 지적과 같이 국가가 개인을 커다란 독립된 힘으로 보고 국가의 권력과 권위는 이러한 개인의 힘에서 나온 것임을 인정하고 이에 알맞은 대접을 개인에게 해줄 때까지는 진정으로 자유롭고 개화된 국가는 나올 수 없다. 형사절차는 가장 기본적인 인권 분야이므로 권리 보장을 더욱 높게 해줄 필요가 있다.

피의자·피고인의 권리 보장은 이들의 주체성 보장에만 그치지 않는다. 수사와 재판의 위법은 사후에 발굴하고 처벌하는 것보다 현장에서 감시하고 견제하는 것이 가장 효과적이다. 피의자·피고인의 권리가 확대됨으로써 수사와 재판절차를 실시간으로 견제하고 감시할 수 있게 된다.

그런데 이런 정책이 효과를 보기 위해서는 변호인이 필수적이다. 변호인은 피의자·피고인의 보호자이면서 피의자·피고인이 자신의 권리를 충분히 주장할 수 있도록 도와주는 보좌인이다. 평생 한 번 있을까 말까 한 형사절차에서 피의자·피고인이 자신이 가지고 있는 방어권을 충분히 행사할 수 있다고 보는 것은 허구이다. 변호사가 피의자·피고인을 보좌함으로써 피의자·피고인의 주체성은 꽃을 피운다. 중죄사건에서 국선변호인제도를 두고 국민참여재판에서 변호인을 필수적으로 한 것에서 이를 확인할 수 있다. 배심원을 앞에 두고 자신의 주장을 펼치기 위해서는 피고인에게 변호인이 없으면 안 된다. 이런 면에서 해방 이후 극소수의 변호사, 판검사보다 적은 수의 변호사로 운영되는 형사사법 시스템을 선택한 우리의 제도 설계자들은 비난받아 마땅하다.

피의자·피고인의 주체성을 인정하고 변호인이 이를 보좌하도록 하는 것은 법원에 의한 수사에 대한 견제, 감시보다도 더 효과적이다.

피의자·피고인은 자신의 인권 침해에 대해 적극 다툴 수밖에 없고 변호인은 국가기관인 법원보다 훨씬 국민의 인권에 민감하기 때문이다.

참여정부의 형사소송법 개정은 이런 근본적인 변화를 지향했다. 그동안 피의자·피고인의 주체성을 인정하고 변호인의 조력권을 확충하는 것은 공권력을 약화시킨다는 오해와 예산상의 제약으로 적극적으로 시행되지 못했다. 이러한 한계에도 불구하고 참여정부의 사법개혁 과정에서 국선변호인제도가 재판 시작 전 단계로까지 확충되었다. 수사기관에 의해 구속영장이 청구되는 경우 구속심사 시부터 국가가 변호인을 선임해주는 것으로 변경되었다. 국가가 생각하는 인권의 수준이 높아진 것이다. 변호인에 대한 인식도 변하고 있다. 한국에서 변호인은 사실상 형사절차에서 있으면 좋고 없어도 지장 없는 존재였다. 심하게 말하면 변호인은 형사절차에 기생하는 존재로 인식되었다. 전관예우나 법관, 검사와의 연결고리를 이용해 돈을 버는 존재로 인식되었다. 존경받는 인권변호사, 형사 전문 변호사는 소수였다. 많은 수의 변호사가 배출되고 국선변호인제도가 확대됨에 따라 변호사의 역할도 피의자·피고인의 권리 보호와 국가의 위법 행위를 충실하게 감시하는 존재로 변화하고 있다.

하지만 이것만으로는 부족하다. 국선변호인제도를 더욱 확장해 누구나 수사 초기부터 변호인의 도움을 받는 구조를 만들어야 한다. 이것은 공적변호인제도Public Defender 도입으로 이루어질 수 있다. 공적변호인제도는 전국의 검찰청이나 경찰청 옆에 국가가 고용한 변호사가 근무하는 공적변호인 사무실을 두고 이들 변호사가 수사 초기에 곧바로 수사에 참여하는 제도이다. 수사기관이나 피의자 모두 수사 초기가 가장 중요하다고 한다. 가장 많은 증거가 있고 가장 솔직한 진술을 들을 가능성이 높기 때문이다. 그러나 그만큼 위법이 행해질 가능성이 높고 피의자로서는 자신을 방어하지 못할 가능성이 높다. 따라서 수사 초기부터 변호인이 선임되어 피의자를 보호해야 할 필요성이 매우 높다. 이것이 바로 공적변호인제도이다.

공적변호인제도를 통해 수사과정에서 피의자의 인권을 충실하게 보호할 수 있을 뿐 아니라 위법한 수사나 권한 남용을 실시간으로 견제할 수 있게 된다. 국민의 기본 인권을 보호하기 위한 국가의 의무는 특별한 사유가 없는 한 면제되지 않는다는 점에 비추어보면 공적변호인제도는 국가로서는 반드시 충족해야만 하는 의무이다. 이로써 경찰과 검찰의 인권친화적 변화를 추동할 수 있고, 경찰과 검찰의 수사를 현장에서 실시간으로 감시할 수 있게 된다. 수사과정의 공정성이 획기적으로 높아질 것이고 형사절차의 정당성도 역시 높아지게 된다.

구속자 수의 감소

참여정부 기간 동안 검찰의 변화를 가장 극적으로 확인할 수 있는 것은 구속자 수의 변동이다. 참여정부를 포함해 민주정부 10년 동안 구속자 수는 놀랄 만큼 줄어들었다. 제도적으로는 형사소송법 개정과 사법개혁이 효과를 봤기 때문이다. 본질적으로는 민주주의와 인권이 발전했기 때문이다.

신체의 구속이란 피의자·피고인의 신체의 자유를 제한하는 강제처분이다. 구속은 피의자가 죄를 범했다고 의심할 만한 상당한 이유가 인정된 다음 증거의 인멸과 범인의 도주를 방지하기 위해 사용하는 수사 방법이다. 신체구속은 수사기관이 행사할 수 있는 강제처분 중에서 가장 강력하다. 피의자·피고인에게 미치는 영향은 막대하다. 신체구속 그 자체는 사형제가 사실상 폐지된 지금 국가공권력이 개인에게 가할 수 있는 최고의 형벌이다. 구속된 자는 사회생활에서 격리된다. 본인 및 가족의 경제생활, 사회생활에 심각한 부정적인 영향이 발생한다. 구속으로 인한 불이익은 사회가 고도화, 조직화될수록 심각하다. 그리고 구속자는 외부세계와 고립됨으로써 방어권을 적절하게 행사하지 못하고 쉽게 수사기관에 굴복하게 된다. 구속된 자는 상상 이상으로 가혹한 환경에 처하게 된다. 모든 사건 조작이 불법구금으로부터 시작한 것은 구금이 사실상 방어권을 무력화시키기 때문이다. 따라서 구속은 최소한도로 이루어져야 한다. 구속자의 수가 양적으로 적정해야 할 뿐 아니라 질적으로도 원래의 목적에 충실하게 증거의 인멸과 도수 방지에 한정되어야 한다.

하지만 지난 군부독재와 권위주의 정권 시기에는 자백을 받기 위한 적극적인 수사 방법으로 구속을 남발해왔다. 피의자를 불리한 위치에 빠뜨려 자백을 받으려고 했기 때문이다. 높은 구속율과 이를 바탕으로 한 자백, 이것이 높은 유죄율의 비밀이었다. 이것을 두고 인질사법이라고 부른다.

한편, 검찰은 구속영장 청구권을 바탕으로 수사 및 재판에서 사실상 주도권을 행사해왔다. 검찰 권력의 뿌리는 형사절차에서 갖는 검찰의 권한이다. 이 권한은 바로 구속을 결정할 수 있는 힘에서 비롯되었다. 법원이 영장발부권으로 견제할 수 있다고는 하나 이전에는 하나의 장식에 지나지 않았다. 나아가 검찰은 영장청구권을 독점하고 있다. 검찰의 영장청구권 독점은 국민의 인권 보호보다는 검찰 조직의 보호와 경찰 조직 통제 장치로 활용되어왔다.

하지만 민주정부 10년 동안 구속에 대한 인식 자체가 바뀔 정도로 상황이 달라졌다. 〈표 1〉을 살펴보자.

1995년과 비교해 2009년에는 10만 건 이상의 구속영장 발부가 줄어들었고, 구속재판 역시 6만 건 이상 줄어들었다. 비율로 따지면 약 30% 내지 40% 정도이고, 2000년과 비교해서도 40% 내지 45% 정도

〈표 1〉 구속영장 발부 수 및 구속기소 인원수, 구속기소율 변화 추이

연도	구속영장 발부 수*	구속기소 인원수**	구속기소율***
1995	144,314	109,492	66.5
1996	141,540	109,969	63.6
1997	117,729	95,508	54.5
1998	138,830	116,086	53.7
1999	110,937	94,892	48.6
2000	105,442	88,338	46.1
2001	105,294	90,014	45.3
2002	99,602	86,266	41.4
2003	93,594	80,265	37.7
2004	85,590	74,217	31.1
2005	64,295	56,657	26.2
2006	51,482	46,275	20.3
2007	46,062	42,129	16.9
2008	43,032	39,693	14.4
2009	42,732	40,214	14.0

* 구속영장 발부 수는 2008년까지는 대검찰청 검찰연감, 2009년은 법원행정처 사법연감을 참조했다. 두 연감은 구속영장 발부 수에 약간의 차이가 있다.
** 구속기소 인원수는 사법연감을 참조했다.
*** 구속기소율은 구속기소 인원수를 구공판 사건 기소 인원수로 나눈 비율이다. 사법연감을 참조했다.

이다. 구속자 수만 줄어든 것이 아니라 구속기소 인원수도 급격하게 줄어들었다. 10년 전에 비해 약 40%의 인원만이 구속재판을 받고 있는 것이다. 나아가 구속기소율을 살펴보면 이전의 구속재판 원칙이 불구속재판 원칙으로 바뀌었음을 알 수 있다. 구속기소 인원수를 구 공판사건 기소 인원수로 나눈 비율이 66%에서 14%까지 줄어들었다. 변호사 입장에서는 "우리 당대에는 볼 수 없다고 생각"문재인한 엄청난 현실이다. 판사들도 놀라워하는 결과이다. 검사들은 어떻게 수사를 해야 하느냐고 반발했으나 최근에는 적응하고 있다.

그렇다면 일반 사건이 감소했을까? 사건이 감소하면 구속사건 역시 감소한다고 가정할 수 있다. 하지만 같은 기간 동안 법원에 접수된 사건의 수는 1995년 2,190,119건, 2000년 2,131,796건, 2009년 1,975,236건으로 큰 변동은 없다. 검찰이 처리한 사건 수는 증가했다. 1995년 1,891,823건, 2000년 2,381,239건, 2008년 2,736,064건이다. 이와 같이 사건 수는 별다른 변동이 없거나 소폭 증가했는데 구속자 수는 급격하게 줄었다. 치안 상태가 위태로워졌다는 보고는 아직까지 없다. 일부 아동성폭행 사건이나 엽기적인 사건이 발생하고 있기는 하다. 하지만 구속되었어야 할 사람 중 10만 명 이상이 구속되지 않아 거리를 활보해도 그만큼 치안이 악화되었다는 보고는 없다.

이에 따라 교정시설 1일 평균 수용 인원 역시 줄어들었다. 1995년 60,166명, 2000년 62,959명에서 2010년 46,457명으로 25% 이상 줄어들었다. 최고는 1999년의 68,087명이다. 구속자 수의 급감으로 미결구금자의 수가 줄어든 것이 결정적인 이유이다. 2000년의 미결수는 24,312명인데 비해 2010년에는 14,616명이다. 기결수도 꾸준히 줄어들고 있다. 같은 기간 38,647명에서 31,841명으로 줄어들었다.

18% 이상 감소했다.

　구속자 수 감소 및 수용자 수 감소는 국민의 인권이라는 측면에서 본다면 획기적인 변화이다. 그만큼 많은 사람들이 신체의 자유가 박탈당하는 불이익에서 벗어나고 있는 것이다. 국가 예산도 엄청나게 줄어든다. 교정시설 1일 평균 수용 인원 2만 명이 줄어들면 국제인권법이 권고하는 500명 수준의 교도소 40개를 더 짓지 않아도 된다.

　일본의 구류장한국의 구속영장과 동일은 1999년 116,972건에서 2004년 156,985건으로 증가했다가 2009년 131,508건으로 줄어들었으나 전반적 경향은 증가 추세이다. 미국은 구금자 현황으로 이를 추정할 수 있는데 미국의 구치소와 교도소에 수감된 수용자는 1994년 1,476,621명에서 2008년 2,304,115명으로 폭발적으로 증가했다. 미국의 수용자 수는 세계 최고이다.

구속자 수가 감소한 이유

구속자 수가 줄어든 것은 법관이나 검사, 변호사 등 법조인들이 증가한 것과는 큰 관련이 없다. 한국에서는 항상 법조인들의 수가 부족하므로 사건을 제대로 수사하고 재판하고 변호하지 않는다는 주장이 있다. 따라서 법조인들이 증가하면 그만큼 충실한 수사와 변호가 이루어져 구속자 수가 줄어들 수도 있을 것이다. 그동안 법관, 검사, 변호사는 꾸준히 증가했다. 2009년 현재 법관은 2,724명이고, 검사는 1,847명, 변호사는 9,612명이다. 하지만 법조인들은 구속자 수가 감소하기 전부터 계속 증가하고 있었다. 즉, 판사는 매년 100명 정도, 검사는 60~70명 정도 증가해왔다. 그러나 이 증가 속도와 구속자 수 감소 속도가 일치하지 않는다. 법조인은 꾸준히 증가했으나 구속자 수는 변동이 없다가 민주정부 들어서 급격히 감소했다. 인권 수준을 결정하는 것은 해당 업무에 종사하는 사람의 숫자가 아니라 제도의 문제라는 점을 확인할 수 있는 사례이다.

 구속자 수가 급속히 감소한 직접적인 원인은 사법개혁이다. 사법개혁은 1993년 사법제도발전위원회부터 시작해 1999년 사법개혁추진위원회, 2003년 사법개혁위원회, 2005년 사법제도개혁추진위원회 등 3개 정부를 거쳐 진행되었다. 사법개혁 과정에서 불구속수사와 재판 원칙을 확립하기 위한 구속제도의 개혁은 항상 주요한 과제였다. 국민의 자유와 인권에 미치는 영향이 직접적이고 검찰의 권한이 집중되는 곳이기 때문이다. 치열한 논쟁 과정에서 법관에 의한 구속영장 실질심사제가 도입되었고 무조건 영장을 발부하는 실무 관행도 변했다. 특히 제도적으로는 구속영장실질심사제가 중요한 역할을 했다. 이전에는 판사가 구속영장 신청을 서류로만 구속 여부를 결정했다. 구속영장실질심사제가 도입된 이후에는 판사가 직접 피의자를 만나서 그의 변명을 듣고 결정하게 되었다. 또한 영장실질심사 때 변호인이 없는 피의자에 대해서는 판사가 직권으로 국선변호인을 선정하도록 해서 누구나 변호인의 도움을 받게 했다. 인권 보호의 수준이 높아진 것이다. 하지만 구속영장실질심사제가 도입되었다고 곧바로 구속자 수가 줄어든 것은 아니다. 사법개혁 과정에서 불구속 재판을 확립하기 위한 치열한 논쟁이 벌어지고 그 결과를 실무에서 적용하자 구속자 수가 대폭 줄어들기 시작했다. 구속영장실질심사제 도입 이후 2, 3년

이 지난 다음 구속자 수가 본격적으로 줄어든 것이다. 제도의 도입과 효과가 비동시적으로 발생한다는 것과 제도 도입과 함께 실무의 변화가 중요하다는 점을 보여주는 사례이다.

구속영장을 급속히 감소시킨 직접적인 원인이 사법개혁이라고 한다면 근본적인 원인은 민주주의와 인권의 발전이다. 구속자 수는 국민의정부에서부터 줄어들기 시작해 참여정부에서는 하나의 경향이 되었다. 표에서 확인할 수 있는 바와 같이 구속자 수가 현격히 줄어들기 시작한 때는 1999년부터이다. 그리고 2004년부터 2007년까지 무려 4만 명 정도의 숫자가 급감한다. 이때는 사법개혁과 검찰개혁이 한창 진행되던 시기였다. 사개위와 사개추위가 구성되어 사법개혁을 추진했던 때였고 검찰개혁 역시 검경수사권 조정이나 고비처 등으로 추진되던 시기였다. 민주정부가 얼마나 중요한가를 보여주는 증거이다. 이명박 정부 들어서서도 구속자 수가 줄어들고 있는 것 역시 그 영향이다.

구속자 수 감소의 의의

구속자 수가 감소한 의의는 다음과 같다.

첫째, 구속자 수 감소는 이전 시기의 구속이 과도했다는 걸 보여준다. 우리는 과거사 정리를 통해 과거 구속제도 운용을 객관적으로 바라볼 기회를 가졌다. 이를 분석하는 과정에서 구속이 남용되었다는 걸 확인했고 구속제도의 변화를 시도했다. 구체적으로 법원이 과거사 정리에서 교훈을 얻었다. 과거사 사건으로 법원의 재심 대상이 된 사건들은 대부분 부당한 신체구속에서 비롯된 것들이다. 즉, 부당한 신체구속으로 촉발된 인권 침해는 구속 기간의 장기화, 고문과 가혹행위를 동반하여 방어권을 극도로 취약하게 만들었다. 그리고 이에 굴복하여 임의성 없는 자백이 이어졌다. 과거사 정리 과정과 재심 과정을 통해 법원은 과거사 사건의 쟁점을 겨우 정면으로 바라보고 인정하게 되었다. 이런 면에서 검찰이 과거사 정리에 저항하고 거부한 것은 비판의 대상이 될 수밖에 없다.

둘째, 구속자 수 감소는 국민 인권이 획기적으로 증대되었다는 걸 의미한다. 구속자 수가 줄어든 것 자체가 인권의 개선이다. 수사와 재판을 위해 구속이 필요할 수 있으나 신체의 자유를 침해하는 구속은 항상 최소화되어야 한다. 형사절차에서 인권 침해 최소화는 기본 원칙이다. 그리고 재판과정에서도 방어권을 실질적으로 행사할 수 있어 인권이 보장된다. 여기에 더해 형사 변호인의 도움을 받을 수 있는 국선변호인제도가 확대되었다. 구속영장이 신청된 경우 국선변호인제도가 적용된다. 이것은 수사와 재판과정에서 위법 수사 및 권한 남용에 대한 견제와 감시체계가 최소한이나마 마련된 것을 말한다.

셋째, 구속자 수 감소는 법원의 검찰 견제 기능이 정상화된 것을 보여준다. 검찰이 갖는 형사절차 외의 권한은 형사절차에서 주어진 권한에 근거한 것이다. 정치권과 만나면 형사절차상의 권한을 정치권을 위해 행사했고, 스폰서를 만나면 스폰서를 위해 행사했다. 이것이 권한 남용의 실체이다. 이에 대한 법원의 견제와 감시는 전혀 작동하지 않았다. 과거 군부독재와 권위주의 시대 법원과 검찰은 한 몸이었고 법관과 검사는 국가 고위관료로서 국가에 충성하는 기관이었다. 법원의 독립을 그렇게 중요시했다는 김병로 대법원장도 1952년 사법감독관 회의석상에서 영장청구서에 기재된 사실을 전혀 범죄로 인정할 수 없거나 경미한 범죄로서 도주 우려가 없음을 명확히 인정할 수 있는 것을 제외하고는 형식심사에 그치고 영장을 교부하는 것이 당연하다고 훈시한 바 있다. 지금의 구속영장실질심사제에서는 있을 수 없는 인식이다. 식민지 법원과 검찰은 식민지 지배도구로서 기능을 충실히 담당했으므로 국민의 자유와 권리를 중요하게 생각하지 않았다. 동일한 목적을 가진 관료기구에 지나지 않았다. 법원과 검찰의 이런 관계는 해방 후 보수적인 사법부 재편을 통해 최근까지 이어져왔다. 그러나 구속영장에 대한 실질적인 견제와 감시가 이루어짐으로써 법원과 검찰의 건강한 긴장관계가 형성되었다.

 넷째, 구속자 수의 감소는 굳이 경찰이 검사에게 영장을 신청하고 검사가 다시 법관에게 영장을 청구하는 절차가 불필요할 수도 있다는 점을 보여준다. 우리 헌법은 영장 신청권자를 검사로 일원화하고 있다. 경찰은 검사에게 영장을 청구하고 검사가 법관에게 영장을 신청한다. 경찰의 영장청구에 대한 이중의 견제 장치이다. 우리 헌법이 인신의 구속 등 강제수사에 대해 얼마나 많은 관심을 기울이고 있는가를 보여주는 징표이다. 그런데 이러한 시스템은 원래 법원에 의한 영장심사가 제대로 되지 않는다는 것을 전제로 한 것이다. 즉, 경찰의 영장청구는 남발될 가능성이 높은데 이를 법원에서 제대로 통제하지 못할 가능성이 있다. 따라서 수사기관이자 법관과 동일한 자격을 갖는 검사가 이를 사전에 통제할 필요가 있다는 논리이다. 하지만 수사기관 사이에 영장 신청에 차등을 두는 것은 합리적이지 않다. 법원의 영장심사 기준이 신청권자에 따라 다를 이유가 없기 때문이다. 법원의 영장심사가 강화되면 검사의 영장심사는 필수적인 절차가 아니게 된다.

한편, 검사의 영장청구권 독점은 구속, 압수·수색과 같은 강제수사에서 경찰의 수사를 검사가 통제하는 것을 제도적으로 보장한다. 모든 수사는 강제수사가 될 가능성이 있기 때문에 강제수사만이 아니라 임의수사에도 검사의 통제가 미친다. 이로써 경찰에 대한 검찰의 우위는 제도적으로 확보된다. 이러한 시스템은 경찰과 검찰의 수사권을 조정하는 과정에서 개정될 필요가 있다. 비록 헌법의 규정이므로 헌법 개정 문제가 있지만 여기까지 논의가 전진하지 않으면 검경수사권 조정이나 검찰개혁은 제대로 이루어질 수 없다.

법원개혁을 통한 검찰의 견제

형사구속자 수 감소에서 보듯이 법원에 의한 검찰 권한 행사 견제와 감시는 민주정부 10년을 지나면서 꽤 정상화된 듯하다. 가까운 원인은 사법개혁과 검찰개혁이다. 근본 원인은 민주주의와 인권의 발전이다. 여기에 중간 정도의 원인이 있다고 한다면 법원의 변화이다.

검찰을 견제하는 기관은 법원과 변호사이다. 법원은 영장 청구 심사, 재판을 통한 유무죄 판단, 수사과정에서 획득한 증거의 위법성 심사, 공소제기 과정의 공소권 남용 심사, 재판 시 검찰 권한에 대한 심사 등을 통해 수사와 기소를 통제한다. 특히 위법수집증거배제법칙은 수사과정에서 위법하게 취득한 증거는 비록 믿을 만하다고 하더라도 증거로 사용하지 않는 원칙으로서 수사에 대한 강력한 견제 장치로 작용한다.

법원에 의한 검찰 권한의 견제, 감시가 이루어지려면 우선 법원이 개혁되지 않으면 안 된다. 과거 법원은 정치적으로 독립되지 못해 정권의 통치기관에 지나지 않았다. 정보기관과 경찰, 검찰의 위법한 수사와 기소를 견제하지도 못하고 정찰제 판결로 국민의 인권 탄압에 동조해왔다. 이러한 태도를 전면적으로 반성하고 개혁하지 않고는 법원에 의한 검찰의 견제는 도저히 기대할 수 없다.

사법개혁의 역사에서 본격적인 법원개혁은 참여정부의 사법개혁이라고 할 수 있다. 이전의 사법개혁은 주로 법조 비리에 의해 시작되었기 때문에 법조 비리와 전관예우 척결이 가장 중요한 과제였다. 사법개혁 과제에 대해서는 많이 논의하기는 했지만 법원의 개혁을 포함한 사법 전반의 개혁을 추진하기에는 동력이 약했다. 하지만 참여정부의 사법개혁은 대법관 구성 및 법관 선발 방법을 둘러싸고 시작되었다. 그래서 법원의 구성을 다양화하고 좀 더 국민에게 친숙하고 국민의 신뢰를 받는 법원을 구성하는 것이 중요한 목적이 되었다.

참여정부 사법개혁의 주요 과제 중 법조일원화, 하급심의 강화 등이 본격적으로 논의되고 추진된 것은 바로 이런 사정 때문이다. 법원 구성의 다양화는 그동안 대법원이나 헌법재판소 등 최고법원에 여성과 사회적 소수파를 대변할 수 있는 인물이 임용됨으로써 어느 정도 달성되었다. 법조일원화는 변호사로서의 경험을 중시하여 경험이 풍부한 변호사 중에서 법관을 임용하는 제도이다. 이것은 곧 법원이 국가기관의 경험이 아니라 시민사회의 경험을 더 중시한다는 것을 말한다. 법원이 국가중심주의에서 벗어난다는 것, 국가기관의 권력행사에 대해 견제하고 감시하겠다는 것을 의미한다. 법조일원화는 법원이 국민의 자유와 권리를 옹호하는 본연의 자세를 확보하는 계기가 된다. 부족하나마 법원개혁의 기초는 마련한 셈이다.

  법원에 의한 검찰 견제와 감시는 검찰개혁의 기초이다. 개정된 형사소송법은 형사절차에서 권력기관의 권한 행사 절차를 보다 세밀하게 규정했다. 이로써 법원에 의한 견제와 감시를 획기적으로 증대시켰다. 공판중심주의를 핵심으로 한 형사절차의 변화는 법원이 재판과정을 통해 검찰의 권한 행사를 더 많이 견제하고 감시할 수 있게 해준다. 법원에 의한 검찰의 견제와 감시는 고전적인 권력 분립 모델이다. 따라서 새로운 검찰개혁 과제를 추진하는 데 가장 기본이 되는 요소일 뿐 아니라 더욱 강화되어야 하는 요소이다. 이러한 결론은 검찰개혁이 법원개혁과 함께 이루어져야 한다는 점, 검찰개혁이 사법개혁이라는 큰 틀에서 이루어져야 효과적이라는 점을 말한다. 법원개혁이 계속 필요한 이유이기도 하다.

08

검찰과 인권

참여정부의 검찰개혁의 목적은 검찰이 국민의 검찰로 다시 태어나 국민의 신뢰를 받도록 하는 것이었다. 국민의 검찰로 다시 태어나기 위해서는 검찰 권한 행사 방식이 국민의 자유와 권리를 보장하는 것이 되어야 한다. 검찰권의 행사 과정에서 위법 및 남용의 소지가 많음에도 불구하고 실시간으로 감시, 차단하고 또 사후적으로 발견해 교정하는 시스템은 부족하다. 여전히 수사나 기소 및 재판과정에서 위법과 권한 남용이 발생하여 국민의 자유와 권리가 침해되는 경우가 빈번하다. 수사를 제대로 하지 않거나 수사과정에서 위법한 방법을 동원하거나 편파적으로 수사를 하는 경우, 구속을 남발하거나 밤샘 조사를 하는 경우, 마땅히 기소해야 하는데 기소하지 않거나 기소하지 않아야 하는데 기소하는 경우, 동일한 사건인데도 누구는 수사하여 기소하고 다른 사람은 기소하지 않는 경우 등이 그것이다. 위법 수사와 공소권 남용의 사례들이다.

검찰 권한 행사 과정의 위법과 남용을 방지하기 위해서는 검찰 권한을 사전, 사후적으로 내부에서 견제할 수 있는 시스템이 필요하다. 검찰 권한 행사에 대한 내부 견제 시스템은, 첫째 인권친화적인 검찰 권력 행사 기준을 마련하는 방법, 둘째 검찰권 행사에 대한 내부적 감찰 및 징계 시스템을 마련하는 방법, 셋째 검찰권 행사에 대해 견제 시스템을 외부에 개방하고 외부 인사를 참여시키는 방법 등 세 가지가 있다.

인권친화적 검찰 권력 행사 기준 마련

첫째, 참여정부의 검찰은 구속수사 기준을 마련했다. 참여정부의 구속수사 기준은 2006년 6월 12일 '구속수사 기준에 관한 지침'으로 시행되었다. 이 지침은 구속수사가 헌법상 기본권 제한 과잉 금지 원칙에 따라 최소한의 범위에 그쳐야 하고 남용해서는 안 된다는 점을 명시하고 있다. 구속 여부를 판단할 때 법률상 구속 사유의 틀 안에서 피해자의 권리 보호, 피의자의 건강과 가족 부양의 필요성, 사회 전반의 질서 유지와 공공의 이익 확보 등도 고려할 수 있음을 규정하고 있다. 구속수사 기준은 헌법과 형사소송법에서 규정한 구속수사 요건을 구체화하는 기능을 한다.

구속수사 기준 마련을 전후해서 형사구속자 수는 현저하게 줄어들었다. 이 때문에 검찰의 구속수사 기준에 관한 지침의 영향으로 구속자 수가 줄어든 것으로 생각할 수도 있다. 하지만 구속자 수는 이미 1999년부터 줄어들기 시작해 2004년부터 다시 대폭 줄어들었다. 2006년 검찰의 구속수사 기준으로 구속자 수가 줄어든 것은 아니다. 오히려 검찰의 구속수사 기준은 구속영장에 대한 법원의 심사가 엄격하게 되자 이를 반영해 이루어진 것이다. 그렇지만 구속영장 심사가 엄격해지고 불구속수사의 원칙이 확립됨에 따라 검찰 스스로 구속수사 기준을 마련하여 이에 부응하고자 한 점은 검찰개혁 성과 중 하나라고 할 만한다.

둘째, 참여정부의 검찰은 인권보호수사준칙을 마련했다. 법무부는 2006년 인권보호수사준칙을 개정하여 인권친화적 수사절차를 마련하고자 했다. 인권보호수사준칙은 개정된 형사소송법에 따라 구속 사유를 더 엄격하게 규정하고 변호인의 조력을 받을 권리를 강화했다. 조사 도중 폭언, 강압적이거나 모욕적인 발언 또는 공정성을 의심받을 수 있는 언행을 하지 못하도록 하는 등 잘못된 수사 관행을 근절하는 규정을 만들었다. 인권보호수사준칙대로 수사가 이루어진다면 한국의 인권 상황은 크게 개선될 것이다. 이러한 내용은 '인권 존중 수사 관행 확립을 위한 7대 중점 추진 사항'에서 잘 나타난다. 그 내용은 다음과 같다.

1. 수사과정에서 가혹행위는 물론, 폭언이나 강압적·모욕적인 말투를 철저히 추방한다.
2. 사건 관계인을 불필요하게 반복 소환하지 않는다.

3. 구속수사 기준에 따라 엄정하고 신속하게 구속 여부를 결정함으로써 불구속수사 원칙을 철저히 확립한다.
4. 자백을 강요하기 위한 수단으로 체포를 남용하지 않는다.
5. 체포·구속 즉시 전화 통지를 함으로써 가족들의 불안감을 들어주고 변호인의 조력을 받을 권리를 보장한다.
6. 피의자를 촬영·중계방송하거나 인터뷰에 응하게 함으로써 명예와 사생활을 침해하는 일이 없도록 한다.
7. 조사 시 변호인의 참여, 가족 참관, 신뢰 관계인의 동석 범위를 확대함으로써 수사의 투명성을 더욱 높인다.

셋째, 참여정부의 법무부는 2003년 7월 7일 수용자의 양심의 자유를 침해하는 준법서약제를 폐지했다. 준법서약제는 공안사범 석방 시에 적용했던 것으로 사상과 양심의 자유를 침해하는 대표적인 반인권 제도였다. 그 뿌리는 인간의 사상을 강제로 바꾸고자 했던 사상전향제이다. 사상전향제는 고문·폭행과 결합하여 사상범이나 정치범에게 비인간적인 처우를 강요했다. 준법서약제는 사상전향제에서 폭행의 요소는 제거한 것으로 인권의 측면에서 진일보한 것이기는 했지만 여전히 사상과 양심의 자유를 침해하는 반인권적인 제도였다. 그리고 일반 범죄인에게는 적용되지 않고 사상범이나 정치범에만 적용되어 차별적 요소도 있었다. 또한 형의 집행단계에서 검찰의 권한을 확대하는 계기로도 작용했다. 국민의정부에서도 폐지하려고 했으나 하지 못한 제도인데 참여정부에서 폐지했다. 사상과 양심의 자유에 대한 보호의 정도가 높아진 것이다.

넷째, 참여정부 기간 동안 무죄 시 즉시 석방제도가 도입되었다. 대법원과 대검찰청은 2003년 7월 17일 구속된 피고인이 재판 결과 무죄나 집행유예 선고 시 구치소로 돌아가지 않고 법정에서 바로 풀려날 수 있도록 하는 형사사법 절차 개선안을 발표했다. 그동안 구속된 피고인이 법정에서 무죄나 집행유예를 선고받는 경우 즉시 구속영장이 실효되는데도 구치소로 돌아갔다가 밤늦게 검사의 석방지휘서를 받아 석방되었다. 비록 몇 시간에 지나지 않으나 구속영장이 없는 인신구금으로서 불법구금이었다. 여러 차례 변호사와 인권운동가에게 지적되었으나 변화가 없다가, 법정에서 물리적인 충돌이 벌어지고 헌법재판소의 결정이 나온 다음에야 겨우 무죄 시 즉시 석방제도가 도입되었다. 법정에서 일어난 물리적 충돌이란 무죄나 집행유예 판결이 선고되어 즉시 석방되어야 하는데도 다시 구치소로 가는 것을 변호인이 항의하다가 교도관과 충돌한 사건을 말한다. 필자들이 직접 겪었던 일이다. 필자들은 피고인과 함께 법정에서 걸어 나오고 싶었으나 교도관이 막아 즉시 석방되지 못했다. 검사는 아예 출석하지도 않았고 경험이 많다는 부장판사들도 어쩔 줄 몰라 했다. 결국 헌법재판소가 구속영장이 실효된다고 결정함으로써 위법한 관행이 시정될 수 있었다. 형사소송법에 명문 규정이 있어서 너무나 당연한 법리인데도 해결을 위해서 변호사가 법정에서 교도관과 몸싸움을 해야 하고 헌법재판소까지 거쳐야 하는 것이 당시 현실이었다. 법원과 검찰의 인권 인식 수준을 보여주는 에피소드이다.

다섯째, 참여정부의 법무부는 2006년 5월 국가인권 정책의 총괄적 조정 기능을 강화하기 위해 인권과를 확대·개편하여 법무부 인권국을 신설했다. 인권국장은 개방직으로 했다. 법무부의 업무로서 인권을 중시한다는 점을 보여주는 개혁이었다. 법무부의 인권 중시는 곧 검찰

수사에서의 인권 중시로 이어진다. 또한 법무부는 2006년 7월 국가인권정책협의회 규정을 제정했다. 이로써 법무부는 국가인권정책기본계획의 수립 및 시행과 그 밖의 중요한 국가 인권 현안에 대한 통일적인 정부 대책 수립을 위해 관계 부처 간 협의·조정을 담당할 기구인 국가인권정책협의회의 구성과 운영의 근거를 마련했다. 법무부는 2007년 5월 국가인권정책협의회의 결의를 거쳐 '2007~2011 국가인권정책기본계획'을 수립·시행했다. 국가인권정책기본계획은 정치·경제·사회·문화 등 제반 영역에서의 권리와 여성, 아동, 장애인, 외국인 등 사회적 약자에 대한 실질적 권익 보장을 위한 정부의 체계적 인권 보장 의무와 국제 인권규범의 이행 등을 규정한 최초의 인권 정책 종합계획이다. 여기에는 당연히 검찰권 행사의 대상인 생명권과 신체의 자유 등 시민적·정치적 권리를 보호할 내용이 담겨 있다.

여섯째, 참여정부는 범죄 피해자 보호를 강화했다. 법무부는 2005년 12월 23일 범죄 피해자의 권리장전인 범죄피해자보호법을 제정하여 2006년 3월 24일부터 시행했다. 그리고 2006년 6월 범죄피해자구조법을 개정하여 더 많은 범죄 피해자들이 국가의 구조 혜택을 받도록 했다. 범죄피해자지원센터 활동도 강화하여 피해 상담, 응급 구호, 구조금 신청 및 법률구조 안내, 수사기관 및 법정 동행, 의료기관 안내, 학자금 및 생활비 지원 등 자원봉사 활동 중인 민간 범죄피해자지원센터를 더욱 활성화했다.

일곱째, 참여정부는 2005년 8월 4일 사회보호법을 폐지함으로써 보호감호제도를 폐지했다. 보호감호제도는 원래 재범의 위험성이 있는 범죄자를 격리해 사회를 보호하기 위한 것이다. 따라서 형벌과 달라야 한다. 그러나 한국에서는 수형자와 피보호 감호자를 구분하지 않고 무조건 격리하는 제도를 취했다. 피보호 감호자들을 일반 수형자와 똑같이 취급해 구금시설을 오지에 두고 무조건 격리·구금하는 정책을 취한 것이다. 교정·교화 프로그램도 제대로 시행되지 않았다. 이런 이유로 항상 이중 처벌의 문제, 차별의 문제가 제기되었다. 보호감호제도가 폐지됨으로써 수형자들의 인권은 개선되었다. 수형자들도 우리 사회의 구성원임을 고려하면 이것은 우리 사회의 인권 수준이 개선되었다는 걸 의미한다.

여덟째, 법무부는 수용자의 인권 수준을 획기적으로 개선했다. 법무부는 기존의 행형법을 인권친화적으로 개혁한 '형의 집행 및 수용자의 처우에 관한 법률'을 마련했고 이 법률은 2007년 11월 23일 국회 본회의를 통과했다. '형의 집행 및 수용자의 처우에 관한 법률'은 1950년에 제정된 행형법을 처음으로 전면 개정한 것이다. 이 법률은 수용자의 인권 증진, 수용자의 개별 처우 강화 및 수요 관리의 합리화, 여성·노인·장애인 및 외국인 수용자의 처우 강화, 교정의 과학화, 교정 행정의 투명성 강화, 교정 행정의 현대화 등을 주요 내용으로 한다. 이로써 우리도 세계적으로 부끄럽지 않는 인권친화적인 행형에 관한 법률을 가지게 되었다. 매우 큰 성과이다.

나아가 법무부는 수용자 인권 향상을 위해 교도소·구치소의 신축과 개축, 내부 시설의 개선, 무인 접견 관리 시스템 구축 등을 통한 수용 환경의 개선, 수용자 피복 개선, 수용자 사회 정착 지원을 위한 작업 상여금 인상, 부상 수용자 재활 촉진을 위한 보상금 인상, 수용자 원격화상 접견 시행 등을 통한 수용자 처우 및 권익 향상, 세계 최초의 교도소 원격화상 진료 시스템 실시를 통한 의료 처우 시스템 개선이라는 성과를 이루었다. 이미 재판을 받은 기결수와 재판을 기다리는 미결수라고 하더라도 기본 인권은 보장받아야 하는 것이 당연하다. 그리고 이들은 형을 마치게 되면 당연히 사회로 복귀하게 된다. 이들에 대한 인권 보장은 우리 사회의 인권 수준을 높이는 중요한 계기가 된다.

감찰 및 징계 시스템

첫째, 대검찰청은 2004년 8월 감찰업무에 대한 국민 참여의 일환으로 외부 인사로만 구성되는 감찰위원회 제도를 도입했다. 대검찰청 감찰위원회는 검사 또는 사무관 이상 검찰공무원의 비위사건에 대해 감찰 개시, 징계 청구 등을 검찰총장에게 건의할 수 있다. 또한 대검찰청 감찰위원회는 대검찰청의 감찰부에 대한 견제 기능을 수행한다.

둘째, 법무부는 2005년 1월 법무부 감찰관실을 만들었다. 감찰관실은 검찰 고위간부에 대한 사정 활동 및 대검찰청 감찰부 등 검찰의 감찰 담당부서에 대한 지휘·감독을 담당한다. 그리고 감찰업무의 폐쇄성을 극복하기 위해 2005년 4월 외부 인사 중심으로 법무부 감찰위원회를 출범시켰다.

감찰 기능을 강화하고 감찰위원회를 구성해 외부 인사를 참여시키는 것은 검찰권의 견제와 감시에서 매우 중요하다. 특히 검찰이 한국의 권력지도에서 사실상 견제와 감시의 무풍지대였다는 점을 고려해보면 법무부의 감찰관실과 감찰위원회는 국민이 직접 참여하는 내부적 견제 장치를 마련한 것으로서 큰 의의가 있다. 하지만 감찰관실과 감찰위원회는 어디까지나 내부 견제와 감시 시스템이라는 점에서 외부에서 견제하는 고비처와는 성격이 다르다. 내부적 통제 시스템이라는 한계를 직시할 필요가 있다. 감찰의 필요성에 대한 강금실 장관의 설명이다.

"검찰개혁에는 정치적 중립이라는 큰 주제 이외에 인사권으로 견제하고 감찰 기능을 도입해 견제하는 방식을 고민할 필요가 있습니다. 감찰 기능을 엄격하고 공정하게 발동하면 수사권을 상당히 견제할 수 있습니다. 그래서 감찰라인을 수사라인과 독립시키는 것이 중요합니다. 당시 이 문제는 인사개혁과 더불어 사후 과제로 천천히 접근했고 구체적인 대안 마련까지는 이르지 못했습니다. 그런데 법무부 장관을 그만둔 뒤 신문기사를 쭉 보니까 청와대와 대검찰청의 큰 갈등 중 하나가 감찰권 문제였다는 것을 알게 되었습니다."

셋째, 참여정부는 검사징계법을 개정해 검사에 대한 징계를 강화했다. 해임을 신설했고 검사징계위원회 위원 6인 중 3인을 외부 인사로 위촉했다. 그동안 검사들의 비리가 있어도 검사에 대한 징계는 제대로 이루어지지 못했다. 아예 징계가 되지 않든지 아니면 제 식구 봐주기식의 징계가 되었다. 검사징계법 개정으로 검사의 비리나 권한 남용에 엄격한 통제가 가능하게 되었다. 검사징계법 개정은 사법개혁 과제 중 하나인 법조윤리 확립 방안의 일환으로 이루어졌다.

외부 개방 시스템

첫째, 참여정부의 검찰은 검찰에 대한 시민모니터링 제도를 실시했다. 검찰은 2003년 7월에 시작해 2004년 7월부터는 서울중앙지검을 비롯해 전국 13개청에서 확대 실시했다.

둘째, 참여정부의 검찰은 시민옴부즈맨 제도를 실시했다. 2003년 7월부터 시작해 2005년 5월부터는 서울중앙지검을 비롯한 전국 18개청에서 확대 실시되었다. 시민옴부즈맨은 임기 1년의 명예직으로서 검찰의 수사나 민원처리에 관한 시민의 불만과 의견을 직접 듣고 검사장 등 검찰 관계자와의 면담을 통해 시정을 요구할 수 있는 권한을 가지고 있다.

셋째, 참여정부의 검찰은 항고심사회를 구성했다. 항고심사회 제도는 검사의 고소사건 처리의 공정성과 신뢰성을 제고하기 위해 일반 시민으로 구성된 항고심사회가 항고의 적정성 여부를 검토하는 제도를 말한다. 국민이 고소, 고발한 사건에 대해 검사가 불기소처분을 하는 경우 이에 불복하는 장치인 항고 제도는 원칙적으로 검찰에서 다시 심사하는 것이다. 따라서 국민의 입장에 서서 사건을 재검토하기보다는 검사의 결정을 확인해주는 역할을 해왔다. 국민이 참여하여 항고사건을 검토함으로써 검찰의 불기소결정에 대한 견제와 감시의 시스템이 또 하나 마련된 것이다. 2004년 이 제도가 도입된 이후 항고사건 가운데 재기수사명령 비율이 증가하는 경향을 보였다. 하지만 항고심사회 제도는 고소인이나 고발인이 직접 검사의 불기소처분을 법원에서 다투는 재정신청 제도보다는 간접적이고 제한적인 제도이다.

검찰개혁 입장에서 본 평가

검찰의 수사 및 기소과정에서 벌어지는 위법과 권한 남용을 통제하는 것은 검찰의 인권친화적 개혁에 매우 중요하다. 국민들에게 미치는 영향은 직접적이고 막대하다. 부실한 수사나 위법 수사, 구속의 남발이나 편파적인 공소제기, 수사과정에서의 인권 침해 등은 억제되어야 한다. 구속자 수가 줄어들고 위법 수사나 수사권 남용이 줄어들면 국민의 인권 수준은 획기적으로 높아진다. 그리고 검찰 업무에 대한 국민의 참여 역시 검찰 권한을 더 친인권적으로 행사하는 중요한 계기가 된다. 국민 스스로 검찰 권한 행사를 감시하든지 아니면 직접 참여하게 됨으로써 제한된 의미지만 국민주권 원리를 실현시킬 수 있다.

인권 관련 검찰개혁 과제는 지속적으로 추진해야 한다. 그 효과는 시간이 지날수록 더욱 분명해진다. 인권 관련 검찰개혁은 인권 보호 수준을 보여주는 중요한 지표 역할을 한다. 또한 검찰이 국민의 생명과 신체의 자유라는 가장 핵심적인 인권을 취급하는 기관으로서 인권을 숙명처럼 생각해야 하는 조직이라는 사명감 역시 높여준다. 조직의 변화, 문화의 변화도 이끌어낼 수 있다.

검찰 권한의 견제와 감시 시스템이 먼저 구축되어야

하지만 이 과제를 검찰개혁의 핵심적이고 본질적인 과제라고 보기에는 부족하다. 검찰에게 권한이 초집중되어 있는 상태에서 초과 권력을 그대로 두고 인권친화적 개혁만을 강조하는 것은 효과적이지도 않고 본질적이지도 않다. 인권친화적 개혁은 견제와 감시라는 원칙에 따라 형사소송 절차를 정상화함으로써 달성할 수 있는 과제이다. 민주주의와 인권이 발전하게 되면 수사와 기소, 재판이 피의자·피고인의 권리를 보장하지 않을 수 없게 된다. 이처럼 형사소송 절차가 선진화, 민주화되면 인권친화적 수사 및 재판절차는 함께 이루어질 수 있는 과제이다. 따라서 이 과제는 검찰개혁 과제이면서도 오히려 사법개혁 과제라고 할 수 있다. 그리고 내부 견제 시스템이나 국민 참여 방안은 조직의 혁신 차원에서 이루어져야 한다. 내부 견제 시스템이나 국민 참여 과제는 정부 혁신, 행정개혁의 일환이다.

　검찰 권한 행사 과정에서의 위법이나 권한 남용은 검찰 권한이 지나치게 집중되어 있는 것에서 파생된 현상이다. 검찰의 권한이 고도로 집중되어 있지 않다면 위법 수사나 권한 남용으로 인한 피해는 크지 않고 구조적으로 반복되지 않는다. 하지만 검찰의 권한이 고도로 집중되어 있고 또 견제와 감시를 받고 있지 않으므로 권한 행사의 위법과 남용으로 인한 피해는 구조적이고 지속적이며 막대하다. 검찰 권한 행사에 대한 견제와 감시 시스템 구축, 즉 인권친화적 검찰개혁은 검찰의 본질적인 권한은 그대로 두고 그 행사 과정에 대한 견제에 초점을 두기 때문에 그 효과는 제한적일 수밖에 없다. 검찰권의 왜곡은 구체적인 사건에서 일회적이고 파편적으로 발생한 것이 아니라 정치적 사건에서 지속적이고 체계적이고 구조적으로 발생한다. 따라서 아무리 인권친화적인 검찰개혁을 한다고 하더라도 검찰의 본질적인 권한 견제는 되지 않는다. 검찰의 정치적 편향을 해결할 수도 없고 검찰의 권한을 본격적으로 견제하고 감시할 수 없다. 검찰의 권한을 분산시키는 것은 더욱더 불가능하다. 만일 검찰 권한에 대한 분산, 견제와 감시 시스템을 구축하지 않고 인권친화적인 개혁만을 하게 된다면 검찰의 선의나 처분에만 기대하는 결과가 된다. 이것은 검찰의 의무를 강조하는 검찰의무론이 갖는 근본적인 한계와 같은 현상을 일으킨다. 국민이 권리로서 검찰을 통제할 수 없는 것이다. 권력은 남용되기 마련이므로 견제 장치 없는 윤리적, 인간적 호소는 공허하고 설득력도 없다. 검찰의무론은 오히려 검찰의 결정을 사후적으로 정당화하는 역할을 할 뿐이다.

그렇다고 인권친화적인 개혁이 중요하지 않은 것은 아니다. 검찰 권한 행사 과정에서 피해가 발생하지 않도록 사전적, 사후적 견제와 감시 시스템을 마련하는 것도 매우 어려운 것이고 검찰의 반발이 심각한 사안이었다. 대통령직 인수위원회의 개혁 과제 선정에 법무부와 검찰이 일일이 반대한 역사가 이를 증명한다. 그리고 국민들에게 직접적으로 영향을 미치는 분야의 개혁이기 때문에 효과는 매우 즉각적으로 나타난다. 다만 이것을 두고 검찰개혁이 이루어졌다고 말할 정도는 아니다. 인권 관련 검찰개혁 과제는 검찰 권한 분산, 견제와 감시 시스템 구축이라는 근본적인 검찰개혁 과제 위에서 추진해야 하는 과제이다.

검찰에 의한 경찰의 통제, 인권 침해는 계속되었다

인권 보호는 국가의 본질적인 의무이다. 하지만 우리는 건국 이후 정권의 안보, 치안, 근대화라는 이름하에 국민의 인권을 경시하고 침해해왔다. 국민의 인권 침해는 너무 심각해 이를 개선하는 조치를 취하지 않을 수 없는 상태였다. 군부독재나 권위주의 체제라고 하더라도 최소한의 인권을 보호하기 위한 조치는 취해야 한다. 국민에게 최소한의 동의를 받아야만 통치가 되기 때문이다. 계속해서 터지는 고문이나 가혹행위 등 인권 침해 사실은 형식적으로라도 조사하고 처벌하지 않을 수 없다. 국제사회에서 정상적인 국가로 인정받기 위해서도 인권 보호는 필요하다. 인권은 국제성을 띠고 있으므로 외교의 중요한 현안이 되기도 한다. 인권을 보호하기 위한 개혁은 공권력 행사기관의 민주화와 함께 이루어져야 한다. 하지만 인권 보호를 위한 개혁이 반드시 권력기관의 민주화로 이어지지는 않는다.

우리는 지금까지 수사기관의 인권 침해 행위를 예방하고 처벌하기 위해 검찰 권한을 강화해왔다. 수사기관인 경찰의 고문, 가혹행위 등을 방지하기 위해 경찰에 대한 검찰의 수사지휘권을 강화하고 통제를 강화하는 전략을 채택했다. 원래 경찰과 검찰의 인권 침해 행위를 개선하기 위해서는 권한을 분산하고 견제와 감시 시스템을 마련해야 한다. 그러나 정치권력은 검찰의 권한 강화를 통해 경찰의 인권 침해 문제를 통제하고자 했다. 그 결과 검찰의 권한은 경찰과 비교할 수 없을 정도로 강화되었다. 경찰의 힘은 약화되었지만 검찰의 힘이 강화되어 전체 수사기관의 힘은 변동이 없다. 이것은 결국 국가의 수사권한 총량은 변화된 게 없이 수사기관의 권한만 재조정된 것을 의미한다. 그 결과 국민의 인권에 큰 영향이 없었다. 경찰에 대한 검찰의 통제와 지휘가 그렇게 강화되었어도 아직도 경찰과 검찰에 의한 인권 침해 사례가 계속 발견되는 근본적인 이유가 여기에 있다.

검찰 권한 강화를 통한 인권 보호 시도의 대표적인 사례는 검사와 경찰이 작성한 피의자신문조서의 증거 능력, 증거로 사용할 수 있는 가능성을 차등화한 것이다. 수사기관인 경찰과 검사는 피의자를 수사한 경우 그 내용을 피의자신문조서에 기록해야 한다. 그런데 경찰과 검사가 작성한 피의자신문조서에 증거 능력의 차이가 있다. 사법경찰관이 작성한 피의자신문조서는 피의자가 내용을 부인하면 증거로 사용하지 못한다. 경찰이 작성한 서류는 비록 자신이 그렇게 말했다고 하더라도 법정에서 '사실이 아니다'라고 하면 증거로 사용하지 못한다. 하지만 검사가 작성한 피의자신문조서는 내용 부인에 관계없이 자신이 말한 대로 작성되어 있다고 하면 증거로 사용할 수 있다. 이렇게 차별을 둔 것은 경찰이 고문이나 가혹행위를 통해 자백을 받아내기 때문이었다. 이런 자백을 법정에서 증거로 사용하지 못하게 함으로써 경찰이 고문이나 가혹행위의 유혹을 받지 않도록 한 것이다. 이 제도는 경찰의 수사를 견제하는 역할은 수행했다. 하지만 이로써 경찰과 검찰의 이중 수사가 정착되었다. 두 개의 수사기관이 생겨난 것이다.

이와 같은 검찰을 통한 경찰의 통제 경향은 더욱 노골화되어 수사 대상이 아닌 행정 지도나 범죄 예방에까지 지휘하는 사태가 벌어졌다. 20~30대의 새파란 검사들이 '영감님' 소리를 들으며 50대 경찰서장에게 반말하고 그 책상 위에 앉아 서류를 가져오라고 호통을 치기도 했다. 유신 시절 수도경찰의 치안 책임자로 30세의 이건개 검사가 1971년 12월 31일부터 1973년 1월 16일까지 '경찰개혁'의 사명을 띠고 취임한 것이 그 예이다.

경찰의 문제는 분명히 존재한다. 경찰의 정치적 종속이나 반인권적

행위는 해결되어야 한다. 그러나 그 해결 방식이 검찰을 강화하는 방식으로 이루어진 것이 문제였다. 수사기관이 갖는 권한의 총량이 변화하지 않으니 국민의 인권 보호 수준도 높아질 수 없다. 경찰의 문제는 법원과 변호사에 의한 견제, 피의자의 방어권 현실화, 자치경찰제 등 경찰 권한의 분산, 경찰 수사의 친인권적 개혁, 경미 범죄의 비범죄화, 내부 감찰 및 감찰위원회의 활성화, 인권교육 강화 등으로 해결할 수 있고 또 해결해야 한다. 검찰 역시 기소권을 바탕으로 수사권을 견제해야 한다. 하지만 그 이상의 지휘나 간섭은 검찰 권한의 확대만을 초래할 뿐이다.

검찰을 강화하는 방식으로 인권 문제를 대응하는 것은 정권에게는 유리하다. 첫째, 수사기관의 권한의 총량은 변화가 없다. 수사기관의 권한은 변동이 없으므로 국민을 통치하는 데 어려움이 없다. 검사의 개입으로 경찰의 위법 행위를 합법적으로 만드는 역할까지 하게 된다. 둘째, 법률가에 의한 경찰 통제라는 측면을 강조하면 법치주의를 강화했다고 선전할 수 있다. 하지만 수사기관의 권한 총량은 변화가 없으므로 법치주의의 내용에도 변화가 없다. 국민들이 느끼는 인권 문제는 그대로 존재한다. 셋째, 검찰과 경찰의 일체화를 더욱 추진할 수 있다. 경찰을 검찰에 종속시킴으로써 단일한 통치수단을 확보한다. 적은 수의 검찰에게 지시만 하면 경찰까지 통제할 수 있는 수단이 되는 것이다.

검찰에 의한 경찰의 통제 시스템에 장점이 전혀 없는 것은 아니다. 법률을 전공한 검사가 경찰보다 인권친화적일 가능성이 높기 때문이다. 개별 사건 처리에서 보다 인권친화적, 법률합치적이 될 수 있을 것이다. 그러나 이것은 개인으로서의 검사에게 해당할 뿐이고 국가기관은 그렇지 않다. 검찰 조직은 어디까지나 공권력 행사를 통해 국민을 통치하는 기관이기 때문이다. 관료주의가 확립되어 있는 이상 수사는 개인 검사가 하는 것이 아니고 검찰이라는 조직이 하는 것이다. 검찰과 경찰의 관계를 인권 중심으로 구축하는 문제는 검경수사권 조정에서 다시 등장한다.

3부

참여정부 검찰개혁 2기

01

천정배 장관의
불구속수사 지휘

천정배 장관의 취임, 개혁에 불리한 조건

강금실 장관 이후 2004년 7월 29일 김승규 법무부 장관이 임명된다. 김승규 법무부 장관은 검사 출신이다. 검찰개혁과 사법개혁을 한창 진행할 때, 법무부 장관이 교체됨으로써 검찰개혁의 한 파고는 넘어가게 되었다. 김승규 법무부 장관 시절 검찰개혁과 관련한 큰 흐름은 보이지 않는다. 검찰 출신 법무부 장관도 하나의 요인으로 작용했을 것이다. 특별히 새로운 개혁 작업은 시작되지 않았고 초기에 설정된 목표를 향해 검찰개혁이 진행되고 있었기 때문에 검찰개혁은 국민의 눈에서 사라진 것처럼 보였다. 사법개혁은 중단 없이 진행되었다.

다시 검찰개혁이 관심을 끌게 된 것은 천정배 의원이 2005년 6월 29일 법무부 장관으로 임명되면서이다. 천정배 의원의 등장 자체가 검찰개혁에 의미가 있었다. 천정배 장관의 검찰개혁에 대한 관심은 이미 널리 알려져 있었다. 따라서 새로운 개혁 바람이 불 것으로 많은 사람들이 예상했다. 하지만 당시 천정배 장관은 취임 당시 검찰개혁은 사실상 어렵다고 생각했다고 한다. 천정배 장관의 증언이다.

"제가 장관이 되었을 때인 2005년 6월, 솔직히 말하면 이미 검찰개혁을 밀고 갈 수 있는 추진력을 상실했다고 생각했습니다. 내가 그런 인물은 아니라고 봤죠. 그때는 이미 의회의 과반수도 깨졌고 여러 가지로 인심도 굉장히 나빠진 상태였습니다. 그래서 근본적인 검찰개혁을 밀고 나갈 처지는 못 된다는 판단을 내리고 있었습니다."

천정배 장관은 취임 당시 검찰개혁의 동력을 상실한 것으로 보고 있었다. 검찰개혁을 위해서는 정권 초기에 집중적인 개혁 작업을 해야 하는데 그 시기를 이미 놓쳤다는 것이다. 하지만 청와대는 여전히 검찰개혁은 가능하다고 보았고 천정배 장관이 검찰개혁을 잘 마무리할 것으로 기대하고 있었다. 천정배 장관 역시 되돌아보면 그때 좀 더 강력하게 개혁 작업을 했어야 하는 것이 아닌가 하면서 많이 아쉽다고 증언하고 있다. 이러한 인식 차이는 천정배 장관에 대한 청와대의 기대와 실망 속에서 확인된다. 문재인 전 비서실장의 증언이다.

"강금실 장관 같은 경우는 정권 초기 개혁 분위기에 많은 도움을 받았다면 천정배 장관은 그러지 못했습니다. 그래도 우리는 천정배 장관의 개혁성, 국회 법사위에서 활동했던 경력, 경륜이 보태져서 더 큰 개혁을 할 수 있으리라고 기대했습니다. 그런데 천 장관의 역부족이었는지, 참여정부의 개혁 추진력이 떨어졌기 때문에 천 장관도 어쩔 수 없었던 것이었는지 기대만큼 잘 안 됐어요. 안 된 정도가 아니라 거의 못했죠. 그러니까 천정배 장관과 검찰이 맞지 않고 계속 겉돌았습니다."

이호철 전 민정수석의 설명은 좀 더 천정배 장관의 입장과 유사하다.

"그 당시 검찰이 국민의 지지를 받고 있었습니다. 중수부에 짜장면과 꽃이 배달되기도 했죠. 소위 송광수, 안대희, 네, 지금은 의미가 완전히 다릅니다만 당시에는 검찰개혁을 꺼내면 노 대통령이 검찰에 보복하는 것으로 비춰지는 거였기 때문에 천정배 장관도, 누구도 검찰개혁을 말할 수 없었습니다."

천정배 장관 취임 당시 검찰개혁의 동력이 사라졌다고 판단했다면 실제로 검찰개혁 동력이 사라진 시기는 더 이전이라고 볼 수밖에 없다. 그 시기는 최소한 강금실 장관이 퇴임하고 김승규 장관이 취임하던 때로 소급된다. 왜냐하면 김승규 장관은 검찰 출신으로서 강금실 장관보다는 검찰 내부 조직 장악력은 뛰어났겠지만 개혁성은 떨어지기 때문이다. 그렇다면 검찰개혁의 주체들이 검찰개혁의 동력이 상실되었다고 판단한 시점은 정확하게 언제일까? 불법 대선자금 수사가 분수령일 것이다. 불법 대선자금 수사의 성공으로 검찰개혁에 대한 국민적 공감대가 약화된 것이다. 그리고 정치적인 지형 변화도 영향을 미쳤다. 참여정부에 대한 야당과 언론 등 보수세력의 집요한 공격과 열린우리당의 지지부진한 개혁 작업은 개혁에 불리한 지형을 형성했다.

오히려 개혁의 횃불을 들었어야 했다

하지만 천정배 장관의 판단은 쉽게 동의하기 어렵다. 검찰개혁 과제는 매우 어렵고 국민의 지지가 없으면 불가능한 것이지만 쉽게 포기할 만한 과제가 아니다. 그리고 검찰개혁 과제가 하나만 있는 것도 아니다. 검찰 권한 분산이라는 큰 주제의 개혁 과제도 있지만 검찰 내부의 수사 관행 개선, 인권친화적 변화 등 국민의 생활에 직접 영향을 주는 과제도 있다. 단기간에 성과가 나올 수 있는 것도 있지만 조직과 문화의 문제로서 장기간 추진되어야 할 것도 있다. 이런 측면에서 천정배 장관 시절에도 검찰 내부의 수사 관행 개선이나 인권친화적 변화는 꾸준히 이루어진다. 아쉬운 것은 본격적인 검찰개혁의 추진이었다. 검찰개혁은 종합적인 원칙과 방향을 가지고 있었다면 동력이 떨어졌다고 하더라도 소홀히 할 수 있는 개혁 과제가 아니다.

이런 면에서 취임 당시부터 검찰개혁이 어렵다고 천정배 장관이 판단한 것은 부정확했다고 생각한다. 천정배 장관 임명 당시는 검사 출신 김승규 장관 이후이므로 검찰개혁의 동력이 떨어진 시점이었던 것은 분명하다. 그러나 검찰개혁의 중요성을 생각해볼 때 오히려 더 단호하고 더 분명하게 추진할 시점이었다고도 할 수 있다. 사라져가고 있던 검찰개혁의 불씨를 다시 살려내 검찰의 정치적 중립과 함께 검찰의 민주적 통제장치를 제도적으로 마련했어야 했다. 아마도 참여정부 기간 동안 다시 검찰개혁을 시작할 수 있었던 시기는 바로 이때가 아니었을까? 이 이후로는 검찰개혁의 큰 파고를 찾기가 어렵다.

천정배 의원과 강금실 장관의 충돌

천정배 장관의 불구속수사 지휘 파문을 검토하기 전에 천정배 의원과 강금실 장관의 충돌을 살펴볼 필요가 있다. 참여정부 초기 천정배 의원은 이미 법사위의 재선 의원으로 활동하면서 검찰개혁의 필요성을 누누이 강조하고 있었다. "천정배 장관이 개혁성은 말할 필요도 없을 정도"문재인였다. 천정배 의원은 열린우리당 시절 중요 당직도 맡고 있었다. 따라서 검찰개혁을 논의하는 데 정당을 포함시킨다면 천정배 의원을 제외해서는 곤란할 것이다. 그만큼 중요한 인물이었다. 그러나 법무부와 열린우리당, 청와대의 관계는 긴밀하지 못했고 검찰개혁에 대한 논의도 충분하지 못했다.

천정배 의원은 2003년 6월 19일 국회 임시회 법제사법위원회에서 돌연 다음과 같은 발언을 한다. 강금실 장관이 취임한 지 4개월이 되지 않았을 때였다.

"지금 검찰개혁을 열심히 준비하시는 것으로 알고 있습니다. 그런데 우선 검찰개혁의 목표가 무엇이고 또 과제가 무엇인지 또 어떤 방식으로 추진할 것인지 또 추진 일정 이런 등등에 관한 일종의 로드맵이라고 할까요, 개혁 구상의 근본적인 개요와 그 실행 전략을 미리 발표해서, 그러니까 로드맵을 제시하고 국민적 참여를 보장하는 가운데 개혁 문제가 논의되고 실행되어야 하지 않을까요?"

구체적으로 당시 천정배 의원은 검찰개혁의 목표와 방향이 공유되지 않았다는 것을 지적하고 있다. 이때 강금실 장관은 "3월 말 인사가 끝난 후 4월, 5월 사이에 우선 절차적으로 실행을 담당할 기구인 정책기획단과 정책위원회를 구성하고 현재까지 과제 선정을 다 마친 상황입니다. 그리고 전체적인 로드맵, 마스터플랜이라고 할 수 있는 것을 지금 마련하는 중"이라고 답변했다. 그런데 이후에도 상황은 변하지 않았다.

천정배 의원은 같은 해 10월 10월 법무부 국정감사장에서 검찰개혁이 부진하다고 강력하게 비난하는 발언을 한다. 강금실 장관이 취임한 지 7개월 조금 지났을 때였다.

"사실 저는 법무부와 검찰개혁이 매우 부진하다고 생각합니다. 특히 시기적으로 보면 정권 초기에 정부가 힘이 막강하고 국민들의 성원도 큰 절호의 기회를 이용해서 법무부와 검찰개혁을 철저하고 신속하게 그리고 무엇보다도 국민의 참여 속에서 국민과 함께 추진했어야 한다고 생각합니다. 그런데 지금 7개월 반 가까이 되었습니다마는 솔직히 제가 보기에 거의 성과가 없다시피 합니다.
법무부나 검찰개혁의 핵심이 뭐냐 하는 것에서부터, 문제점이 뭐냐

하는 것에서부터 제대로 인식하고 근본적으로 해결하려는 노력, 본질적인 개혁이라고 보겠습니다마는 그런 개혁은 지금까지 성과도 미미할 뿐만 아니라 앞으로도 과연 어떻게 할 것인지에 대해서 국회의원인 저조차도, 법사위원인 저조차도 기대라든가 예측을 할 수 없는 상황입니다.

7개월 반이라는 시간은 짧다면 짧을 수도 있겠습니다. 그러나 저는 변명하기에는 상당히 긴 시간이라고 생각합니다. 7개월 반 동안에 모든 개혁이 세세하게 완성되지 않는다 하더라도 최소한 개혁의 큰 방향이나 그림, 철학, 원칙, 어떤 비전을 가지고 개혁을 하실 것인지 어떤 목표로 갈 것인지 어떤 추진 일정에 따라 할 것인지에 대해 시쳇말로 로드맵 같은 것을 반드시 제시했어야 한다고 생각합니다.

뿐만 아니라 모든 개혁이 다 그렇겠습니다마는 법무부와 검찰개혁은 무엇보다도 철저하게 국민 참여 방식으로 추진되어야 한다고 생각합니다. 법무·검찰 서비스의 수혜지이자 소비자인 국민, 또 법무부나 검찰 공무원들이 공복으로서 섬겨야 할 주인인 국민들을 위주로 추진되어야 합니다.

한마디로 극히 관료적이고 폐쇄적인 과거의 법무부·검찰의 개혁 방식하고 아무런 차이가 없는 것 같습니다. 그래서 저는 솔직히 말씀드리면 장관께서 과연 법무부나 검찰의 개혁에 관해서 의지를 가지고 계신지 의심하지 않을 수 없습니다."

검찰개혁이 제대로 되고 있지 않다는 취지의 매우 강경한 발언이었다. 검찰개혁의 원칙과 방향, 로드맵이 제대로 제시되지 않고 있을 뿐 아니라 검찰개혁이 국민과 국회에 제대로 공개되지 않은 상태에서 폐쇄적이고 관료적으로 진행되고 있다고 질타하고 있다. 이에 대해 강금실 장관은 "수사의 지휘·감독기관으로서 위상을 회복하고 교정기획단을 만들어 인권단체와 검사가 참여하고 있으며 법무부 정책위원회도 전문가 중심으로 구성은 했지만 외부 인사와 시민사회 쪽 단체 대표들도 참여"했다고 답변했다.

하지만 천정배 의원은 망라적인 개혁 과제를 요구하는 것이 아니었다. 천정배 의원은 검찰개혁 과제 중에서 가장 핵심이 무엇인지를 명확히 할 것과 정당과의 검찰개혁 공동 추진을 제안한 것이다. 천정배 장관의 증언이다.

"사실 국회의 정식 회의니까 그렇게 말했지, 그 말의 행간에 있는 의미는 '아 검찰개혁 한다면서 나한테도 연락도 안 하고 니들 뭘 하고 있냐' 이런 뜻이었어요. 참여정부 초기에 강금실 장관을 내세워서 굉장히 강력하게 검찰개혁을 하는 모양이라고 누구나 느끼지 않았습니까? 내가 생각하는 상식은 검찰개혁을 강력하게 하려면 물론 청와대나 법무부에서 잘 주도해서 가야겠지만, 여당의 국회의원이고 법사위원이고 재선 의원인 나 같은 사람한테도 당연히 어떻게 하겠다든가 그런 게 있을 것으로 예상하고 있었던 거죠. 그런데 그 다음 전개 과정을 보니까 전혀 그런 것이 없다 이거예요. 실제로 청와대가 법무부를 중심으로 해서 검찰개혁이 어떻게 추진되는지를 잘 몰라요. 아무런 정보도 없고 그런 거죠."

천정배 의원의 지적은 검찰개혁 초기부터 검찰개혁 핵심 주체들 사이에 긴밀한 협력이 제대로 이루어지지 않았다는 것이다. 뼈아픈 지적이다. 검찰개혁은 여러 주체들이 힘을 모아도 성공을 장담하기 어려운 과제이다. 그리고 주체들의 노력 속에 참여정부를 대표할 수 있는 검찰개혁의 대표자를 만들어야 한다. 검찰개혁 작업도 사람이 하는 것이기 때문에 참여정부 동안 검찰개혁만을 하는 상징적인 인물이 필요하다. 대통령이 일일이 나설 수는 없다. 이러한 인물로는 법무부 장관이 가장 적합할 것이다. 천정배 장관도 "검찰개혁 그 자체다라는 인물이 선명하게 부각되었어야 하는데 그런 인물이 없었다"는 지적에 대해 그 인물은 "법무부 장관"이라고 답변하면서 "검찰개혁을 추진하는 것은 법무부 장관이고 서포트는 민정수석이나 청와대에서 하면서 당과 시민단체를 다 끌고 가야 하는 것 아니겠는가"라고 설명하고 있다.

그러나 천정배 의원과 강금실 장관의 충돌에서 보듯이 검찰개혁의 가장 중요한 주체들도 검찰개혁의 공통된 입장을 가지고 있지 못했다. 그리고 실천과정에서 검찰개혁의 내용이 시로 수렴되지도 않았다. 당정 간 협의가 불충분했던 것이다. 검찰개혁에 대한 주체들의 공통된 인식 부족은 검찰개혁에 어두운 그림자를 드리우고 있었다. 공통 인식이 부족하면 특히 장기적인 개혁 과제를 추진하기가 어렵다. 공감대가 부족하면 개혁의 성과가 부족하다는 이유로 다툴 가능성이 높아진다. 정당의 준비 정도가 특히 낮았고 정당이 적극적으로 검찰개혁에 동참한 흔적도 잘 보이지 않는다. 이런 실정이었으므로 천정배 장관도 법무부 장관이 되면서 검찰개혁에 대한 로드맵이나 청사진을 가지고 있지 않았을 것이다. 검찰개혁을 강력하게 추진할 시기도 아니고 동력도 없다고 생각하고 있었지만 검찰개혁의 로드맵도 없었던 것이다. 국회의원 천정배는 누구보다도 검찰개혁을 강하게 주장했지만 법무부 장관 천정배는 검찰개혁을 제대로 시도하지 않았고 또 하지 못했다.

강정구 교수 불구속수사 지휘 사건

어쨌든 개혁 성향이 강한 천정배 장관이 취임했으니 검찰개혁과 관련한 관심이 다시 높아졌다. 그런데 천정배 장관과 검찰은 서로 예상하지 못했던 곳에서 충돌했다. 강정구 교수에 대한 불구속수사 지휘 사건이 그것이다.

강정구 교수 국가보안법 위반 사건은 단순하다. 강정구 동국대 교수는 2005년 7월 인터넷 매체인 데일리 서프라이즈에 '맥아더를 알기나 하나요'라는 글을 기고했다. 그 글에서 강정구 교수는 한국전쟁을 후삼국 시대의 전쟁에 빗대어 "북한의 지도자가 시도한 통일전쟁이었다"라고 주장했다. 강정구 교수는 수사 대상이 되었고 문제는 구속 여부였다. 구속을 둘러싸고 경찰과 검찰, 법무부 장관은 서로 다른 의견을 보였다. 이후 이 사건은 강정구 교수의 글이 국가보안법 위반이 되는가 하는 점보다는 구속 사유가 있는가 없는가를 중심으로 진행되었다.

천정배 장관은 2005년 10월 12일 김종빈 검찰총장에게 서울중앙지검이 수사하고 있는 강정구 동국대 교수의 국가보안법 위반 사건을 불구속수사하도록 지휘했다. 그 이유로 천정배 장관은 "우리 헌법은 신체의 자유를 기본권으로 규정해 이를 최대한 보장하고 있고 형사소송법에서는 헌법 정신을 그대로 이어받아 특별히 증거인멸 및 도주의 우려가 있는 경우에만 피의자를 구속하도록 규정하고 있다", "이런 정신과 원칙은 공안사건에 대해서도 달리 적용돼야 할 이유가 없고, 여론 등의 영향을 받아서도 안 된다"고 밝혔다. 천정배 장관이 밝힌 이유는 모두 헌법과 형사소송법이라는 법률적인 근거를 갖는 것이었다. 그리고 인권 옹호를 업무로 하는 법무부의 수장으로서 표현할 수 있는 의견이었다. 그러나 이에 대해 김종빈 검찰총장은 이틀 뒤인 10월 14일 법무부 장관의 지휘권 발동이 부당하다고 강한 유감의 뜻을 표한 뒤 사표를 제출한다.

당시 검찰이 법무부에 보고한 강정구 교수의 구속 사유는, 동종 범죄에 대한 엄벌, 인터넷 여론조사 결과 사법처리 의견 70%, 반국가사범 처벌에 대한 검찰의 강력한 의지 표명 등이었던 것으로 확인되었다. 헌법과 형사소송법에서 규정한 구속 사유와는 관계가 없는 것들이었다.

강정구 교수의 구속 여부를 결정하는 것은 매우 간단한 문제였다. 헌법과 형사소송법에 따라 판단하면 되는 사안이다. 그리고 이후에 이루어진 강정구 교수에 대한 재판에서 집행유예가 선고된 것에서 확인할 수 있듯이 사안이 그렇게 중하지도 않았다. 이미 참여정부 하에서 국가보안법에 대한 수사나 구속은 급격히 줄어들고 있었다. 참여정부 당시 국가보안법 위반 사건 입건 및 구속 현황은 2002년 입건 231명, 구속 131명, 2003년 입건 165명, 구속 84명, 2004년 입건 114명, 구속 38명, 2005년 입건 64명, 구속 18명, 2006년 입건 62명, 구속 22명, 2007년 입건 62명, 구속 17명이다. 1997년의 국가보안법 구속자 수는 573명, 1998년은 397명이었다. 구속자 수도 줄어들었지만 비율도 줄어들었다. 국가보안법 입건자 중 구속자 비율은 2002년 56.7%에서 2007년 27.4%로 떨어졌다. 따라서 강정구 교수를 불구속 수사하더라도 아무런 문제가 없었다. 천정배 장관도, 검찰도 그렇게 생각하고 있었다. 그런데 갑자기 김종빈 검찰총장이 사표를 제출하면서 이 간단한 사건은 법무부와 검찰의 힘겨루기, 청와대와 검찰의 대결로 바뀌어버렸다.

노무현 대통령은 같은 달 16일, 김종빈 검찰총장의 사직서를 수리한다. 그리고 천정배 장관에게 "흔들리지 말고 천 장관이 중심이 돼 사태를 잘 수습하도록 노력해달라"고 당부하면서 전폭적인 지지를 표했다.

천정배 장관은 사태 수습을 위해 같은 달 17일, 한나라당과 보수언론의 공세에 대해 "이들의 공세는 우리 사회를 자유와 권리가 부인되고 비이성적인 색깔이 지배하는 암흑시대로 후퇴시키려는 태도"라고 비판했다. 그리고 "검찰을 시녀로 삼았던 세력이 그러면 안 된다"고 반문하면서, 지휘권 행사 배경에 대해 "우리 사회가 경제와 민주주의, 인권에서 눈부신 발전을 이뤄 국제무대에서도 당당한 위치가 됐지만 수사 관행상 구속을 남발해서 생기는 폐해는 아직 극복하지 못했다", "일제의 잔재이며 군사독재 시절의 폐습인 구속 남발을 막고 불구속 수사를 확대하는 것은 강정구 교수만이 아닌 모든 국민에게 적용되어야 할 원리라는 점을 분명히 하기 위한 것"이라고 말했다. 나아가 "검찰은 준사법기관으로서 자율성, 독립성을 최대한 보장받아야 하며, 특히 거대 권력의 횡포에 단호한 의지로 맞서야 한다"며 "그러나 어떤 기관도 국민적 통제에서 자유로울 수 없다는 점에서 독립성도 국민 의사로 선출된 권력의 통제와 적절한 조화를 이뤄야 한다"고 적극

해명했다.

　구속제도 개혁 논의와 강정구 교수 불구속 사건의 영향으로 서울중앙지방법원은 2006년 1월 3일 관행적으로 영장을 발부해왔던 단순 마약복용과 음주운전 등 10개 유형 범죄에 대해 영장 발부를 자제하는 것을 주요 내용으로 하는 구속영장발부 기준을 마련해 발표했다. 구속영장 발부 5개 기준으로 △실형 기준의 원칙 강화 △형사 정책적 고려에 의한 구속 축소 △피의자 방어권 보장을 위한 불구속 확대 △비례 원칙에 의한 불구속 확대 △소년범 특별 배려 등을 확정한다. 법원은 또 실형 기준의 원칙에 따라 영장을 발부할 사안도 혐의를 부인하는 피의자 주장에 상당한 근거가 있고, 구속되면 방어권 행사에 어려움을 겪을 것으로 예상되는 경우에는 영장을 기각하기로 했다. 이와 함께 피의자가 구속되면 입게 될 생계·직업상 불이익이 구속해야 할 공적 요구보다 클 경우 영장을 기각할 방침임을 천명했다. 이러한 기준에 의하면 당연히 강정구 교수는 불구속 대상이라고 할 것이나.

검찰도 예상하지 못한
반발

　강정구 교수의 불구속 사건은 법무부 장관과 검찰총장이 극렬하게 대립할 사안이 아니었다. 비록 국가보안법 위반 사건이라고 하더라도 그렇게 위험하거나 폭력적인 사건이 아니었다. 교수의 필화사건에 지나지 않았다. 엄중하게 처벌할 만한 위험을 야기하지도 않았고 학문의 자유와 표현의 자유가 주장될 수 있는 사건이었다. 이런 이유로 법무부 장관과 검찰 수뇌부는 당연히 불구속이 될 것이라고 서로 생각을 공유하고 있었다. 천정배 장관의 증언이다.

"경찰에서 그 사건을 수사하면서 저는 불구속이 되리라고 봤어요. 나뿐만 아니라 검찰총장도 그렇고 그 당시에 청와대, 법무부, 검찰 수뇌부들도 대체로 그렇게 인식하고 있었어요."

송광수 전 검찰총장도 강정구 교수건은 구속 사안이 아니라고 판단했다고 한다. 즉, 그 정도의 발언과 책은 대한민국에 널려 있고, 이 사안은 검찰총장으로서 사퇴할 사안도 아니고 지휘권을 행사할 사안도 아니며 그냥 불구속수사하면 충분한 일이라는 것이다. 그런데 갑자기 검찰총장이 강정구 교수를 구속해야 한다는 보고를 했고 이에 천정배 장관은 정식으로 보고를 받아 검토하기에 이른다. 이어지는 천정배 장관의 증언이다.

"전화 통화를 했는데 구속 지휘를 해야겠다는 거예요. 그리고 이유를 붙이는데 매우 정치적입디다. 지금 검경수사권 쪽도 있고 한데, 이걸 불구속 지휘하면 보수세력마저도 검찰의 적이 되고 그러면 검찰이 어려워진다. 뭐 이런 취지였습니다. 그래서 어떻게 생각했느냐 하면 검찰도 어렵고 총장도 어려운 모양인데 내가 수사 지휘를 할 테니까 그렇게 풀자고 했어요. 사실 그냥 심각하게 생각하지는 않았습니다. 왜냐하면 서로 그냥 불구속으로 생각하고 있었다는 것을 알고 있었기 때문이지요. 그러면 내가 정치인이고 국무위원이니 내가 정치적인 책임을 지면 되지 않겠느냐고. 장관이 수사 지휘를 했으니까

할 수 없다고 하면 될 것 아니오, 하고 결론을 내렸습니다."

천정배 장관은 구속 방안과 불구속 방안을 모두 담은 법무부 보고서를 검토해 "구속은 매우 정치적인 이유이고 불구속은 극히 비정치적인 법률적인 이유"임을 확인하고 불구속수사 지휘를 했다. 이처럼 천정배 장관의 불구속 지휘는 검찰의 법무부 장관에 대한 보고 내용에 근거해 이루어졌다. 천정배 장관이 새로운 근거를 마련해 불구속 수사를 지휘한 것도 아니었다. 따라서 검찰 내부가 반발할 하등의 이유가 없는 사안이었다. 강정구 교수의 불구속 여부는 사안 자체가 검찰의 존립을 흔들거나 하는 파괴적인 사건은 아니었던 것이다.

검찰의 기득권 지키기

그런데 이 사건은 검찰이 법무부 장관의 지휘권 행사를 검찰권 행사에 대한 침해, 즉 기득권에 대한 침해로 해석하는 순간 완전히 다른 사건이 되어버렸다. 검찰이 법무부 장관으로부터 무엇인가를 지켜야 하는 사건으로 변질된 것이다. 지켜야 하는 그 무엇은 검찰의 정치적 중립이라고 표현되었지만 사실은 검찰의 기득권이었다. 이에 대한 천정배 장관의 평가이다.

"검찰이 왜 반발했을까요? 강정구 교수를 불구속하는 것이 도저히 정의감에서 견딜 수 없어서? 그랬겠어요? 검찰의 인식은 뭐냐? 검권이라는 것은 우리 거야. 우리 검사들이 국가를 위해 가지고 있는 우리 권한이야. 근데 우리 조직이 갖고 있는 권한을 정치인 출신에 검사도 아닌 놈이 와서 관여를 해? 나는 이런 이유로 그 사람들이 반발했다고 생각합니다. 자기들의 기득권 지키기예요. 검사들은 자신의 수장인 검찰총장이 어떤 사람이 되어야 한다고 믿느냐 하면 우리의 권익을 지켜줄 사람, 외풍을 지키고, 자기들이 직접 말하지는 않겠지만 검찰의 기득권을 지켜줄 사람이 총수가 되어야 한다고 생각합니다.

이 사안은 검찰총장이 검찰의 구속 주장에 '무슨 소리냐'고 하면서 장관인 나한테 물어보지 않고 그냥 불구속 지휘를 해버렸으면 조용히 끝날 사건이었어요. 그러면 누가 뭐라 해도 할 말도 없는 거예요. 《조선일보》가 때리겠지만 그것은 아무것도 아니에요. '검찰총장이 알아서 했는데 국가보안법이라고 해서 도주 우려도 없는 사람을 집어넣어?' 이렇게 한마디 했으면 끝났을 거예요. 그러면 검찰 안에서도 자기들 총장이 한 일이기 때문에 누구도 뭐라고 할 사람이 없었을 거예요. 그런데 이것이 장관에게까지 오는 바람에 일이 커진 겁니다."

문제의 본질을 정확하게 파악하고 있는 발언이다. 검찰이 지키고자 한 것은 정치적 중립이라는 표현 뒤에 숨어 있는 자신들의 기득권이었다. 만일 여기에서 밀리게 되면 법무부 장관이 헌법과 법률, 인권과 양심에 따라 계속 검찰을 지휘하고 통제한다고 판단한 것이다. 검찰은 당연히 있어야 할 민주적 통제를 기존 정치권의 부당한 개입·간섭과 의도적으로 혼동시키려고 했다. 그 목적은 자신의 기득권 지키기였다. 정치권의 부당한 개입·간섭으로부터 검찰을 지킨다는 소극적인 의미의 정치적 중립을 검찰의 기득권에 대한 견제와 감시를 거부하는 적극적인 의미로 변질시킨 것이다. 정치적 중립을 정치적 독립으로 해석하고 이를 바탕으로 다시 행정적, 조직적 독립을 거쳐 완전한 독립으로 확대 해석하는 이론의 조작 과정이다.

천정배 장관은 무죄추정의 원칙에 따라, 그리고 도주의 우려가 없다는 판단에 따라, 인권을 옹호해야 하는 책무에 따라 공개적으로 지휘권을 행사했다. 즉 헌법과 형사소송법에 따라 지휘권을 행사한 것이다. 한편, 검찰은 증거 인멸과 도주의 우려가 없음에도 강정구 교수를 정치적인 이유로 구속을 강행하고자 했다. 강정구 교수의 불구속 수사 지휘는 검찰의 독립성을 침해한 것으로서 검찰총장이 책임을 지고 사직할 만한 일이 아니었다. 오히려 당연히 불구속되었어야 할 사건이었는데도 잘못 판단하며 구속 결정을 한 것에 대해 검찰총장이 책임을 지고 사퇴한다고 했다면 말이 될 수도 있다.

검찰의 모든 결정은 헌법과 형사소송법, 인권 측면에서 비판과 논의의 대상이 될 수 있고 또 되어야 한다. 이것을 법제화한 것이 법무부 장관의 지휘·감독권이다. 법무부 장관이 헌법과 인권에 기초해 지휘권을 행사하는 것은 당연한 권한이다. 민주적 정당성을 갖는 정치권력의 민주적 통제의 일환이다. 강정구 교수 사건의 핵심은 수사과정에서 국민의 기본적 인권이 제대로 지켜지고 있었는가 하는 점이다. 검찰의 중립성이 마치 검찰의 권한 행사에 어떠한 견제와 통제도 있어서는 안 된다는 식이나 검찰의 기득권 옹호로 해석되어서는 안 된다.

검찰 조직의 정치적 편향

강정구 교수의 불구속수사 지휘 사건의 경과는 검찰 조직 전체가 이미 충분히 정치화되어 있었다는 것을 보여준다. 정치화된 부분은 검찰총장이나 간부만이 아니라 검찰 전부이다. 천정배 장관의 평가이다.

"검찰의 문제점이 뭐냐 하면 그것은 유능한 사람일수록 기득권 유지자가 된다는 것이에요. 유능하면서 개혁적이어야 할 것 아닙니까? 근데 그 개혁적인 사람은 출세를 못합니다. 유능한 사람은 극히 기득권을 유지하려고 합니다.
당시 서울중앙지검에 스물 몇 명의 검찰연구관을 하는 젊은 친구들이 있었는데, 연구관이라면 중앙지검의 엘리트들 아니겠어요? 검찰연구관은 대검에 있고 중앙지검에도 스물 몇 명이 있는데 명칭은 잘 모르겠어요. 그 친구들한테 검찰총장이 물어봤다는 거예요. 그 중에서 두 명인가 세 명 빼고는 전부 다 검찰총장이 사퇴해야 한다고 했다는 거예요.
검사들만큼 헌신적이고 유능하고 책임 있게 일하는 사람을 못 봤습니다. 열심히 하는 만큼 또 본인들이 대한민국을 끌고 가고 있고, 검찰의 이익이 국가의 이익이라는 허무맹랑한 생각을 하고 있어요. 검찰은 국민의 공복이다, 어떻게 하면 국민들을 잘 섬기고, 국민의 명령을 잘 따를까 하는 문제의식은 가지고 있지 않단 말이에요. 그리고 자기들 잘되는 게 검찰과 나라가 잘되는 것이다, 그 말을 거꾸로 하면 우리를 공격하면 마치 나라를 공격하는 국사범이 되는 것처럼 생각해요. 이런 생각들이 딱 똬리를 틀고 있단 말이에요."

검찰총장을 사퇴시키기까지 한 검찰의 압박은 항명이다. 검찰총장에 대한 항명인 것이다. 이것은 위에서 본 것과 같은 대통령에 대한 항명과 동일하다. 자신의 기득권을 옹호하고자 한 것이지 헌법과 정의, 인권에 기초해 국민의 자유와 권리를 지키려고 한 것이 아니다. 이에 대한 이병완 전 비서실장의 증언과 평가이다.

"그게 바로 본질입니다. 김종빈 씨가 왜 그렇게 나왔겠느냐? 결국은 조직을 보호하자는 거예요. 조직을 위해 용퇴하겠다는 것은 검찰밖에 없다니까요. 김종빈 씨도 왔다 갔다 했어요, 밤 사이에. 저하고도 몇 번 통화하고 사라지기도 했습니다. 그러면서 어쨌든 사표를 철회하는 것은 안 되겠다고 했습니다. 밀려가는 거지요. 총장이라는 게. 그런데 이것은 여담인데 정권 내에서 대통령에게 총애를 받는 검찰총장과 검찰의 현 조직과 퇴임 조직에게 사랑받는 검찰총장을 택하라면 후자를 택합니다. 군도 똑같아요. 성우회가 있죠. 성우회로부터 사랑받는 국방장관이 될래, 아니면 지금 대통령 또는 국민에게 사랑받는 장관이 될래 하면 전자를 택해요. 그게 외부 경쟁이 없는 조직들의 특성 중 하나예요. 나는 김종빈 검찰총장의 사임 문제도 자신의 성격의 문제도 있겠지만 조직 생리가 반영된 것이 아닌가 생각합니다."

불구속수사가 기여한 것

법률적으로 불구속수사 지휘를 평가해보면 천정배 장관의 입장이 두말할 것도 없이 타당하다. 노무현 대통령도 김종빈 검찰총장의 사표를 수리함으로써 천정배 장관의 입장을 옹호했다. "강정구 교수에 대해서 집행유예가 선고된 것을 보더라도 불구속수사에 대한 판단이 정확했다"문재인, 천정배. 또한 참여정부의 방향과도 일치했다. "불구속수사 원칙을 확립해가려는 참여정부의 정책 방향하고도 부합"문재인되는 것이다. 당시는 불구속수사 및 재판의 원칙을 확립하고 피의자·피고인의 인권을 보호하기 위해 구속제도 개혁 논의가 한창 진행되고 있었고 구속자 수가 급속히 감소하고 있던 시기였다.

앞에서 본 바와 같이 2004년을 전후로 구속영장 발부 수는 급격하게 감소했다. 이처럼 천정배 장관의 불구속수사 지휘는 구속자 감소라는 시대의 흐름을 반영하고 있었다. 한국의 인권 상황이 개선되는 과정에서 천정배 장관의 불구속수사 지휘는 불구속수사 및 재판의 원칙을 정착시키는 데 일조했다고 할 수 있다.

불구속수사 원칙이 국가보안법 사건에도 적용되어야 한다는 점이 확인된 것도 성과이다. 그동안 국가보안법 사건은 체제를 위협하는 것으로 인식되어 다른 사건보다 구속 비율이 높았다. 그러나 국가보안법 사건이라고 해서 증거 인멸이나 도주의 위험이 없는데도 구속해야 할 이유는 없다. 구속 중심의 국가보안법 사건 처리 관행은 개혁되어야 했다. 불구속수사 지휘는 국가보안법 사건을 대상으로 함으로써 국가보안법 사건도 불구속수사를 해야 한다는 당연한 원칙을 확인하고 공론화한 의미가 있다.

다만 불구속수사와 재판의 원칙 확대가 이 사건 하나로 이루어진 것은 아니다. 민주정부가 들어선 이후 인권 상황이 꾸준히 개선되고 사법개혁 과정에서 구속에 대한 인식이 바뀌는 거대한 흐름에 기인한 것이다. 강정구 교수의 불구속 지휘 사건은 이런 시대 흐름의 중간에 있었기 때문에 일회적인 해프닝에 그치지 않고 불구속수사와 관련한 대표적인 사건이 되었다.

수사지휘권의 공론화

천정배 장관의 지휘권 행사가 법무부 장관과 검찰 사이에 항상 존재했던 수사 지휘를 서면에 의해 공개적으로 함으로써 공론화시켰다는 것도 중요하다. 문재인 전 비서실장의 설명이다.

"천정배 장관 이전과 이후에도 이런 식의 수사 지휘는 늘 있었어요. 늘 하고 있었지만 밀실에서 비공개로 주물럭거리고 있었단 말이에요? 근데 이제 그렇게 하지 않는다는 것을 보여준 셈이죠. 이렇게 가는 것이 올바른 것이라는 것을 당시 언론들이나 전문가들이 제대로 평가하고 잡아줬어야 하는데 제대로 안 된 게 아쉽습니다."

법무부 장관이 구체적 사건에서 검찰총장에 대한 지휘·감독권 역시 검찰개혁의 대상이 되어왔다. 이에 대한 개혁 방안은 법무부 장관의 지휘·감독권을 완전히 폐지하자는 방안과 극히 제한적인 경우에만 행사하도록 하고 지휘권 발동의 내용을 문서로 남기며 공표하도록 하여 지휘권 행사에 대한 책임을 분명히 하자는 방안으로 나뉜다. 양 입장 모두 제한적인 경우에만 이루어져야 한다는 점에서 똑같다. 문제는 완전히 폐지할 것인가 아닌가 하는 점에 있다.

이 논쟁은 정상적인 형태의 지휘·감독권 행사를 경험해본 적이 없기 때문에 벌어지는 논쟁이다. 헌법과 법률, 인권과 양심에 비추어 문제없는 경우라면 법무부 장관이 당연히 지휘·감독권을 행사할 수 있다고 봐야 한다. 왜냐하면 검찰은 행정기관이고 민주적 통제를 위해서는 법무부 장관으로 대표되는 정치권력의 지휘를 받아야 하기 때문이다. 만일 검찰이 법무부 장관의 통제를 받지 않는다면 우리 형사소송법 제정자들이 우려한 대로 검찰은 누구의 통제도 받지 않는 검찰 파쇼가 될 것이다.

우리 역사상 법무부 장관의 지휘권은 공개적으로 헌법과 법률에 따라 이루어지지 않았고 권력자의 사적 이익을 위해 은밀하게 이루어졌다. 문제는 지휘·감독권을 행사했다는 것 자체가 아니라 내용적으로 잘못된 것을, 형식적으로 은밀하게 행사했다는 데 있다. 천정배 장관의 수사지휘권 행사는 이런 문제를 정면으로 제기했다. 법무부 장관의 헌법과 법률, 인권과 양심에 근거한 민주적 통제가 필요하다는 것을 웅변한 것이다. 검찰을 장악하는 대신 "정부는 검찰의 법 적용에 대해 공개적으로 정부의 입장을 밝힐 수 있어야" 하고 "법무부 장관과 검찰총장이 공개적으로 서로의 의견을 표현할 수 있어야 한다"노무현 대통령. 그리고 "이를 통해서 밀실에서 주물럭거리는 식으로 하지 않는다는 것을 보여준 셈"문재인이므로 지휘권 자체가 문제가 되는 것은 아니다. 문제는 지휘권 자체가 아니라 지휘권 남용을 어떻게 규제할 것인가 하는 점이다.

법무부 장관의 지휘권이 공개적으로 이루어져서 비판의 대상이 되어야 한다는 점은 지휘권 행사의 기초를 이룬다. 그런데 참여정부의 이런 기조는 계속 이어지지 않았다. 2008년 촛불집회 사건 당시 임채진 검찰총장은 월간지와의 인터뷰에서 "수사지휘권 발동 같은 이야기가 가급적 안 나왔으면 좋겠다. 강정구 교수 건과 같은 경우가 한 건밖에 없다는 것은 천만의 말씀이다. 늘 있는 건 아니지만 문건으로 내려오는 게 있다. 조·중·동 광고주 협박 사건도 그랬는데 그건 검찰과도 협의됐으니 큰 문제는 아니지. 강정구 교수 사건은 받아들이지 않아서 문제가 됐지만 어쨌든 문서로 수사 지휘 내려오는 게 있다. 내가 법무부 검찰국장 할 때에도 '시위에 엄중 대처하길 바란다'는 등의 수사 지휘를 많이 했다. 그런 것도 다 수사 지휘지"라고 말한 바 있다. 수사지휘권 발동이 일상적으로 있었다는 말이다. 그런데 이 과정에서 수사지휘권의 정당성 여부는 검토되지 못했다. 천정배 장관의 수사지휘권 행사를 정확하게 평가했다면 현재의 수사지휘권 행사에 더 많은 정보를 가지고 정확한 비판을 할 수 있을 것이다. 그러나 언론은 이런 문제에 관심이 없었다.

일본의 경험은 행정부가 검찰을 문민통제해야 한다는 것을 보여준다. 1938년과 1940년 일본 제국의회에서 변호사 출신 의원들이 주도하여 재판소구성법안과 검찰청법안을 제출한 적이 있다. 이때 제출된 검찰청법안에는 사법대신우리의 법무부 장관에 해당의 지휘감독권이 명시되어 있었다. 당시 일본의 검찰은 사상검찰화, 정치검찰화되어 전시체제를 유지하는 기둥이 된 시점이었다. 검찰로 인해 정치가 극도로 핍

박당하고 사상범이 탄압을 받았으며 노동자 농민의 생존권투쟁이 억압을 받던 시기였다. 검찰이 스스로 권력화되어 검찰 파쇼가 완성되었던 시기였다. 이때 변호사 출신 의원들이 사법대신의 지휘감독권을 통해 검찰 권력에 대한 문민통제 원칙을 확립하려고 한 것이다. 정치를 통해 검찰 권력을 순화시키려는 의도였다. 이런 역사적인 사례에서 확인할 수 있는 것과 같이 검찰의 정치적 중립이란 검찰에 대한 문민통제, 법무부를 통한 정치의 견제와 감시를 필연적으로 포함하고 있다.

수사지휘권 행사의 또 다른 측면

천정배 장관의 불구속수사 지휘 사건에 대해서는 검찰이 전체적으로 검찰개혁에 저항하는 계기가 되었다는 평가도 있다. 즉 이 사건이 "천정배 장관과 검찰 사이의 갈등을 워낙 증폭시켜, 말하자면 천 장관이 검찰과 함께 같은 개혁의 대열에 나서기가 참 어렵게 되었다"문재인는 평가가 그것이다. 실제로 "천 장관은 수뇌부, 평검사를 막론하고 검찰 전체하고 계속 겉돌았던 측면"문재인이 있었다는 것이다.

나아가 정치적으로 이만한 사안에서 검찰과 대결하여 대통령에게 부담을 줄 필요는 없었다고 보는 입장도 있다. 정치적으로 보았을 때 단순한 일에 불구속 지휘를 하는 바람에 정치적으로 중요하면서도 불구속이 필요한 사건에서 이를 활용하지 못했다는 지적이나 수사 지휘를 통해 대통령에게 부담을 주었다는 지적이 그것이다. 그러나 이런 평가는 노무현 대통령이 천정배 장관을 전적으로 지지한 사례에서 보듯이 정치적인 감각 차이일 수 있다. 문희상 전 비서실장의 평가이다.

"국가보안법이라는 없어져야 할 법을 가지고 엮어댄다는 것은 있을 수 없는 일이었어요. 지금도 그런 생각에는 변함이 없습니다. 그러나 그 당시, 그 시간에 천정배라는 법무부 장관이 그렇게 적극적인 자세로 국가보안법에 대한 불구속수사를 하도록 한 것은 문제가 있다고 생각합니다. 그 결과 오히려 큰 것을 놓치지 않았는가, 소탐하려다가 대실한 것이 아닌가, 정치적으로 실익이 별로 없었고, 결국은 대통령에게 누가 되지 않았나 하는 생각이 듭니다. 대통령이 어떤 생각을 했는지는 모릅니다. 물론 천정배 장관이 한 일이 잘못됐다고는 절대 생각하지 않았을 겁니다. 그러나 내가 볼 때, 또 제3자의 눈으로 볼 때, 그렇게까지 할 일이 아니었구나 하는 생각이 듭니다."

전해철 전 민정수석의 평가는 이와 유사하면서 좀 더 구체적이다. 대통령의 참모로서 충실한 태도를 확인할 수 있다.

"수사지휘권을 법무부 장관이 행사하는 것은 장관이 할 수 있는 법률상의 권한이니까 당연히 필요하면 하는 것입니다. 당시 김종빈 검찰총장이 그 권한 행사에 대해서 반발하는 것은 옳지 않습니다. 그리고 사표를 제출한 것 역시 논리가 맞지 않다고 생각합니다.
그러나 법무부 장관도 그렇고 검찰총장도 그렇고 다 공무원이며 대통령의 참모들이잖아요. 그렇다면 큰 틀의 개혁을 이루기 위해 원만하게 처리하는 것이 좋을 수도 있습니다. 긴장관계를 유지하는 것이

때로는 걸림돌이 될 수 있습니다. 그런 부분을 늘 고려해야 합니다. 장관 역시 내각의 일원이자 대통령의 참모로서 권한 행사의 적정성을 신중히 검토해야 합니다."

개혁과 혁신을 추진하는 데 갈등은 피하기 어렵다. 내부의 동력이 필요한 것도 틀림없다. 한국과 같이 관료의 권한이 강한 경우에는 내부의 동력, 관료의 도움이 필수적이다. 다른 개혁 과제도 역시 고려해야 한다. 따라서 부처 내부의 갈등과 협조를 적정히 배합하고 다른 개혁 과제의 진전 상황도 고려하면서 개혁과 혁신을 추진해야 한다. 특히 부처의 장관이 되면 폭넓게 전체를 보는 시각이 필요하다. 이런 측면에서 본다면 천정배 장관의 불구속수사 지휘는 있을 수 있는 일이지만 반드시 필요한 것은 아니었다고 평가할 수도 있다. 최선의 방법은 역시 개혁을 추진하면서 가능한 한 많은 사람들이 동참하고 마찰 없이 진행하는 것이다. 항상 갈등과 반목은 차선의 선택일 뿐이다. 다만 이런 사태를 통해 개혁 주체들 사이에 인식 차이가 확대되어서는 안 된다. 돌발 사태를 맞이하여 이루어진 조치에 대해 충분한 협의와 의사교환으로 다시 개혁의 원칙과 방향을 확인할 필요가 있다. 그렇지 않으면 부처 내부의 협조에 앞서서 개혁 주체들 사이에 개혁의 동력을 상실할 수 있기 때문이다.

이런 부정적인 평가에 대해서 천정배 장관은 우선 강정구 불구속수사 지휘 사건이 검찰 전체의 반발을 불러오는 사건일 수 없었다는 점을 강조한다. 그리고 근본적으로는 수사 지휘를 더 많이 하면서 좀 더 검찰의 변화를 확실하게 추진했어야 한다고 보고 있다. 검찰의 개혁은 결국 검찰보다 더 강력한 권력에 의해서만 추진될 수 있다. 따라서 인사권을 가진 법무부 장관이 강력하게 개혁을 추진하면 검찰의 개혁은 이루어질 수 있다. 그리고 옳은 일은 언제든지 실천하지 않으면 안 되고, 옳은 일이 주변 상황 때문에 옳지 않은 일로 되는 것도 아니다. 사정이 이러하다면 강력한 자세를 바탕으로 한 개혁의 필요성을 말하는 천정배 장관의 주장도 충분히 타당성이 있다.

검찰과 경찰

02

수사권과 기소권의 분리

참여정부의 검찰개혁 과제 중 하나는 검찰과 경찰의 수사권 조정이다. 검경수사권 조정은 검찰개혁만이 아니라 경찰개혁의 과제이기도 하다. 하지만 권력기관의 권한을 분산하고 견제, 감시한다는 측면에서 본다면 검찰개혁의 과제로 보는 것이 더 타당하다. 경찰 입장에서 보면 권한의 확대이기 때문이다.

검경수사권 조정은 대한민국 건국과 함께 시작된 문제다. 형사소송법 제정 당시 검경수사권 문제가 논의된 적이 있으나 당시 경찰이 가지고 있던 한계, 즉 친일 경찰 출신이 많았다는 점, 국가 경찰로 출발하게 되었다는 점, 광범위한 인권 침해가 자행되고 있었다는 점, 경찰의 인권 수준과 자질이 매우 낮았다는 점 등에 비추어 잠정적으로 검사가 경찰을 수사 지휘하도록 입법자들이 결정했다. 해방 직후 경찰에서 경찰총장 1명, 총경 30명 중 25명이 일제 경찰 출신이었다. 경감 139명 중에서도 104명이, 경위 969명 중에서도 806명이 일제 경찰 출신이었다. 국민들로서는 도저히 믿을 수 없는 상황이었다. 1960년에도 이 상황은 크게 변하지 않았다. 일제 경찰 출신이 총장의 70%, 경감의 40%, 경위의 15%를 점하고 있었다.

이에 비해 법조인들은 비록 상층부에 한정되기는 하지만 일제 때 독립운동가를 변호하던 인물들이 주축을 이루었다. 검찰에 의한 경찰의 통제가 정당화되는 시대적 상황이 있었던 것이다. 하지만 경찰에 수사권을 부여하지 않고 검찰의 지휘를 받도록 하는 것이 세계적 추세에 맞지 않고 바람직하지도 않다는 것은 입법자들도 잘 알고 있었다. 김정수사권 소정이 조만간 필요하게 되리라는 것을 인정하면서도 우선 경찰 파쇼를 막기 위해 검경의 관계를 설정했다. 따라서 민주화가 진행되고 경찰의 수준이 높아지게 되면 검경수사권 조정은 당연히 해야 할 시대적 과제가 된다. 이것이 국민의정부와 참여정부 당시 검경수사권 조정이 논의된 근본적인 배경이다.

검찰개혁의 관점에서 본다면 검경수사권 조정은 검찰의 권한 분산이라는 측면에서 중요한 과제이다. 한국의 검찰은 수사의 시작, 수사 방법 선택, 수사 이후 기소 여부, 기소 후 공소유지, 재판의 관여, 상소, 재판의 집행, 영장의 청구, 경찰 수사에 대한 지휘 등 수사와 재판에 필요한 모든 권한을 보유하고 있다. 이것은 세계적으로 유례가 없는 공권력의 집중이다. 검찰의 권한 남용의 뿌리는 바로 여기에 있다. 견제 받지 않는 권력은 권한을 남용하고 부패하기 마련이다. 프랑스 혁명 이후 프랑스에서 우리의 형사소송법과 같은 치죄법을 만들 때 일부에서 소추 기능 강화와 절차의 신속을 위해 검찰에게 소추와 수사 기능을 통합하는 방안을 제안한 적이 있다. 수사권과 기소권을 통합하는 방안으로 현재 한국과 같은 시스템이다. 이에 대해 혁신파는 형사재판의 한쪽 당사자인 검찰에게 수사권까지 부여하는 것은 시민을 위협하는 폭군을 만드는 일이라고 강력하게 반대했다. 이미 200년 전에 프랑스 사람들은 수사권과 기소권이 결합될 경우의 위험성을 예견하고 있었던 것이다. 프랑스 치죄법은 수사권과 기소권을 분리하기로 했고, 지금도 프랑스는 수사권과 기소권이 분리되어 있다.

현재 검찰과 경찰의 관계는 철저하게 상명하복의 관계로 이루어져 있다. 수사지휘권을 바탕으로 정치적 영향력에 의해 완전히 일체화되어 있다. 수사기관이 완전히 일체화된 관계이기 때문에 정치권력은 검찰만 장악하면 권력기관을 모두 장악하게 된다. 결국 검찰과 경찰이 하나가 되어 폭력적 지배의 도구가 되는 것이다. 따라서 검경수사권 조정은 국가 권력기관의 재편이라는 국가 개조의 의미를 갖는다. 검경의 수사권이 조정되면 우선 최소한 민생치안 범죄에 대해 경찰이 독자적인 수사권을 갖게 된다. 이에 대해 검찰은 기소권을 바탕으로 견제하고 감시하게 된다. 그리고 검찰의 비리에 대해 경찰이 수사권으로 견제하게 된다. 수사권과 기소권이 분리되면서 서로 견제할 수 있는 시스템이 마련되는 것이다.

검찰개혁을 통해 검찰의 권한이 분산, 견제되면 공권력 행사가 더 객관화될 수 있고 냉정해질 수 있다. 이렇게 되면 공권력 행사 과정에서 국민의 자유와 권리를 보다 잘 보호할 수 있게 된다. 여기에 검경수사권 조정의 본래 취지가 있다. 그렇지 않고 단순히 검찰이 안고 있는 권한이나 문제를 경찰에 넘기는 형식의 검경수사권 조정은 국민의 자유와 권리 신장에 아무런 역할을 하지 못한다. 개혁의 의미가 없는 것이다. 기존의 논의는 검경수사권 조정을 경찰과 검찰의 이해관계 대립으로 파악하는 경향이 있었다. 공권력 행사기관 사이의 권한 조정으로 이해했기 때문에 검경수사권 조정이 국민의 자유와 권리에 미치는 영향을 깊이 생각하지 못했다. 국민에게 직접 영향을 미치는 수사권의 총량이나 수사 행태의 변화는 고려하지 않고 권한의 조정만으로 파악했기 때문에, 국민의 입장에서 왜 검경수사권 조정이 이루어져야 하는지 명확하게 설명할 수 없었다. 검경수사권 조정에서 핵심적인 것은 국민의 자유와 권리가 향상되어야 한다는 원칙을 지키는 것이다. 이를 위해서는 검경수사권 조정에 수사권한 총량 재조정과 수사의 인권친화적 개혁이 포함되어야 한다. 그렇지 않으면 섬경 사이의 권한 조정의 문제로 전락하게 되고 권력투쟁으로 변질된다. 이런 면에서 검경수사권 조정은 검찰 및 경찰 민주화 과제나 인권친화적 개혁 과제와 연결되어 있다.

검경수사권 조정의 경과

참여정부의 검경수사권 조정의 방향은 "일부 민생치안 범죄에 한해 검찰의 사법적 통제를 받는 전제하에서 경찰 수사의 독자성을 인정"

하는 것이었다. 검찰개혁이라는 관점에서 본다면 검찰의 권한을 분산시킴으로써 검찰에 대한 견제와 감시를 용이하게 하는 의의를 갖는다.

검경수사권 조정의 핵심 과제는 사법경찰관을 수사의 주체로 인정할 것인가, 사법경찰관에게 독자적인 수사권을 인정할 것인가, 만일 독자적인 수사권을 인정한다면 어떤 범죄에 대해 어디까지 인정할 것인가, 특히 수사의 종결권이 검찰에만 있는 현재의 상태를 개선하여 일부 민생 범죄에 대해 경찰에게 수사의 종결권까지 인정할 것인가 하는 점이었다.

이러한 대립은 형사소송법 제195조 검사의 수사 와 제196조 사법경찰관리 의 개정에 대한 다툼으로 나타났다. 형사소송법 제195조는 "검사는 범죄의 혐의가 있다고 사료하는 때에는 범인, 범죄 사실과 증거를 수사하여야 한다"라고 규정하고 있고, 제196조는 "수사관, 경무관, 총경, 경감, 경위는 사법경찰관으로서 검사의 지휘를 받아 수사를 하여야 한다"라고 규정해 검사와 경찰의 상명하복 관계를 규정하고 있었다. 수사의 주재자 혹은 지배자로서의 검찰과 수사의 보조자로서의 경찰 관계가 현재의 모습이고 이것을 개정해야 하는 것이 검경수사권 조정의 핵심이다.

검경수사권 조정 작업은 2004년 9월부터 2005년 5월까지 '검경수사권 조정 협의체', '검경수사권 조정 자문위원회'가 구성되어 진행했다. 그 주체는 검찰청과 경찰청이었다. 검경수사권 조정은 이해관계자인 검찰청과 경찰청의 자율적인 합의에 의해 추진되었다. 그 경위는 "검찰총장과 경찰청장이 대통령 앞에서 두 사람이 자기들이 잘 조정해서 하겠다고 약속"문재인 했기 때문이다. 이 때문에 "청와대가 주도

하지 않고 검경의 논의에 맡겨버리게"문재인 되었다. 검찰과 경찰의 권한 조정은 두 기관의 협조와 양해 없이는 이루어지기 힘들다. 실무적인 검토 없이 권한 조정을 일도양단식으로 해결할 수는 없다. 권한 조정은 사소한 것도 실무에는 큰 영향을 미치고 권한이 축소된 쪽의 강한 반발을 불러일으키기 때문이다. 행정부의 권한 조정이므로 입법부에서 모든 것을 결정하기도 어렵다. 논란도 문제도 많은 검경수사권 조정 문제를 두 기관이 합의할 수 있다면 추진 방안으로는 최선일 것이다.

청와대가 검경수사권 조정을 주도하지 않았다고 해서 참여정부가 지켜보기만 했던 것은 아니다. 노무현 대통령은 2005년 4월 21일 법무부의 보고를 받는 자리에서 검경수사권 논란과 관련해 "과거의 기득권을 바꾸고 내놓을 것은 내놓아야 한다. 법무부에 대한 국민의 신뢰는 아직 부족한 수준이므로, 하나의 방법을 제안한다면 검찰에 대해 국민이 의심하는 것을 모두 버리는 것"이라는 지적까지 했다. 나아가 검찰과 경찰이 합의에 실패하자 국무총리실과 청와대가 나서서까지 조정안을 마련하기도 했다.

하지만 검경수사권 조정은 이루어지지 못했다. 두 기관의 합의를 전제로 했기 때문이다. 두 기관은 상당히 많은 쟁점에 대해서 합의를 했지만 핵심 쟁점에 관해서는 합의를 하지 못했다. 그리고 합의하지 못한 쟁점들로 인해 두 기관의 갈등과 반목이 증폭됐다. 청와대나 국무조정실이 나서서 각계의 의견을 수렴하고 검경 양측을 설득했으나 실패했다. 두 기관의 합의에 무게를 두었기 때문에 다른 기관의 조정이나 설득은 한계가 있었고 조정이 먹히기에는 두 기관이 너무 멀리 가버렸다. 검경 양측은 서로의 주장이 받아들여지지 않는다면 내부

조직원들의 설득이 불가능하므로 차라리 논의를 중단하고 차기 정부에서 재론하는 것이 바람직하다는 주장까지 했다. 사실상 논의를 거부하는 지경에까지 이른 것이다. 그러고는 검경수사권 조정 실패의 책임을 상대방과 청와대에 떠넘겼다.

검경수사권이 좌절된 이유

검경수사권 조정은 경찰에게 어느 정도의 독자적인 수사권을 인정할 것인가 하는 범위의 문제이다. 어느 한쪽이 다른 쪽의 의견을 완전히 배제하려 하거나 자신의 주장을 100% 관철하려 하면 달성되기 어려운 사안이다. 즉 "수사권하고 공소권의 분리 부분을 단숨에 하기가 어려워서 수사권 중에서 일부 가벼운 사건에 대한 수사권을 경찰에게 주고 절충하고 타협해야 하는"문재인 문제였다. 참여정부에서 검경수사권 조정을 처음 시도했다는 점도 감안해야 한다. 전적으로 만족스러운 수준은 아니지만 검찰과 경찰이 모두 수긍할 만한 정도의 안으로 일단 출발해야 했다. 일단 출발을 한 후 적용 과정에서 드러나는 문제점을 해결해나가려는 자세가 바람직했다. 특히 대통령은 서로 대립하는 검찰과 경찰 사이에서 어느 한쪽의 입장만을 들어줄 수 없는 처지였다. 두 기관 모두 대통령의 지휘를 받는 조직이기 때문이다. 노무현 대통령은 검경수사권 조정의 어려움을 2006년 10월 20일 경찰의날 치사를 통해 밝혔다.

"국민의 권익을 보호하기 위해서는 권력기관 내부의 민주화, 투명화와 더불어 권력기관 간의 적절한 권한 배분으로 견제와 균형이 이루어져야 합니다. 그동안 내부 개혁은 큰 진전을 이루었지만 기관 간의 일부 권한 조정이 아직 합의에 이르지 못하고 있는 점은 매우 아쉽게 생각합니다. 기관 간 합의 없이 일방적으로 결정하게 되면 그것이 또 다른 갈등을 낳고 국민을 불안하게 한다는 점에서 대통령의 결정도 어렵지 않을 수 없습니다. 앞으로 좀 더 성의 있는 대화와 타협 그리고 단계적인 접근을 통해 제도적 개혁이 이루어지기를 바랍니다."

검찰과 경찰의 과도한 욕심

노무현 대통령의 검경수사권 조정에 대한 바람과 간곡한 합의 촉구에도 불구하고 검경 두 기관은 점점 강경한 주장을 하면서 대립했다. 검찰은 독자적인 수사권을 인정하게 되면 경찰에 대한 통제가 어렵다고 주장했다. 검찰의 주된 논리는 경찰이 인권에 취약하므로 인권 전문가인 검사가 수사 초기부터 깊숙이 개입해 인권적 측면에서 견제해야 한다는 것이었다. 검찰의 이런 주장은 근거가 없는 것은 아니다. 경찰이 검찰보다 인권에 취약한 것은 사실이었다. 한국 경찰은 태생적으로 정권 안보 기관이었으므로 국민의 인권 보장에 취약했다. 게다가 직접적인 대민 접촉 기관이므로 인권 보호에 만전을 기해야 할 필요성이 매우 높다. 우리의 역사를 살펴보면 경찰의 인권 침해 문제를 경찰의 수준을 제고하는 방식으로 해결하려 하지 않고 검찰에 의한 견제를 강화하는 방식, 즉 수사지휘권을 강화하는 방식으로 해결해왔다. 검찰은 수사를 담당하는 사법경찰관이 경찰청의 지휘에서 벗어나 모두 검찰 소속으로 바뀌어야 한다고까지 주장했다. 소위 역검경수사권 조정이라고 할 수 있다. 검찰의 경찰 통제 강화는 경찰의 문제를 해결하기 위한 손쉬우면서도 익숙한 방법이었고, 그동안 정치권력이 선호해온 방법이었다.

그러나 검찰의 주장은 수사기관의 권한 배분 문제를 인권의 문제로 치환함으로써 논쟁의 본질을 흐리는 것이었다. 특히 수사권한의 배분에서는 검찰과 경찰이 평등하게 출발하지만, 인권 문제에서는 검찰이 항상 우위에 있기 때문에 평등해야 할 관계를 불평등하게 만드는 효과가 있다. 또 인권이 중요하다고 해도 인권은 전반적인 형사절차 속에서 검토하고 결정해야 할 문제이지, 검찰과 경찰 사이의 문제로 축소되어서는 안 된다. 검찰이 아무리 경찰보다 인권친화적이라고 하더라도 법원보다는 덜 인권친화적이고, 변호사보다 피의자·피고인의 권리를 제대로 보장해줄 수 없다. 검찰의 주장은 형사절차 전체의 구조를 살피지 못하는 부분적인 주장이라고 할 수 있다. 검경 사이의 단순한 수사권 조정은 수사권한의 총량을 변경시키지 않으므로 국민의 인권에 미치는 영향이 상대적으로 적다. 또한 검찰의 주장은 경찰에 대한 폄하를 내포하고 있다. 경찰을 감정적으로 자극하는 방식으로, 좋지 않은 의미의 정치적인 태도였던 것이다. 바람직한 결론을 도출하려는 것이 아니라 토론을 파탄 내려는 태도였다.

하지만 검찰은 법률 개정이 아닌 방식으로 수사권의 일부를 경찰에게 부여하려고 했다. 상당히 많은 쟁점에 대해 합의를 이룬 것은 검찰의 양보에 의한 측면이 컸다. 적어도 시대의 흐름에 따라 수사권을 완전히 독점할 수는 없다는 것은 인정한 것이다. 이전에 비해 진일보한 태도였다.

경찰은 검경수사권 조정 공론화를 계기로 삼아 최대의 숙원이었던 수사권 독립을 일거에 쟁취하고자 했다. 경찰의 주장 역시 근거가 없는 것은 아니다. 형사소송법 제정 시부터 우리의 입법자들은 검경수사권 조정을 조만간 다가올 일로 예견하고 있었다. 세계적으로도 한국만큼 경찰이 검찰에 종속되어 있는 나라는 없다. 그동안 경찰 인력의 수준도 많이 높아졌다.

그러나 경찰의 주장은 점진적인 변화가 요구되는 바람직한 개혁 과정에 조응하지 않는 것이었다. 개혁은 질서정연하게 계획적으로 점진적으로 이루어질 수밖에 없다. 더구나 검찰과 경찰이 모두 국가기관이고 공권력 행사기관인 이상 완전히 한쪽의 권한을 박탈하는 것은 생각하기 어렵다. 노무현 대통령이 두 기관의 합의를 간곡히 요청한 것도 이런 의미에서 이해할 수 있다. 또한 경찰의 주장은 경찰의 현재 역량과 국민의 지지를 뛰어넘는 요구였다. 경찰이 아무리 발전했고 인력의 수준이 높아졌다고 하더라도 경찰은 아직 인권과 관련해 국민의 지지를 온전하게 받지 못하고 있었다. 인권친화적인 개혁이 진행되면 될수록 국민의 지지는 높아지겠지만, 그때는 시작 단계였을 뿐 아직 충분한 것이 아니었다. 국민에게 검증을 받지 못한 것이다. 따라서 점진적인 수사권 조정을 통해 경찰의 수준을 국민에게 검증받는 중간단계가 당연히 필요하다.

두 기관의 이와 같은 강경한 태도는 두 기관의 합리적인 온건론자들의 입지를 축소시켜 타협의 여지가 없는 상황으로 몰고 갔다. 검경수사권 조정 논의에서 두 기관이 주도권을 가지면서 두 기관 모두 조직 내부의 구성원들에게 책임질 수 없는 약속을 했다. 그리고 결국에는 내부 구성원들의 요구를 충족시킬 수 없다는 이유로 다음 정부로 넘기자는 무책임한 주장까지 나오게 되었다.

개혁세력이 더 개입했어야

문제가 이처럼 심각하게 된 것은 두 기관의 책임자들이 비타협적인 주장을 공공연히 하고 또 조장했기 때문이다. 특히 경찰의 경우는 더 심했다. "경찰이 당시에 단숨에 너무 많은 것을 받으려고 욕심을 부렸는데"문재인 이것이 걸림돌로 작용했다. 경찰 내부의 기대치를 감당할 수 없는 수준으로까지 높여놓은 것이다. 문재인 전 비서실장의 설명이다.

"검경수사권 조정이라는 게 정말로 힘든 일입니다. 그러니까 너무 힘든 일이기 때문에 논의나 추진도 범정부적인 기구에서 할 필요가 있었다고 생각합니다. 예를 들면 수사권하고 공소권의 분리를 단숨에 하기가 어려우니 수사권 중에서 일부 가벼운 사건에 대한 수사권을 완전히 경찰에게 주는 식의 절충과 타협이 있어야 했는데 이 안을 만들기가 참 힘들었어요. 그리고 그 부분에서 검찰은 당연히 적게 내주려고 하고 경찰은 더 많이 받아내려고 하게 마련이죠. 청와대가 검경수사권 조정은 의지를 가지고 추진하던 과제여서 경찰이 적정한 선에서 일단 조금 받아들여주는 것이 필요했습니다. 그러면 일단 시작되는 게 아니겠어요? 그런 뒤에 또 시행해나가면서 점점 더 많은 수사권이 이관될 수 있을 텐데요. 그런데 경찰은 단숨에 너무 많은 것을 받으려고 욕심을 부렸습니다. 허준영 경찰청장의 어떤 공명심이랄까, 그런 게 좀 작용했다고 생각합니다."

이어지는 전해철 전 민정수석의 설명이다.

"결론적으로 형사소송법 제195조를 완전 개정하여 경찰에 수사종결권을 부여하는 방향에 대해서는 가능한 안이라고 판단하지 않았습니다. 그런 방향으로 입법하거나 법무부를 설득하는 것이 쉽지 않은 일이었습니다. 그래서 부분적인 수사권 조정안을 타협책으로 제시했습니다. 일단 시작하는 것이 중요하다는 판단이 들었으니까요. 그런데 경찰 일각에서 형사소송법 제195조를 전면 개정하지 않으면 수사권 조정에 의미가 없다고 주장했습니다. 그래서 우리가 수없이 설득했지만 여의치 않았습니다. 없는 권한을 처음 갖기 위해서는 적절한 선에서 타협을 해야 하는데, 잘되지 않았습니다."

처음 대통령 앞에서 두 기관의 합의로 가능하다고 기관장들이 약속했던 사안이 시일이 지나면 지날수록 점점 어렵게 되었다. 이러한 상황을 초래한 일차적인 책임은 내부 의견을 조정하지 못하고 강경론에 휘둘리거나 혹은 앞장서서 강경론을 편 두 기관의 책임자들이라고 할 것이다.

그러면 검경수사권 조정의 실패 책임을 두 기관의 기관장에게 돌리면 모든 것이 설명될 수 있을까? 문제는 좀 더 깊은 곳에 있다. 그렇게 된 이면에는 개혁의 주체 세력이 직접 검경수사권 조정을 추진하지 않고 두 기관의 합의에 맡긴 문제가 있다. 개혁세력이 검경수사권 조정에 대한 계획과 로드맵을 가지지 못한 상태에서 두 기관의 합의가 가능하다고 판단한 것이 문제였던 것이다. 권력기관의 개혁은 권력기관 스스로 시도해 성공한 적이 한 번도 없었다는 점, 권력기관 개혁은 국민의 지지 속에 정치권력이 강력한 지도력을 발휘해야 한다는 점에 비추어보면 당시의 판단은 의문이 있다. 물론 참여정부 초기에는 전반적인 개혁 흐름을 타고 있었기 때문에 검찰과 경찰이 충분히 합의할 수 있다고 공언한 것을 믿을 수도 있었을 것이다. 더구나 두 기관의 갈등이 불을 보듯 뻔한 상황에서 서로 합의해 문제를 해결하겠다고 약속하는데 이를 마다할 이유는 없었을 것이다. 하지만 검경수사권 조정은 건국 이래 꼭 해결해야 할 과제로서 매우 어렵고 5년보다 더 걸릴 수도 있는 사안임을 고려했다면 두 기관의 자율적 조정에만 맡길 일이 아니었다.

검경수사권 조정과 개혁 주체의 인식

이런 사태를 초래한 개혁 주체 세력의 검경수사권 조정에 대한 인식의 문제는 무엇인가? 우선 개혁 주체 세력이 철저하게 국민의 인권 측면에서 바라보지 못한 면이 있었다고 판단된다. 검경수사권 조정 문제를 권력기관의 권한 배분 문제로만 생각한 경향이 강했다. 이것은 처음에 두 기관이 합의를 하겠다는 태도를 받아들인 데서 확인할 수 있다. 참여정부는 "검경수사권 조정 부분을 한편으로는 사법절차, 형사사법 절차의 개혁 문제로, 즉 국가기관 간의 권한 배분 문제로 볼 것이 아니라 수요인인 국민의 입장에서"문제인 보는 접근이 부족했다. 수사권한의 총량에 변화가 없는 상태에서 두 기관 간의 권한만을 조정하는 것이라는 인식은 두 기관의 합의에 의지하게 되고 제3자의 개입을 불필요한 것으로 만들었다.

수사기관 중심의 관점이 아니라 국민 중심의 관점은 수사권한 총량의 감소 및 수사의 인권친화적 변화를 추구하는 관점을 말한다. 수사권한의 총량이 감소하고 수사가 인권친화적으로 바뀌는 것은 수사의 패러다임이 바뀌는 것을 의미한다. 그렇다면 그 추진 과정에는 검찰과 경찰만이 아니라 관련된 모든 기관과 사람들이 참여해야 한다. 많은 논자들은 국민 중심의 검경수사권 조정 필요성으로 경찰과 검찰의 이중 수사로 인한 불편함을 지적하고 있으나 검경수사권 조정이 필요한 이유는 여기에 그치지 않는다. 수사권과 기소권을 분리해야 권력기관 사이에 견제와 감시 시스템이 도입되고, 국제적인 수준의 인권을 보장하게 된다. 검경수사권 조정 과정에서 국민에게 직접 영향을 미치는 수사권한의 총량도 변화한다. 수사권 조정 과정에서 수사권한의 총량을 줄이는 것을 지향해야 한다. 인권 보호를 위해서이다. 최소한 수사권한이 확대되는 것은 막아야 한다. 그리고 어쩔 수 없이 확대되는 수사권한은 다른 방식으로 견제해야 한다. 이런 변화는 눈에 보이는 것은 아니지만 장기적으로 국민의 자유와 권리에 근본적인 영향을 미친다. 이에 대한 강금실 장관의 설명이다. 준사법기관론을 동원하고 있으나 굳이 검찰이 준사법기관이라고 전제하지 않더라도 충분히 훌륭한 설명이다.

"수사권을 검찰이 가지라는 것은 사법경찰관에게 수사를 시키되 수사의 사법 통제, 수사과정 내의 사법 통제를 영장청구 기관이자 인권옹호기관인 검사가 머리가 돼서 지휘하라는 시스템이거든요. 이 시스템이 독일에서 문제를 일으킨다는 이야기는 없습니다. 그러니까 검찰이 수사를 직접 안 하면 돼요. 검찰이 수사를 시키되 수사에 깊숙이 관여해서 인권적 통제를 하면 됩니다. 수사 자체가 굉장히 위험합니다. 제가 있을 때도 인지사건을 자기들끼리 주무르다 기록을 없애고 해서, 이런 일들을 고치는 지침을 만들 정도였습니다. 따라서 수사를 경찰에 완전히 맡기지 않고 준사법기관인 검사가 수사에 책임을 지라는 취지에서 수사권을 검사가 쥐고 있는 것입니다. 그래서 직접 수사를 안 하고 통제를 시키면 검찰이 크게 말썽 낼 일이 없어요."

다음으로 개혁 주체 세력은 수사기관 개혁을 둘러싼 전체적인 그랜드 디자인이 부족했다. 검경수사권 조정이 검찰개혁에서 어떤 지위를 차지하는지에 대한 인식이 부족했다는 점도 포함되지만 당시 개혁 주체 세력에게는 특히 경찰개혁과 관련한 종합적인 계획이 부족했던 것으로 보인다. 경찰개혁 과제 중 하나는 국가경찰을 해소하고 자치경찰을 구성하는 것이다. 자치경찰제가 도입되면 국가경찰의 권한은 약화되기 마련이다. 경찰 지위도 국가공무원에서 지방공무원으로 바뀌게 된다. 이것은 경찰공무원 입장에서는 신분상 불이익이다. 이렇게 되면 현재의 국가경찰은 자치경찰제 도입에 반대하게 된다. 그러므로 자치경찰제를 도입하기 위해서는 국가경찰에게 일정한 정도의 권한을 추가로 보장하지 않으면 안 되는데 그 중 하나가 수사권이다. 이런 면에서 자치경찰제 도입과 국가경찰의 체제 변화, 경찰의 일부 수사권 확보 문제는 서로 연관되어 있었다. 자치경찰과 지방자치제, 경찰의 수사권 등을 포함해 경찰의 권한 전반에 대한 개혁의 청사진이 필요했던 것이다.

국가경찰인 경찰청은 자치경찰 제도를 도입하게 되면 이로 인해 경찰청의 숙원사업인 수사권을 부여받게 될 것이라는 기대를 가지고 있었다. 경찰청은 1999년 자체적으로 자치경찰 실시 방안을 마련한 바 있다. 경찰청의 1999년 방안은 자치경찰제를 시행하되 자치경찰은 국가경찰에서 분리될 수 없으며 최종으로 국가경찰의 통제와 관여 여지가 남아 있어야 한다는 것이었다. 당시 경찰청은 자치경찰제를 획기적으로 도입하지는 못하지만 수사권을 부여받는다는 측면에서 자치경찰제에 찬성하고 있었다. 그리고 노무현 대통령 역시 자치경찰제를 도입하지 않고는 수사권 조정이 없다는 것을 수시로 강조했다. 이와 같이 자치경찰제와 국가경찰 체제, 경찰의 수사권 확보 문제는 서로 관련되어 있었다.

하지만 "이런 종합적인 사고를 하는 사람이 검경수사권 조정 과정에서 없었다"문제인. 물론 이것은 검경수사권 조정을 검찰청과 경찰청의 합의에 맡기면서 비롯된 측면이 강하기는 하다. 하지만 검경수사권 조정에 뛰어든 전문가들은 검찰청 혹은 경찰청의 추천을 받은 까닭에 협소한 시각을 넘어서지 못했다.

이처럼 검경수사권 조정은 검찰개혁과 경찰개혁의 문제이기 때문에 해당 기관의 자율적인 협의 대상이 될 수 없다. 국가권력기관의 재편 문제이므로 전국가적인 역량이 동원되어야 한다. 검경수사권 조정 결과에 따라서는 검찰도 만족할 수 없고 경찰도 불만일 수밖에 없는 방안이 도출될 수도 있다. 그 책임은 결국 개혁 주체 세력이 담당해야 한다. 따라서 개혁 주체 세력의 리더십이 보장되는 가운데 국가의 역량이 동원되는 사법개혁과 같은 방식을 채택했어야 했다. 검찰과 경찰이 참여하면서도 검찰과 경찰이 일방적으로 결정할 수 없고 다른 부처와 시민사회, 민간의 힘이 반영될 수 있는 구조가 되었어야 했다. 이런 점에서 "사개위가 주도하든지 아니면 청와대가 주도하는 방안도 있었는데, 청와대가 주도하지 않고 검경의 논의에 맡겨버린 게"문재인 가장 큰 문제였다.

그래도 성과는 있다

검경수사권 조정은 참여정부에서 성공하지 못했다. 경찰 입장에서 검경수사권 조정의 실패는 아쉬운 일이다. 건국 이래 최대 숙원사업이었는데도 참여정부 시절에 조정이 되지 못한 것은 안타까운 일이다. 각 조직별로 지나친 원심력이 작용했고 조직의 총수들이 이 원심력을 통제하지 못한 것을 반성해야 할 것이다. 경찰의 경우는 더욱 그렇다. 양보할 것은 양보했어야 한다. 이명박 정부에서도 검경수사권 조정이 시도되고 있으나 입법부에 의해 추진되고 있고 행정부는 적극적이지 않아 큰 성과를 기대하기는 어려울 것으로 보인다.

그렇지만 검경수사권 조정의 성과가 없는 것은 아니다. 우선 경찰로서는 검경수사권 조정이 국가적 과제로 상정되었다는 점에 큰 의의를 둘 수 있을 것이다. 이것은 조만간 다시 검경수사권 조정이 시도될 수밖에 없다는 것을 의미하기도 하지만 경찰이 이제 검찰의 그늘에서 벗어나 검찰과 동등한 수준에서 대화와 논쟁을 할 수준이 되었다는 것을 말한다. 경찰로서는 큰 성과이다. 최근 18대 국회의 사법제도개혁특별위원회를 중심으로 검경수사권 조정이 다시 진행되고 있다. 비록 국회에서 하는 형식이지만 국가적 차원에서 검경수사권 조정이 추진되고 있는 것이다. 참여정부에서 검경수사권 조정 문제를 국가적 과제로 상정시킨 효과라고 할 수 있다.

합의되지 않은 부분은 의외로 적다

검경수사권 조정은 실패했지만, 모든 쟁점이 합의에 도달하지 못한 것은 아니다. 사실 수많은 쟁점 중 거의 대부분은 합의되었고 일부만 합의되지 못했다. 참여정부의 검경수사권 조정 과정에서 합의된 내용은 향후 검경수사권 조정의 출발점이 될 것이다.

   검경수사권 조징 과정에서 합의된 부분은 일부 정형화된 불기소 의견 민생범죄에 대한 사실상의 종결권 부여, 긴급체포 시 검사 지휘 배제, 압수물 처리에 대한 검사 지휘 배제, 관할 외 수사 시 보고의무 폐지, 사법경찰관의 독자적 변사자 검시 권한 개선, 중요 범죄 발생 보고 범위 축소, 진정·내사 중지 및 불입건 지휘 범위 검토, 사건 이송 지휘 폐지, 통신 제한 조치 집행통지 유예 후 통지 시 보고의무 폐지, 체포·구속 피의자 건강 침해 염려 시 보고의무 폐지, 신병 지휘건의 제도 폐지, 고소고발 사건 사법경찰관 수사 기간 연장 및 경찰 처리

권한 확대, 검사의 체포·구속 장소 감찰권 축소 등이다.

합의에 이르지 못한 부분은 사법경찰의 독자적 수사 주체성 인정 및 상호 대등 협력관계, 수사 지휘 대상 인적 범위 확대 방안, 사법경찰 통합 운영 방안, 사법경찰에 대한 징계소추권 등 검찰에 의한 통제 문제 등이다.

합의된 사항이 많다고 해서 검경수사권 조정이 수월하다고 말할 수 있는 것은 아니다. 미합의된 내용이 가장 중요한 것일 수 있기 때문이다. 그러나 합의 내용이 많다는 것은 그만큼 검경수사권 조정의 정당성을 증명한다. 그리고 다음 검경수사권 조정이 이루어질 때 합의된 부분은 그대로 승인하고 미합의된 부분을 중심으로 수행하면 될 것이다. 생각보다 훨씬 검경수사권 조정에 많이 다가가 있는 것이다. 2011년 국회에서 시작된 검경수사권 조정은 검찰이 전혀 응할 수 없다고 집단행동을 했다. 이는 참여정부 당시의 합의사항을 부정하는 것이다. 상식적으로 이해하기 힘들다. 약속을 저버리는 행위로서 책임 있는 국가기관이 취해서는 안 될 태도이다.

검경수사권 조정의 원칙은 무엇인가

2011년 검경수사권 조정 논의가 활발히 진행되고 있다. 국회가 주도하고 있지만 국가 차원의 개혁으로 바람직한 현상이다. 그러나 국민의 인권 보호와 관계없는 권한 다툼이나 권한 배분으로 진행되는 경향이 있다. 이렇게 되면 검경수사권 조정을 통한 국민의 인권 옹호와 발전이라는 원래의 목적이 실종된다. 검경수사권 조정을 통해 얻어야 하는 것은 권한 배분이 아니라 권력기관의 민주적 통제를 통한 국민의 인권 옹호라는 점을 분명히 해야 한다. 검경수사권 조정에 대한 근본 원칙을 정리하면 다음과 같다.

첫째, 수사권한의 총량이 줄어들어야 한다. 지금도 한국의 수사기관은 막강한 수사권한을 가지고 있다. 소환이라는 한마디 말로도 피의자를 꼼짝 못하게 할 정도로 수사권한은 강력하다. 계좌추적, 통신감청 등 전자정보 수사를 통해 한 사람의 인생 전체를 수사 대상으로 할 수도 있다. 전직 대통령도 자유롭지 못한데 일반 국민은 말할 것도 없다. 여기에 더해 수사권과 기소권을 분리한다고 하면서 기존의 수사권을 확대하거나 견제 장치를 없애면 수사권한은 너무 비대해진다. 수사기관의 권한이 확장되면 국민의 인권은 위험해진다. 수사권 조정 과정에서 경찰의 수사권한이 증가하는가를 면밀하게 검토하고 이에 대한 대책을 마련해야 한다. 수사권과 기소권 분리로 어쩔 수 없이 나타나는 수사권한의 증가는 피의자·피고인의 권리 강화, 변호인의 확충, 법원에 의한 통제, 경미한 범죄의 비범죄화, 수사의 과학화, 수사절차의 세밀화, 인권친화적 수사개혁 등을 통해 견제해야 한다. 검경수사권 조정은 이처럼 다른 개혁 과제와 긴밀하게 결합되어 있다.

둘째, 수사권과 기소권이 장기적으로 분리되는 방향으로 진행되어야 한다. 검경수사권 조정은 순차적으로 할 수밖에 없다. 이 과정에서 검찰은 중간 단계로 수사권과 수사지휘권을 보유하게 된다. 그렇다고 해도 검찰이 갖는 수사권과 수사지휘권이 고착되거나 혹은 강화되어서는 안 된다. 경찰의 모든 수사에 대해 지휘권을 행사한다는 식으로 현재의 수사지휘권이 확대되어서는 수사권과 기소권의 분리는 장기적으로 전망하기 어렵다. 경찰에게 수사개시권을 부여한다는 이유로 검찰이 경찰을 전면적으로 통제하겠다는 것은 수사권과 기소권의 분리 방향과 일치할 수 없다.

셋째, 권력기관 사이의 평등한 관계를 지향해야 한다. 이것은 경찰과 검찰이 서로 견제와 감시를 할 수 있어야 한다는 것을 말한다. 검찰과 경찰 사이에 견제와 감시 시스템이 마련되면 수사권 행사는 조심스러워지고 국민의 인권에 긍정적인 영향을 미친다. 그런데 이렇게 되려면 경찰과 검찰이 평등해야 한다. 수사권과 기소권이 분리되면 검찰은 기소권으로 경찰을 견제, 감시하게 된다. 경찰은 자체적인 수사권을 가지고 검찰을 견제한다. 이 관계는 일방적인 관계가 아니라 서로 평등한 관계이다. 검경수사권 조정은 검경의 불평등한 관계를 평등한 관계로 바꾸는 것이어야 한다.

넷째, 강화되는 경찰의 권한에 대한 통제장치를 마련해야 한다. 경찰이 수사권을 갖는 것은 명백히 경찰 권한이 강화된다는 걸 의미한다. 경찰의 불철저한 개혁 정도나 수사과정의 인권 침해적 요소, 경찰의 수많은 권한과 중앙집권성, 경찰행정이 국민에게 미치는 영향, 경찰의 불충분한 내부 감찰 시스템, 경찰에 대한 국민의 불신을 생각하면 경찰에 대한 견제 장치는 반드시 필요하다. 그러나 이전처럼 검찰을 동원할 필요는 없다. 자치경찰제를 실시함으로써 국가경찰이 갖는 문제점을 최소화하고 경찰위원회 등을 통한 문민통제를 강화해야 한다. 내부의 감찰 기능을 강화하고 외부 인사가 참여하는 감찰위원회 제도를 운영해야 한다. 고위직 경찰의 비리를 수사하는 고위공직자비리조사처도 필요하다. 수사의 인권친화적 개혁 작업도 강도 높게 추진해야 한다. 검경수사권 조정은 경찰개혁과 함께 추진하지 않으면 안 된다. 이런 의미에서 검경수사권 조정은 종합적인 개혁인 것이다.

다섯째, 검경수사권 조정에는 검찰과 경찰 이외에 여러 기관과 전문가, 국민이 직접 참여해야 한다. 검경수사권 조정은 국가적 권력 재편 과제이다. 따라서 최종 결정은 검찰과 경찰과 함께 관련 부처와 기관, 전문가와 국민이 참여하는 가운데 이루어져야 한다. 검찰과 경찰 양자의 합의는 존중되어야 하지만 이것이 결정적이어서는 안 된다. 참여정부에서 검경수사권 조정이 실패한 이유 중 하나는 검찰과 경찰의 자발적인 합의에만 너무 의존했기 때문이었다. 검경수사권 조정이 권력기관 재편 문제의 일부라는 걸 명확히 하고 추진되어야 하며 그에 걸맞은 조직을 구성해야 한다. 개혁 주체 세력이 검찰과 경찰을 견인해 성과를 내야 한다.

경찰이 스스로 개혁해야 할 것은

경찰은 그동안 검경수사권 조정 과제가 제기될 때마다 자질론에 시달렸다. 즉, "경찰은 검찰에 비해 자질이 떨어지므로 인권 침해도 빈번하고 비리도 많이 발생한다, 따라서 검찰이 경찰을 엄격하게 감독해야 한다"는 말이었다. 하지만 경찰 대부분이 고등교육을 받았고 스스로 충분한 교육 시스템을 갖춘 지금 자질론은 중요하지 않게 되었다. 자질론의 실제 목표는 검찰과 경찰을 차별하고 경찰의 자존심을 상하게 해서 검경수사권 조정을 아예 시도조차 못하게 하는 것이다. 또한 경찰이 검사에 비해 인권 감수성이 훨씬 떨어진다고 보기도 어려워졌다. 참여정부 당시에는 경찰이 더 인권친화적 조직으로 더 열심히 변화하려고 노력했다. 경찰은 과거사 정리를 단행했으나 검찰은 거부했다. 사법시험이 인권 감수성을 보장하는 것도 아니다. 그럴 가능성은 원래부터 없다.

경찰의 자질론은 검경수사권 조정 때 중요한 논점이 되지 못했다. 만일 자질론으로만 일관한다면 검경수사권 조정은 도저히 이루어질 수 없다. 문재인 전 비서실장은 자질론은 검경수사권 조정에 중요한 문제가 될 수 없다는 점을 명확히 지적하고 있다.

"검경수사권 조정 문제는 검찰과 경찰의 수준을 비교하고 따지는 문제가 전혀 아니라고 생각합니다. 검찰의 수사가 경찰에 비해 인권적이라거나 능력이 있다고 말할 수도 없다고 생각합니다. 실제로 수사권 조정이 되면 그 제도에 따라 경찰이 오히려 발전해나갈 것입니다. 그래서 경찰의 수준이 먼저 올라가야만 조정이 가능하다고 해버리면 아무리 오랜 세월이 지나도 이루어질 수가 없는 것이거든요? 그렇게 되려면 경찰 간부들을 몽땅 사법고시 출신으로 충원하는 노력을 기울여야 하는데 그거는 뭐 말도 안 되는 이야기이지요. 검경수사권 조정 문제는 정말 새로운 체계를 세우는 것이기 때문에 충분한 논의, 제대로 된 제도 설계가 필요하다고 봅니다."

대한민국 건국 후 검찰과 경찰의 관계를 설계할 때 경찰의 한계와 검찰의 상대적 우위성은 임시적이었다. 따라서 이를 바탕으로 짜인 검찰과 경찰의 관계는 처음부터 재조정 대상이었다. 형사소송법 제정자들도 그렇게 인식하고 있었다. 형사소송법 제정 당시 법제사법위원회의 소위원회 위원으로 왕성하게 활동한 엄상섭 의원1907~1960은 다음과 같이 말하면서 검찰의 경찰에 대한 수사지휘권이 잠정적임을 명확히 했다. 엄상섭 의원은 검사 출신이다.

"우리의 생각은 검찰관이 수사의 주도체가 되는 것입니다. 그러나 영미식 형소법이라는 것은 그렇게 되어 있지 않습니다. 미국의 예를 들면 미국은 수사는 경찰관, 기소는 검찰관, 재판은 법관, 이렇게 나뉘어 있습니다. 그리고 일본도 지금은 형소법에 이 점이 명확하게 나와 있습니다. 그러나 우리는 여러 가지 우리나라 실정에 비추어 역시 검찰관이 수사를 주도적 입장이 있어야 되겠다. 이렇게 생각해왔습니다. 우리나라 실정으로 보면 검찰기관이 범죄 수사의 주도체가 된다면 기소권만을 가지고도 강력한 기관이거늘 또 수사의 권한까지 '플러스'하게 되니 이것을 결국 검찰 '파쇼'를 가지고 온다는 것입니다. (……) 우리나라는 경찰이 중앙집권제로 되어 있는데 경찰에다 수사권을 전적으로 맡기면 경찰 '파쇼'라는 것이 나오지 않나, 검찰 '파쇼'보다 경찰 '파쇼'의 경향이 더 세지 않을까? 이런 점을 보이가지고 소위원회나 법제사법위원회에서는 오직 우리나라에 있어서 범죄 수사의 주도권은 검찰이 가지는 것이 좋다는 정도로 생각을 했던 것입니다. 그러나 장래에는 우리나라도 조만간 수사권하고 기소권하고는 분리시키는 방향으로 나가는 것이 좋겠다는 생각을 가지고 있습니다."

경찰의 자질론은 검경수사권 조정을 가로막은 감정적인 장애물이었다. 이 장애물은 참여정부의 검경수사권 조정 논의 과정에서 거의 극복되었다고 판단된다. 이론적으로 경찰의 자질론은 어디에도 근거가 없다. 그리고 실무적으로도 근거를 찾기 어렵다. 여전히 경찰에 문제는 있지만 그 문제는 경찰의 자체적인 노력에 의해 극복될 수 있고 경찰은 정치적 중립, 자치경찰제의 도입, 과거사 정리, 인권친화적 개혁 등을 통해 어느 정도 이를 증명했다.

한편 경찰의 인권친화적 개혁은 계속되어야 한다. 경찰 자질론이 최근 인권 감수성 취약론으로 재등장하고 있기 때문이다. 그리고 경찰이 국민의 신뢰를 확보하는 데 가장 중요한 방법이기 때문이다. 이에 대해 전해철 전 민정수석은 다음과 같이 설명하고 있다.

"참여정부에서 인권 침해 요소가 있던 수사기관의 제도가 여러 가지 개선되었습니다. 유치장 운영 규칙부터 피해자 보호 관련 규정의 정비 등이 이루어졌습니다. 하지만 그동안 국민들에게 나쁘게 영향을 끼쳤던 관행이나 제도가 모두 불식되지는 않은 것 같습니다. 그런 점이 검경수사권 조정 당시 국민들에게 경찰의 입장을 충분히 이해시키지 못한 요인이 되었습니다."

검경수사권 조정에 대한 국민적 지지와 추진력을 얻기 위해서는 경찰이 먼저 인권친화적으로 개혁되지 않으면 안 된다. 이런 면에서 최근 경찰이 실적주의에 빠져서 국민의 인권을 침해하고 있는 것은 매우 우려스럽다. 고문을 자행하고도 고문이 아니었다고 주장하는 행태나 용산참사나 쌍용자동차 파업에서 보인 반인권적인 태도가 그러하다. 조금이라도 방심하면 인권친화적 개혁은 후퇴하기 마련이다. 경찰의 인권의식이 후퇴하면 검경수사권 조정은 사실상 어렵게 된다.

검경수사권 조정의 근본적인 힘이 국민들의 신뢰에서 나오기 때문이다. 최근 검경수사권 조정 과정에서 경찰은 인권친화적 개혁 없이도 검경수사권 조정이 가능할 것 같은 태도를 보이고 있다. 경찰의 집단행동을 보면 그렇게 생각할 수밖에 없다. 그러나 경찰의 집단행동은 경찰의 수사권 확보에 단기적으로나 장기적으로나 도움이 되지 않는다. 경찰에게 필요한 것은 인권친화적 개혁을 통한 국민의 신뢰이다.

03

검찰과 통제

고위공직자비리조사처의 이중적 성격

고위공직자비리조사처의 주된 목표는 부정부패 추방이다. 하지만 고비처는 고위공직자들의 권한 남용도 수사한다. 부정부패와 권한 남용은 모두 특권과 반칙에서 유래하는 것으로서 동전의 양면을 이루고 있기 때문이다. 따라서 고비처의 신설은 검찰 등 권력기관의 권한 남용에 대한 조사와 수사의 역할을 하는 기관을 설립하는 것을 의미한다. 검찰의 권한 남용을 항상 견제, 감시하는 기구가 있다면 검찰 권한이 위법, 부당하게 행사될 가능성은 낮아질 것이다.

고비처는 고위공직자의 정경유착 등 부정부패나 권한 남용이라는 범죄를 수사하기 때문에 현재 검찰의 권한 일부를 행사하게 된다. 그렇다고 검찰의 수사권이 배제되는 것은 아니지만 수사권한이 일부 분리되어 검찰 권한이 분산되는 효과가 있다.

그런데 고비처가 갖는 수사권한의 분산은 단순히 분산에만 그치지 않는다. 지금까지 검찰은 직접 수사를 해야 하는 이유가 정치권력이나 자본권력의 범죄, 즉 거악을 척결하기 위해서라고 주장해왔다. 경찰은 이런 수사를 할 능력도 의지도 없다는 것이다. 따라서 만일 거악 척결 기능을 기존 검찰에서 분리해 고비처가 담당하면 굳이 검찰이 대검 중수부를 두어 따로 거악을 수사할 필요가 없게 된다. 물론 이것은 당장 이루어질 수 있는 것은 아니다. 고비처가 당분간 검찰과 함께 정경유착이나 권력형 부정부패 수사를 진행하면서 자신의 존재 이유를 증명해야만 논의할 수 있을 것이다. 하지만 장기적인 방향은 이렇게 될 수도 있다. 이미 민생범죄 등 대부분의 사건은 사실상 경찰이 처리하고 있다. 검찰이 수사를 해야 한다고 주장하는 것은 권력형 비리 사건, 정경유착 사건 등인데 이것을 고비처가 담당한다면 기존 검찰은 수사권을 행사할 근거가 없어질 가능성도 있다. 이런 면에서 고비처는 검경수사권 조정 문제와 연관되어 있다.

이처럼 고비처는 검찰 권한을 일부 분산하고 검찰을 견제, 감시할 수 있다. 만일 고비처의 검찰 권한 분산과 견제, 감시의 기능을 고려하지 않는다면 고비처는 단지 하나의 사정기관으로 추가되어 국가권력, 구체적으로 검찰 권력의 힘을 강화하는 결과가 될 수도 있다. 이는 국가권력이 강화되는 것이고, 국민의 자유와 권리가 그만큼 후퇴할 가능성을 의미한다. 검찰개혁의 큰 방향과 일치하지 않는다. 국민의 입장에서는 권력기관의 권한 총량이 줄어드는 것이 중요하다. 권력기관 내부의 권한 배분은 권력기관 권한의 총량의 감소와 함께하지 않으면 국민적 개혁 과제가 되기 어렵다.

하지만 대통령직 인수위 및 참여정부 단계에서는 고비처의 성격이 부정부패 추방에만 초점이 맞추어져 있었다. 문재인 전 비서실장의 설명이다.

"문민정부 때 김현철 비리가 있었고, 국민의정부 때도 그 아들들의 비리가 국민들에게 굉장히 큰 실망과 분노를 안겨주었지요. 우리 출범 당시에는 검찰 권력의 민주적 통제에 대한 요구보다는 권력형 비리를 척결해야 한다는 요구가 굉장히 높았습니다. 그래서 고위공직자비리조사처를 검찰개혁의 과제로 생각하지는 않았습니다. 특히 권력형 비리에 대한 어떤 사정의 강화 차원에서 논의했던 것이고 검찰 권력의 분산이나 약화 차원에서 생각하지는 않았습니다."

이처럼 고비처는 검찰개혁의 하나로 출발하지 않았다. 부정부패 추방을 위한 개혁 방안이었다. 검찰이 권력형 부정부패 사건을 정치적으로 처리하니 부정부패가 근절되지 않는다는 인식이 강했다. 참여정부 임기 동안 특별히 고비처의 검찰 권한 분산이라는 측면은 부각되지 못했다. 참여정부 당시에는 검찰의 정치적 중립이 보장되었고 나아가 검찰에 형사절차에 관한 권한 이외에 다른 정치적인 권력은 집중되지 않았다. 따라서 검찰 권력을 고비처와 같은 다른 기구를 통해 분산하고 견제할 필요성이 검찰개혁의 중요한 과제로 인식되지 않은 것이다. 고비처의 본래 성격만으로도 충분하다고 생각했다.

노무현 대통령은 검찰의 권한을 분산, 견제하는 고비처가 있으면 검찰에 대한 견제 기능을 수행할 수 있다는 취지의 발언을 한 적이 있다. 노무현 대통령은 청와대 수석·보좌관회의 2003년 8월 28일에서 "검찰이 막강한 권력을 가지고 있지만 앞으로 내부로부터 개혁도 일어날 것이고 권력이 있는 만큼 견제도 필요하다"고 지적한 바 있다. 그러나 이 인식은 다른 고위공직자처럼 검사도 고비처의 수사 대상이 될 수 있다는 정도의 수준이다. 지금과 같이 검사의 피의사실공표나 직권남용, 위법한 수사와 기소, 권한 남용, 뇌물 수수 등에 대한 견제책으로 고비처가 특히 강조된 것은 아니었다.

일부 참모들은 검찰의 권한 분산과 견제에 대해 노무현 대통령이 명확히 인식하고 있었다고 증언하고 있다. 문희상 전 비서실장의 설명이다.

"그래서 강금실 장관을 임명한 것이 검찰개혁의 첫 번째라고 생각하셨고, 검사를 상대로 한 공직비리수사처를 만들어야 한다고 보셨어요. 우리는 고위 관료 전체의 비리를 수사하는 것으로 생각했지만 대통령은 알파와 오메가가 검찰이었죠. 검찰을 손볼 수 있는 데가 없으면 절대 안 된다, 정치적 중립을 지키는 데가 한 곳은 있어야 한다고 생각하셨고, 그것을 공직비리수사처로 생각하셨어요."

이병완 전 비서실장의 설명도 거의 유사하다.

"검찰 권력에 대한 견제 인식은 너무나 분명하셨지요. 정책으로 제도화하려고 노력하신 것이 바로 검경수사권 문제, 공수처 문제입니다. 견제 받지 않는 권력은 남용되거나 부패한다는 것은 기본 상식이라고 하셨지요. 그런데 현대적인 권력기관 중에서 견제 받지 않는 권력은 어쨌든 딱 검찰밖에 없어요."

이상의 증언에 의하면 노무현 대통령은 고비처의 검찰 권력 견제 기능을 중요하게 생각했던 것으로 보인다. 하지만 노무현 대통령이 고비처를 매우 중요시하고 적극 추진한 것은 사실이지만 그 초점은 권력형 부정부패 추방에 있었다. 고비처의 검찰 권한의 견제 방안 성격은 검찰의 무소불위 권한이 확인된 이후에 본격적으로 논의된다. 그 시기는 역시 참여정부가 끝나고 새로운 정부가 검찰을 앞세워 통치를 한 때라고 해야 할 것이다. 구체적으로 노무현 대통령 수사, 한명숙 전 총리 수사, 〈PD수첩〉 수사, 정연주 사장 수사, 미네르바 수사, 촛불집회 수사, 용산참사 사건 수사 등으로 검찰이 정치의 전면에 나서자 이에 대한 인식이 명확해진 것이다.

고비처는 원래 검찰 권한의 일부를 분산하고 또 검사를 포함한 고위공직자를 조사하고 수사함으로써 검찰 권한을 견제하는 기능을 한다. 다만 참여정부 때에는 이런 인식이 전면화되지 못했을 뿐이다. 이런 성격이 분명하게 부각되었다면 고비처 설치는 검찰개혁의 일환으로서 힘 있게 추진되었을지 모른다. 검찰은 고비처가 자신의 권한을 분산하고 또 견제하는 것임을 명확히 인식하고 있었다. 대통령직 인수위원회 시기부터 일관되게 반대했다. 2011년 들어서 제18대 국회 사법제도개혁특별위원회가 추진한 특별수사청은 고비처의 축소된 형태이다. 수사의 대상을 판사와 검사로 한정하고 있기 때문이다. 하지만 그 때문에 검찰의 권한을 분산하고 통제한다는 성격이 더 뚜렷해졌다. 검찰은 특별수사청 설치에 대해서도 격렬하게 저항하고 있다. 검찰의 격렬한 반대는 고비처의 검찰개혁적 성격을 말해주는 또 하나의 증거이다.

공직부패수사처 법안 완성

참여정부는 공직부패수사처_{공수처}의 설치에 관한 법률안을 2004년 11월 국회에 제출했다. 공수처는 고위공직자비리조사처의 구체화된 모습이었다. 그때도 법무부와 검찰은 공수처의 설치에 반대했다. 최근 국회의 사법제도개혁특별위원회가 추진한 특별수사청 신설에 반대한 것과 동일하다. 하지만 대통령의 공약 사항이기도 한 공수처 설치는 일개 부처나 외청이 반대할 수 있는 사안이 아니다. "법무부나 검찰의 반대는 당연한 것이고, 그 반대 때문에 안 되었다고 말할 수는 없습니다. 크게 검찰과 갈등까지는 없었고, 검찰이 법사위원들을 통해 은밀하게 법안에 반대했는데 그것은 뭐 별거 아니었습니다"_{문재인}는 증언과 같이 정권의 입장에서는 담당 부처의 반대는 크게 중요하지 않았다. 비록 현실에서 법무부, 검찰을 설득하는 것이 힘들었다고 하더라도 법무부와 검찰의 반대는 공수처의 운명과 직접 관련되어 있지는 않았다.

참여정부가 제출한 공수처 설치에 관한 법률안의 주요 내용은 다음과 같다. 앞으로도 공수처나 고비처 실립 문제는 계속 제기될 것이기 때문에 그 내용을 살펴보는 것이 필요하다.

참여정부가 마련한 '공직부패수사처의 설치에 관한 법률안'은 고위공직자의 직무 관련 범죄에 대해 국가청렴위원회 소속하에 공수처를 신설하고, 처장은 정무직, 차장은 특정직 공무원으로 임명하도록 되어 있다. 공수처를 국가청렴위원회 소속으로 둔 것은 정치적 중립을 확보하고 부정부패 시스템을 완비하기 위해서이다. 공수처의 생명은 정치적 중립이다. 대통령 직속이나 국회 산하에 두면 정치적 중립에 문제가 발생할 수 있다. 대통령이나 국회가 정치적이기 때문에 정치적 중립의 시비 문제가 일어나게 된다. 처장이 직접 국회에 출석해 국회의원들에게 보고하고 답변하는 것은 정치적 중립을 위태롭게 할 가능성이 크다. 그리고 공수처는 정경유착 등 부정부패 추방 시스템의 일부이기 때문에 효과를 극대화하기 위해서는 부패 추방 전문기관 소속으로 해야 한다.

정치적 중립을 위해 처장은 국가청렴위원회의 의결을 거쳐 위원장 제청으로 대통령이 임명하도록 하고 임기는 3년으로 하되 중임이 불가능하도록 했다. 정치적 중립을 위한 이중 삼중의 장치이다. 처장에 대해서는 검사와 동일한 신분 보장 장치를 두었다. 특별수사관은 변호사 자격을 가지고 있는 사람을 임명해 수사권을 발동할 수 있도록 하고 직원은 사법경찰관 직무를 수행하도록 했다. 수사권은 인정했지만, 기소권은 인정하지 않아 수사 실시 후 검찰에 송치하도록 했고, 만일 검사가 공소를 제기하지 않으면 청렴위원회의 의결을 거쳐 재정신청을 할 수 있도록 했다.

참여정부의 공수처 안에 대해 기소권이 없기 때문에 결국 검찰의 수사 지휘를 받을 수밖에 없어 검찰이 공수처를 장악할 것이라는 비판이 있었다. 일리 있는 지적이기는 하지만 공수처를 출범시키는 것 자체가 중요했다는 것을 고려해야 한다. 참여정부는 나름대로 가장 현실적인 안을 만들어 국회에 제출했다. 이제 공은 국회로 넘어가게 되었다.

공수처 법안, 국회에서 좌절되다

국회는 공수처 설립 법안을 처리하지 않았다. 법안은 국회 회기가 종료되면서 자동 폐기되었다. 권력형 부정부패를 추방하고 검찰개혁을 할 중요한 기회를 놓쳐버렸다. 법안 내용에 문제가 있어서 공수처 설치가 실패한 것은 아니다. 왜냐하면 참여정부가 끝난 후에도 부정부패 추방 및 검찰개혁의 필요성은 여전히 남아 있어 민주당과 민주노동당에서 거의 동일한 내용의 법안을 계속 제출하고 있기 때문이다. 특히 민주노동당의 이정희 의원 안은 고비처의 소속을 국회로 하는 것과 수사권뿐 아니라 기소권까지 부여하는 것을 제외하고는 참여정부의 공수처 법안과 거의 동일하다. 이 정도의 차이는 법안 심의 과정에서 충분히 조정될 수 있는 내용이었다. 그리고 18대 국회의 사법제도개혁특별위원회에서도 검찰개혁의 일환으로 고비처를 추진하겠다고 밝힌 바 있다. 국회 사개특위가 제안한 특별수사청은 비록 판검사만을 대상으로 하는 수사기관이기는 하지만 참여정부의 공수처를 모델로 한 것이다. 인적 대상만 축소되었을 뿐이다. 최근 특별수사청의 신설 논의나 권력형 비리 사건의 발생은 여전히 고비처 신설 필요성을 잘 보여준다. 이명박 정부 말기로 갈수록 고비처 신설 논의는 더욱 힘을 받을 것으로 예상된다. 권력형 비리 사건은 더욱 많이 발생할 것이고 검찰개혁의 요구는 더 높아질 것이기 때문이다.

참여정부의 공수처 안이 실패한 표면적인 원인은 한나라당과 민주노동당의 반대 때문이었다. 한나라당과 민주노동당은 제도특검제_{상설특검제} 법안을 대안으로 주장했다. 한나라당은 처음부터 공수처 법안에 반대했다. 한나라당은 "실질적으로 대통령과 청와대의 지시를 받고 청와대 직속의 거대한 사직동팀을 만들어 권력기관을 장악하고 정부에 대한 비판 기능에 제약을 가하겠다는 의도"라며 반대했다. 한나라당은 제도특검제를 대안으로 주장했지만 무게가 실리지 않았다. 민주노동당 역시 기소권을 주지 않는 공수처는 유명무실한 제도라면서 반대했다. 정치적 중립이 의심된다는 주장도 했다. 하지만 민주노동당의 주장과 참여정부의 안은 위에서 본 바와 같이 충분히 조정 가능한 것이었다.

하지만 야당과의 조정은 이루어지지 않았다. 야당이 조정의 여지를 주지 않고 반대한 이유는 무엇이었을까. 한나라당과 민주노동당 공히 공수처의 제도적 결함을 이유로 반대했다기보다는 노무현 대통령과 참여정부에 대한 무조건적인 반감으로 법안에 반대했던 것으로 보인다. 공수처 안은 국회에서 충분히 조정할 여지가 있었다. 이명박 정부가 들어선 이후 참여정부의 공수처 안을 모델로 하는 법안이 계속 제안되는 것을 보면 쉽게 이해할 수 있다. 그런데 조정은 진척되지 못했다. 당시 야당은 법안을 반대한 것이 아니라 참여정부 자체를 반대하고 있었던 것이다. 이에 대한 전해철 전 민정수석의 설명이다.

"공직부패수사처를 청렴위 산하에 두는 것에 대해 당시 야당들은 끊임없이 문제제기를 했습니다. 대통령이 직접 수사를 지휘하거나 지시를 할 수 있다는 것이었습니다. 그래서 법무부 산하에 두는 안까지 생각했던 이유가 일단 출범하는 것이 중요하다고 판단했기 때문이었습니다. 특검을 제외하고는 어떠한 변형된 모습도 가능하다고 제안하며 논의의 대상을 폭넓게 인정했습니다. 이런 생각으로 법사위원들을 만났지만 결국 통과를 못 시켰습니다."

정당이 주장한 공약은 이행해야 하지만 그 공약은 실천 과정에서 어느 정도 변용될 수 있다. 현실이 공약을 받아들이지 못하는 경우도 있고 다른 정치세력과 협상을 해야 하는 경우도 있다. 하지만 공수처를 두고는 이러한 절충이나 협상이 전혀 작동하지 않았다. 따라서 한나라당과 민주노동당의 반대는 공수처 법안 내용에 대한 반대라기보다는 참여정부에 대한 반대라고 봐도 크게 틀리지 않을 것이다.

공수처 법안이 표류된 것은 국회의원들의 미온적인 대도 때문이기도 했다. 공수처의 수사 대상에 국회의원이 포함된 것 때문에 소극적으로 행동한 것이다. "열린우리당도 별로 적극적이지 않았"고 "국회의 전반적인 적대감"문재인이 컸다. 이를 두고 "공수처 수사 대상에 국회의원을 포함시킨 것이 제일 큰 문제였다면 국회의원을 빼고서라도 제도 개혁을 했어야 옳았다"노무현 대통령고 평가하기도 한다. 문재인 전 비서실장 역시 국회의원을 제외한 상태에서 출범시키고 나중에 국회의원을 추가하는 것을 도모하면 되지 않았을까 하는 아쉬움을 토로했다. 하지만 국회의원을 제외했다고 하더라도 참여정부에 대한 무조건적인 반대 태도나 국회의원들의 미온적인 태도를 누그러뜨릴 수 있었을지 의문이다. 참여정부에 대한 무조건적인 반대가 야당을 지배하고 있었기 때문이다.

검사 출신 국회의원의 역할

국회 논의 과정에서 특기할 만한 것은 검사 출신 국회의원들의 존재이다. 그들은 대부분 한나라당 소속이다. 검사 출신 국회의원들은 거의 대부분 보수적이거나 개혁에 반대하는 입장을 취하고, 특히 검찰 문제에 대해서는 항상 검찰 편을 드는 것이 관습으로 되어 있다.

검찰 출신 국회의원이 다수 존재하는 것은 한국의 독특한 현상이다. 이것은 검찰이 정치화되어 있고 검찰 조직이 관료주의로 구성된 데에서 유래한다. 검찰의 정치화는 이미 충분히 설명했으므로 생략하고, 관료주의를 살펴보자. 관료 출신은 자신의 출신 조직을 잊지 않고 또 공격하지 않는다. 이들이 활용하고자 하는 것은 개인의 역량이 아니다. 관료로서의 경험을 활용하고자 한다. 그것은 관료 조직, 검찰 조직의 도움으로 가능해진다. 그리고 검찰 역시 자신의 이해관계를 지키기 위해 검찰 출신을 적극 지원한다. 정치적 이해관계를 검사 출신 국회의원을 통해 관철하는 것이다. 검찰 출신 국회의원은 자신이 법률 전문가라는 걸 내세워 누구나 쉽게 접근할 수 있는 검찰개혁의 문제를 법률 전문가들만이 다룰 수 있는 특수한 영역으로 만들어버린다. 다른 의원들의 참여를 막는 데 전문지식을 사용하는 것이다. 이로써 현실에서는 국회의원과 검사의 관계가 아니라 전직 검사와 현직 검사의 관계만이 존재한다. 이들이 보기에 나머지는 모두 비검사이고 검찰에 무지한 자들이다.

검찰의 정치적 영향력은 검사 출신 국회의원들의 존재로 극대화된다. 그 정도가 매우 심각해 국회 및 행정부를 좌우할 정도가 되어버렸다. 2011년 국회 사법제도개혁특별위원회가 합의했던 대검 중수부 폐지 문제도 검찰이 반대하자 검찰 출신 국회의원들이 반대했고, 청와대도 반대해 무산되었다. 여기에서 검찰 출신 국회의원들의 활동이 눈에 띈다. 애초 대검 중수부 폐지에 검찰 출신 국회의원들도 합의했다. 이는 국회 내에서 이에 대한 공감대가 그만큼 컸다는 것을 말한다. 그런데 검찰이 반대하자 검찰 출신 국회의원들의 태도가 달라졌다. 이들이 야당과의 합의를 파기하면서까지 지키려고 한 것은 검찰의 기득권이었다. 검찰의 반대가 국회를 움직이고 청와대를 움직인 것이다. 공수처 법안과 검경수사권 조정 과정에서 보인 검찰 출신 국회의원의 활약에 대한 문희상 전 비서실장의 증언이다.

"그런데 율사 출신들, 특히 법사위 소속 위원들이 법률의 기본적인 체계에 맞지 않는다고 주장하는 겁니다. 대륙법계의 기본 법률체계에 익숙해져 있기 때문에 그 사고의 틀을 깨지 못하는 겁니다. 검사는 동일체여야 되고, 법무부 장관 휘하에서 일사불란하게 움직여야 한다는 것이죠. 그래야 국법 질서가 유지된다는 생각이 굳어 있어서 다른 기관에서 수사권을 갖는다는 것은 생각조차 못합니다. 전 세계가 다 간단한 수사권은 검찰과 경찰이 분담하고 있지 않습니까. 그런데도 안 되잖아요. 그런 검사, 율사 출신 국회의원이 너무 많습니다. 그들이 법률에 관한 문제를 리드하고 있습니다. 아직도 죽기 살기로 붙어서 그들을 논리적으로 깰 만한 능력가가 없다고 봅니다. 그래서 손을 보려면 거기에서부터 해야 합니다."

검사 출신 국회의원들이 대륙법계의 기본 법률체계에 익숙해져 있어서 그런 것만은 아니다. 이들도 현대의 대륙법과 영미법이 서로 융합하고 있다는 점을 잘 알고 있다. 독일이나 일본에서 수사권이 분점되어 있고 세계적으로 부패 문제를 해결하기 위한 여러 제도들이 시도되고 있다는 점도 잘 알고 있다. 국민들의 자유와 권리가 중요하고 인권 옹호가 헌법적인 가치이고 국가 존립의 최고 목표라는 점도 잘 알고 있다.

문제는 이들이 자신을 검찰과 동일시하는 데에 있다. 검찰과 동일시함으로써 검찰이 누리는 기득권에 편승하고자 하는 것이 문제이다. 이것은 폐쇄적 관료주의가 확대된 대표적인 사례이다. 조직의 기득권을 조직 출신의 권력자와 나누어 갖는 것이다. 조직 출신은 조직의 힘을 빌려 자신의 기득권을 최대화한다. 전관예우가 이와 같은 것인데 검찰 출신 국회의원들은 검찰로부터 전관예우를 받으면서 그 반대급부로 검찰개혁에 반대하는 것이다. 강금실 법무부 장관의 평가를 들어보자.

"실제로 검찰 파워는 우리가 상상하는 것보다 훨씬 커요. 검찰 출신들이 국회에 가 있기 때문에 검찰은 굉장히 비하인드 정치에 강해요. 지금은 공개적인 언론플레이가 사실상의 정치잖아요? 그 언론플레이도 검찰이 직접 하지 않으면서 이루어지는 면들이 있어요. 공개 브리핑도 있지만 아닌 경우도 있거든요. 그런데 비하인드 정치를 하기 때문에 훨씬 파워풀해지는 거예요. 준사법 권력기관이 사실상 정치력을 계속 공개, 비공개 방식으로 하기 때문에 힘이 굉장히 세지는 겁니다. 국회까지도, 더군다나 한나라당, 다수당과도 접촉이 되는 기관이니 정부가 힘이 떨어지는 순간에는 검찰개혁을 할 수가 없는 거예요."

한편 대선자금 수사로 인해 검찰에 대한 신뢰가 높아졌기 때문에 공수처 입법이 어려워진 측면도 있었다. "그때만 해도 검찰이 잘한다"문재인는 분위기가 있었다. 시민사회의 분위기도 이와 유사했다. 공수처 설치에 대한 주장이 많이 약화되었다. 특검 시행에 따른 피로 역시 영향을 미쳤다. 특히 참여정부 당시의 특검인 대북송금 특검정식 명칭은 남북정상회담 관련 대북 비밀송금 의혹사건 등의 진상규명을 위한 특별검사 임명 등에 관한 법률, 대통령 측근비리 특검정식 명칭은 노무현 대통령의 측근 최도술·이광재·양길승 관련 권력형 비리 의혹사건 등의 진상규명을 위한 특별검사의 임명 등에 관한 법률, 유전 의혹 사건 특검정식 명칭은 한국철도공사 등의 사할린 유전 개발사업 참여 관련 의혹사건 진상규명을 위한 특별검사의 임명 등에 관한 법률이 큰 성과 없이 끝나면서 특검에 대한 피로감이 높았다. 공수처 법안의 통과에 부정적인 기류를 형성하는 데 일조한 것이다.

그러나 대선자금의 영향이나 특검의 피로도는 영향이 제한적이었을 뿐, 결정적이었던 것은 아니다. 오히려 대선자금 수사나 특검의 문제점은 공수처 설치가 더욱 필요하다는 것을 보여준다. 이런 점에서 대선자금 수사나 특검에 관계없이 공수처 설치가 필요하다는 것을 역설한 노무현 대통령은 더 멀리 보고 있었다고 할 수 있다.

04

검찰과
법무부

법무부 개혁의 쟁점

검찰개혁에서 법무부 개혁은 핵심이다. 법무부 개혁과 관련해 중요한 점은 다음과 같다.

첫째, 법무부는 민주적 정당성을 갖는 정치권이 검찰을 견제, 감시할 수 있는 공식적이고 제도적으로 유일한 기구이다. 검찰을 견제, 감시하면서 개혁하기 위해서는 법무부를 통하지 않고는 불가능하다. 이전처럼 청와대가 밀실에서 직접 검찰을 지휘하는 단계는 지났다. 민주정부라면 합법적 기구인 법무부를 통해서만 검찰을 통제할 수 있다. 법무부를 검찰 견제 기구로 자리매김해야 한다.

특히 검찰행정의 특수성은 법무부의 검찰 견제 기능을 부각시킨다. 모든 행정기관은 자체 감사와 감사원의 외부 감사를 받아야 한다. 그런데 검찰행정 중 수사와 기소, 공소유지 업무는 수사 및 재판 진행 중인 사건을 대상으로 하므로 감사원의 외부 감사가 부적절하다. 정치적 중립을 보장할 수 없기 때문이다. 물론 검찰청의 일반 행정업무와 회계업무는 모두 외부 감사가 이루어진다. 이렇게 수사와 재판 진행 중인 사건이 외부 감사 대상이 되지 못하므로 이를 법무부가 담당해야 한다. 이런 이유로 참여정부는 2005년 1월 법무부 감찰관실, 2005년 4월 외부 인사 중심의 법무부 감찰위원회를 출범시켰다. '검찰과 인권' 항목에서 살펴본 바와 같이 수사와 기소, 공소유지 업무 역시 국가행정의 하나인 이상 이에 대한 견제는 필수이다. 법무부 본연의 기능이고 더욱 강화해야 할 기능이다.

둘째, 법무부는 검찰과 다른 업무를 하는 조직이다. 따라서 검찰과 완전히 다른 원리와 인원에 의해 구성되어야 한다. 법무부는 국가의 법무행정을 담당하므로 그에 맞게 구성되어야 한다. 국가의 법무행정은 검찰 업무를 포함하지만 그보다 훨씬 다양하고 폭넓다. 행형, 인권옹호, 출입국 관리 등의 업무는 검찰 업무만큼 중요하고 필요하다. 검찰 업무와 상관없는 업무이므로 굳이 검사들이 관여할 필요가 없다. 법무부가 검사들에게 고위직 자리를 보장해주는 곳이 되어서는 안 된다. 나아가 법무부는 검찰행정을 지휘·감독한다. 이 기능은 검찰을 견제하는 측면에서 더욱 강화되어야 한다.

셋째, 법무부는 국가의 법무행정을 담당하는 곳이므로 법률 전문가로 구성되어야 한다. 최고의 전문성이 보장되어야 한다. 그런데 지금까지 행형, 인권 옹호, 출입국 관리 등 검찰행정이 아닌 곳까지 모두 고위직 검사가 담당해왔다. 이로써 법무부 업무가 검찰에 종속되었고, 순환보직으로 인한 전문성 약화 현상이 나타났다. 법무부 고위직을 검사가 독점함으로써 법무행정이 검찰에 종속되었다. 심지어 인권 관련 업무도 검사가 책임자가 되었다. 법무부 근무 후 다시 검찰로 돌아가는 검사들이 주요 보직을 차지하고 있었기 때문에 업무의 전문화와 일관성에도 문제가 있었다. 따라서 법무부 인력을 검사가 아닌 법률 전문가로 충원해야 한다. 국가의 법률사무는 검사들이 강점을 갖고 있는 형법이나 형사소송에만 한정되지 않기 때문이다. 인권, 교정, 출입국 관리, 국가소송 등은 형사법과 관련이 없는 분야로서 검사가 아닌 해당 분야의 전문가를 임명해 전문성을 높여야 한다.

법무부 장관은 대통령 임기와 함께해야 한다

법무부 장관은 대통령을 대리해 법무부와 검찰을 지휘, 감독한다. 따라서 법무부와 검찰개혁에서 가장 핵심적인 인물이다. 어떤 경력을 가진 사람이 법무부 장관이 되느냐는 국가적으로 매우 중요하다. 참여정부 초대 법무부 장관으로 강금실 변호사가 임명되었을 때, 검찰의 입장에서 보면 엄청난 강도의 검찰개혁이 진행될 것임을 예상할 수밖에 없었을 것이다. 파격 중의 파격이었기 때문이다. 그리고 검찰개혁의 중요성과 노무현 대통령의 강금실 장관에 대한 신뢰에 비춰보면 상당 기간 법무부 장관에 재직하리라는 걸 예상했을 것이다. 이것

〈표 2〉 참여정부 법무부 장관의 임기

장관	임기	재임 기간
강금실	2003년 2월 27일~2004년 7월 28일	1년 5개월
김승규	2004년 7월 29일~2005년 6월 28일	11개월
천정배	2005년 6월 29일~2006년 7월 25일	1년 1개월
김성호	2006년 8월 30일~2007년 9월 3일	1년
정성진	2007년 9월 4일~2008년 2월 25일	6개월

이 참여정부 초기에 검찰이 반발한 이유 중 하나였다.

그런데 참여정부의 법무부 장관은 평균 1년 정도만을 재임하게 된다. 〈표 2〉가 각 장관의 재임 기간이다.

이 중 가장 장수한 장관이 강금실 장관으로 1년 5개월 정도이다. 그런데 이 정도의 기간은 법무부와 검찰을 개혁하는 데 너무 짧다. 솔직하게 말하면 개혁은커녕 조직을 파악하고 조직을 안정화시키는 데에도 충분한 시간이라고 보기 어렵다. 정치인이든 아니든 장관은 "적어도 2년, 가능하다면 대통령과 임기를 함께하는 것이 가장 바람직"문재인, 강금실, 천정배하다는 점에 동의한다. 문재인 전 비서실장의 설명이다.

"법무부 장관은 적어도 2년, 가능하다면 대통령과 임기를 함께하는 것이 가장 바람직합니다. 그래야 일관성 있게 정책도 행하겠지요. 실제로 법무부뿐만 아니라 적어도 장관은 2년 이상 재직해야 합니다. 대통령님도 한번 공언한 적이 있습니다. 그런데 실제로는 잘 안 됐어요. 특히 초기 첫 조각 때 장관은 거의 세도우 캐비닛그림자 내각: 야당이 정권을 잡았을 때를 예상해 짜놓은 예비 내각 같은 것이 사전에 준비되어 있어야 한다고 생각합니다. 그래서 정말 개혁성뿐만 아니라 능력까지 겸

비된 인사들이 사전에 미리 몇 배수 정도 후보군으로서 취합이 되고 그 후보군 가운데 검증을 거쳐 인선이 이루어져야 합니다. 이렇게 준비된 사람들이 처음 내각을 맡아서 특별한 사정이 없으면 대통령과 임기를 함께 가는 것이 필요합니다."

천정배 장관의 설명도 이와 유사하다.

"법무부 장관은 1년이 아니라 5년은 해야 합니다. 최소한 5년은 해야 무슨 장악이 되죠. 5년 동안 저 사람한테 잘못 보이면 뭐 없다는 것이 되어야 합니다. 그래야 일관성 있게 정책도 추진하고 그런 거 아니겠어요? 그리고 검찰개혁이나 이런 건 긴급한 사안이 아니란 말이에요. 하루 이틀 사이에 뭐가 되고 하는 것이 아닙니다. 이것은 꾸준히 제도도 만들고 여러 가지 것을 해야 하는 것입니다. 장관이 되면 대개는 전직 장관이 시작했던 일을 그 다음 장관이 마무리하는 것인데 실제로는 아무것도 안 됩니다. 그런 일이 아주 많아요. 내가 장관을 그만둔 뒤에 보니 내가 중점을 뒀던 일들이 그냥 한순간에 날아가버렸습니다."

법무부 장관은 왜 단명하는가

법무부 장관이 단명하는 이유는 여러 가지가 있다. 정치인인 경우 선거나 정당 문제 때문에 다시 돌아가야 하는 경우가 있다. 천정배 장관이 그렇다. 법무부 장관의 경력을 바탕으로 정치를 하기 위해 장관직을 그만두는 경우도 있다. 강금실 장관은 국민의 인기가 높아지자 주위에서 선거 출마를 권유했다. 그러나 강금실 장관은 "검찰개혁을 위해 장관직에 취임했는데 정치를 하러 가게 되면 참여정부의 검찰개혁 명분을 잃게 되고, 검찰개혁도 되지 않고 이상하게 자신만을 챙기는 것"으로 생각되어 출마하지 않았다. 하지만 출마를 두고 벌어진 갈등은 "장관을 계속 하겠다고 고수하는 게 불편해졌고, 간접적으론 장관 해임의 이유 중 하나"가 되었다고 강금실 장관은 보고 있다.

다른 이유로는 "법무부 장관이 매우 정치적인 자리"강금실이기 때문이다. 법무부 장관은 국정에 법률적 조언을 해야 한다. 이것은 대통령의 업무 수행에 정치적 조언을 해야 한다는 것을 말한다. 중요한 사안에 대해 수시로 정치적, 법률적 판단을 내려야 한다. 따라서 법무부 장관의 결정은 대통령의 철학과 항상 일치해야 한다. 만일 대통령의 철학, 정책과 차이가 벌어지는 경우에는 국정 운영이 되지 않는 사태가 벌어진다. 강금실 장관은 자신이 해임된 이유 중 하나가 고위공직자비리조사처 신설을 둘러싸고 노무현 대통령과 인식 차이가 있었기 때문이었다고 보고 있다. 즉, "탄핵 직후 대통령께서는 고위공직자비리조사처의 신설을 강력하게 주장하셨는데 저는 당시 상황에서는 고위공직자비리조사처의 신설이 어렵다고 보았습니다. 저는 대검찰청 중앙수사부의 권한 이전을 추진하고 있었기 때문에 대통령께 공개적으로 반대 의사를 분명히 했다"강금실는 것이다. 대통령의 핵심 정책에 법무부 장관이 반대한 것이다. 이렇게 되면 대통령이 정책을 제대로 추진할 수 없게 된다. 이 에피소드는 법무부 장관이 매우 정치적인 판단을 내려야 하기 때문에 조금이라도 실수를 하거나 대통령과 철학이 맞지 않으면 그 직을 유지하기 힘들다는 점을 보여준다.

오락가락했던 법무부 장관 인사

법무부 장관이 단명하는 근본적인 이유는 초기 첫 조각과 관련한 준비 부족에서 비롯되는 것이다. 새로운 정부의 첫 내각은 매우 중요하다. 장단기 국가 운영 계획 수립과 그 추진을 담당하는 첫 내각은 새로운 정부의 성격을 규정하고 임기 동안의 정책 집행 방향을 제시한다. 따라서 첫 내각은 사전에 준비되어 있어야 한다. 첫 내각은 정당에서 준비하는 것이 원칙이다. 그러나 우리 현실에서 정당에게 이런 기대를 하는 것이 어렵다. 정당의 전문적, 정책적 역량이 취약하기 때문이다. 그렇다고 대통령 후보를 중심으로 급조할 수도 없다. 딜레마 상황이다. 이 문제는 정당과 대통령 당선자의 공동 노력으로 해결하는 것 외에는 다른 방법은 없어 보인다.

검찰개혁의 입장에서 볼 때 참여정부의 법무부 장관 인사는 비검사 출신 개혁적인 인사 강금실, 검사 출신 덜 개혁적인 인사 김승규, 비검사 출신 개혁적인 인사 천정배, 검사 출신 덜 개혁적인 인사 김성호 등 오락가락하는 모습을 보였다. 법무부와 검찰개혁을 위해 일관된 입장을 취하는 것이 무엇보다 중요한데 이런 인사는 이상해 보인다. 그 이유에 대한 문재인 전 비서실장의 설명이다.

"그 당시에 법무부 비검찰화라는 과제 자체가 우리 때 처음 시도되는 것이었기 때문에 가급적 비검찰 출신 법무부 장관을 많이 임명하려고 노력했습니다. 특히 초기에는 그랬습니다. 그 부분을 우리가 일관되게 임기 내내 하지 못했던 것은 비검찰 출신 법무부 장관 임명도 문제가 있었기 때문입니다. 말하자면 강금실 장관 같은 경우에는 대단히 개혁적이었고 능력도 있었고 국민들의 평가도 아주 좋았지만, 역시 검찰을 장악하는 데는 조금 부족한 부분이 있었습니다. 검찰개혁은 개혁 대상인 검찰의 동의를 받으면서 함께 끌고나가야 되거든요? 그러려면 검찰을 제대로 장악하고 검찰을 이끌고 나가는 게 필요한데 그 부분이 아무래도 아쉬웠어요. 그래서 검찰을 끌고 나갈 수 있는 쪽을 조금 강화하기 위해서 그 다음은 검사 출신을 임명하게 되었죠. 그런데 검찰과 함께 가는 부분은 역시 낫긴 하지만 너무 검찰 마인드에 빠져서 검찰개혁이 어렵게 되었습니다. 또 사고 자체가 굉장히 폐쇄적이고 제한적이었던 것도 한계로 지적됩니다."

검찰개혁이 필요하다고 해서 법무부 장관을 반드시 비검찰 출신으로 임명해야 하는 것은 아니다. "법무부의 비검찰화가 반드시 법무부 장관까지 비검찰이 돼야 하는 것은 아니고 법무부 장관 자리는 검찰이든 비검찰이든 개방되어 있는 것"문재인이기 때문이다. 하지만 검찰개혁의 중요성, 난이도, 포괄성 등을 생각한다면 비검찰 출신 법무부 장관이 임명되어야 근본적인 청사진을 마련할 가능성이 높다. 부득이하게 법무부 장관의 교체가 필요하다고 하더라도 이미 마련된 검찰개혁의 원칙과 방향, 구체적인 개혁 과제를 계속 추진할 수 있는 인사가 법무부 장관이 되어야 한다. 검찰개혁의 원칙과 방향, 구체적인 개혁 과제가 정착할 때까지는 비검찰 출신 법무부 장관이 검찰개혁을 추진할 필요가 있는 것이다.

그런데 참여정부의 법무부 장관은 그렇지 못했다. 검찰 출신, 비검찰 출신이 번갈아가면서 장관이 되었다. 검찰개혁에서 검찰은 개혁의 대상이면서 또한 주체이므로 검찰과 함께, 검찰을 이끌면서 개혁을 하는 것이 중요하다. 비검찰 출신 법무부 장관으로만 임명하는 경우 검찰개혁의 동력을 내부에서 이끌어내는 데 어려움이 있을 수 있다. 하지만 검찰과 함께해야 하는 이유는 검찰개혁을 제대로 하기 위해서이다. 검찰이라는 권력기관은 결국 "더 큰 권력기관, 즉 인사권을 가진 권력에 대해서만 고개를 숙이고 따라오기 때문에" 강금실 법무부 장관 등 검찰개혁 주체 세력이 이니셔티브를 쥐는 것이 중요하다. 천정배 장관 역시 법무부 장관의 주도권을 강조하고 있다.

그러나 이런 비판은 원칙일 뿐, 구체적으로 법무부 장관이 장관직 수행을 잘못하거나, 대통령과 철학이 어긋나는 경우까지 비검찰 출신이라는 이유로 계속 장관직을 수행해야 하는 것은 아니다. 법무부 장관에 임명할 만한 인물이 없는데도 비검찰 출신을 임명해야 한다는 것은 더욱 아니다. 그리고 반드시 이뤄야 할 국정으로 검찰개혁만 있는 것도 아니다. 중요한 것은 검찰개혁을 위한 일관된 정책의 수립과 시행이지, 법무부 장관의 출신 성분이 아니다.

법무부는 검찰에서 벗어나야 한다

법무부 간부를 비검찰 출신으로 임명하는 것은 법무부를 전문화하고,

검찰의 영향에서 법무부를 자유롭게 한다. 법무부의 많은 업무는 검찰과 관련이 없다. 법무부는 국가 차원의 법률서비스 제공, 인권 옹호 업무를 담당한다. 법무부를 전문화하게 되면 그만큼 법률서비스의 질이 좋아지고 인권의 수준이 높아진다. 검찰 출신이 이런 업무를 할 수 없다는 것이 아니라 업무 자체가 검찰의 시각에서 벗어난 것이어서 전문가가 담당해야 한다는 것이다.

법무부는 검찰의 영향에서 반드시 자유로워야 한다. 즉, 공권력 행사가 아닌 봉사업무를 담당하는 부서는 당연히 검찰의 영향에서 벗어나야 한다. 권력기관은 원래 군대처럼 일사불란, 위계질서, 폐쇄성 등을 특징으로 하는데 이것은 봉사기관에는 어울리지 않는다. 이에 대한 문재인 전 비서실장의 설명이다.

"우리 정부조직법에 의하면 법무부의 가장 중요한 직무는 인권 옹호란 말이에요. 인권 옹호, 그 다음에 출입국 관리, 교정…… 이렇게 검찰 외에 중요한 업무들이 있는데 그동안 검찰 업무 쪽에 파묻혀서 상대적으로 굉장히 소홀하게 다루어졌어요. 심지어 교정기관의 장, 출입국 관리기관의 장도 검사가 맡는 식이었습니다. 이제 이런 부분을 바로잡아야겠다고 생각했습니다.

정부조직법에 인권 옹호가 법무부의 가장 중요한 기능으로 돼 있는데도 인권국이 없었어요. 인권과만 있었습니다. 이것을 국으로 격상시켰습니다. 그 다음에 출입국관리는 출입국 관리본부로 격상시켜 아예 개방직으로 외부 변호사를 책임자로 임명했습니다. 마찬가지로 교정도 교정본부로 격상하고 교정본부장은 교정공무원 중에서 임명하도록 했습니다."

법무부를 통해 검찰의 영향력이 국가 정책이나 타 부서에 파급되지 않도록 하기 위해서도 법무부 간부의 비검찰화는 중요하다. 법무부의 영향력이 검사라는 업무의 성격, 법률 전문가, 높은 직급 등으로 배가된다. 아무리 법무부에서 근무한다고 하더라도 검사라는 직책에서 벗어날 수 없으며, 타부처 공무원이나 국민들도 검사가 아닌 법무부 공무원이라고 인식하지 않는다.

참여정부는 법무부의 교정국과 출입국관리국의 국장을 개방직으로 전환해 비검찰 출신을 임명할 수 있도록 했고 실제로 일부 국장을 비검찰 출신으로 임명했다. 그러나 출입국관리국이 확대 개편된 출입국 외국인 정책본부는 2009년 8월 다시 검찰 출신이 본부장으로 임명되었다. 제도적으로 기초를 마련했지만 정권이 바뀌자 과거로 되돌아가버렸다.

법무부의 주요 간부를 비검찰 출신으로 임명하는 것이 큰 성과를 내지 못한 이유는 복합적이다. 우선 법무부에 근무할 만한 법률 전문가의 수가 많지 않았다. 1995년 사법개혁 논의 이후 법조인의 수가 계속 증가하고 있으나 아직 충분하지 않다. 이미 살펴본 바와 같이 1990년이 되어서야 변호사의 수가 판검사의 수를 능가하게 된다. 특히 행정부나 입법부와 같이 국가를 위해 일할 수 있는 법률 전문가의 수는 적다. 최근 증가하고 있는 법조인은 아직 경험이 일천하기 때문에 법무부의 고위직에 진출하기는 어렵다. 하지만 이 문제는 시간이 지나면 해결할 수 있다.

근본적인 문제는 관료주의와 검사 중심의 법무부 체계이다. 관료주의는 외부에서 수평적으로 인사가 들어오는 것을 거부한다. 관료주의는 결원이 생겼을 경우 다음 인사 때까지 그 자리를 공석으로 둔다.

다음 인사가 되어서야 그 하급직이 승진을 하게 되고 맨 아래에 있는 직급에 새로운 인원을 보충한다. 즉 필요에 따른 수평적 인사, 직위 중심의 인사는 관료주의에서는 불가능하다. 따라서 법무부 간부가 되려면 극히 예외적인 개방직이 아닌 이상 하급직부터 시작하지 않으면 안 된다. 고위직 공무원일수록 관료 경험이 필요하다는 사회의 통념도 문제이다.

여기에 문제를 더욱 심각하게 만드는 것은 검사의 높은 직급 체계이다. 검사들은 출발부터 높은 직급으로 출발하기 때문에 민간의 법률 전문가가 법무부에 임용되더라도 항상 검사들보다는 낮은 직급으로 활동할 수밖에 없다. 업무와 역할을 중심으로 편재되어 있는 것이 아니라 직급에 따라 지위가 결정된다. 따라서 관료주의와 검사의 높은 직급 문제를 근본적으로 해결할 방안 역시 마련되어야 한다. 그 해결 방법은 결국 외부에 개방하는 직위를 확대하는 것이다. 그 과정에시 폐쇄적인 관료주의를 없애 나가야 한다.

검사의 높은 직급

검사들은 행정부 소속 공무원이면서 다른 행정공무원에 비해 직급이 높다. 평검사가 3급, 즉 부이사관급이다. 법관과 출신이 동일하다는 이유로 동일한 대우를 받고 있는 것이다. 이 제도는 검사의 영향력을 배가시킨다.

검사는 첫째, 업무 특성상 막강한 공권력 행사기관의 성격을 갖는다. 둘째, 범죄와 싸우는 역할을 하기 때문에 국가를 대표해 강력한 도덕적 정당성을 갖는다. 셋째, 법률 전문가이기 때문에 모든 업무에서 법률이 강조되는 현대사회에서 전문가로서 영향력을 갖는다. 넷째, 다른 행정공무원에 비해 높은 직급이므로 제도적으로 더 많은 발언권을 갖는다. 이런 면을 보아도 검찰에게 많은 권한이 집중되어 있는 것이다.

이 중 첫 번째와 두 번째 성격은 검찰 고유의 역할에서 파생되는 것이므로 순차적으로 개혁할 수밖에 없다. 하지만 세 번째와 네 번째 문제는 법무부를 검사 출신이 아닌 법률 전문가로 구성하고, 검사의 직급을 다른 행정 부처와 동일하게 조정해 해결할 수 있다. 이런 면에서 볼 때 "검사들의 직급이 너무 높습니다. 특별대우를 하는 거죠. 행정부 중에서 차관급이 50명이 넘는 곳은 검찰밖에 없습니다. 검찰의 직급을 한 단계 낮추는 작업이 필요합니다"라고 말하는 천정배 장관의 주장은 의미가 있다.

검사의 높은 직급을 당장 낮추는 것은 현실적으로 어려울 것이다. 한번 정해진 직급이 쉽게 낮춰질 리는 없다. 생각해볼 수 있는 방안으로는 검사보다 낮은 직급인 가칭 검사보를 신설하는 방안이 있다. 검사보로 하여금 검사의 업무를 보좌하도록 하고 이후 충분한 경험이 쌓였을 때 검사직에 신청, 임용될 수 있도록 하는 방안이다. 검사직은 법조일원화와 같이 5년 내지 10년 정도의 변호사 경력자 중에서 선발하도록 하는 게 좋을 것이다. 향후 지속적인 논의가 필요하다.

오히려 늘어난 검사장 자리

검사의 높은 직급은 다른 공무원과 형평을 맞출 필요가 있다. 그런데 참여정부는 검사장이라는 차관급 인사를 8명이나 늘려주었다. 다른 행정 부서에 차관이 1명 또는 2명이 있는 것에 비추어보면 매우 이례적이다. 2007년 2월 13일 국무회의에서 대통령령인 '대검찰청 검사급 이상 검사의 보직 범위에 관한 규정'이 심의, 의결되어 검사장이 모두 54명이 되었다. 법무부는 당시 "2004년 검사 단일호봉제가 도입된 뒤 직위의 기능과 중요도에 따른 보직 범위가 명확히 규정되지 않아 조직 운영 효율성이 떨어지고 주요 보직군의 인사 교류가 이뤄지지 않아 우수한 경력 검사들이 조기 퇴직하는 폐단이 생기고 있어 법안을 제정한 것"이라고 설명했다. 우수한 검사들의 조기 퇴직을 막기 위한 조치라고 이해된다. 이런 주장이 논리적인지 의심스럽지만 어쨌든 고위직 검사가 늘어났다.

언뜻 보아서는 검찰개혁을 강력하게 주장한 참여정부가 검찰에 차관급 인사를 8명이나 늘려준 것은 검찰개혁에 역행하는 것처럼 보인다. 참여정부의 검찰개혁을 비판하는 사람들의 목소리가 집중되는 부분이기도 하다. 왜 이런 일이 벌어진 것일까? 이에 대한 문재인 전 비서실장의 설명이다.

"그 부분은 잘 모르겠습니다. 당초에 강금실 장관의 검찰개혁 방안에는 오히려 고위직 검찰직을 줄여나가는 것으로 되어 있었습니다. 고등검찰청 차장 같은 경우는 검사장 직급으로 할 하등의 이유가 없었습니다. 고검 차장은 검사장 직급에서 제외한다든가 줄어나가는 방식이 원래 논의된 기조였는데 어느새 거꾸로 늘어가는 결과가 되었습니다. 검사장 자리를 늘린 것은 제가 초기에 민정수석을 하고 있을 때 강금실 장관과 논의했던 방향과 역행하는 것이었습니다. 다만 재경 지청들이 지검으로 승격되면서 불가피하게 직급이 늘어났을 텐데 그 이외에는 잘 모르겠습니다."

문재인 전 비서실장은 당시 청와대를 떠나 있었다. 그래서 검사장 증설에는 직접 관여하지 않았다. 검사장 8자리를 늘리는 데 직접 관여한 전해철 전 민정수석의 증언은 다음과 같다. 다른 관점에서의 접근이다.

"애초에 검사장직 증설 8자리가 확정적인 것은 아니었고, 중간 정도인 8개로 결정이 되었습니다. 검사장직 증설의 이유로 우선 검사들 숫자가 늘어났는데 그동안 검사장의 숫자는 변화가 없었습니다. 다음으로 검사 직급이 단일화되니까, 검사장이 된다고 해서 큰 차이점이 없고, 다만 그 차이 중 하나는 출장 등의 사유 시 여비 규정이고 다른 하나는 차량 이용 문제입니다. 여비 문제는 월급이 많아지는 것은 아니고, 차량 문제도 정확히 말하면 새로 편성되는 것이 아니고 법무부 예산에서 하는 것이었습니다. 그럼에도 차관급을 대폭 증설하는 것은 쉽지 않은 문제여서 수차례 회의와 토론을 했습니다. 결국 다른 부처에 비해 차관급이 많다고 하더라도 그 차관급이 부처 전체를 총괄하는 차관도 아니고 대우 면에서 검사장이라고 하더라도 특별하게 달라진 게 없다는 이유 등으로 요구사항 중 일부를 수용하게 된 것입니다."

참여정부는 일관되게 국가의 역할을 강조하면서 공무원의 숫자를 늘리고 공무원이 제대로 일을 할 수 있는 구조를 갖추는 데 노력했다. 참여정부는 '국민이 필요로 하는 공공서비스를 제대로 공급하는 일 잘하는 정부', 곧 적정 규모를 통한 좋은 정부를 지향했다. 그리고 임기 동안 58,206명의 공무원을 증원했다. 그 중 교원이 29,262명 50%이고, 경찰·교정공무원이 8,488명 15%, 고용·근로 장려 공무원이 4,403명 8%, 보건환경공무원이 3,745명 6%, 우편집배원이 2,694명 5% 등으로 국민에게 서비스를 제공하는 공무원들이 대부분을 차지한다. 국민이 필요로 하는 공공서비스를 제대로 제공하기 위한 적정 규모의 공무원을 지향한 것이다. 이 정도의 숫자는 거의 매번 국무회의 때 공무원 증원 안건을 의결해야 하는 숫자이다. 참여정부 내내 야당과 보수언론이 공무원을 많이 뽑는다고 비판한 부문이다. 이에 대해 이호철 전 민정수석은 다음과 같이 설명하고 있다.

"큰 정부, 작은 정부 논란이 일었을 때 대통령님은 일은 할 수 있도록 해주어야 한다는 입장을 취했습니다."

참여정부의 검사장 증원은 이렇게 검찰의 권한 확대 문제가 아니라 일반 행정 조직과 동일하게 검찰 조직을 정상화해 일을 제대로 할 수 있도록 해야 한다는 원칙에 기초한 것이다. 한국의 검찰은 매년 지속적으로 증가하고 있으나 이를 반영한 검사장의 숫자는 증가하지 않았다. 특히 검사장이 차관급이라고 하더라도 다른 일반 부처와 달리 부처 전체를 총괄하는 차관급도 아니라는 점, 검사의 직급이 단순화되면서 검사장의 대우에도 큰 차이가 없었다는 점이 감안되어야 할 것이다.

그러면 문재인 전 비서실장의 설명은 어떤 의미가 있는가? 문재인 전 비서실장의 설명은 원론적인 측면에서 검찰의 직위가 높기 때문에 이를 조정할 필요가 있다는 것을 말하는 것으로 해석된다. 이렇게 해석하면 문재인 비서실장의 설명과 현실적으로 검사장 8자리 증원은 모순되지 않는다. 검사장 8자리 증원은 검사들이 제대로 일을 할 수 있도록 하는 조치이지 검찰의 행정부 내 권한 강화를 의미하는 것이 아니기 때문이다. 하지만 이런 설명에도 불구하고 다른 부처와 달리 차관급 검사장을 8자리나 신설한 조치에 대해서는 강력한 검찰에게 오히려 더 많은 권한을 부여한 것이라는 비판이 여전히 계속되고 있다. 향후 검사들의 높은 직급 문제는 종합적인 검토를 거쳐 검찰개혁 시각에서 결정해야 할 것이다.

05 검찰과 과거사

기억에 근거한 정의

과거사 정리는 한국 현대사에서 국가기관이 공권력을 위법하고 부당하게 행사하여 벌인 탄압과 폭력, 왜곡과 은폐된 진실을 올바르게 밝히는 것이다. 과거사 정리가 제대로 이루어지기 위해서는 진실 규명, 피해자 배상, 가해자에 대한 책임 추궁과 가해자들의 반성, 재발 방지 대책 마련, 국민적 합의를 통한 과거사 정리와 화해 등이 필요하다.

과거사 정리는 증오나 복수를 목표로 하는 것이 아니다. 프랑스의 나치 부역자 처벌 과정에서 시몬 드 보부아르가 말한 것처럼 "복수는 허무한 짓이지만 어떤 인간들은 우리가 건설하고자 하는 세계에 발붙일 자리가 없다". 그리고 정상적인 도덕국가를 지향하는 이상 정의의 요청을 거부할 수는 없다. 알베르 카뮈의 지적처럼 "우리의 내일을 보장해주는 것은 증오가 아니라 기억에 근거한 정의 자체"이기 때문에 진실을 밝히는 것이 무엇보다 중요하다. 배상과 반성, 참회와 용서는 그 다음 일이다.

한국의 국가권력은 과거에 부당하고도 위법한 행사로 국민의 자유와 권리를 짓밟았다. 정권을 지탱하는 권력기관이 직접 나서서 보호를 받아야 할 국민을 마치 적인 것처럼 학살하고, 고문하고, 처벌했다. 법률이라는 포장을 했던 경우도 있고 아예 노골적으로 법률을 무시한 경우도 있었다. 과거사 정리는 이런 국민탄압 사례를 덮어두지 않고 정면으로 바라보면서 시작되었다. 과거사 정리는 권력기관의 인권 침해 행위를 대상으로 한다. 과거 권력기관 행위의 정당성을 적극 검토함으로써 권력기관 개혁의 당위성과 필요성, 그리고 개혁의 방향을 제시하는 역할을 한다.

과거사 정리는 권력기관의 입장에서 볼 때 자신의 위법, 부당한 권력 행사의 원인과 결과를 스스로 밝히고 반성하고, 사죄하고, 향후 재발 방지 대책을 마련하는 것이다. 이로써 공권력 행사의 도덕적 기준을 새롭게 정립할 수 있다. 국가기관은 항상 도덕적일 때에만 국민들에게 충성을 요구할 수 있다. 권력보다 도덕이 더 중요한 것이다. 노무현 대통령은 2006년 4월 3일 제주 4·3사건 희생자 위령제에서 다음과 같이 지적했다.

"국가권력은 어떠한 경우에도 합법적으로 행사되어야 하고 일탈에 대한 책임은 특별히 무겁게 다뤄져야 합니다. 또한 용서와 화해를 말하기 전에 억울하게 고통 받은 분들의 상처를 치유하고 명예를 회복해주어야 합니다. 이것은 국가가 해야 할 최소한의 도리이자 의무입니다. 그랬을 때 국가권력에 대한 국민의 신뢰가 확보되고 그 위에서 우리 국민들이 함께 상생하고 통합할 수 있을 것입니다."

권력기관의 개혁을 추진하는 데 과거사 정리는 반드시 필요하다. 특히 우리와 같이 과거청산을 제대로 하지 않은 국가에게는 과거사 정리가 반드시 필요하다. 과거사 정리를 통해 인적으로는 책임자를 확인하고 제도적으로는 무엇이 제대로 작동하지 않았는지를 확인해 재발 방지 대책을 마련해야 한다. 이렇게 될 때에만 동일한 실수를 하지 않고, 향후 권력기관의 공권력 행사가 법적, 도덕적 기준에 따르게 된다. 참여정부는 이런 기조에서 탄압받았던 국민의 한을 풀고, 권력기관의 공권력 행사 기준을 도덕적으로 높이고, 피해자와 가해자의 화해를 통해 국민 통합을 이루기 위해 범정부적으로 과거사 정리를 추진했다.

권력기관의 과거사 정리는 국가 차원에서 특별 기구를 통해 추진될 수도 있다. 왜냐하면 기존의 시스템으로는 과거사를 정리하는 것이 적당하지 않기 때문이다. 이런 취지에서 참여정부에서도 진실과 화해를 위한 과거사 정리 특별법을 제정해 진실화해위원회를 설립하고 포괄적인 과거사 정리를 시작했다. 하지만 개별 권력기관의 과거사 정리 역시 중요하다. 개별 기관의 과거사 정리는 우선 포괄적인 과거사 정리를 위한 기반을 마련하는 데 기초가 된다. 과거사 정리는 과거 공권력을 남용한 권력기관의 적극적인 협조 없이는 불가능하다. 나아가

권력기관의 과거사 정리는 스스로 자신의 과오를 정리함으로써 향후 발전을 위한 계기로 삼는다는 점에 큰 의의가 있다.

국가가 저지른 불법 행위 심판

참여정부는 개별적인 사건에 대한 과거사 정리가 아니라 포괄적인 과거사 정리를 지향했다. 그 시작은 역사적인 노무현 대통령의 2004년 8·15 경축사이다.

"반민족 친일 행위만이 진상규명의 대상이 아닙니다. 과거 국가권력이 저지른 인권 침해와 불법 행위도 그 대상이 되어야 합니다. 진상을 규명해서 다시는 그런 일이 없도록 해야 할 것입니다. 저는 이 자리를 빌려 지난 역사에서 쟁점이 됐던 사안들을 포괄적으로 다루는 진상규명특별위원회를 국회 안에 만들 것을 제안드립니다. 이미 국회에서는 진상규명과 관련하여 열세 건의 법률이 추진되고 있습니다. 그러나 법안마다 기준이 다르고 이해관계가 엇갈리기 때문에 개별적으로 다루기가 어려운 것이 사실입니다. 국회가 올바른 진상규명이라는 원칙에만 동의한다면 구체적인 방법은 국민 여러분의 의견을 수렴해서 충분히 합의할 수 있을 것입니다. 그리고 그동안 각종 진상조사가 이루어질 때마다 국가기관의 은폐와 비협조 문제가 논란의 대상이 되어왔습니다. 그러나 이번만은 그런 시비가 없어야 할 것입니다. 고백해야 할 일이 있으면 기관이 먼저 용기 있게 밝히고 새롭게 출발해야 합니다."

 노무현 대통령은 같은 달 17일 국무회의에서 국가기관들의 과거사 진상조사에 대해 "국가권력이 국민들에게 충성을 요구하기 위해서는 국가가 정당성을 가져야 한다"며 "과거 문제가 됐던 사안에 대해 국가 신뢰성의 회복을 위해 각 기관들이 스스로 조사해서 밝히되 잘 협의하고 지혜를 모아 방법과 시기, 수준 등을 결정해 체계적으로 추진하라"고 지시했다. 과거사 정리가 국가의 도덕적 정당성을 높이기 위한 것임을 명백히 하면서 기관별 과거사 정리를 지시한 것이다.

과거사 정리의 시작

 이 지시에 따라 국가정보원은 2004년 8월 16일 '국정원 과거사건 진실규명을 통한 발전위원회' 구성을 발표하고 11월 2일 발족했다. 민간인 10명, 국가정보원 인사 5인으로 구성된 기구였다. 민간인이 국가정보원 인사보다 많은 점이 눈길을 끈다. 비밀을 생명으로 여기는 정보기관의 과거사 정리인데도 외부 인사를 더 많이 참여시킨 것이다. 이것은 국가정보원 과거사 정리의 범위와 내용이 충실할 것임을 예고하는 것이었다. 주요 조사 내용은 김형욱 전 중앙정보부장 실종 사건, 동백림 사건, 부일장학회 강제 헌납과 경향신문 매각 사건, 민청학련과 인혁당 사건, KAL 858기 폭파 사건, 남한 조선노동당 사건 등이었다.

경찰청 역시 같은 해 9월 20일 경찰 자체적으로 과거사위를 만들기로 결정하고 11월 18일 이를 발족했다. 민간인 7명과 경찰청 인사 5명으로 구성된 '경찰청 과거사 진상규명 위원회'였다. 역시 민간인이 많아 과거사에 대한 진상 규명 의지를 확인할 수 있다. 주요 진상규명 활동은 서울대 깃발 사건, 민청련 사건, 강기훈 유서 대필 사건, 보도연맹원 학살 의혹 사건, 남민전 사건, 대구 10·1 사건 등이었다.

국방부는 같은 해 9월 1일 '국방부 과거사 진상규명 위원회'를 설치하기로 발표하고 2005년 5월 5일 민간인 7명과 국방부 인사 5명으로 구성된 '국방부 과거사 진상규명 위원회'를 구성했다. 주요 조사 내용은 강제 징집·녹화 사건, 실미도 사건, 삼청교육대 사건, 12·12, 5·17, 5·18 사건, 보안사 민간인 사찰 사건 등이었다.

기관별 과거사 정리가 본격화되자 각 기관별 과거사 정리의 흐름을 국가 차원에서 종합하고 각 기관의 과거사 정리에 포함되지 않은 문제를 해결할 필요성이 제기되었다. 각 기관은 중요한 사건에 한정해 조사를 진행했다. 이 결과 공권력의 위법 부당한 행사로 인해 피해를 입은 국민들이 진상조사를 신청할 기회는 보장되지 않았다. 하지만 과거사 정리의 주요한 목표는 피해자의 한을 풀어주고 피해자와 가해자가 화해하는 것이다. 따라서 피해자의 과거사 조사 신청은 피할 수 없는 과제였다.

이런 요청을 바탕으로 국가 차원에서 과거사 정리를 하기 위해 2005년 5월 '진실과 화해를 위한 과거사 정리 기본법'이 통과되었다. 이 법에 따라 진실과 화해를 위한 과거사정리위원회가 구성되어 항일독립운동, 해외동포사, 민간인 집단 희생 사건, 공권력에 의한 인권침해 사건 및 조작 의혹 사건, 대한민국 적대 세력에 의한 테러·인권

유린과 폭력·학살·의문사 등을 조사하고 진상규명했다. 피해자들의 과거사 진상규명 요청을 바탕으로 조사를 진행하여 대부분의 사건에서 진상을 규명하는 성과를 올렸다.

국가 차원의 과거사 진상규명 활동은 친일반민족행위 진상규명위원회, 일제강점하 강제동원피해 진상규명위원회, 친일반민족행위자 재산조사위원회, 제주 4·3사건 진상규명 및 희생자명예회복위원회, 노근리희생자 심사 및 명예회복위원회, 거창 사건 등 관련자 명예회복심의위원회, 민주화운동 관련자 명예회복 및 보상심의위원회, 군의문사진상규명위원회, 삼청교육 피해자의 명예회복 및 보상심의위원회, 동학농민혁명 참여자 명예회복심의위원회, 특수임무수행자 보상심의위원회, 특수작전공로자 인정 심의위원회 등의 활동을 통해 광범위하게 이루어졌다.

검찰의 과거사 정리 거부

국가 차원에서 과거사를 정리하고 있는 와중에도 검찰은 과거사 정리와 관련해 아무런 입장 표명도 하지 않았다. 겨우 천정배 법무부 장관이 취임한 이후인 2005년 10월 11일 과거사 정리에 대한 법무부의 입장을 표명한다. 천정배 장관은 국정감사에서 "과거 독재정권에서 검찰 등 국가권력이 인권을 유린하고 참혹한 피해를 준 일에 대해 반성한다", "검찰의 과거사 청산을 위해 위원회 구성을 포함한 노력을 하겠다"고 밝혔다. 법무, 검찰의 책임자가 검찰의 과거사에 대해 반성하고 진상규명 의지를 처음으로 밝힌 것이다. 그러나 천정배 장관의 약속과 달리 법무부나 검찰청은 과거사 정리를 위한 기구를 구성하지 않았다.

"사건을 만든 장본인이었던 검찰은 과거사 정리와 그에 대한 반성을 끝까지 거부"했고 "국정원과 경찰청 등 다른 권력기관들이 모두 위원회를 만들어 진상조사를 하고 국민 앞에 사죄했지만 검찰만큼은 오불관언"노무현 대통령이었다.

검찰이 애초에 과거사 정리를 완전히 거부한 것은 아니었다. 그 경과에 대한 전해철 전 민정수석의 증언이다.

"법무부에서도 과거사위원회 구성에 관한 보고를 한 사실이 있습니다. 그런데 위원회 구성안이 문제가 있다는 지적을 받았습니다. 구성안 자체가 진상규명 의지가 있지 않고, 타협적인 것으로 보였습니다. 대통령님께서는 과거사 정리는 피해자의 한을 풀어주는 것이 중요하다고 말씀하셨습니다. 바람직한 사회가 되기 위해서는 개인적인 문제가 아니라 국가나 제도적인 잘못으로 인해 피해를 입은 사람들의 한을 그대로 놔둬서는 안 되고, 진상규명과 함께 피해 보상 내지 배상할 수 있는 여러 가지 방법을 찾아야 한다고 강조하셨습니다. 국가기관의 과거사위원회는 기관장의 의지와 운영이 중요한데, 법무부 안은 미흡하다고 판단하신 것입니다. 또한 경찰, 국정원과 비교해 사건의 2차적인 수사기관이어서 다른 기관의 진상조사 결과를 지켜보는 것도 필요했습니다. 이후 과거사 일반을 대상으로 하는 진실과 화해를 위한 과거사 정리 기본법이 제정되고 진실화해위원회가 출범하면서 추가적인 국가기관의 과거사위원회 구성은 보류되었습니다."

과거사 정리 문제가 제기되었을 때 법무부 장관은 김승규였다. 검찰 출신으로서 아무래도 검찰의 과거사 정리에는 소극적일 수밖에 없었던 것으로 보인다. 국가정보원이나 경찰, 국방부 등은 시대의 흐름과 대통령의 의지를 바탕으로 과거사 정리에 나섰다. 과거사 정리를 하지 않고는 새로운 권력기관으로 탄생하는 것이 불가능했기 때문이다. 그러나 검찰은 여전히 과거의 타성이 남아 있어 과거사 정리에 소극적이었다. 이론적으로는 검찰의 무오류 신화가 원인이고, 감정적으로는 검찰이 직접 고문이나 가혹행위에 가담하지 않았다는 것이 원인이었다. 과거사정리위원회의 인적 구성에서 민간의 참여가 법무부 인사보다 많지 않아 과거사 정리의 객관성을 보장할 수 없었던 것은 이런 소극성을 반영하는 것이었다. 그런데 비검찰 출신의 개혁적인 성향의 천정배 장관이 법무부 장관이 되었어도 과거사 정리는 추진하지 못했다. 이것은 검찰의 기득권이 강했다는 것을 뜻하기도 하지만 천성배 장관이 검찰개혁을 본격적으로 추진하지 못한 것을 의미하기도 한다. 앞에서 살펴본 바와 같이 천정배 장관은 자신이 취임했을 당시에는 검찰개혁을 본격적으로 추진하기 어려운 때라고 생각하고 있었다. 객관적인 상황이 검찰개혁에 우호적이지 않았던 것은 사실이었다. 하지만 법무부 장관으로서 검찰개혁을 다시 시작할 수도 있었을 것이다. 앞에서 이미 본 바와 같이 천정배 장관도 이 점을 아쉬워했다.

한편, 검찰이 과거사 정리를 거부한다고 해서 과거사 정리의 필요성이 사라지는 것은 아니다. 법무부와 검찰 스스로도 과거사 정리가 필요하다는 것을 인정한 바 있다. 검찰의 과거사 정리는 검찰 스스로 앞으로의 과제로 미룬 것이다. 검찰로서도 과거사 정리는 피할 수 없다. 검찰의 공권력 행사로 인한 피해자가 남아 있는 한 그 누구도 과거사 정리에서 자유로울 수 없기 때문이다.

사법부의 과거사 정리

검찰이 과거사 정리를 거부한 것에 비해 사법부인 법원은 과거사 정리를 시작했다. 당시 검찰은 위법하고 부당한 공권력 행사는 국방부나 중앙정보부 등 정보기관, 경찰이 저질렀고 자신들은 사건을 직접 수사해서 조작하거나 고문한 사건은 전혀 없다는 입장이었다. 그러나 이것은 변명에 지나지 않는다. 만일 직접 고문하고 조작한 것이 없다는 점에 초점을 맞춘다면 법원은 더욱 책임이 없다고 할 것이다. 하지만 과거사 사건은 검찰과 법원이 책임자로 관여한 형사소송법 절차 속에서 진행되었고 이 과정에 검사와 법관이 모두 공범처럼 엮여 있었다. 고문이나 가혹행위로 사건을 조작한 경찰이나 기관원들, 죄 없는 사람들을 법정에 세운 검사들, 법정에서 조작된 사건을 합법화시키고 인권 침해 행위를 정당화했던 법관들 모두 같은 책임이 있다. 법원은 이런 사정을 인식하고 과거사 정리를 시도했다. 이용훈 대법원장은 2005년 9월 26일 취임사에서 과거사 정리가 필요하다는 걸 인정하고 과거사 정리를 할 것임을 밝혔다.

"우리는 사법부가 행한 법의 선언에 오류가 없었는지, 외부의 영향으로 정의가 왜곡되지는 않았는지 돌이켜보아야 합니다. 권위주의 시대에 국민 위에 군림하던 그릇된 유산을 깨끗이 청산하고, 국민의 곁에서 국민의 권리를 지키는 본연의 자리로 돌아와야 합니다.
여기에는 무엇보다도 지난 잘못을 솔직히 고백하는 용기와 뼈를 깎는 자성의 노력, 그리고 새로운 길을 여는 지혜의 결집이 요구됩니다. 저는 사법부가 국민의 뜻에 따라 새롭게 거듭날 수 있도록, 제가 가지고 있는 모든 역량을 쏟아 부을 것입니다."

법원의 과거사 정리는 약속대로 어느 정도 이행되었다. 법원은 과거사진상규명위원회에서 진상이 규명된 사건에 대한 재심을 통해 과거사를 정리했다. 대표적으로 민청학련, 인혁당 사건과 강기훈 유서 대필 사건, 송씨 일가 사건 등이 그것이다.

민청학련 사건 재심에서 무죄판결을 내린 재판장은 이렇게 말했다. 법원의 과거사에 대한 인식을 알 수 있는 사례이다.

"법원은 부당한 공권력의 행사로부터 국민을 보호해야 할 사명이 있음에도 36년 전에는 그렇게 하지 못해 재판 자체가 회복할 수 없는 인권 침해의 수단이 되었다. 사법부는 당시 재판을 30년이 넘도록 바로잡지 못한 것에 대해 당사자들에게 사과한다. 노년기에 이르거나 이미 고인이 된 분들께 재판부의 사과가 위로가 되기에는 부족하지만 이들의 용기와 희생으로 우리나라가 민주화를 이룩하는 계기가 돼 이들의 고생이 헛되지 않았다고 생각한다."

송씨 일가 사건은 1982년에 발생했다. 대표적인 간첩 조작 사건이며 사법 사상 가장 유명한 사건 중 하나이다. 안기부는 1960년 북한의 친척이 남한으로 내려와 일가족을 만났다는 것을 빌미로 20년도 지나 송기준, 송기섭, 한광수, 송기복 등 일가족을 모두 연행했다. 그러나 이 사건은 대법원에서 두 차례나 무죄 취지의 판결을 받았다. 불법구금과 고문이 너무 명백했기 때문이다. 불법구금은 무려 116일이나 진행되었다. 하지만 끝내 검찰은 포기하지 않았고 법원은 무죄를 끝까지 관철하지 못했다. 세 번째 고등법원의 유죄판결을 대법원이 받아들인 것이다. 당시 검사의 역할은 우선 피의자들에게 자백을 받는 것이었다. 그런데 피의자들이 북한에 갔다 온 사실을 부인하자 검사는 수사실에 안기부 수사관을 들여보내 협박을 하도록 했다. 고문의 공포에 질린 피의자들은 안기부 수사관을 만나자 곧 자백을 했다. 대법원의 무죄 취지의 판결이 나자, 검찰은 검찰의 명예를 걸고 유죄를 주장했다. 나아가 안기부와 함께 판사를 찾아다니며 설득하거나 증인신문을 함께 준비했다. 이 사건은 무려 7번의 재판을 거쳐 유죄가 되었다. 검찰의 적극적인 노력이 없었다면 불가능했던 일이다. 송씨 일가 사건은 2009년 재심에서 무죄판결을 받았다.

하지만 사법부의 과거사 정리는 당사자의 청구에 의해 각급 법원에서 개별적으로 진행되는 재심 방식을 채택했기 때문에 포괄적인 과거사 정리와는 거리가 멀었다.

법원의 과거사 정리는 계속 발전해서 마침내 2010년 12월 16일 대법원은 유신시대의 긴급조치를 위헌적인 조치로 선언하기에 이른다. "사법적 심사를 제한하고 국회의 입법권을 침해하고 있는 유신헌법 제53조가 국민의 과도한 기본권을 침해하고 있고, 이에 기초한 긴급조치 제1호는 유신헌법 논의 자체를 막고 국민의 저항을 막는 기본권 제한의 범위를 초과하고 있으며, 당시 시대 상황이 비상사태도 아니어서 유신헌법 제53조 자체에도 위반하는 것"이라면서, 종래 긴급조치에 대해 면소를 판결해온 대법원 판결을 무죄 판결로 전원일치 변경했다. 면소는 범죄 후 법률의 변경으로 형이 폐지된 경우에 내리는 판결로서 유무죄를 판단하지 않는다. 대법원은 그동안 이런 논리로 긴급조치 위반이 죄가 되는지 아닌지, 긴급조치가 합헌인지 위헌인지를 회피해왔다. 따라서 대법원의 판결이 기회주의적이라는 비판이 있었다. 이런 비판을 받아들여 대법원은 긴급조치가 위헌이고, 긴급조치 위반이 모두 무죄가 된다고 판단했다. 국민의 자유와 권리를 보호하는 데 좀 더 적극적인 태도를 취한 것이다.

이 사건은 그동안 개별적인 사건의 재심 판결을 통한 과거사 정리를 헌법과 법률의 차원으로까지 높인 것으로 평가된다. 여전히 사법부의 포괄적인 과거사 반성은 향후 과제로 남아 있지만 이전보다는 전향적인 태도를 보인 것은 높이 평가 받을 만하다. 그런데 지난 2011년 7월 검찰이 이런 대법원의 논리에 반발하면서 긴급조치 위반 무죄 판결에 항소를 제기했다. 유신헌법에 대한 향수인지 아니면 과거사 정리를 무산시키려는 의도인지 이해하기 힘들다. 최소한 검찰이 과거사 정리에 대해 얼마나 부정적인 생각을 가지고 있는지, 검찰의 무오류성에 대한 자신감이 어느 정도인지를 알 수 있는 대목이다. 다시 한번 검찰의 과거사 정리가 되지 않은 부작용을 확인할 수 있다.

검찰은 최소한 법원보다는 더 적극적으로 과거사를 정리했어야 했다. 검찰은 고문과 가혹행위, 조작 등 공권력의 적극적인 위법 행위를 인식하면서도 이를 무시하거나 혹은 동조하면서 공소를 제기하고 재판을 진행하고 판결을 집행했다. 심지어 고문에 직접 개입하기도 했다. 국가우선주의로 무장하여 법원과 판사들에게 압력을 가하기도 했다. 과거 불법적인 공권력 행사에서 중추적인 역할을 수행한 것이다. 경찰이나 정보기관의 위법한 공권력 행사가 검찰에 의해 견제, 감시되었다면 공권력의 위법·부당한 행사는 애초부터 불가능했을 것이다. 고문과 가혹행위를 자신의 손으로 하지 않았다고 없어지는 것이 아니다. 이미 발생한 사실은 없어지지 않는다. 최소한 고문과 가혹행위 사실을 적극적으로 밝히고 가해자들을 처벌하지 않는 이상 고문과 가혹행위로 인한 피해자의 심리상태는 회복되지 않는다. 고문과 가혹행위로 수집한 증거는 모두 배척해야 하고 국가공권력의 위법 행사로 인한 수사와 재판절차는 즉각 중단되어야 한다. 이렇게 해야만 무너진 공정성, 평등성이 최소한 복원된다. 국가의 도덕적 정당성도 최소한 확인된다. 하지만 검찰은 위법 사실을 알면서도 당연한 의무를 외면했다.

　인권교육을 받고 인권의 가장 핵심인 생명과 신체의 자유를 다루는 법률가인 검사는 공권력의 위법, 부당한 행사가 확인되면 이를 시정해야 할 의무가 있다. 그 어떤 행정부 공무원보다 강하게 요구된다. 따라서 이를 제대로 시정하지 않은 것은 자신의 의무를 저버린 행위이다. 굳이 준사법기관이니 피의자·피고인에게 유리한 사실도 조사해야 한다는 객관의무를 동원할 필요도 없다. 이것은 국가의 업무를 행하는 공무원으로서 상식적인 것이다.

　검찰이 과거사 정리를 거부한 것은 과거사 정리를 통해 검찰 권한 행사의 정당성을 공격하는 것으로 오해하고 자신의 기득권을 지키기 위해서였다. 검찰의 과거사 정리 거부는 자신의 기득권에 대해 한 치도 양보하지 않은 대표적인 사례이다. 하지만 이제는 많은 사건에서 검찰 권한의 불법·부당한 행사가 확인되었으므로 이를 바탕으로 검찰이 과거사 정리에 다시 나서야 하는 근거가 더욱 명확해졌다. 검찰의 과거사 정리는 아무리 검찰이 거부해도 종국에는 피하기 힘든 과제이다.

경찰의 과거사 정리

검찰의 과거사 정리 거부는 사법부의 과거사 정리만이 아니라 경찰의 과거사 정리와도 비교된다. 검찰은 법원과도 비교되지만 수사기관으로서 경찰과 항상 비교된다. '경찰청 과거사진상규명위원회'는 2004년 11월 18일 위원장 1명을 포함하여 12명 민간위원 7명, 경찰위원 5명으로 출범했다. 민간위원은 학계, 언론계, 법조계, 시민사회단체 등 사회 각계의 덕망 있는 인사 가운데 과거사 진상규명에 대한 관심과 학식과 경륜이 있는 자를 위촉했고, 경찰위원은 경찰청 차장, 수사·경비·정보·보안국장으로 선정했다. 위원회는 △의혹사건 중 진상규명을 위한 대상 사건 선정 △조사 개시 결정 및 조사팀의 조사활동에 대한 지도 및 감독 △조사 결과에 대한 심의와 의결 △재조사 결정 및 조사 기간의 연장 △조사 결과 보고 및 결과에 대한 의견 제시 △과거사 진실규명 관계 국가기관 및 국가기관이 자체 설치한 위원회 및 특별 기구와 관련된 업무에 대한 협의 등의 업무를 담당했다.

경찰청 과거사위원회는 포괄적 조사 대상 분야로 △불법 선거 개입 의혹 △민간인 불법 사찰 의혹 △용공 조작 의혹 사건을 선정했다. 개별 조사 대상 사건으로는 '서울대 깃발 사건' 1985, '민주화운동청년연합 사건'1985, '강기훈 유서 대필 사건'1991, '청주대 자주대오 사건'1991, '남조선민족해방전선 사건'1979, '1946년 대구 10·1 사건'1946, '보도연맹원 학살 의혹 사건'한국전쟁 당시, '나주부대 민간인 피해 의혹 사건'1950, '전국민주화청년학생총연맹 사건', '진보와 연대를 위한 보건의료연합 사건' 등 10개 사건을 선정하고 조사했다. 하지만 '전국민주화청년학생총연맹 사건', '진보와 연대를 위한 보건의료연합 사건'은 이미 국정원에서 진상조사를 했거나 대법원에 계류 중이어서 위원회의 조사 대상에서 제외되었다.

경찰청 과거사위원회는 조사 결과 경찰이 과거사 사건에서 드러난 "불법적인 행위를 함으로써 국민의 생명과 신체, 재산을 보호하고 법질서를 수호해야 할 경찰이 오히려 국민의 생명·신체 등 인권을 침해한 것은 물론 권위주의적 통치시대의 정권유지 수단으로 이용되었던 문제점을 확인"하고 경찰의 발전 방안을 위원회의 명의로 권고했다. 경찰청 과거사위원회의 권고 내용은 경찰의 인권 의식 혁신을 위해 실질적인 인권교육 시스템의 정립과 범죄 피해자의 인권 보호 방안 마련, 경찰의 정치적 중립성 확립을 위해 경찰위원회의 기능 강화를 통한 정치적 중립성 제고와 정치적 중립성 확보를 위한 인사제도 마련, 기록물 관리 개선을 위한 방안 마련 등으로 구성되어 있다. 그리고 경찰청 과거사 정리의 성과가 계속 유지, 발전할 수 있도록 권고사항 이행 추진 및 점검 부서 설립도 권고하고 있다.

경찰청 과거사위원회의 활동은 과거 상당수 시국·공안사건에 대해 끊임없이 제기돼왔던 국가기관 개입 및 조작 의혹에 대해 국가기관이 자발적으로 조사하고 인정했다는 데 의미가 있다. 국가기관이 스스로 나서서 과거 위법하고 부당한 공권력 행사를 조사하고 사과한 것은 우선 공권력의 피해자들인 국민들의 한을 풀어주는 데 의의가 있다. 공권력의 피해자들은 국민임에도 불구하고 보호를 받지 못하고 오히려 권력기관에 의해 희생을 당한 사람들이다. 이들이 국가에 품고 있는 한을 풀어주지 않고는 국가가 이들을 국민으로 대접한다고 할 수 없다. 피해자들의 한을 풀어주는 데 공권력 행사기관이 직접 과거사를 조사하고 밝히고 사과하는 것만큼 좋은 일은 없다. 공권력 행사기관의 솔직한 자기반성이 전제되기 때문이다. 그리고 과거사 정리는 어떠한 형태든 과거사에 직접 관여했던 인사들의 양심적인 협조와 반성을 전제로 하지 않을 수 없다. 국가기관의 자발적인 과거사 정리는 강압적인 과거사 정리보다는 이러한 협조와 반성이 가능하게 만들 수 있다.

경찰이 과거사 정리를 통해 과거 인권 침해와 한국전쟁 당시 민간인 학살에 대해 공식적으로 잘못을 인정한 것은 매우 획기적인 일이다. 한국의 경찰은 정치적 반대파, 민주화 인사나 사상범들, 그리고 민중의 생존권투쟁을 앞장서서 탄압하는 역할을 했다. 고문, 가혹행위나 무리한 법적용이 난무했고 국민의 인권은 전혀 보장되지 못했다. 또한 한국전쟁 당시 경찰은 군과 함께 민간인 학살에 직접 가담함으로써 국민들에게 씻을 수 없는 상처를 주었다. 경찰의 이런 인권 침해 행위는 국가의 행위로 포장되었고 무고한 피해자들은 반국가사범으로 몰렸다. 경찰의 과거사 정리는 과거 체계적으로 자행된 인권 침해 및 학살 행위의 실체를 밝히고 공식적으로 사과함으로써 피해자들의 한을 풀어주고 향후 인권친화적인 경찰이 될 가능성을 보여준 사례이다.

경찰청 등 국가기관의 과거사 정리는 관계자들의 예상을 훨씬 뛰어

넘어 잘 이루어졌다. 참여정부가 소수파 정권이고 또 강고한 보수층이 존재하는 상황에서 각 국가기관의 과거사 정리는 낙관하기 힘들었다. 하지만 경찰을 비롯한 국정원 등 국가기관은 자신들의 과오를 솔직히 밝힘으로써 새로운 발전을 모색하는 전략을 채택했다. 개별 국가기관들의 적극적인 과거사 정리 의지로 국가기관의 과거사 정리는 예상보다 훨씬 잘 이루어졌다고 평가할 수 있다. 문재인 전 비서실장은 특히 "보도연맹까지 규명된 것은 진짜 기대 이상으로 잘된 것"이라고 적극적으로 평가하고 있다.

검찰의 과거사 정리가 실패한 이유

이제 다시 검찰의 과거사 정리로 돌아가자. 법원과 경찰은 어느 정도 과거사 정리는 했으나 검찰은 전혀 하지 않았다. 검찰의 과거사 정리가 이루어지지 않은 근본 이유는 무엇일까? 과거사 정리 추진 과정상의 문제는 없었을까? 참여정부는 과거사 정리에 역사적인 의의를 부여하고 막중한 책임감을 느끼고 있었다. 국가 차원에서 과거사 정리를 한 것을 보더라도 알 수 있는 일이다. 따라서 법무부나 검찰이 반대를 한다고 해서 과거사 정리를 중단할 참여정부가 아니었다. 법무부의 과거사정리위원회 위원 구성이 미흡하다고 해서 검찰의 과거사 정리를 미룰 수는 없다. 진실화해위원회도 모든 과거사 정리를 모은다고 해서 검찰의 과거사 정리의 필요성이 없어지지 않는다. 이에 대해서는 좀 더 많은 설명이 필요하다.

참여정부가 검찰에게 강력한 과거사 정리를 요구하지 않은 것은 과거사 정리를 포괄적으로 접근하지 않고 개별 사건별로 접근했기 때문이다. 개별 사건별 과거사 정리는 고문이나 가혹행위 등 위법 수사나 부당한 공권력 행사에 대한 조사를 필요로 한다. 그런데 개별 사건의 고문이나 가혹행위는 국방부, 경찰, 중앙정보부나 안기부와 같은 일차 수사기관과 정보기관에서 벌어졌다. 최소한 군부독재 시절에는 검찰이 직접 고문이나 가혹행위를 해서 사건을 조작한 사건들이 없었던 것으로 알려져 있다. 문재인 전 비서실장의 증언이다.

"군이나 경찰이나 국정원은 일차적으로 사건들을 처리하거나 조작하거나 한 기관이기 때문에 당연히 진상규명이 돼야 합니다. 반면에 검찰은 직접 수사해서 조작하거나 부당한 공권력을 행사한 사건들은 알려진 게 거의 없어요. 검찰은 조작해서 넘어온 사건들을 기소하고 공소유지하는 역할을 담당했기 때문에 검찰이 먼저 그 부분을 나서서 규명하고 정리할 수가 없는 거예요. 그래서 검찰은 국정원이나 경찰, 진실화해위원회 쪽의 과거사 정리 작업을 받아서 할 수밖에 없었습니다. 시기적으로 말입니다. 그래서 검찰의 순서가 그 뒤로 미루어졌던 것인데, 우리 정부가 끝날 때까지 그 시기가 오지 않았던 겁니다. 그 이유로 검찰의 과거사 정리가 되지 못했습니다."

문재인 전 비서실장은 계속해서 "과거 검찰권의 행태에 대한 포괄적이고 전반적인 반성이 이루어지려면, 예를 들면 혁명정부가 들어선다든지 또는 뭔가 혁명적인 상황이 와야 가능하다"라고 말했다. 그리고 "지금은 과거사가 다 드러났으니 이제 검찰이 과거사를 정리할 수 있는 토대, 기반이 마련되었고, 지금쯤은 법원이 재심사건을 판결하면서 반성을 표하듯이 검찰도 과거사 정리를 해야 되는 시기"가 되었다고 덧붙였다. 즉, 참여정부의 과거사 정리 방식이 개별 사건별로 진행되었다는 점, 개별 사건에서 고문이나 가혹행위 등 인권 침해 행위에서 검찰의 역할이 두드러지지 않았다는 점을 이유로 검찰의 과거사 정리가 강력하게 추진되지 않았다는 것이다. 아니 정확하게는 시기적으로 미루어졌다는 것이다.

국가의 의무는 면제되지 않는다

그러나 이런 인식에는 의문이 있다. 과거사 정리는 개별 사건 별로 접근할 수밖에 없다. 피해자가 존재하기 때문이다. 피해자의 진상규명 요청을 받아들여 진상조사를 하는 것이 가장 확실하고 타당한 방법이다. 그러나 국가기관은 피해자들이 신청하지 않는다고 하더라도 스스로 공권력 행사의 위법성과 부당성을 밝힐 의무가 있다. 이 의무는 국민의 가장 기본적인 인권을 지키기 위한 의무이므로 피해자들이 진상규명을 요청하든 그렇지 않든 어떤 경우에도 면제되지 않는다.

 검찰은 직접 고문을 가하고 폭력을 휘두르지 않았을 수도 있다. 하지만 고문이나 폭력을 견제하고 감시하고 처벌했어야 할 검찰 본연의 의무를 방기했고 나아가 이를 묵인하고 조장했다. 위에서 살펴본 바와 같이 만일 수사과정에서 고문이나 가혹행위가 있었다면 검찰은 가해자 처벌, 위법 수집 증거 배척, 수사와 재판의 중단 등의 조치를 취했어야 했다. 국민의 인권 보호와 국가의 도덕성 회복을 위한 최소한의 조치이다. 그러나 검찰은 자신의 의무를 다하지 않았다.

따라서 과거에 검찰이 왜 권력기관의 권력 행사에 견제와 감시를 제대로 하지 못했는가, 왜 검찰이 공범 수준으로 인권 침해에 개입했는가에 대한 진지한 반성이 필요하다. 이 반성에는 검찰의 인권 보호를 위한 견제 역할이 중요한데도 그 역할을 다하지 못한 대표적인 사건이 포함되어야 한다. 이렇게 과거사 정리를 한다면 개별 사건별 과거사 정리와 검찰 권한 행사의 구조적인 문제점을 밝히는 문제가 서로 충돌 없이 진행될 수 있다. 법무부 정책위원회가 2006년 2월 16일 "검찰이 과거사 진상규명을 위한 작업에 적극 나서도록 촉구한다"는 권고문을 채택한 것도 이런 의미에서 이해할 수 있다.

개별 사건에서 검찰이 비록 폭력적으로 개입하지 않았다고 하더라도 검찰은 과거사 사건에 공범으로 개입되어 있었다. 역할 분담에 따라 진체 행위를 기능직으로 지배한 공범이었나. 사선의 폭력석 조작에 개입한 정도의 차이가 있을 뿐이다. 그리고 과거사 정리를 해야 하는 국가의 의무는 피해자의 의사에 관계없이 계속된다. 피해자가 모두 용서한다고 하더라도 면제되지 않는다. 과거사 정리는 검찰개혁 과제 중 하나로 여전히 남아 있다.

06
검찰과 국민 참여

사법과 국민주권주의

사법이 국가의 작용인 이상 국민주권주의가 당연히 적용되어야 한다. 사법 작용에 대한 국민주권주의가 적용되기 위해서는, 사법의 구성과 작용 과정에 국민이 직접 참여해야 하며, 사법에 대한 사후 감시가 국민에 의해 이루어져야 한다.

사법의 구성에 국민이 직접 참여할 수 있는 방법은 선거나 국민의 대표인 의회에서 법관과 검사를 선출하는 것이다. 우리나라는 이 점에서 극히 취약하다. 사법시험이라는 관문만으로 법관과 검사의 자격을 인정하므로 민주적 정당성이 취약하다. 법관과 검사의 자격을 검증하는 최소한의 장치도 없다고 할 수 있다. 법조인의 최고 자리라고 할 수 있는 대법원장과 대법관의 임명에 겨우 국회가 인사청문회와 동의권이라는 형태로 관여하고 있을 뿐이다. 다른 일반 법원의 구성에는 국민이 전혀 관여할 수 없다. 이렇게 사법부가 민주적 정당성이 약하면 민주적 정당성과 현실적인 권력을 가진 정치권력에 좌우될 수밖에 없다. 대통령이 최종으로 대법원장과 대법관, 검찰총장의 임명권을 갖는 현행 제도에서 사법부의 정치 종속성을 확인할 수 있다. 이런 사정 때문에 대한민국 헌법을 개정할 때마다 대법원장 및 대법관 임명 방식이 바뀐 것이다.

그래서 법원과 검찰의 민주적 정당성을 강화하는 방안이 필요하다. 이것은 선거와 입법부의 권한 확대로 이루어질 수밖에 없다. 미국의 경우 연방판사와 연방검사는 대통령이 상원의 동의를 받아 임명한다. 주법원 판사는 순수 지명 방식, 정당의 공천과 주민투표로 이루어지는 정당 선거 방식, 정당 공천이 없는 주민투표로 이루어지는 비정당 선거 방식, 법관임명위원회의 인준 또는 추천과 주지사의 임명 방식 등이 있으나 보편적으로 선거를 통해 임명과 연임이 이루어진다. 주검사장은 대부분 선거에 의해 선출된다. 지방검사는 검사장이 임명한다. 독일의 경우 연방헌법법원 판사는 연방하원과 연방상원이 선출하고 다른 연방법원은 법관선출위원회에서 선출한다. 주법원 판사는 행정부가 임명하기도 하고 행정부와 입법부, 법관선출위원회가 공동으로 선출하기도 한다. 연방검찰총장과 연방검사는 연방법무부 장관의 제청과 연방상원의 동의에 의해 연방대통령이 임명하고, 고등검사와 검사장 및 검찰총장은 주정부의 수상이 임명한다. 이처럼 우리도 국민주권주의를 실현하기 위해서 판사와 검사의 임용에 대해 선거와 입법부의 관여 정도를 높일 필요가 있다.

국민이 직접 선거를 통해 뽑는 것이 가장 효과적이지만 만일 단계적으로 도입한다면 중간단계로 간선제도 도입할 만하다. 4·19혁명 이후 마련된 헌법은 "대법원장과 대법관은 법관의 자격이 있는 자로써 조직되는 선거인단이 이를 선거하고 대통령이 확인한다"고 규정했다. 선거의 결과를 존중하기 위해 대통령이 임명하는 것이 아니라 '확인한다'고 규정한 점이 주목된다. 선거결과는 비록 간접선거라고 하더라도 존중할 수밖에 없다. 사법부가 독립하는 데 결정적인 계기였다고 할 수 있다. 하지만 4·19 헌법에 따른 역사적인 대법원장 및 대법관 선거는 5·16 군사쿠데타에 의해 무산되었다. 민주주의와 선거는 매우 깊은 관계가 있다는 점을 확인할 수 있다. 비록 헌법을 개정해야 하는 문제가 있긴 하지만 법관을 선거를 통해 뽑는 방식을 진지하게 모색할 필요가 있다.

한편, 법관을 선발하는 데 법조일원화 논의가 활발하다. 법관을 10년 이상의 변호사 경험이 있는 자 중에서 선발하는 것이 법조일원화이다. 법조일원화는 법관의 선발에 국민이 직접 참여하지 못하는 상황에서 차선책으로 고안된 방안이다. 국민 속에서 변호사의 경험을 한 법조인을 법관으로 임명함으로써 법관 선발에 간접적으로 국민이 관여하도록 하는 것이 법조일원화이다. 왜냐하면 법관을 선발할 때 얼마나 국민의 자유와 권리, 인권을 옹호했는가와 같은 공익성과 봉사성이 전문성과 함께 주요한 기준이 되기 때문이다. 이를 통해 사법부는 과거의 국가주의나 전체주의적 사고방식에서 벗어날 가능성이 높아진다.

이와 같이 법관의 구성에 국민이 참여하고 또 국민의 자유와 권리를 중시하는 기준을 마련한다면 이 기준은 검찰에게도 적용될 수 있다. 검사의 선발 기준은 법관과 동일할 수 없다. 검찰은 행정부이기 때문이다. 하지만 행정부 중에서도 생명과 신체의 자유 등 국민의 가장 기본적인 인권을 다루는 기관이므로 특히 공정해야 하고 인권에 민감해야 한다. 그렇다면 검사의 선발에 국민의 목소리가 반영될 수 있는 구조를 마련해야 할 필요성이 있다. 법조일원화와 같은 방식도 충분히 도입할 수 있다. 즉, 국민의 자유와 권리를 위해 일해본 경험이 있는 변호사 중에서 검사를 선발하는 방식을 적극 고려해야 한다. 인권의 이해와 인권 감수성은 검사에게 필요한 덕목이다. 특히 직접 수사를 하지 않고 기소권으로 경찰의 위법 수사를 통제하는 역할을 검찰이 담당하게 되면 인권의식은 중요한 선발 기준이 되어야 한다.

지역 분산, 검사장의 직선제

　검찰 조직 구성에 대한 국민주권주의 확대 방안으로 깊은 연구가 필요한 부분은 검찰의 지역 분산과 검사장 선거제도이다. 검찰행정은 수사와 기소라는 사법에 해당하므로 원칙적으로 지방자치의 대상은 아니다. 하지만 미국이나 독일과 같은 연방제 국가에서 연방국가 차원의 검찰과 주정부의 검찰이 구분되어 있는 점에 비추어볼 때 지방분권은 가능하다고 생각한다. 그리고 한국의 발전 전략 중 하나는 지방분권이다. 수도권과 지방의 격차를 해소하고 지방에 더 많은 권한을 배분해 각 지역 간 균형발전을 이루는 것이다. 그렇다면 검찰권 역시 지방 권력의 대상이라고 보지 않을 이유가 없다. 이렇게 검찰 권한을 지방분권화한 다음 그 지역의 검사장을 직접 주민이 선출하는 방안을 고려할 만하다. 지역의 검사장이 직접 민주적 정당성을 보유함으로써 검찰의 정치적 중립을 달성하고 국민을 위한 검찰행정이 이루어질 수 있다.

참여정부는 이 점을 깊이 생각하지 못했다. 시민사회도 과감하게 주장하지 못했다. 시대적 한계이기도 하지만 상상력이 부족하기도 했다. 국민참여제도가 활성화되지 않은 상태에서 검사장 직선과 같은 파격적인 방안을 생각하는 것은 쉽지 않은 일이다. 이제 각종 국민참여제도가 시도되고 있으므로 이를 바탕으로 검사장 직선제를 고민해야 할 때이다.

다만 검찰 권한에 대한 견제와 감시 시스템이 충분히 마련된 다음에 지방분권과 선거 방안을 고려해야 한다. 지금과 같이 검찰에 형사절차상 거의 모든 권한이 집중되어 있고 정치적 영향력도 극대화되어 있는 시점에 선거를 하게 된다면 그 누구도 검찰을 견제할 수 없는 비극적인 상황이 올 수도 있다. 그 어떤 지방자치 단체장보다 더 막강한 권한을 가진 검사장이 등장할 수도 있다. 주의해야 할 부분이다.

불평등에서 평등으로, 지배에서 봉사로

검찰의 구성과 권한 행사에 국민이 참여하는 방안, 즉 국민주권주의를 확대하는 방안은 진지하게 모색되어야 한다. 최소한 형사재판에서는 국민이 배심제로 참여하는 국민참여재판이 실시되고 있어 국민주권주의가 실현되고 있다. 하지만 검찰에 대한 국민주권주의 적용 정도는 법원이나 다른 행정부와 비교해 불충분하다. 비록 검찰이 수사나 재판 업무에 종사하면서 비밀 정보를 취급하는 한계가 있다고 하더라도 검찰의 권력 작용은 행정 작용이므로 국민이 참여하는 데 본질적인 제한은 없다.

국민은 대부분 피의자나 피고인, 고소인이나 고발인과 같은 지위에서 검사를 만난다. 검찰권 행사 대상에 지나지 않는다. 국민의 눈에는 생사여탈권을 가진 자가 검사들이다. 따라서 항상 불평등한 관계이다. 그리고 피의자들은 항상 정보가 부족하다. 변호인을 통해 검찰 권한 행사를 견제하고 감시할 수 있으나 변호인은 부족하고 원칙적으로 불평등한 지위이기 때문에 한계가 있다. 검사도 만나는 사람들이 늘 피외자나 피고인이다보니 국민에 대한 존경과 봉사정신을 가질 수 없다. 누구 하나 검찰의 심기를 거스르는 사람이 없다. 국민이 검찰행정에 직접 참여하지 않기 때문에 발생하는 현상이다.

국민이 직접 검찰 조직과 행정에 참여하게 되면 국민과 검찰 사이의 관계가 불평등에서 평등한 관계로 바뀐다. 검찰행정의 결정권자이기 때문에 이들에 대한 존중심이 생기지 않을 수 없다. 이를 통해 검사도 국민에 대한 봉사정신을 배울 가능성이 있다.

검찰은 참여하는 시민에게 공정한 결정을 기대하기 위해서 국민에게 충분한 정보를 제공하고 공개해야 한다. 충분한 정보는 공정한 결정의 필요조건이다. 그리고 정보 제공 및 공개는 참여하는 시민에게만 한정되지 않고 국민의 정보공개권에 대응하는 것이므로 모든 국민에게 이루어져야 한다. 이렇게 되면 민주주의에 필수적인 평등과 참여가 보장되고, 국민에 의한 통제가 이루어진다. 이로써 검찰 권한에 대한 견제와 감시 시스템이 완성된다. 참여를 통한 견제와 감시 시스템은 포괄적이고 지속적인 효과가 있다. 국민, 시민의 적극적인 참여를 통해 국민 일반의 법감정이 검찰에 전달될 수도 있고 검찰의 활동 역시 국민들에게 잘 알려지는 효과가 있다. 국민의 참여는 국민의 검찰 신뢰를 높이고 검찰의 친인권적인 변화를 더욱 가속화시킬 수 있다.

국민의 참여 방식은 구체적인 검찰 권한 행사에 대한 참여로 나타난다. 이것은 이미 참여정부에서 검찰의 친인권화를 위해 마련한 여러 가지 국민참여제도를 통해 시도되었다. 검사인사위원회에 외부 인사 참여, 항고심사회에 외부 인사 참여, 검사 징계에 외부 인사 참여, 외부 인사로만 구성되는 감찰위원회 등은 대표적인 검찰행정에 대한 국민참여제도이다. 참여정부의 검찰개혁 성과이다. 앞으로 검찰행정에 대한 국민의 참여 수준을 더욱 확대시키고 심화시켜야 한다. 특히 무늬만 '참여'가 되지 않기 위해서는 참여 시민에게 결정권을 주어야 하고 정보가 공개되어야 한다. 그리고 전문가의 참여도 함께 이루어져서 실질적인 견제가 되어야 한다.

국민 참여 방식의 한계

이처럼 국민의 참여에 의한 검찰 권한 행사의 견제 방안은 매우 매력적으로 보인다. 그러나 의외로 국민의 직접 참여에 의한 검찰 견제는 한계가 있을 수 있다. 국민이 검사를 대신해 직접 기소를 하는 사인소추 제도는 검사의 기소에 비해 부차적이다. 범죄를 수사하고 처벌하는 것은 어디까지나 사회가 책임져야 할 영역이지 개인의 영역이 아니다. 그리고 사인소추 제도는 너무 위험하다. 형사절차에 피해자를 직접 개입시키면 형사절차의 공공성, 엄정성이 파괴된다. 형사절차는 감정이 개입되어서는 안 된다. 감정이 개입되면 형사절차가 복수의 장이 된다. 형사절차는 위험하므로 내부와 외부의 통제가 반드시 필요하다. 그런데 만일 감정이 개입되면 통제를 받아들이기보다는 거부하고 외면하게 된다. 그리고 피해자가 절차를 주도하면 수사와 재판, 집행이 가혹해질 수 있다. 유의해야 할 부분이다.

불기소 처분에 대한 국민의 견제 역시 활성화되기 어렵다. 국민이 검찰의 불기소처분을 직접 심사하는, 유명한 일본의 검찰심사회의 경우 1949년 제도 시행 이후 2001년까지 총 136,901건을 수리해 16,366건의 기소상당, 불기소부당의 의결을 했다. 검사는 그 중 1,144건에 대해 실제 기소를 했을 뿐이다. 연 평균 20건이 기소되었다. 비록 검찰심사회의 권한이 불충분하기는 했지만 너무 적은 숫자이다. 국민의 참여가 얼마나 어려운 것인가를 보여주는 사례이다. 검사의 불기소처분에 대한 견제는 피해자나 고발인이 직접 법원에 부당함을 호소할 수 있는 재정신청 제도로 일차적으로 해결해야 한다. 이해관계가 있는 고소인, 고발인의 재정신청은 사인소추 제도나 검찰심사회를 충분히 보완할 수 있다. 참여정부의 형사소송법 개정으로 재정신청 제도가 고소인에게는 전면 확대되었다. 하지만 고발인에게는 아직 인정되지 않고 있다. 시급히 해결해야 한다. 불기소 사건에서 문제가 되는 것은 오히려 검사가 수사를 불충분하게 하는 경우이다. 이런 경우는 내부 견제 시스템으로 해결할 수밖에 없을 것이다. 감찰이 필요한 이유이다. 옴부즈맨 제도는 견제 장치로 출발했으나 지금은 대부분 민원처리 기구가 되어 진정을 해결하기에도 벅찬 수준이다.

검찰과 같은 전문적이고 전국적인 기구는 국민의 참여가 항상 제한적이고 부분적으로 이루어질 수밖에 없다. 검찰행정은 매우 전문화되어 있어 전문가도 제대로 이해하기 힘들다. 더구나 검찰이 취급하는 정보는 수사와 재판 관련 정보이기 때문에 모두 공개하기에는 어려움이 있다. 무엇보다도 검찰이라는 조직은 시민이 직접 참여해 문제를 해결하는 적합한 지방자치 단위가 아니다. 환경이나 복지문제와 같이 풀뿌리 지방자치에 적합한 단위가 아닌 것이다. 그리고 검찰의 결정이나 활동 자체가 워낙 정치적이다.

따라서 국민이 직접 참여해 검찰의 권한을 견제하는 것은 생각보다 효과적이지 않다. 다만 인권친화적인 수사나 기소를 위한 견제 방안으로는 효과가 있다. 근본적인 검찰개혁 방안은 역시 검찰 권한의 분산, 견제와 감시 시스템을 구축하는 것이다. 검찰 권한에 대한 민주적 통제 방안이 먼저 마련된다면 검찰행정에 시민이 참여하는 것이 효과적인 검찰개혁 방안이 될 것이다.

4부

검찰개혁은
계속 되어야 한다

01

참여정부의
검찰개혁 평가

객관적인 평가의 필요성

참여정부는 역사상 처음으로 검찰개혁을 시도했다. 검찰의 정치적 중립을 위한 제도적 과제 중 많은 부분을 개혁했다. 검찰의 인권친화적 개혁도 이루었으며, 사법개혁을 통해 고전적인 의미의 검찰에 대한 견제 장치도 복원했다. 그러나 검찰개혁을 완수하지는 못했다. 고위공직자비리조사처도, 검경수사권 조정도 이루지 못했다. 법무부 개혁도 충분하지 않았고 과거사 정리도 하지 못했다.

참여정부의 검찰개혁은 전체적으로 검찰의 본질적인 변화를 이끌어내지 못한 것으로 평가할 수 있을 것이다. 검찰개혁을 추진했음에도 검찰은 정권이 바뀌자 원래의 모습으로 돌아갔다. 검찰의 정치적 편향은 여전하고 스폰서 검사나 그랜저 검사와 같은 비리도 해결되지 않았다. 인권친화적 개혁은 이루어졌으나 공안부가 다시 강화되고 수사권과 기소권이 남용되는 등 퇴행적인 행태가 끊이지 않고 있다. 법원이 재판과정을 통해 검찰을 견제하고는 있으나 형사절차에서 검찰이 차지하는 권한이 본질적으로 줄어들었다고 보기는 어렵다. 노무현 대통령 역시 '검찰개혁의 실패'라는 제목으로 검찰개혁의 경과와 평가를 설명하고 있다. 일반적인 인식이기도 하다.《대한민국, 검찰공화국》이라는 검찰에 비판적인 책자를 집필한 학자와 실무가들도 민주파가 집권하던 10년 동안 검찰개혁을 할 수 있는 좋은 기회를 놓쳤다고 하면서 김대중, 노무현 정권 10년을 '잃어버린 10년'이라고 부르는 것이 적당하다고 평가하고 있다. 검찰개혁이라는 측면에서 보면 잃어버린 10년이라고 혹독하게 평가할 정도로 본질적인 개혁은 없었다는 취지일 것이다. 노무현 대통령의 비극적인 서거는 이런 평가가 더 두드러져 보이게 한다.

하지만 자세하게 들여다보면 사정은 다르다. 참여정부의 검찰개혁 경과에서 설명한 바와 같이 상당히 많은 부분이 개혁되었다. 본질적인 검찰개혁을 이끌어내지는 못했지만 본격적인 검찰개혁을 위한 기반 조성을 했다는 점에서 성과로 기록할 만하다. 특히 법원과 변호사에 의한 검찰 견제 및 감시 시스템 마련과 검찰 권한의 실질적 약화는 눈으로 직접 확인할 수 있는 성과이다. 구속자 수의 감소나 인사청문회의 작동, 인권친화적 수사개혁 역시 검찰개혁의 성과이다. 이처럼 참여정부의 검찰개혁은 성공과 실패가 공존한다. 지나치게 부정적이거나 가혹한 평가는 앞으로 검찰개혁 의지를 다지는 데에는 유용할 수 있으나 객관적인 상황에 맞지 않는 과장된 평가일 수 있다.

　현재 검찰개혁이 다시 국가적 과제로 등장하고 있다. 당장 다음 민주정부의 첫 번째 개혁 과제로 검찰개혁이 될 가능성이 농후하다. 다음 민주정부에서 검찰을 개혁하기 위해 무엇부터 할 것인가를 정리하려면 참여정부의 성공과 실패, 그 원인을 밝혀내야 한다. 다음 검찰개혁은 참여정부의 검찰개혁이 멈춘 곳에서 시작할 수밖에 없기 때문이다. 막연한 추상적인 평가는 다음의 검찰개혁에 도움이 되지 않는다.

벤다이어그램으로 본
개혁 과제의 구성

참여정부의 검찰개혁은 정치적 중립, 검경수사권 조정, 고비처 신설, 법무부 문민화, 검찰의 친인권화, 과거사 정리 등으로 구성되어 있었다. 검찰 구성에 국민이 직접 참여하는 문제나 검사 선발 방식의 개혁은 중대한 개혁 과제가 아니었다. 참여정부는 이 중에서 검찰의 정치적 중립이 가장 중요한 과제라고 생각했다. 사실 검경수사권 조정, 고비처 신설, 법무부의 문민화, 검찰의 친인권화, 과거사 정리는 모두 검찰의 정치적 중립과 깊은 관련이 있었다. 검찰의 정치적 중립에 도움이 되는 것이면서 검찰의 정치적 중립이 보장되면 쉽게 이룰 수 있는 과제들이었다. 핵심은 검찰의 정치적 중립이었다. 이것을 도표로 나타내면 다음과 같다.

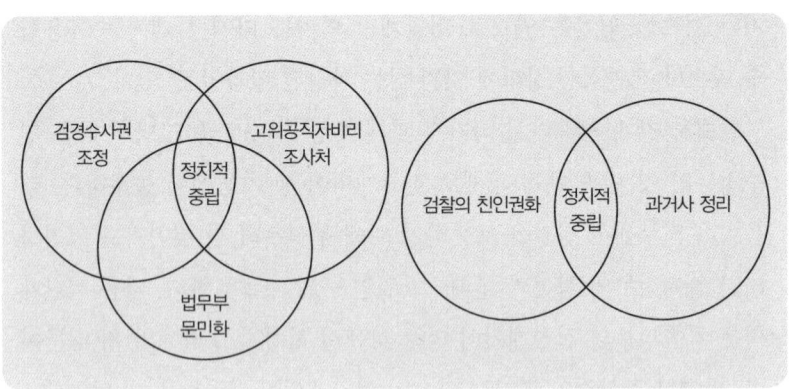

검찰개혁 과제는 이처럼 검찰의 정치적 중립에 모두 연결되어 있다. 검찰의 정치적 중립은 모든 검찰개혁의 선결 과제이면서 다른 과제들의 핵심이며, 분산된 다른 과제를 모을 수 있는 공통인자로 파악되고 있었다.

여기에 빠진 부분은 형사소송법 개정이다. 형사소송법 개정은 검찰개혁 과제에 포함되지만 사법개혁 과제로 별도로 추진되었으므로 검찰개혁 과제의 그림에서 제외했다. 하지만 형사소송법 개정도 항상 검찰개혁 과제였기 때문에 사법개혁과 검찰개혁 역시 그림으로 표현하면 다음과 같은 모양이 된다.

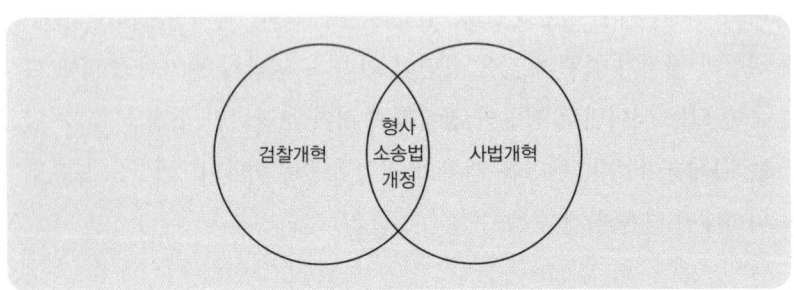

정치적 중립의 제도적 완성과
개혁 과제의 분리

참여정부는 검찰개혁 과제 중 정치적 중립 과제를 가장 중요시했고 그 제도적 과제는 대부분 달성했다. 검찰청법 개정으로 제도적 과제는 완료되었다고 할 수 있고, 검찰에 대한 사실적인 간섭이나 지배는 일체 없었다.

이렇게 검찰의 정치적 중립 과제가 달성되자 다른 검찰개혁 과제들이 개혁의 색채를 잃어버리는 문제가 발생했다. 정치적 중립이 검찰개혁의 핵심 과제였기 때문에, 정치적 중립이 어느 정도 완결되자 다른 과제는 개별 과제로 분산되었고, 강도 높게 추진되지 못했다. 분산된 검찰개혁 과제를 하나로 묶어세우는 주요 고리가 상실된 것이다. 대선자금 수사와 검찰청법 개정 이후에도 검찰개혁의 개별 과제들이 계속 추진되었음에도 검찰개혁이 잘 안 되었다고 평가받게 된 이유이다.

한편 검찰개혁과 사법개혁은 원래 형사소송법으로 연결되어 있었고 그 주된 내용은 검찰 권한의 견제와 감시 시스템의 구축이었다. 그러나 검찰개혁과 사법개혁은 포괄하는 범위가 너무 달라 함께 진행되지 못했다. 검찰개혁과 사법개혁은 애초부터 완전히 다른 분야처럼 취급된 것이다. 조직적으로도 분리되어 추진되었다.

그런데 검찰개혁의 모든 과제는 사실 두 개의 고리로 연결되어 있었다. 첫 번째 고리는 참여정부가 강조한 검찰의 정치적 중립이었고, 두 번째 고리는 검찰 권한의 민주적 통제, 즉 검찰 권한 견제와 감시 시스템의 구축이었다. 따라서 검찰의 정치적 중립이 제도적으로 완성되고 실제로 개입이 사라진 시점에서는 시급히 검찰의 정치적 중립을 대신하여 검찰 권한의 민주적 통제 과제를 전면에 내세우고 검찰개혁 과제를 모두 통합했어야 했다. 하지만 참여정부 검찰개혁 주체들은 이러한 인식에까지 이르지 못했다. 이것이 참여정부 후기에 가면 갈수록 검찰개혁 자체에 대한 목소리는 줄어들면서 오히려 개별 과제인 검경수사권 조정이나 고비처 신설, 인권친화적 조직 변화, 과거사 정리 등이 강조되었던 배경이다.

그 결과 이들 과제들은 개별적으로 매우 치열하게 추진되었지만 검찰개혁과의 관련성이 명백히 부각되지 못했다. 특히 고비처 법안인 공직부패수사처안은 청와대에서 가장 중요시한 법안 중 하나였다. 하지만 공수처가 검찰개혁의 핵심 과제라는 점은 제대로 부각되지 못했다. 검찰개혁 과제가 추진되었음에도 국민들에게는 검찰개혁 과제의 추진으로 각인되지 않는 현상이 벌어진 것이다. 이것은 검찰개혁의 또 다른 핵심이면서 모든 검찰개혁 과제를 연결시키는 개혁 과제인 민주적 통제, 즉 검찰 권한의 견제와 감시 시스템을 검찰개혁의 핵심으로 전면에 부각시키지 못했기 때문이다.

정치적 중립을 보장하면 검찰이 민주화될까

검찰의 정치적 중립은 검찰개혁에서 가장 중요한 문제이면서도 가장 우선 이루어져야 할 문제이다. 그러나 검찰의 정치적 중립은 검찰 권한의 분산과 견제라는 또 다른 검찰개혁 과제와 함께 진행되어야 한다. 정치권력이 검찰을 정치적으로 이용하고 검찰이 이에 부응하여 적극적으로 정치화되면서 자신의 권한을 확대하는 것도, 검찰 권한을 자의적으로 행사하는 것도, 검찰 권한 행사 과정에서 위법이나 권한 남용이 발생하는 것도, 비리가 발생함에도 불구하고 자정 능력이 없는 것도 모두 근원적으로 검찰이 형사절차상, 그리고 한국의 권력지도에서 너무 많은 권한을 갖고 있기 때문이다. 검찰의 초과권력이 검찰이 갖는 문제의 뿌리인 것이다. 만일 검찰 권한의 분산과 견제라는 검찰개혁 과제와 함께 진행되지 않을 경우 검찰의 자율성 증대는 곧 검찰의 권한 확대로 이어질 수 있다. 정치권력에 의한 검찰 권한 견제라는 장치가 하나 없어지기 때문이다. 정치적 중립을 보장해주면 검찰이 저절로 민주화될 것이라는 생각은 환상이었다. 검찰은 한국 사회에서 이미 기득권 세력 중 가장 강력하기 때문이다.

그런데 참여정부의 검찰개혁 과정에서 검찰 권한의 분산, 견제와 감시라는 사고는 존재하기는 했지만 명확하지 않았다. 대통령직 인수위원회는 검찰의 권한 분산 과제를 명확하게 인식하고 있지 않았다. 검찰 권한 분산이라는 개혁 과제는 고비처와 검경수사권 조정으로 표현된다. 하지만 이 두 과제에 대해 인수위는 부정부패의 추방, 검찰개혁의 과제로 제시하고 있지만 검찰개혁의 중추, 즉 검찰 권한의 견제와 감시 시스템으로서의 성격을 명확히 인식하고 있지는 않았다.

참여정부는 고비처의 필요성은 절감했지만 부정부패 추방에 초점을 맞추었다. 고비처가 갖는 검찰 견제와 감시라는 성격은 상대적으로 부각되지 못했다. 고비처의 원래 성격이 부정부패 추방 조직이므로 이것에 강조점을 두었던 것이 틀린 것은 아니다. 그런데 검찰 권한의 견제와 감시에서 큰 역할을 하는 조직이라는 점 역시 중요한데 이 부분을 강조하지는 못했다. 또한 참여정부는 검경수사권 조정을 검찰청, 경찰청이라는 두 권력기관의 권한 조정 문제로 인식했다. 이것은 검경수사권 조정을 검찰청과 경찰청 양 기관의 합의로 해결하기로 결정한 데서 확인할 수 있다. 다른 기관에 의한 조정이나 시민사회의 개입은 논의 과정에서 배제되었다. 검경수사권 조정의 검찰개혁의 성격, 검찰 권한의 민주적 통제 성격을 간과한 것이다.

노무현 대통령의 회상이다. 역시 정치적 중립만큼 권한의 견제와 분산을 충분히 고민하지 못했다는 것을 보여준다.

"검찰 자체가 정치적으로 편향되어 있으면 정치적 중립을 보장해주어도 정치적 중립은 지키지 않는다. (……) 검경수사권 조정과 공수처 설치를 밀어붙이지 못한 것이 정말 후회스러웠다. 이러한 제도적 개혁을 하지 않고 정치적 중립을 보장하려 한 것은 미련한 짓이었다." 노무현 대통령, 《운명이다》

참여정부 초기의 민정수석실의 인식도 마찬가지였다. 문재인 전 비서실장의 증언이다.

"우리가 정치적 중립성, 이 부분을 너무 나이브하게 생각했는지 몰라요. 그러니까 정치적 중립성이 해결되면 그 틀 속에서, 말하자면 검찰의 민주화까지 따라온다고 생각했어요. 정권이 검찰을 정권의 목적에 맞춰 장악하려는 시도만 버린다면 검찰의 민주화는 시간이 좀 걸리더라도 저절로 따라온다고 봤고, 또 민주적 통제를 말하려면 정치적 중립부터 국민들에게 보여줘야 했습니다. 정치적 중립에 대한 신뢰가 먼저 이루어져야만 그 뒤에 검찰권의 민주적 통제도, 국익에 따른 검찰권의 행사에 관한 논의도 가능하다고 생각한 것입니다."

이런 인식은 시민사회에서도 동일했다. 대표적인 시민사회단체인 참여연대와 법률가 단체인 민주사회를위한변호사모임도 검찰 권한의 분산, 견제와 감시보다는 정치적 중립 확보가 가장 중요한 검찰개혁 과제라고 생각했다. 참여연대와 민변은 검찰의 정치적 중립을 위한 여러 방안을 제안했고 참여정부는 "솔직히 민변에서 제기한 것은 다 받은"문재인 셈이다. 하지만 이런 조치만 가지고는 민주적 통제 부분에는 역부족이었다. 검찰개혁의 핵심이었던 민주적 통제는 참여정부만이 아니라 시민사회도 인식에 한계가 있었던 것이다.

시민사회가 이렇게 정치적 중립을 우선시 한 뿌리는 어디에 있을까? 그것은 검찰을 기본적으로 신뢰했기 때문인 것으로 보인다. 즉, 검찰이 법조인으로 구성된 집단으로서 그래도 사상 능력 있고 청렴하며 공정하고 친인권적이라는 믿음이다. 다만 검찰이 정치적으로 왜곡되어 있기 때문에 공정하고 친인권적인 검찰의 특징이 드러나지 않는다는 것이다. 이는 검찰에게 정치적 중립만 보장해주면 나머지는 검찰이 알아서 개혁할 것이라는 낙관적인 전망으로 이어진다. 준사법기관론의 영향이다. 준사법기관론은 검찰의 선의에 기대하는 이론이다. 그러나 국민주권주의가 확립된 지금은 국민이 직접 권리를 가지고 권력기관을 통제해야 한다. 국민의 통제가 중심이 되지 않고 권력기관의 선의를 호소하는 것은 시대에 맞지 않는 주장이다.

종합적인 개혁
구상 미흡

이상의 점을 모아보면 참여정부가 검찰개혁에 대한 목표와 방향을 가지고 있었으나 종합적인 계획은 부족했음을 인정하지 않을 수 없다. 즉, 검찰개혁 과제 중에서 어떤 부분이 가장 핵심이고 개별 과제들이 어떤 관계에 있는지, 나아가 언제 어떤 방식으로 어느 개혁 과제를 시작할 것인지에 대한 종합적이고 입체적인 인식은 부족했다. 강금실 전 법무부 장관의 평가이다.

"참여정부의 권력기관 개혁의 실패 원인은, 전체적인 개혁안이 준비가 되어 있지 않았고 로드맵도 없었고 어떻게 실천에 옮길 것인가에 대한 구체적인 계획이 없었다는 데 있습니다. 즉, 권력기관이 A라는 모습을 갖춰야 하는데 지금 현재 실태가 A가 아니다, A가 아닌 이유는 이러이러한 원인이 있고 이러이러한 문제가 있다는 것이 분석이 되어서 개혁안이 나와야 합니다. 대통령 임기 5년 동안 누가 어떤 방식으로 개혁안을 끌고 갈 것인가 하는 구체적인 일정이 나와야 하고, 권력기관 개혁이라는 것이 상호 맞물려 있기 때문에 전체적인 윤곽의 틀이 짜여 있어야만 시기를 놓치지 않고 해나갈 수 있지 않을까요? 그런데 우리 사회에 권력기관의 개혁에 대한 인식이 분산적이고 통일이 안 되어 있습니다. 그러니까 어떤 정치세력에게 검찰은 어떤 조직이어야 하는가에 대한 생각이 통일되어 있지 않았다는 점이 큰 문제점이었습니다."

개혁안이나 로드맵이 없었다는 점은 약간 과장된 측면이 있다. 검찰개혁의 과제는 참여연대와 민주사회를위한변호사모임을 중심으로 논의되어왔고 공감대도 형성되어 있었다. 정치권에서도 검찰개혁의 필요성과 정치적 중립의 중요성은 인식하고 있었다. 대통령직 인수위원회는 이런 공감대를 반영해 검찰개혁 과제를 정식화했다. 문제는 제시된 여러 개혁 과제를 하나로 종합하는 포괄적이고 구체적인 검찰개혁 방안, 로드맵이 없었다는 것이다. 강금실 장관의 증언도 이런 측면을 강조하고 있다. 검찰개혁에 관계하는 사람들이 모두 동의했다고 하는 검찰개혁 과제는 사실 그 단계에서는 추상적이었다.

검찰개혁의 종합적인 계획이 필요한 이유는 검찰개혁이 현실에서는 질서정연하게 진행되지 않고 온갖 현안을 처리하는 과정에서 진행되기 때문이다. 법무부나 검찰은 현실에서 벌어지는 각종 법무행정이나 범죄사건을 처리하지 않을 수 없다. 검찰개혁을 위한 특별 기구가 구성되지 않는 한 법무부나 검찰청은 기존의 업무를 처리하면서 검찰개혁을 추진해야 한다. 검찰개혁에서 중요한 것은 구상이 아니라 현실의 행정에서 벌어지는 성과이다. 참여정부에서는 정교하고 종합적인 로드맵이 없었다. 따라서 현실에서 진행되는 법무행정과 검찰행정에서 검찰개혁을 구체적으로 실천하는 데 어려움이 있었다.

여기에 더해 검찰개혁의 주체들은 검찰개혁의 원칙과 방향을 수립하고 수렴하기 위한 적극적인 노력을 하지 못했다. 검찰개혁의 가장 큰 주체는 대통령이지만 이를 구체화하는 것은 청와대와 법무부 장관, 여당 국회의원들이다. 따라서 이 주체들 사이의 의견 통일은 검찰개혁과 같은 큰 개혁 작업을 하는 데 결정적인 역할을 한다. 공감대는 개혁 로드맵으로까지 구체화되었어야 했다. 그러나 개혁 주체들의 노력은 부족했다. 강금실 장관과 천정배 의원의 충돌은 이런 사정을 보여주는 에피소드이다.

개혁 주체들의 통일된 인식 부족

개혁은 주체 세력 내부에서 개혁의 원칙과 방향, 구체적인 개혁 과제가 충분히 공감되고 또 합의된 상태에서 추진되어야 한다. 개혁의 원칙과 방향은 개혁의 지도 원리로 작용한다. 개혁의 원칙과 방향이 모호하거나 흔들리는 경우 개혁은 제대로 추진될 수 없다. 개혁의 모든 주제에 대해 하나하나 합의할 필요는 없으나 대략적인 내용은 개혁 주체 세력 사이에 공감대를 형성하고 있어야 한다. 그렇게 될 때에만 개혁을 실천하는 과정에서 발생하는 모순과 갈등을 해결할 수 있고 개혁 주체 세력 사이의 차이를 최소화할 수 있다. 또한 개혁을 추진하고 실천하는 과정에서 차이는 발생하기 마련이므로 이 차이를 최소화하는 구조 역시 마련해야 한다.

참여정부의 검찰개혁 주체들 사이에 원칙과 방향에 대한 충분한 인식이 있었다고는 보기는 어렵다. 검찰의 정치적 중립은 모두가 공감했고 차이가 있을 수 없었다. 노무현 대통령의 뜻이 워낙 분명했고 또 그 폐해를 모두 잘 알고 있었기 때문이다. 하지만 세부적으로는 차이가 있었고 그 차이는 수렴되지 않았다. 특히 검찰개혁의 핵심인 권한의 분산, 견제와 감시 시스템 구축에 대한 공감대는 강하게 형성되지 못했다. 끈질기게 없어지지 않는 준사법기관론의 영향이기도 하다.

이 때문에 검찰의 정치적 중립 과제가 제도적, 사실적으로 달성된 이후 다른 검찰개혁 과제를 힘차게 추진하지 못했다. 대선자금 수사와 탄핵사태, 소수파 정권의 한계로 인해 검찰개혁의 동력이 약화된 것도 하나의 원인이었다. 하지만 권한의 분산, 견제와 감시 시스템 구축에 대한 인식이 통일되어 있었더라면 좀 더 많은 개혁이 가능했을 것이다. 검찰의 정치적 중립 이외에 고비처나 검경수사권 조정, 법무부 문민화 등 검찰 권한의 분산과 견제, 감시 시스템 구축이 훨씬 밀도 있게 진행되었을 가능성이 높았다. 고비처 문제와 관련한 강금실 장관의 설명을 살펴보자.

"중앙수사부 폐지 문제와 고위공직자비리조사처 문제에 부닥치면서 무엇을 느꼈냐 하면 대통령께서 보는 시각과 법무부 장관이 보는 시각이 다르다는 것이었습니다. 저는 부처의 개혁 과제와 수사 독립, 인사개혁에 매몰되었다면 대통령께서는 너 큰 흐름을 보신 거지요. 그래서 뭐 옳다 그르다를 떠나서 그때는 서로 의견이 달리 나올 수밖에 없었습니다. 문제는 처음에 같은 팀에서 같이 시작해서 같이 갔어야 하는 것인데, 준비가 안 되었기 때문에 프로세스도 개혁안도 달라졌습니다. 처음부터 어떤 방향으로 개혁할 것인지를 확실하게 해서 진로를 바꾸지 말고 그 방향으로 전진했어야 했다고 생각합니다."

검찰개혁에 대한 생각은 서로 다를 수 있다. 그리고 구체적인 문제를 해결하는 과정에서 인식의 차이가 벌어질 수도 있다. 이것은 문제가 아니다. 일상적으로 발생할 수 있는 일이고 피하기 힘든 것이다. 중요한 것은 이런 문제가 발생했을 때 그 간격을 줄이고 공통된 인식을 마련하는 노력과 이를 뒷받침하는 조직이 필요했다는 점이다. 이 점에서 참여정부의 검찰개혁은 약점을 가지고 있었다.

정당과 행정부가 서로 교류하지 않았다

참여정부의 검찰개혁은 다른 개혁 과제와 동일하게 당정청의 관계 속에서 진행되었다. 열린우리당, 청와대, 법무부가 검찰개혁의 주체였다. 개혁을 추진하는 소수파 정부에서는 자신의 힘을 효과적으로 조직하고 집중하지 않으면 안 된다. 당정청의 긴밀한 관계는 더욱 필요하다.

그러나 참여정부 당시 여당이었던 열린우리당은 검찰개혁에 적극적인 입장을 취하지 않았다. 몇 명의 의원을 제외하고는 검찰개혁에 대한 공감대도 낮았다. 검찰의 정치적 중립과 검찰의 권한을 분산하고 견제, 감시하는 시스템 구축이 얼마나 중요한 시대적 요구인지 잘 인식하지 못했다. 천정배 의원을 제외하고는 검찰개혁을 발언한 사람이 거의 없었다. 최근 민주당이 검찰개혁을 강력하게 추진하고 있는 것과 크게 대비된다.

법무부나 청와대에서도 열린우리당과 논의를 깊게 한 흔적은 보이지 않는다. 당과의 불협화음은 이미 천정배 의원과 강금실 장관의 충돌에서 설명한 바와 같다. 당정 간 협의에 대해서 강금실 장관은 어떤 생각을 가지고 있었을까? 강금실 장관 역시 당정 간 협의의 중요성을 명확하게 인식하고 있지는 않았다. "당하고 관계가 나쁜 것은 없었습니다. 그러나 직접 교류하지도 않았습니다. 제가 정치 경험이 너무 없는데다가 당정 협조라는 개념이 머릿속에 없었고 너무 여유가 없었습니다."

사법개혁에 대해 국무총리 수준의 위원회를 구성하여 관련 부처 및 시민단체와 교수 및 민간 전문가를 포괄한 점, 그리고 사법제도개혁추진위원회를 보좌하기 위해 청와대에 사법개혁비서관을 두고 이를 뒷받침할 실무 인력까지 배치한 점과 비교해보면 검찰개혁 과정에서 각 주체 세력 사이에 공감대를 형성하지 못한 것은 아쉬운 일이다. 개혁 주체 세력들의 태도는 검찰개혁을 위한 광범위한 역량을 동원하고 국민의 지지를 얻는 과정에도 좋지 않은 영향을 끼쳤다. 개혁을 추진하는 주체들 사이에 공감대를 확보하는 것은 매우 중요한 과제이다. 이에 대한 천정배 장관의 충고는 경청할 만하다.

"나는 늘 우리 정권의 성과가 생각보다 부신한 것은 조직화에 문제가 있기 때문이라고 말하고 있습니다. 우선 우리 참여정부를 이끌고 가는 핵심적인 사람들, 즉 청와대 핵심 참모들, 당의 중추 인물들, 정부 사람들이 우선 만나서 밥 먹고 술부터 마시는 게 좋겠습니다. 먼저 대한민국을 앞으로 끌고 가고 살려야 할 동지라는 정서적인 교감을 가져야 할 필요가 있는 것이지요. 그 다음에는 수시로 만나서 워크숍도 하고 토론회도 하고 인터뷰도 하면서 지금 우리가 이런 것을 목표로 하는 거다, 우리가 사람 사는 세상을 만들려고 한다, 그러려면 검찰개혁은 이렇게 하고 재벌과 경제는 이렇게 끌고 가는 게 좋지 않겠느냐 등등에 관해서 각각의 목표, 공동의 목표를 확인해야 합니다. 그 다음에 어떻게 할까? 검찰개혁? 검찰개혁은 강금실 장관이 한번 잘해봐라, 그러면서 당에서는 천정배가 도와주고요. 우리가 그럼 '좋다, 일주일에 한 번씩 어디에서 만나서 서로 상의하고 끌고 가 보자'와 같은 것들이 있었어야 했던 거지요. 그런데 우리 정부는 그런 게 없었던 겁니다."

당정협의가 잘 이루어지지 않았다

검찰개혁 방안과 관련한 당정협의의 실태는 알려진 바가 없다. 당시 여당이었던 열린우리당의 취약한 구조와 검찰개혁에 대한 낮은 관심에 비추어볼 때 당정협의가 이루어졌어도 수준 높은 협의는 어려웠을 것으로 보인다. 자치경찰제를 중심으로 한 당정협의 사례에서 당시의 당정 관계를 간접적으로 확인할 수 있다.

열린우리당 최용규 제1정책조정 위원장은 2005년 4월 20일 국회에서 열린 당·정협의회 결과를 다음과 같이 알렸다. "정부가 내년부터 본격 도입키로 한 시·군·구 단위의 자치경찰제에 대해 추가 논의가 필요하다는 데 의견을 모으고 시행 시기와 내용에 대한 합의를 잠정 유보키로 했다", "최근 제기된 △행정체계 개편논란 △지방선거에서 기초단체장의 정당 공천 배제 여부 △검경 간 수사권 조정 문제 등 자치경찰제를 둘러싼 여러 여건 변화가 법안에 반영되지 않았다, 당초에 계획했던 일정대로 가기보다 신중히 검토하기로 했다"고 말했다. 그리고 자치경찰법안을 마련한 후 열린 2005년 7월 28일 당정협의에서 열린우리당 의원들은 다음과 같이 발언했다.

- **양형일 의원** : 자치경찰제를 시행하고 있는 외국과 우리의 사회·행정 문화가 다르다는 걸 지적하며 현재 방안으로는 추진하기 곤란하고, 제도의 예상 문제점 및 대책, 제도의 효과 등에 대한 심도 있는 검토가 필요하다는 것을 강조했으며, 관련 자료의 제출을 요구함. 지방재정권과 자치 사법권 등 자치권이 열악한 현실을 고려해 시행착오와 기회비용을 최소화할 수 있는 방안 마련이 필요하다고 말함.

- **원혜영 정책위의장** : 그간의 논의 경과와 관련된 자료를 행자위 의원들에게 드려 공감할 수 있게 조치하고, 주민생활과 밀접한 치안서비스를 자치경찰 사무 범위로 설정한 것은 바람직해 보이나 세부 항목에 대해서는 이해가 쉽지 않으므로 자치경찰이 수행하는 사무가 과연 무엇인지 지역 주민 소비자 입장에서 이해하기 쉽게 작성할 필요성이 있음.

- **최용구 제1정책조정 위원장** : 새로운 제도를 추진하면서 당·정협의가 없었다며 절차에 문제제기. 정부에서 시안을 정해놓고 당에서는 따라오라는 형태의 당·정협의 태도는 곤란하다며 정부 측 입장을 비판. 검경수사권 조정, 행정구역 개편 등과 관련된 의제가 같이 논의되어야 하기에 충분한 검토 시간을 갖고 추진할 것을 주장.

당시 열린우리당 의원들은 한마디로 새로운 제도를 정부와 당이 함께 추진해야 함에도 불구하고 여당 의원들을 거수기로만 이용하고 있다고 불평했다. 이런 사정은 정부가 마련한 법률안이나 개혁안에 대한 열린우리당의 추진 의지가 어떠했는가를 보여준다. 자치경찰제에 대해 한나라당과 민주노동당이 반대를 하고 시민사회단체 일부에서도 반대를 하는 와중에 정부와 여당이 준비가 부족했다는 걸 스스로 인정해버린 것이다. 자치경찰제와 관련한 당정협의의 실태에 비추어 검찰개혁에 관한 당정 사이의 공감대 수준도 능히 예측할 수 있을 것이다. 이렇게 당정 사이에 인식 차이가 발생하면 검찰개혁과 같은 큰 주제의 개혁은 추진하기가 어렵다.

 부연하는 것이지만 자치경찰제와 관련한 당정협의가 미흡했던 것은 사실이지만 당정협의가 부족했던 것이 자치경찰제를 실시하지 못한 결정적인 이유는 아니다. 자치경찰제는 대통령 공약 사항이면서 대통령직 인수위원회에서 공식화한 주요 개혁 과제였다. 노무현 대통령은 자치경찰제와 관련한 국정과제회의를 수차례 주재했고 최종적으로 주민생활 중심의 자치경찰 창설 방안을 직접 확정했다. 개별 의원들과의 협의는 부족했지만 당 지도부와는 공감대를 유지하고 있었다. 자치경찰을 도입하면 국가경찰이 약화될 수 있다는 우려를 한 경찰도 설득했다. 그런데 막상 방안이 확정되고 시행하려고 하니 열린우리당이 반대했다. 원인은 당시 기초자치단체장들이 대부분 한나라당이라는 점이었다. 지방자치가 확대되면 당연히 자치단체장의 권한이 확대된다. 자치경찰제가 되면 기초자치단체장의 권한이 확대되는데 여기에 당파적 이해관계가 개입된 것이다. 자치경찰제는 국가경찰과 자치경찰의 권한, 광역지방자치단체와 기초지방자치단체의 권한, 지방자치단체와 경찰의 권한, 대통령과 지방자치단체장의 권한, 지방자치단체에 대한 견제와 감시, 경찰에 대한 견제와 감시, 지역 주민들의 자치경찰행정에 대한 참여 등 수많은 권한을 조정하고 보완하는 시스템을 만들어야 도입할 수 있는 제도이다. 매우 어려운 작업이다.

하지만 지방자치를 위해서는 반드시 이루어야 하는 과제이다. 참여정부의 자치경찰제는 이러한 여러 측면을 고려한 가장 현실적인 방안이었다. 자치경찰제를 도입할 수 있는 좋은 기회였으나 기초자치단체장의 권한 확대를 우려한 당파적인 판단으로 무산되었다. 매우 아쉬운 순간이었다.

개혁 추진을 위한 독립 조직이 필요하다

개혁 주체 세력은 개혁을 추진하는 데 가장 적합한 조직을 마련해야 한다. 개혁에 적합한 조직은 개혁 추진 동력을 최대화하고 개혁을 효율적으로 만든다. 개혁은 기존 조직의 반발을 초래하기 마련이다. 개혁이 기존 조직의 행태에 대한 반성에서 시작하기 때문이다. 더구나 자신의 권한을 축소하는 개혁에는 반발이 따르기 마련이다. 따라서 기존 조직으로는 강력한 개혁이나 혁신을 추진하기가 어렵다. 그리고 개혁을 추진하기 위해서는 해당 부서 이외에 관련 기관이나 민간의 전문 역량도 동원되어야 한다. 관련 기관이나 민간의 역량이 참여하게 되면 개혁의 원칙이나 방향, 구체적인 개혁 과제에 대해 객관적인 평가와 전망을 할 수 있다. 한 기관의 이해관계로 개혁이 좌절되지 않게 된다. 민간의 참여는 민간의 창의적인 생각을 반영하는 방안이기도 하지만 국민의 목소리를 직접 듣는 것을 의미한다. 개혁 과정의 국민적 정당성을 확보하기 위해서도 국민의 참여는 반드시 필요하다.

이런 이유로 참여정부는 위원회 구성 방식을 많이 취했다. 위원회 조직은 담당 부서만이 아니라 관련 부서를 비롯해 민간의 전문가, 시민사회를 참여시킨다. 위원회는 개혁을 해당 부서의 시각에서만 보는 편협함을 극복하게 해준다. 자칫 해당 부서의 시각만을 강조할 경우 개혁이나 혁신에서 구심력이 작용하지 않고 원심력이 작용할 수 있다. 개혁의 필요성에 대한 공감대가 낮기 때문이다. 관성에 따라 기존 방식을 고집하다가 개혁에 실패하기도 한다. 위원회는 공통의 목적을 위해 조직된 기구이므로 근원적으로 구심력을 지향한다. 단, 지도력은 필수이다. 시민사회, 민간 전문가의 참여로 광범위한 국민의 의견도, 전문가의 지식도 동원할 수 있다. 국민적 정당성을 확보할 수 있게 되는 것이다. 모든 개혁에는 국민의 지지가 필수적이다. 특히 검찰개혁과 같은 어려운 개혁 과제는 국민의 지지가 없으면 이루어질 수 없다. 위원회는 시민사회의 참여를 보장하고 또 자체 홍보 기능을 갖출 수 있기 때문에 이런 측면에서도 유용한 기구이다. 나아가 위원회는 기존의 일상적인 업무에서 벗어난 구조이므로 개혁이나 혁신 작업에 집중할 수 있다. 일상적인 업무와 개혁 작업이 서로 충돌할 가능성을 피할 수 있다는 장점이 있다.

위원회 조직은 개혁의 원칙과 방향이 명확하게 수립되어 있지 않을 때 2단계로 나누어 개혁을 추진할 수 있는 장점이 있다. 즉, 우선 개혁의 원칙과 방향, 주요 과제를 확정하는 1단계를 먼저 추진한 다음 구체적인 개혁 과제나 입법 과제는 2단계에서 추진하는 것이다. 이것은 참여정부의 사법개혁 추진 방식이다. 사법개혁의 원칙과 방향에 대한 과제는 대법원 산하 사법개혁위원회에서, 사법개혁의 구체적인 방안과 추진은 대통령 산하 사법제도개혁추진위원회에서 담당했다. 이런 방법은 개혁 과제를 순차적으로 확정함으로써 개혁의 추진 동력을 활성화하는 데 도움이 된다.

하지만 위원회 조직의 단점도 놓쳐서는 안 된다. 집행 기능을 가지고 있지 않고 임시적인 조직이므로 집행력이 취약하다. 그리고 한시적으로 활동해야 하므로 개혁의 원칙과 방향을 정하고 구체적인 개혁 방안을 마련, 추진하기에는 어려운 점이 있다. 한 부처 내부의 문제는 장관의 지휘 아래 개혁과 혁신을 추진할 수 있으므로 굳이 위원회 조직을 고집할 필요는 없다. 또한 기존의 부처와 업무 분장이 명확하지 않으면 권한의 충돌이 발생할 수도 있다. 일상적이고 정상적인 업무는 역시 기존 부처에서 수행하는 것이 바람직하다. 따라서 위원회 제도에서는 이런 문제점을 극복할 수 있는 지도력이 필요하다. 만일 지도력이 보장되지 않는다면 위원회 조직은 재고해보아야 한다.

개혁을 위한 조직이라는 측면에서 참여정부의 검찰개혁을 평가해보면 검찰개혁 전담 기구가 없었다는 것은 아쉬운 점이다. 검찰개혁은 한국에서 가장 많은 권한을 가지고 있는 검찰의 기득권을 박탈하고 검찰을 국민의 품으로 돌리는 민주화 작업이다. 검찰은 그동안 막강한 권한을 바탕으로 개혁 요구를 무시하거나 거부해왔다. 따라서 검찰개혁을 위해서는 정부의 힘에 민간의 전문 역량, 시민사회의 힘과 국민의 힘을 모아야 한다. 하지만 참여정부는 검찰개혁만을 위한 특별 기구를 구성하지 않았다.

검찰개혁의 핵심이 검찰 권한의 분산과 견제, 감시 시스템 구축이기 때문에 정부의 모든 역량을 모을 필요가 있다. 만일 검찰개혁이 정치적 중립에 한정된다고 한다면 굳이 그렇게 할 필요가 없을 것이다. 대통령이 중립을 보장하고 검찰청법을 개정하면 충분하기 때문이다.

검찰청법 개정은 다른 부처와의 의견 조율이나 시민사회가 참여할 필요 없이 법무부만의 힘으로도 가능하다. 하지만 검찰의 과도한 권한을 분산하고 견제, 감시 시스템을 구축하는 것이 검찰개혁의 핵심이라면 이는 법무부의 단위를 뛰어넘는다. 검경수사권 조정만 하더라도 경찰, 검찰, 법원이라는 국가기관이 모두 관여하게 된다. 고비처의 경우에도 검찰만이 아니라 경찰이나 행정자치부 등 다른 부처가 관여하게 된다. 인권친화적인 수사개혁 역시 검찰만이 아니라 경찰까지 포괄하고 수사권한의 총량을 개혁하는 문제이므로 좀 더 거시적인 관점에서 공통의 목적을 수립하고 추진할 필요가 있었다. 이런 점에 비추어본다면 참여정부의 검찰개혁에서 특별 기구의 설치가 필요했다고 판단된다. 하지만 참여정부는 검찰개혁을 위한 기구를 구성하지 않았다. 종합적인 검찰개혁의 구상이 부족했던 것이 그 원인이라고 볼 수 있을 것이다.

하지만 검찰개혁 기구를 구성하는 것이 곧 청와대가 직접 개입한다는 것을 의미하지는 않는다. 검찰개혁이 가장 시급한 개혁 과제가 되고 전 국민적인 요구가 생기지 않는 한 청와대의 직접 개입은 항상 검찰 장악, 정치적 중립 훼손이라는 위험이 따른다. 참여정부가 검찰개혁 기구를 별도로 구성하지 않은 것도 이 때문이었다. 따라서 검찰개혁은 그 과제를 구분해 검찰 자체 개혁은 법무부를 통해 해결하고, 검경수사권 조정과 같이 타 부처와 관련한 과제는 별도의 범정부 차원의 위원회를 구성하는 것이 바람직하다.

홍보가 부족했다

검찰개혁의 원칙과 방향, 구체적인 개혁 과제 그리고 그 성과와 한계를 끊임없이 확인하고 홍보하는 것은 검찰개혁을 성공적으로 추진하는 데 매우 중요하다. 국민들로부터 참여와 지지를 얻는 원론적인 의미 이외에 추진 주체들 사이에 생각을 통일하고, 검찰개혁이 중요하다는 인식을 제고시키는 역할을 하게 된다. 김선수 전 비서관의 청와대 블로그를 활용한 경험이 훌륭한 예이다. 김선수 전 비서관의 설명이다.

"청와대에서 우리 비서관들에게 2005년 중반쯤에 블로그를 만들어 줬습니다. 저는 각 쟁점별로 사법개혁 안건들이 정리될 때마다 사법개혁리포트라는 제목으로 글을 써왔습니다. 그 글이 청와대 내에서 사법개혁의 비중을 정하는 데 큰 도움이 되었습니다. 청와대 내에도 사법개혁에 대해서 여러 가지 생각을 가진 사람들이 있으니까 어느 정도 비중을 둘 것이냐, 검찰이 반발한다든가 다른 중요한 게 있으면 이 주제의 비중 평가가 달라질 수도 있기 마련입니다. 그런데 청와대 내부 블로그에 사법개혁에 관한 내용을 계속 올려놨기 때문에 적어도 청와대에서는 사법개혁 과제가 아주 중요하고 사개추위에서 결정한 내용들이 어떤 과정을 거쳐서 결정된 것인지를 잘 알게 되었지요. 그래서 어떤 일이 있어도 사법개혁은 반드시 해야 한다는 것이 명확해졌고, 다른 이야기가 못 나오게 하는 긍정적인 조건을 만들었던 것 같습니다. 입법할 때 다른 개혁 법안이 있다고 하더라도 다른 비서관들을 설득하는 데 효과가 있었습니다. 즉, 민정수석이 다른 수석들하고 법안의 우선순위를 따질 때도 사법개혁 법안이 일단 최우선 순위로 나가야 한다고 설득하는 데 도움이 되었습니다. 반대하는 사람에 대해서는 사법개혁의 내용을 모른다고 반박하면서 청와대 내부 블로그도 안 보고 그런 말한다. 블로그를 한번 봐라 하면서 설득했습니다. 처음에 쓸 때는 내가 활동한 걸 정리한다고만 생각했는데 나중에 보니까 많은 역할을 한 것 같더라고요."

사법개혁 법안은 대통령과 민정수석 등 청와대가 가장 중요시한 개혁 법안 중 하나였다. 청와대의 일관된 입장은 김선수 전 비서관의 홍보와 전해철 전 민정수석의 노력에 힘 있은 바 크다.

사법제도개혁추진위원회는 끊임없이 사법개혁의 성과를 국민에게 보고하고 홍보했다. 사개추위는 2005년 1월부터 2006년 11월까지 보도자료를 배포했고, 언론간담회를 개최했으며, 한승헌 위원장, 김선수 기획추진단장, 단원들이 신문기고 및 방송 인터뷰를 진행했다. 도합 248회에 걸친 홍보 활동을 했다. 구체적으로는 보도자료 배포 34회, 언론간담회 17회, 한승헌 위원장 등의 신문기고 및 방송 출연 146회, 강연회·토론회 참여 23회, 언론 등 광고 6회, 공청회 7회, 모의재판 4회, 홍보물 제작 배포 7회 등이다. 김선수 사법개혁 비서관의 검찰개혁 리포트는 사법제도개혁추진위원회 활동이 종료된 이후 책자로도 발간되었다.

하지만 사법개혁에 관한 홍보는 사법개혁에 대한 구체적인 방안이 마련된 다음에 이루어진 것임을 주목해야 한다. 치열한 토론과 논쟁 끝에 사법개혁 법안이 성안된 다음에야 홍보가 가능한 것이다. 사법개혁 법안 성안 과정에서는 홍보를 하려고 해도 불가능하다.

검찰개혁은 사법개혁과 비교해서 내외부로 충분한 홍보가 이루어졌다고 보기 어렵다. 그 이유는 무엇보다도 검경수사권 조정과 같은 굵직한 검찰개혁 과제들이 합의되지 않았다는 점에 있다. 검찰의 정치적 중립이나 인권친화적 변화 등은 매우 중요한 과제였고 많이 홍보했으나 검찰개혁의 본질적인 성과라고 하기에는 불충분한 면이 있었다.

나아가 검찰개혁과 관련한 여러 개혁 과제들을 모두 모아서 검찰개혁이라는 큰 틀에서 해설하고 홍보하는 인식이 부족했다. 검찰의 정치적 중립이라는 과제가 달성된 이후 다른 검찰개혁 과제들이 각각 분리된 것은 홍보에도 영향을 미쳤다. 사법개혁 리포트에 대응하는 검찰개혁 리포트와 같은 홍보가 이루어지지 않았던 것이다. 만일 검찰개혁 리포트라는 것이 있었다면 노무현 대통령의 의지에 의한 정치적 중립 보장, 검찰청법 개정을 통한 정치적 중립 보장, 인권친화적 개혁의 성과, 검경수사권 조정의 경과, 고비처의 추진 경과, 과거사 정리 시도, 법무부의 개혁 내용 등을 모아 홍보할 수 있었을 것이다. 하지만 검찰개혁에 대한 통일적인 계획이 부족했기 때문에 이들 각 과제는 따로 홍보되었다. 사법개혁비서관과 사개추위와 같이 검찰개혁만을 담당하는 조직이 없었던 것도 이유 중 하나이다.

문화의 개혁에는 시간이 필요하다

모든 개혁에는 시간이 걸릴 수밖에 없다. 개혁의 최종 목적은 제도

개혁을 통한 문화의 개혁이기 때문이다. 제도 개혁을 완료한다고 하더라도 조직 구성원이 비민주적인 사고, 반인권적인 사고를 하고 있는 한 개혁은 완수될 수 없다. 이런 경우 제도 개혁의 성과도 정권이 바뀌게 되면 무산될 수 있다. 따라서 참여정부의 개혁을 평가하는 데 시간이 걸릴 수밖에 없는 문화의 문제는 반드시 고려해야 한다. 문화는 항상 정치나 제도보다 늦게 변화한다. 문재인 전 비서실장의 설명이다.

"개혁이란 굉장히 긴 시간이 걸리는 것이거든요. 참여정부 5년 내에 다 하지 못했다고 해서 참여정부 개혁의 한계라든지 아쉬웠던 점이라든지 이렇게 말해서는 안 된다고 생각합니다. 참여정부에서 씨앗을 뿌리거나 나무를 심었으니 그 뒤에 잘 가꿔나가야 하는 것 아니겠어요? 그 씨앗과 나무가 5년 내에 꽃피고 열매 맺고 할 수는 없습니다. 다음 정부에서 계속 이어나가면서 물을 주고 비료를 뿌려주면 성숙해지는 것이거든요. 참여정부가 했던 노력들이 임기 내에 다 완결되지 못했다고 해서 참여정부의 개혁이 아쉬웠다고 말하는 것에 저는 반대합니다. 다음 정부가 그런 부분을 전혀 가꿔나가지 못하고 도로 아미타불로 만들어버린 것이 오히려 아쉬운 점이지요."

시간과 싸우면서 문화의 개혁까지 이끌어내기 위해서는, 첫째 집권 기간 내내 일관되게 검찰개혁을 추진할 기구를 설정하고 전 국가적 역량을 모아야 한다. 여기에서는 무엇보다도 검찰개혁을 위한 주체들의 공통된 인식과 공통된 실천이 중요하다. 둘째, 다음 정부에서 검찰개혁의 성과를 그대로 이어받아 계속 추진해야 한다. 이를 위해서는 민주적 정부가 구성되어야 한다. 셋째, 다음 정부에서 계속 검찰개혁을 추진하기 위해서는 검찰개혁을 전 국민적인 합의와 도도한 시대의 흐름으로 만들어야 한다. 다음 정부가 검찰개혁을 계속 추진할 수밖에 없도록 국민적 의지의 결집이 필요한 것이다.

이 모든 과정은 시간이 필요하다. 조급하게 생각할 것은 없다. 특히 제도의 개혁과 문화의 변화 사이에는 비동시성이 존재하므로 제도 개혁 효과는 천천히 나타나게 마련이다. 형사구속자 수가 10년에 걸쳐 10만 명 이상 줄어들고 검찰총장 인사청문회에서 적어도 부적격자는 검증할 수 있는 시스템이 마련된 것은 변할 것 같지 않았던 검찰이 사실은 엄청나게 변하고 있다는 것을 보여주는 징표이다.

모든 개혁에는 시대적 한계가 작용한다. 개혁 과제에 대해 충분한 국민적 공감대가 마련되어 있고 구체적인 방안도 공유되어 있다면, 개혁은 상대적으로 어렵지 않게 이루어질 수 있을 것이다. 사법개혁은 참여정부 이전에 국가 차원에서 두 차례나 시도한 바 있다. 하지만 검찰개혁은 그렇지 못했다. 그만큼 시대적 한계가 작용했던 것이다. 달리 말하면 연구 성과, 개혁 성과가 그만큼 축적되어 있지 않았다. 이에 대한 김선수 비서관의 설명이다.

"일반적으로 이야기하는 사법개혁 같은 경우에는 1993년 문민정부 이후부터 국민의정부를 거쳐 참여정부까지 10년 이상 논의를 해왔습니다. 그래서 구체적인 방안에 관한 많은 연구결과가 있었고 상당한 공감대도 있었습니다. 그런데 검찰개혁 방안에 대해서는 그 정도로 축적된 것이 없었습니다. 사법개혁도 10년에 걸쳐 시도해서 로스쿨이나 공판중심주의 같은 것이 나왔듯이 검찰개혁도 수사권과 기소권 분리, 고비처, 법무부 문민화 같은 것이 국민들 입에서 구체적 방안으로 나올 수 있을 정도로 인식이 퍼져야만 가능하지 않을까 생각합니다. 그만큼 검찰개혁은 논의의 시간이 부족했고, 연구된 성과나 축적 정도가 조금 적었지요. 그래서 여론이 형성되지 않았던 듯싶습니다. 정부 차원에서 검찰개혁을 본격적으로 한 건 참여정부가 처음이잖아요? 역시 개혁이라는 게 숙성되는 시간이 필요하다는 것을 알 수 있는 계기가 된 것 같습니다."

02

검찰의
원점 회귀

참여정부가 끝나자 검찰은 마치 검찰개혁이 없었던 것처럼 신속하게 이전의 검찰로 회귀했다. 정치검찰이 부활했다. 정치검찰의 부활과 이로 인한 검찰 권력 남용은 노무현 대통령의 수사에서부터 시작되었다. 정치적 반대자를 파렴치한 형사범으로 몰아 처벌하는 것은 검찰의 정치적 편향과 권한 남용의 가장 대표적인 사례이다.

정치검찰의 복수, 노무현 대통령 수사

검찰은 박연차의 수사를 빌미로 노무현 대통령에 대한 수사를 시작했다. 박연차 사건은 애초 태광산업에 대한 특별 세무조사에서 시작되었다. 그러나 중심은 곧 이동했다. 검찰은 노무현 전 대통령과 그 주변 사람들을 겨냥했다. 이명박 정부는 촛불집회의 배후로 노무현 대통령을 의심했다. 퇴임 후 고향으로 돌아간 노무현 대통령의 인기도 정권을 긴장하게 만들었다. 수사 형식을 보이긴 했지만 본질은 정치권력의 탄압이었다. 검찰은 정권의 요구를 적극 수용했고 정권의 요구에 맞게 수사를 진행했다. 나아가 검찰은 마치 참여정부 당시의 검찰개혁에 대해 복수하듯 노무현 대통령에 대한 수사를 진행했다.

수사과정에서 검찰은 마치 중계방송을 하듯 피의사실을 언론에 공개했다. 검찰 스스로 '빨대'라는 표현을 쓸 정도로 언론에 피의사실을 흘렸다. 선물로 받은 시계를 논두렁에 버렸다는 언급과 보도가 그 정점에 있었다. 이 과정에서 피의자였던 노무현 대통령과 그 가족의 인권과 방어권은 전혀 보장되지 않았다. 재판을 통해 밝혀졌어야 할 사실들이 언론을 통해 알려졌다. 여론재판이 이루어진 것이다. 재판에는 1심, 2심, 3심이라는 세 번의 기회가 있지만 여론재판에는 한 번의 기회도 보장되지 않는다. 반박의 기회가 없기 때문이다. 재판을 기다릴 필요도 없이 노무현 대통령은 만신창이가 되었다. 그 배후에는 수사기관만이 알 수 있는 사실들을 언론에 흘린 대검 중수부가 있었다. 국민은 검찰이 흘리고 언론이 아무런 비판 없이 받아 쓴 확인되지 않는 사실에 흥분했다. 국민도 비아냥거리기 시작했다. 검찰은 수사를 통해 재판을 한 것과 같은 효과를 얻었다. 노무현 대통령의 혐의를 합리적 의심의 여지가 없을 정도로 증명할 수 있는지 여부는 이미 검찰의 관심이 아니었다. 합리적인 수사와 재판을 통한 실체적 진실 확인이라는 형사소송법의 기본 원칙이 무너진 것이다. 정상적인 수사라면 있을 수 없는 일이다. 아무리 정치권력의 요구에 의해 시작한 수사라고 하더라도 기본적인 인권은 보장되어야 한다. 더구나 전직 대통령에 대한 수사이므로 더욱 조심해야 한다. 수사와 재판은 사적인 복수의 장이 아니다. 수사를 빌미로 인간적인 모멸을 주고 정신적인 고통을 가하는 것은 권력기관이라면 당연히 피해야 하는 것이다. 그러나 이 사건에서 검찰은 최소한의 윤리도 지키지 않았다. 검찰 스스로가 노무현 대통령을 정치적으로 죽이려고 하지 않았다면 있을 수 없는 행태였다. 본질적으로 노무현 대통령에 대한 수사는 정치권력과 검찰의 복수극이었다.

검찰의 위법 수사·권한 남용의 백화점, 한명숙 전 총리 사건

정치적 반대자에 대한 수사와 재판은 계속된다. 그 다음 목표는 한명숙 전 총리였다. 이 사건에서 검찰은 수사단계에서부터 재판 진행까지 위법 수사와 권한 남용을 수없이 저질렀다. 정치적 목적을 위한 수사였기에 빚어진 일탈이었다.

검찰은 수사단계에서 표적 수사, 강압 수사, 피의사실공표죄의 범죄, 플리바게닝을 동원한 수사, 수사 기록 누락 등의 위법 수사와 수사권 남용을 저질렀다. 검찰은 수사과정에서 곽영욱 사장이 사실을 부정하는데도 처음부터 한명숙 전 총리에게 뇌물을 제공했다는 점을 강하게 추궁했다. 검찰로부터 뇌물을 제공했다고 지목받은 곽영욱은 법정에서 "계속 나도 생각이 안 났어요. 10만 불을 보냈는데 그것이 한 총리에게 준 것이 아니냐고 추궁을 하는데 한 총리에게 안줘 놓고 제가 주었다고 할 수는 없잖아요. 그런데 검사님이 워낙 다그치니까 검사님이 무서워서 그냥 10만 불을 주었다고 말했습니다", "검사님이 안 되면 없어도 탁 죄를 만들잖아요. 그때 검사님이 내 거를 다 수사했을 것 아니에요. 내 거를 조사해보니까 그때쯤에 10만 불을 미국에 보낸 것이 있었어요. 그런데 그때 또 하필 한 총리도 미국을 간 게 드러났어요. 그래서 한 총리를 주었냐고 물어봐서 절대 안 줬으니까…… 내가 확신 있게 말하는데 안 줬는데…… 자꾸 준 것이 아니냐고 얘기하니까 내가 주었다고 했지요"라고 증언했다. 횡령금액 사용처에 대한 수사가 처음부터 한명숙 전 총리를 대상으로 하고 있었음을 보여주는 증언이다.

검찰은 한명숙 전 총리 수사과정에서 강압 수사의 의혹도 사고 있다. 한명숙 전 총리에게 뇌물을 제공했다는 곽영욱은 법정에서 다음과 같이 증언했다. "식구들이 와서 이러다가는 죽게 생겼으니까 다 불어라고 했습니다. 저도 몸이 너무 아파서 죽을 것만 같았고 세상도 안 보였고…… 묻지는 않았지만 밤 12시가 넘어서까지 면담 형식으로 계속 이야기를 했잖아요. 그러니까 제가 어떻게 할 수가 없었어요", "정말로 몸이 아파서 그랬습니다. 몸이 아파서…… 살려고 그랬습니다. 살려달라는 이야기가 내가 경제적으로 살려달라는 것이 아니라 목숨을 살려달라는 이야기였습니다", "구치소에 들어가보면 3시가 되었고요. 그러면 교도관들이 죽어서 뒷문으로 나간다고 그래요. 그래서…… 몸을 우선 살려달라고 그랬습니다." 이와 같이 수사과정에서 곽영욱은 계속 구치소에 있다가는 사망한 연후에나 구치소를 벗어날 수 있다는 극단적인 공포를 느끼고 있었다. 곽영욱이 극단적인 공포를 느낀 이유는 곽영욱이 고령인데다가 중증의 협심증과 관상동맥 협착증에 시달리고 있었기 때문이다. 곽영욱은 구속된 이후 20일 동안 14번 검찰청에서 조사를 받았는데, 특히 대부분의 조사가 밤 11시 또는 12시에 끝났고 심지어 뇌물 공여 진술을 부인하는 조서를 작성한 날에는 다음날 새벽 2시까지 조사를 받았다. 생명의 위험을 느낄 정도의 수사이다. 구속된 상태에서 육체적으로 궁지에 몰린 사람은 쉽게 포기하는 경향이 있는데 이를 이용한 것이다.

검찰은 한명숙 전 총리 수사과정에서 피의사실공표죄를 범했다. 노무현 대통령 사건과 동일하다. 정치인을 도덕적으로 파멸시키기 위한 방법인 것이다. 한명숙 전 총리 사건은 《조선일보》의 보도로 알려졌다. 수사기관인 검찰이 알려주지 않고서는 알 수 없는 정보를 담은 보도였다. 이에 대해 '한명숙 전 총리에 대한 이명박 정권, 검찰, 수구언론의 정치공작분쇄 및 정치검찰개혁을 위한 공동대책위원회'에 소속된 이해찬 전 국무총리 등은 서울중앙지검에 소속된 일부 검사들을 피의사실공표 혐의로 서울중앙지검에 고발했다. "피의사실의 공표는 피해자의 귀중한 인권을 침해하고 그 결과 피해자는 사회인, 정치인으로서의 존립 기반을 위협받고 있다"고 지적했다. 나아가 고발인들은 "과거에 있었던 노무현 전 대통령에 대한 수사, 피의사실공표와 이에 따른 언론의 무분별하고 악의적인 보도는 노무현 전 대통령의 서거의 직접적인 원인이 되었음"을 지적하면서 "법치주의에 정면으로 위배되는 피의사실공표 행위로 인한 폐해와 위기감은 그 과정에서 그야말로 극한에 이르렀다"고 주장했다. 그러나 아직 피의사실을 유포한 검사들이 처벌되었다는 소식은 없다.

검찰은 한명숙 전 총리 사건에서 곽영욱과 협상을 했다는 의혹도 사고 있다. 현행법으로는 금지된 플리바게닝, 즉 형량을 낮추어주면서 증언을 확보하는 시도를 한 것이다. 곽영욱은 대한통운 법정대리인으로서 부산지사 등으로부터 83억 600만 원을 받아 이 중 37억 8,990만 원을 횡령한 혐의로 기소되었다. 그런데 이 금액은 곽영욱이 횡령한 금액 전체가 아니다. 횡령금액은 75억 8,800만 원이었다. 검사는 곽영욱의 경우에는 부산지사의 지사장 등이 보낸 금액 중 사적으로 유용한 일부만을 횡령액으로 인정, 기소했다. 그러나 같은 혐의를 받은 부산지사장의 경우에는 곽영욱에게 송금한 금액 29억 원을 포함해 비자금으로 조성한 전액인 155억 원을 횡령액으로 기소했다. 나아가 곽영욱은 자신이 횡령한 금액을 이용하여 대한통운 주식을 내부 거래해 57억 원 상당의 이익을 보았다. 이때 증권거래법 위반으로 기소했다면 곽영욱은 57억 원 이익을 모두 범죄 수익으로 몰수당하게 된다. 하지만 검찰은 이를 수사했지만 기소하지는 않았다. 곽영욱에게 편의를 봐주면서까지 한명숙 전 총리에게 뇌물을 주었다는 진술을 확보하고자 한 것이 아닌가 의심된다.

검찰은 한명숙 전 총리 사건에서 영상 녹화물의 조서 일부를 누락했고, 곽영욱이 10만 달러를 주었다는 진술과 이를 번복한 진술, 그리고 다시 한 전 총리에게 3만 달러를 주었다는 진술을 수사기록에 남기지 않았다. 그리고 곽영욱에 대한 증권거래법 위반 혐의에 대한 수사자료도 법정에 제출하지 않았다. 수사기록이 누락되거나 제출되지 않으면 수사과정의 위법은 제대로 밝힐 수 없다. 수사기록의 중요성은 용산참사 사건에서 검찰이 작성한 모든 서류를 개시하라고 한 헌법재판소의 결정에서도 확인된다. 그런데 검찰은 수사기록을 의도적으로 작성하지 않았든지 아니면 누락함으로써 수사과정에 대한 견제와 감시를 불가능하게 만들었다.

검찰은 한명숙 전 총리 사건에서 뇌물의 액수나, 뇌물 전달 장소, 뇌물 전달 방법 등 그 어떤 것도 명확하지 않은 상태에서 기소를 했다. 이 사건에서 재판부는 "변호인은 검찰의 공소장 내용에 따라 방어를 해야 하는데 오찬장 테이블 위에 놓고 나왔을 수도, 비서 등을 통해 건네줄 수도 있는데 이를 모두 건네줬다고 해버리면 공소사실이 특정되지 않기" 때문에 공소사실을 특정하라고 권고했다. 이에 검찰은 이 지적을 받아들여 "건네주었다"라는 공소사실을 "피고인 한명숙이 보는 앞에서 앉았던 의자 위에 내려놓는 방법으로 피고인 한명숙에게 건네주었다"라고 변경했다.

이 사실은 검찰이 뇌물의 전달 방식을 특정할 수 없을 정도로 부실하게 수사했다는 점을 보여준다. 곽영욱은 수사과정에서 검사에게 한 전 총리의 손에 직접 돈을 주었다고 진술했다. 즉, 검사의 "돈 봉투는 한명숙 총리의 손에 준 것인가요, 아니면 다른 가구 위에 놓아두고 나온 것인가요"라는 질문에 대해 "제가 출입문 근처에서 둘 다 서 있는 상태에 드린 것 같은데 어디에다 올려놓고 그럴 만한 곳도 없었던 것 같습니다. 제 기억으로는 한명숙 총리에게 바로 건네준 것 같습니다"라고 진술했다. 그리고 당시 상황을 더욱 구체적으로 "핸드백 같은 거. 아마 거기다 넣어서 가져갔겠지요. 저는 식당에서 바로 나왔고 한명숙 총리는 저를 따라 현관까지 나오거나 하지 않고 바로 안으로 들어갔던 것 같습니다"라고 진술했다. 검찰은 이 정도에서 만족하고 더 이상 수사를 진행하지 않았다.

그러나 곽영욱은 법정에서 진술을 뒤집어버렸다. 곽영욱은 "돈을 의자에 놓고 나왔습니다", "그것을 제가 밥 먹던 의자에다 놓고 나왔습니다", "아 그냥…… 인사를 하는데 미안하잖아요. 미안해서 그냥 놓고 나왔다고요", "그대로 놓고 나왔죠. 일어나면서 의자가 뒤로 밀린 채로 놔두었습니다", "돈 봉투를 놓으면서 증인이 미안합니다라고 했기 때문에 한명숙이 그 돈 봉투를 보았을 것으로 생각합니다"라고 진술했다. 검찰에서 진술한 것보다 훨씬 자세하고 주위의 정황에도 잘 어울린다. 이처럼 이 사건에서 검찰은 뇌물죄의 가장 중요한 구성요건인 뇌물 전달 방법에 대해 구체적인 수사와 확신 없이 기소를 감행했다. 재판부가 보기에도 특정되지 않은 뇌물 전달 방법이었던 것이다. 이 정도의 기소로는 합리적인 의심의 여지가 없을 정도로 유죄를 확신할 수 없다. 검찰 단계에서 마땅히 기소하지 않았어야 했다. 하지만 검찰은 이를 무시하고 그대로 기소했다. 기소권의 남용이다.

검찰은 재판 진행 과정에서 공소진행 권한 역시 남용했다. 검찰은 재판에서 한명숙 총리가 골프를 쳤다, 해외여행을 한 적이 있다는 식으로 공소사실과 직접 관련이 없는 사실을 누설했다. 공소진행 과정에서 검찰이 밝힌 사실은 곧바로 한나라당이 활용했다. 2010년 서울시장 선거를 앞두고 한나라당 대변인은 검찰의 발언을 인용해 "법적 유무죄와 별개로 한 전 총리가 공인으로서 도덕적 자격이 있는 사람인가에 대해 국민들은 이미 심판을 내렸다", "고급 골프빌라를 한 달 가까이 공짜로 사용한 사실, 골프장 직원이 점수까지 밝혔는데도 자신은 골프를 치지 않는다고 말하는 '도덕성'에 국민들은 고개를 돌렸다"라고 발언한 바 있다. 그리고 이를 《조선일보》 등 언론에서 대대적으로 보도했다. 이쯤 되면 한명숙 전 총리의 수사와 재판이 선거용이었다는 결론을 피하기 어렵다.

한명숙 전 총리 사건에서 검찰의 권한 남용이 백화점같이 무수히 등장했다. 한명숙 전 총리의 1차 뇌물 사건은 무죄로 1심 재판이 끝나 항소심이 진행 중이다. 하지만 검찰은 더 나아가 정치자금법 위반 사건으로 또 기소했다. 반대 정치인에 대한 집요한 탄압이다. 2차 사건도 무죄로 1심 재판이 끝났다. 정치적 문제에 의한 무리한 수사와 기소의 당연한 결과이다. 한명숙 전 총리는 1차 재판과 2차 재판을 통틀어 2년 가까이 수사와 재판을 받았다. 보통 사람이라면 견딜 수 없는 고통이다. 정치 활동에도 엄청난 타격을 입었다. 한명숙 전 총리의 수사와 재판은 반대 정치인의 파멸을 목적으로 한 검찰 권한 남용의 대표적 사례이다.

민주주의와 인권에 대한 탄압

검찰의 권한 남용은 정치적 반대파에 대한 수사에 한정하지 않고 계속 이어진다. 광우병 위험이 있는 미국산 수입 쇠고기의 문제점을 다룬 〈PD수첩〉 제작진 수사와 기소, 조선·중앙·동아일보 광고주에 대한 불매운동 시민 수사와 기소, 촛불집회 참가자들 수사와 기소, 정연주 KBS 사장 수사와 기소, 인터넷 공간에서의 표현의 자유를 억누르기 위한 인터넷 논객 미네르바의 구속과 기소, 대표적인 환경운동가인 최열의 수사와 기소, 국가보안법 위반 사건에 대한 대대적인 수사를 통한 공안사건의 부활, 용산참사 사건에 대한 부실·편파 수사 논란 등이 그것이다. 정치적 반대파의 제거, 시민사회단체나 혹은 조직에 대한 탄압, 민중생존권투쟁에 대한 탄압 등 공안정국을 구성하는 사건이 모두 시도되었거나 진행 중이다. 이런 사건은 수사와 기소를 하지 않거나 자제했어야 하고, 혹은 사건을 수사하면서 나타난 증거에 의해 마땅히 중단했어야 했다. 민주주의나 인권, 민중의 생존권과 관련된 사건이기 때문이다. 이 사건들 중 정연주 KBS 사장 사건과 〈PD수첩〉 사건, 미네르바 사건 등은 모두 무죄를 선고받았다. 수사가 자의적으로 시작되었음을 추측하게 한다.

정연주 KBS 사장 사건은 검찰이 그를 특정경제범죄가중처벌법상 배임혐의로 기소한 것을 말한다. 당시 KBS는 국세청을 상대로 법인세 부과처분 취소소송을 진행하고 있었다. KBS는 1심 재판에서 승소했다. 항소심 재판부는 국세청과 KBS의 합의를 권고했다. 원만한 합의를 통해 상고까지 하는 사태를 막고 소송을 조기에 종결시키기 위해서였다. 이에 정연주 사장은 법률회사와 KBS의 심의의결기구인 경영회의의 조정권고를 받아들여 법원의 조정에 응했다. 조정 결과 법인세 전액을 돌려받지 못했다. 이것은 판결 선고까지 갈 경우의 위험성을 감안한 합리적인 선택이었다. 그런데 검찰은 정연주 사장의 합의를 배임으로 기소했다. KBS에 손해를 끼쳤다는 것이다. 이 사건은 법리적으로 범죄가 될 수 없는 사건이다. 법원의 조정 권유와 법률회사의 검토, 경영회의의 의결을 거친 결정이 어떻게 KBS에 손해를 끼칠 수 있겠는가? 만일 정연주 사장이 배임을 했다고 한다면 조정을 권유한 항소심 재판부, 변호사는 배임의 교사범이 되는 것일까?

이 사건은 원래 KBS의 정연주 사장을 몰아내고 정권의 입맛에 맞는 사람을 KBS 사장으로 임명하기 위해 벌인 사건이다. 정연주 사장을 축출할 수 없자, 검찰이 성립할 수 없는 범죄혐의로 기소한 것이다.

〈PD수첩〉 사건은 검찰이 MBC의 시사 프로그램 〈PD수첩〉의 보도가 미국산 쇠고기의 광우병 위험을 과장해서 농림수산식품부 장관을 비롯한 정부 관계자들의 명예를 훼손했다고 기소한 사건이다. 죄명은 허위사실 유포에 의한 명예훼손이었다. 이 사건은 애초에 기소되어서는 안 되는 사건이었다. 민주사회에서 언론은 광범위한 비판의 자유를 누린다. 언론의 자유는 국민의 알 권리를 보장하고 이를 통해 자유로운 의사의 형성과 교환을 보장한다. 이로써 국민이 정치와 사회에 참여할 기반이 조성된다. 언론은 민주사회의 가장 기본을 이루는 것이므로 현존하는 명백한 위험이 없으면 이를 통제할 수 없는 것이 원칙이다. 〈PD수첩〉의 기소는 이런 민주주의 원칙을 위배한 것이었다. 나아가 언론의 비판의 자유는 특히 정부의 정책을 비판할 때 더 보상되어야 한다. 언론의 정부 비판은 정부 고위인사를 포함하지 않을 수 없다. 따라서 정부 고위인사의 명예를 훼손했다고 기소하는 것은 곧 언론의 정부 비판을 봉쇄하려는 것에 지나지 않는다. 〈PD수첩〉의 기소는 언론의 정부 비판 자유 원칙을 위배한 것이었다. 이런 이유로 수사과정에서 임수빈 부장검사는 일부 사실의 왜곡은 있지만 명예훼손은 성립하지 않는다고 밝힌 바 있다. 그러나 임수빈 검사는 검찰을 떠나고 다른 검사가 〈PD수첩〉을 기소했다.

미네르바 사건은 검찰이 인터넷상에 경제와 관련한 허위사실을 유포한다고 하여 인터넷 논객 미네르바를 기소한 사건이다. 이 역시 인터넷상의 표현의 자유를 위협하고 봉쇄하는 사건이다. 인터넷은 그

성립 및 발전 경위를 볼 때 광범위한 언론의 자유가 보장되는 곳이다. 인터넷상에는 거짓 정보가 있을 수 있으나 거짓 정보를 이용한 범죄 행위가 아니면 표현의 자유의 범위에 속한다. 그런데 검찰은 미네르바라는 인터넷 논객의 경제에 관한 표현이 정부를 비판한다고 해서 수사, 구속, 기소했다. 혐의는 전기통신기본법 위반이었다. 구체적으로는 "공익을 해할 목적으로 전기통신설비에 의하여 공연히 허위의 통신을 한 자"에 해당한다는 것이다. 그러나 이 법률을 이용한 처벌은 1961년 법률 제정 이후 처음이었다. 이 조항은 헌법재판소에 의해 표현의 자유를 침해하고 명확성의 원칙에 반한다는 이유로 위헌으로 결정되었다. 법률 검토를 충분히 하지 못하고 서둘러 인터넷상의 표현의 자유를 억압하기 위해 졸속으로 수사하고 기소한 것이 드러난 것이다.

이렇게 무리한 수사와 기소가 반복되는 이유로 검사의 실력 부족, 검사의 수사 부족, 검사의 권한 남용, 검사의 정치권력과의 결탁 등을 들 수 있다. 그러나 더 근본적으로는 무죄의 위험을 무릅쓰고 수사와 기소를 강행함으로써 사회 전체를 위협하는 데 그 목적이 있다. 즉, 자유로운 의사 표현을 위축시키고 정치적 반대파를 파멸시킴으로써 정권의 안전을 도모하기 위한 것이다. 이를 위해 사회에 공포감을 널리 퍼뜨리는 것이다. 현대 사회에서 수사와 재판만큼 시민을 효과적으로 공포에 빠뜨리는 기제도 없다. 다른 어떤 공포보다도 강하다. 왜냐하면 막강한 권한을 가진 국가와 별다른 방어 수단이 없는 개인의 투쟁이기 때문이다.

한편, 검찰은 현 정치권력이 관련된 사건에서는 수사를 진행하지 않거나 축소 수사를 하고 있다. 청와대의 민간인 사찰 사건, 이와 관련한 대포폰 사건, 조현오 경찰청장의 노무현 전 대통령 명예훼손 사건 등은 부실한 수사를 하거나 아예 수사를 하지 않고 있다. 이것 역시 검찰 권한의 정치적 남용이다. 마땅히 수사를 해야 할 부패나 권한 남용에 대해 수사를 하지 않는 것이다.

권력 남용
조직화

최근 검찰의 권력 남용이 더욱 우려되는 것은 그것이 조직화되는 경향을 보이고 있다는 점이다. 2009년 2월, 검찰은 2005년에 폐지되었던 대검 공안3과를 부활했다. 집회·시위에 대해 엄정한 대처 방안을 담은 '2009년 공안부 운영 방침'도 천명했다. 경찰의 법집행 과정에서 발생한 잘못에 대해서는 관용 또는 면책하겠다는 방침을 밝히며, 경찰의 강경진압을 독려하기도 했다. 한편 독재정권 시절 악명 높던 관계기관 대책회의를 연상시키는 '공안대책협의회'를 다시 가동하여 사회문제에 검찰이 개입하기 시작했다. 그 결과는 자생적 사회주의를 표방하는 사회주의노동자연맹에 대한 기소, 민주노동당에 가입해 당비 또는 후원금을 낸 전교조 교사와 전공노 공무원들에 대한 수사와 기소이다.

공안부는 공안사건을 취급한다. 국가주의적 관점에서 보았을 때 중요한 사건을 취급하는 곳이다. 인권이라는 측면에서 보면 가혹한 수사와 개입을 할 가능성이 가장 높은 곳이다. 과거사 사건이 집중적으로 발생하는 분야가 바로 공안 분야인 것이 이를 웅변해준다. 민주주의가 발전하면 공안부가 축소되고 민주주의가 후퇴하면 공안부가 확장되는 것은 우연이 아니다. 앞에서 살펴본 대로 참여정부 하에서 국가보안법 위반 구속자 수는 2002년 131명에서 2007년 17명으로 극적으로 줄어들었다. 공안부의 강화는 곧 언론과 출판의 자유, 집회와 시위의 자유에 대한 침해로 나타나고 민주주의와 인권에 대한 중대한 침해로 나타난다. 그런데 이명박 정부 하에서 공안부가 강화되고 있다. 그 결과 국가보안법 위반 검거 인원은 2009년 70명, 2010년 130명으로 증가했다. 최근 2011년 8월 한상대 검찰총장은 검찰이 체제의 수호자라고 자처하면서 종북 좌익 세력과의 전쟁을 선포했다. 정권의 안보를 위해 국가보안법을 활성화하겠다는 것이다. 과거 회귀적인 인식으로 매우 우려스럽다. 공안부의 강화 현상은 검찰의 정치적 편향성과 함께 권한 남용을 위한 제도적 기반 구축이라는 측면에서 마땅히 주목해야 할 현상이다. 그리고 국정원 등 다른 정보기관의 활동에 대해서도 관심을 가져야 한다는 것을 보여주는 증거이다.

검찰의 비리, 브레이크 없는 폭주

검찰 권한 남용은 수사나 재판과정의 위법이나 권한 남용만으로 나타나는 것이 아니다. 권력형 비리로도 나타난다. 2010년은 검찰에게 윤리적으로 가장 부끄러운 해로 기억될 것이다. 스폰서 검사와 그랜저 검사라는 비리가 줄줄이 터져 나왔다. 검찰만큼 깨끗한 곳이 없다는 주장을 반복해온 검찰의 입을 봉쇄해버린 사건이다. 스폰서 검사, 그랜저 검사 사건은 권력기관 비리 중에서 가장 나쁜 사례에 속한다. 공권력을 개인의 이익을 위해 사용했기 때문이다. 최소한의 윤리의식도 없는 것이 확인되었다.

검사들의 비리에는 개인적인 원인도 있을 것이다. 하지만 더 중요한 것은 제도적 원인이다. 비리의 제도적인 원인은 지나치게 많은 권한이 집중되어 있고 이에 대해서 견제와 감시 장치가 없는 것이다. 형사절차상 강력한 권력이 집중되어 있으나 이에 대한 견제 장치는 미비한 것이 현실이다. 법원의 견제는 사후적이고 재판을 통해 이루어진다. 외부기관에 의한 견제는 수사에 대한 개입이나 간섭으로 비친다. 내부감찰 제도는 개선되고 있으나 자기 자신을 수사해야 한다는 부담과 제약에서 벗어나기 어렵다. 한마디로 검찰의 비리를 감시할 시스템이 없는 것이다.

이런 시스템이 없기 때문에 국가정보원의 도청과 김용철 변호사의 폭로로 드러난 삼성으로부터 돈을 받았다는 떡값 검사, 천성관 검찰총장 후보자 인사청문회와 정용재의 폭로에서 드러난 스폰서 검사와 섹스 상납 검사, 사건 관계인에게 그랜저를 뇌물로 받고 사건을 청탁한 그랜저 검사, 검사들이 변호사에게 전별금과 떡값을 받아 사회를 떠들썩하게 했던 의정부 법조 비리와 대전 법조 비리가 계속해서 발생하고 있다. 이런 구조 문제를 해결하기 위해서는 국가권력을 개인적인 이익을 위해 사용하지 못하도록 권한을 분산해야 한다. 그리고 권한 행사를 실시간, 사후적으로 감시하는 시스템을 구축해야 한다. 고위공직자비리조사처가 대표적인 방안이다.

비리의 비제도적인 원인은 윤리의식의 부재이다. 즉, 공무원의 봉사의식 부재, 엘리트주의, 관료적 폐쇄주의 등이다. 윤리의식을 개선하기 위해서는 꾸준한 윤리교육이 필요하다. 엘리트라고 생각하는 대부분의 사람들의 가장 큰 단점은 자신은 더 이상 교육을 받을 필요 없이 완전하다고 과신하는 것이다. 윤리 문제에 대해서도 자신은 다른 사람들과 달리 교육조차 받을 필요가 없다고 생각한다. 그러나 현실은 전혀 그렇지 않다. 교육을 받지 않으면 무엇이 문제인지도 모른다. 대부분의 엘리트들은 비전공 분야에서는 놀라우리만치 아는 것이 적다. 관료 출신 엘리트들은 더욱 그렇다.

2008년에 출범한 법학전문대학원이 교육 이념을 강조하고 있는 것은 이런 이유이다. 즉 법률은 "법학전문대학원의 교육 이념은 국민의 다양한 기대와 요청에 부응하는 양질의 법률서비스를 제공하기 위하여 풍부한 교양, 인간 및 사회에 대한 깊은 이해와 자유·평등·정의를 지향하는 가치관을 바탕으로 건전한 직업윤리관과 복잡다기한 법적 분쟁을 전문적·효율적으로 해결할 수 있는 지식 및 능력을 갖춘 법조인의 양성에 있다"고 하여 단순한 법기술자 양성을 경계하고 있다. 검사들에게 법조윤리를 포함한 교양교육이 절실하다. 그런데 여기에서의 교양은 살롱에서 커피를 마시면서 귀족들이 나누는 대화를 말하는 것이 아니다. 사회 지도층이 갖추어야 할 교양은 과학적 세계관을 바탕으로 한 인간, 사회, 자연에 대한 폭넓은 이해와 자신의 분야에 대한 깊은 이해를 말한다. 이것은 곧 한국 사회를 포함한 세계가 어떤 문제점을 가지고 있는지 그리고 그 문제를 해결하기 위해서는 어떤 대책이 있는가를 누구와도 토론할 수 있을 정도의 지적 수준을 말한다. 검찰개혁과 관련해 말하자면 검찰의 문제점을 객관적으로 보고 국민의 입장에서 개혁 방안을 도출할 수 있을 정도의 교양을 말한다.

03

민주주의와 계속 개혁

계속되는 검찰개혁

참여정부의 검찰개혁은 역사상 처음 시도되었다. 처음부터 완전한 성공을 기대하기는 어려웠다. 사법개혁이 세 번의 정부에서 이루어진 것과 비교하면 참여정부의 검찰개혁은 이제 시작이라고 할 수 있다. 사법개혁의 예에서 보듯이 국가 차원에서 시도된 개혁 과제는 완전한 해결을 보기 전까지는 계속 시도되기 마련이다. 그 문제를 해결하지 않고는 전진할 수 없기 때문이다.

이명박 정부에서도 검찰개혁은 계속되고 있다. 비록 이명박 정부가 개혁적이지도 민주적이지도 않아서 국회 차원에서 진행되고 있기는 하지만 국가 차원의 개혁 작업임은 틀림없다. 제18대 국회는 사법제도개혁특별위원회를 두고 검찰개혁을 주된 과제로 제시했다. 물론 법원개혁, 변호사개혁도 포함되지만 사법개혁의 핵심이 언제나 검찰개혁이었듯이 이번 국회의 사법개혁에서도 검찰개혁이 핵심이다.

국회의 검찰개혁은 참여정부의 검찰개혁 논의보다는 주제도 한정되어 있고 폭도 좁다. 고비처 대신 특별수사청을 신설한다고는 하나 법관과 검사만을 대상으로 수사할 뿐 정경유착이나 권력형 부정부패에 취약한 고위공직자는 수사 대상으로 하고 있지 않다. 그나마 설치하는 데 실패했다. 대검 중수부 폐지는 거의 합의되었으나 검찰의 결사적인 반대와 한나라당의 약속 파기로 실패했다. 검경수사권 조정의 범위도 참여정부 당시의 합의 범위보다 좁다. 포괄적인 논의만 했을 뿐 구체적인 논의는 검찰과 경찰의 합의로 넘기게 되었다. 검경수사권 조정의 성패를 말하기는 아직 이르다. 국회가 검찰개혁을 시도했으나 성과는 적다. 검찰의 반대로 실패한 것이다.

그러나 제18대 국회의 사법개혁 논의는 향후 본격적으로 시작될 검찰개혁의 징검다리 역할은 했다. 검찰개혁이 시대적 과제임을 국민들에게 일깨우면서 국회의원 사이에서도 공감대를 형성했다. 여야가 대검 중수부 폐지에 일시적으로 합의했다는 사실 자체가 검찰개혁의 공감대가 어느 정도인지를 보여주는 사건이다. 검찰 및 검찰 출신 국회의원들이 대검 중수부 폐지를 반대하고 나선 것에 대한 여론은 싸늘하다. 단기적으로 검찰의 반대는 성공했지만 장기적으로 더 큰 역풍을 낳을 것이다. 국민적으로 검찰개혁의 공감대가 형성되고 있기 때문이다.

민주주의와 계속 개혁

검찰이 한국 사회를 지배한 지 오래되었다. 검찰은 한국 사회를 지배하면서 권력구조를 왜곡하고 국민의 인권을 탄압했다. 그 과정에서 정권의 안보는 보장되었고 검찰의 특권은 커졌다. 검찰개혁이 시대적 과제가 된 근본 이유이다. 검찰개혁이 계속 제기되는 것은 일제 강점기 이후 검찰의 본질이 변하지 않았기 때문이다.

검찰은 정치권력과 결탁해서 정치적 권한을 과다하게 가지고 있다. 형사절차에서는 거의 절대적인 권한을 가지고 수사와 재판, 집행을 장악하고 있다. 한국 검찰의 뿌리는 식민지 시대 일본 제국주의가 마련한 시스템이다. 해방 후 한국은 일본 제국주의의 영향에서 벗어날 수 있는 절호의 기회를 얻었다. 그러나 당시 법조인들은 한국 국민들의 인권 옹호라는 길을 택하지 않고 정권 안보를 위해 일본 시스템을 그대로 유지했다. 일본 식민지 시대 고위직 법관과 검사 출신들이 해방 한국의 법조 시스템을 설계하고 지휘한 것은 개인적으로는 영광이었겠지만 국가적으로는 비극이었다. 그 결과 국민의 인권은 뒷전이 되었고 국민에게 군림하는 사법, 국민을 통치의 대상으로 여기는 검찰이 남게 되었다.

시대적 과제는 참여정부가 검찰개혁을 시작할 때와 동일하다. 본질적으로 변화된 것은 없다. 시대의 흐름은 민주주의와 인권의 발전, 직접행동 민주주의의 발전으로 나타난다. 공권력에 의한 일방적인 갈등 진압은 불가능하게 되고 있다. 권력기관의 구성에서부터 공권력 행사의 요건이나 방법에 대한 근본적인 변화가 요청되고 있다. 건국 이래

한 번도 진지하게 검토되지 못했던 권력기관의 개혁을 시도하지 않으면 안 되는 시기가 된 것이다. 이명박 정부의 경험은 역설적으로 권력기관 개혁이 필요하다는 점을 더욱 명확히 했다.

참여정부의 검찰개혁은 실패했다는 것이 일반적인 평가이다. 하지만 좀 더 자세히 살펴볼 필요가 있다. 다시 검찰개혁을 하기 위해서도 구체적이고 실천적으로 평가할 필요가 있다. 참여정부는 검찰의 정치적 중립을 철저하게 보장했다. 청와대는 검찰과의 관계를 전면적으로 단절함으로써 정치적 중립을 확실하게 보장했다. 대검 공안부를 축소하고 위상도 낮췄다. 그리고 검찰청법을 개정함으로써 정치적 중립과 관련한 제도적 과제를 거의 달성했다. 남은 것은 대검 중수부 폐지 정도이다. 이것은 참여정부의 성과이다.

참여정부가 미흡했던 점은 검찰개혁에서 정치적 중립을 넘어서서 더 많은 개혁 과제를 완수하지 못한 것이다. 검찰개혁의 핵심 과제인 민주적 통제, 즉 분산, 견제와 감시 시스템을 마련하지 못했다. 고위공직자비리조사처, 검경수사권 조정, 법무부의 문민화, 과거사 정리 등을 달성하지 못했다. 참여정부의 권력기관 개혁의 인식이 철저하지 못한 점이 원인 중 하나이다. 주체 간의 인식이 통일되지 못했고 검찰개혁을 위한 기구도 구성하지 못했다. 이것은 참여정부가 받아야 할 비판의 몫이다.

한편, 실패라고 보이는 현상의 원인의 상당 부분은 새로운 정부의 것이다. 만일 새로운 정부가 참여정부의 기조를 이어받고, 단점을 보완하면서 개혁을 더욱 추진했다면 검찰은 지금과는 완전히 다른 모습으로 있을 것이다. 그러나 지금의 새로운 정부는 오히려 참여정부의 검찰개혁 성과를 무시하고 파괴하는 데 주력했다.

이 점에서 우리는 검찰개혁은 검찰 자체의 개혁만으로 완결되지 않는다는 것을 확인할 수 있다. 검찰은 정치권력과 어떠한 형태로든 영향을 주고받지 않을 수 없는 권력기관이다. 검찰의 정치적 성향은 부인하기 어렵다. 따라서 다시 문제는 민주주의이다. 그리고 정치이다. 민주정부만이 검찰개혁을 추진할 수 있고 또 완결지을 수 있다. 민주주의와 정치가 발전하고 주도권을 쥐지 않는 이상 검찰의 정치적 편향과 검찰의 과대한 권력은 근원적으로 해결할 수 없다. 민주주의는 문제가 많은 제도이다. 시끄러운 제도이다. 하지만 듀이의 말처럼 민주주의의 문제는 민주주의의 발전을 통해서만 해결할 수 있다. 민주주의 이외에는 국민이나 시민이라는 이름의 대중이 의지할 만한 정치제도는 아직 없다. 정치 역시 동일하다. 특히 한국의 정치는 다른 분야를 압도할 만한 실력과 도덕성이 없다. 하지만 정치의 문제는 정치를 통해서만 해결할 수 있다. 참여 없이는 정치의 문제를 해결할 수 없다. 정치와 민주주의를 검찰이나 권력기관의 손에 맡겨놓고 있는 이상 검찰이나 권력기관의 개혁은 불가능하다.

　한편 모든 개혁은 시간이 소요되는 문화의 개혁을 포함한다. 모든 제도의 뿌리에는 사람이 있기 때문이다. 변화에는 시간이 필요하다. 이런 면에서 모든 개혁은 '계속 개혁'이어야 한다. 검찰을 비롯한 권력기관은 원래 정치 편향적이고 인권을 침해하는 속성을 가지고 있다. 국민의 자유와 권리를 보호하기 위해 국민의 자유와 권리를 침해하는 것이 권력기관이다. 따라서 개혁을 중단하는 순간 국민의 자유와 권리는 후퇴한다. 개혁의 성과를 유지하기 위해서도 개혁은 계속되어야 한다. 개혁과 중단은 서로 양립할 수 없는 말이다.

　참여정부의 검찰개혁은 성공과 실패가 혼재하고 있다. 하지만 참여정부의 문제의식은 여전히 공감을 불러일으킨다. 이런 의미에서 검찰개혁은 계속될 수밖에 없다. 다음에 들어설 민주정권은 첫 번째 개혁 작업으로 검찰개혁에 착수해야 한다. 계속 제기되는 검찰개혁을 완수하기 위해서는 민주주의가 진전되어야 한다. 그리고 계속 개혁이 이루어져야 한다. 참여정부의 검찰개혁의 교훈을 한마디로 정리한다면 민주주의의 진전과 계속 개혁일 것이다.

참고문헌

단행본

- 강진아, 《문명제국에서 국민국가로》, 창비, 2009
- 경찰청, 《경찰청 과거사진상규명위원회 백서》, 2007
- 국가정보원, 《과거와 대화 미래의 성찰》, 2007
- 국정홍보처, 《참여정부 국정운영백서 1 총론》, 2008
- 국정홍보처, 《참여정부 국정운영백서 2 민주주의》, 2008
- 국정홍보처, 《참여정부 국정운영백서 8 일지》, 2008
- 김동노, 《근대와 식민의 서곡》, 창비, 2009
- 김삼웅, 《리영희 평전》, 책보세, 2010
- 김용철, 《삼성을 생각한다》, 사회평론, 2010
- 김인회, 김찬규, 박일환, 정태호, 조재희, 《진보와 권력-인수위·인사·대통령실·권력기관》, 노무현재단, 한국미래발전연구원, 2011
- 김종덕, 《법치와 개혁-아름다운 법치를 위하여》, 계명대학교출판부, 2009
- 김철, 《한국법학의 반성-사법개혁 시대의 법학을 위하여》, 한국학술정보, 2009
- 김희수, 서보학, 오창익, 하태훈, 《대한민국, 검찰공화국》, 삼인, 2011
- 노명선, 이완규, 《형사소송법》, 성균관대학교출판부, 2009
- 노무현, 《노무현의 리더십이야기》, 행복한책읽기, 2002
- 노무현, 《성공과 좌절》, 학고재, 2009
- 노무현, 《운명이다》, 돌베개, 2010
- 노무현, 《진보의 미래》, 동녘, 2009
- 닐 비드마르, 《세계의 배심제도》, 김상준, 김형두, 이동근, 이효진 옮김, 나남, 2007
- 다치바나 다카시, 《도쿄대생은 바보가 되었는가》, 이정환 옮김, 청어람미디어, 2002
- 다치바나 다카시, 《천황과 도쿄대 1, 2》, 이규원 옮김, 청어람미디어, 2008
- 대검찰청, 검찰연감 1990~2010
- 대법원, 《바람직한 형사사법시스템의 모색 자료집 Ⅰ, Ⅱ, Ⅲ》, 2004
- 대법원, 사법연감 1990~2010

- 대통령자문 정책기획위원회,《과거사 정리》, 2008
- 대통령자문 정책기획위원회,《권력기관 제자리 찾기-권력기관을 국민의 품으로》, 2008
- 대통령자문 정책기획위원회,《반부패 투명사회 구현-반부패 개혁도 이제는 시스템으로》, 2008
- 대통령자문 정책기획위원회,《사법제도개혁-사법의 선진화, 민주화를 위한 참여정부의 여정》, 2008
- 로렌스 엠 프리드만,《미국법의 역사》, 안경환 옮김, 청림출판, 2008
- 로버트 카퍼 외 지음,《미국의 사법제도》, 주한미국대사관공보과, 2009
- 리영희, 임헌영,《대화》, 한길사, 2010
- 마르틴 브로샤트,《히틀러 국가》, 김학이 옮김, 문학과지성사, 2011
- 멜빈 우로프스키,《국민의 권리》, 주한미국대사관공보과, 2009
- 문재완, 정한중, 김인회,《로스쿨 실습과정》, 한국학술정보, 2011
- 문재인,《문재인의 운명》, 가교출판, 2011
- 문준영,《법원과 검찰의 탄생》, 역사비평사, 2010
- 미셸 푸코,《감시와 처벌》, 오생근 옮김, 나남, 2010
- 민주사회를위한변호사모임,《국가보안법 보고서》, 2011
- 민주사회를위한변호사모임,《사법개혁의견서》, 1999
- 박승진, 이경재, 최석윤,《각국의 검찰제도》, 한국형사정책연구원, 1998
- 박창호, 이동희, 이영돈, 임준태, 표창원,《비교수사제도론》, 박영사, 2005
- 반프리트 하쎄머,《형법정책-법치국가와 형법》, 배종대, 이상돈 편역, 세창출판사, 1998
- 배종대, 이상돈, 정승환,《신형사소송법》, 홍문사, 2009
- 백광운, 신동일, 이천현,《바람직한 검찰개혁의 방향》, 한국형사정책연구원, 2003
- 백영서 외,《동아시아 근대이행의 세 갈래》, 창비, 2009
- 법무부,《각국의 법무제도》, 2004
- 법무연수원,《검찰실무 Ⅰ》(법학전문대학원 검찰실무교재), 법무연수원, 2010
- 사법개혁위원회,《국민과 함께하는 사법개혁》, 2004
- 사법개혁위원회,《사법개혁위원회 자료집 Ⅰ, Ⅱ, Ⅲ, Ⅳ, Ⅴ》, 2004
- 사법연수원,《수사절차론》, 2008
- 사법연수원,《형사소송절차실무》, 2008
- 사법제도개혁추진위원회,《사법선진화를 위한 개혁 백서 상, 하》, 2006
- 샌드라 프레드먼,《인권의 대전환》, 조효제 옮김, 교양인, 2009
- 샤무엘 워커,《미국형사사법사》, 장영민 옮김, 한국형사정책연구원, 2007

- 손동권,《형사소송법》, 세창출판사, 2010
- 신동운 외,《로스쿨 형사소송법》, 법문사, 2009
- 신동운,《신형사소송법》, 법문사, 2009.
- 신동운,《형사소송법제정자료집》, 한국형사정책연구원, 1990
- 신동준,《근대일본론》, 지식산업사, 2006
- 신양균,《신판 형사소송법》, 화산미디어, 2009
- 심희기,《형사소송법 판례》, 홍문사, 2005
- 심희기,《형사소송법》, 삼영사, 2009
- 아마르티아 센,《불평등의 재검토》, 이상호 옮김, 한울아카데미, 2008
- 아마르티아 센,《살아있는 인도》, 이경남 옮김, 청림출판, 2008
- 아마르티아 센,《센코노믹스, 인간의 행복에 말을 거는 경제학》, 갈라파고스, 2008
- 아마르티아 센,《정체성과 폭력》, 이상환, 김지현 옮김, 바이북스, 2009
- 안경환, 한인섭,《배심제와 시민의 사법참여》, 집문당, 2005
- 앨런 더쇼비츠,《최고의 변론》, 변용란 옮김, 이미지박스, 2006
- 엄상섭,《효당 엄상섭 형사소송법 논집》, 서울대학교 출판부, 2005
- 에이프릴 카터,《직접행동》, 조효제 옮김, 교양인, 2010
- 에드워드 사이드,《문화와 제국주의》, 박홍규 옮김, 문예출판사, 2007
- 에드워드 사이드,《오리엔탈리즘》, 박홍규 옮심, 교보문고, 2008
- 오연호,《노무현, 마지막 인터뷰》, 오마이뉴스, 2009
- 우오즈미 아키라,《파워검찰-도쿄지검 특수부 검사들》, 이문수 옮김, 파라북스, 2004
- 이백만,《불멸의 희망》, 21세기북스, 2009
- 이백철,《영미법계의 수사구조와 우리나라 수사권의 합리적 배분 방안》, 치안정책연구소, 2004
- 이석태, 한인섭,《한국의 공익소송》, 경인문화사, 2010
- 이수형,《미국법 오해와 이해》, 나남출판, 2006
- 이완규,《검찰제도와 검사의 지위》, 성문기업, 2005
- 이재상,《신형사소송법》, 박영사, 2009
- 이재상, 박미숙,《검사의 기소재량에 관한 연구》, 한국형사정책연구원, 1993
- 이재승,《국가범죄》, 도서출판 앨피, 2010
- 이진국, 정완,《수사권독립 논의에 관한 검토》, 형사정책연구원, 2003
- 임동규,《형사소송법》, 법문사, 2009
- 임현치,《노신 평전》, 김태성 옮김, 실천문학사, 2010

- 정용재 증언,《검사와 스폰서 묻어버린 진실》, 책보세, 2011
- 정웅석,《형사소송법》, 대명출판사, 2009
- 조성식,《대한민국 검찰을 말하다 1. 2》, 나남, 2010
- 진실과 화해를 위한 과거사 정리위원회,《조사보고서》, 2006~2010
- 차용석, 최용성,《형사소송법》, 21세기사, 2008
- 참여연대,《김대중 정부 5년 검찰백서》, 2003
- 최웅렬,《경찰개혁론》, 법문사, 2006
- 치안연구소,《경찰권 행사관련 판례 연구》, 2002
- 치안정책연구소,《각국 경검 수사권한 비교 연구》, 2008
- 친일인명사전편찬위원회,《친일인명사전》, 민족문제연구소, 2009
- 클라우스 폴크,《독일 형사소송법》, 김환수, 문성도, 박노섭 옮김, 박영사, 2009
- 파울루 프레이리,《페다고지》, 남경태 옮김, 그린비, 2010
- 표창원,《경찰의 인권의식 향상 방안》, 치안정책연구소, 2006
- 피에르 아술린,《지식의 죄와 벌》, 이기언 옮김, 두레, 2005
- 한승헌,《분단시대의 법정》, 범우사, 2006
- 한승헌,《한변호사의 고백과 증언》, 한겨레출판, 2009
- 한인섭 외,《법조윤리》, 박영사, 2010
- 한인섭,《한국형사법과 법의 지배》, 한울, 1998
- 한인섭,《권위주의 형사법을 넘어서》, 동성사, 2000
- 한인섭,《형벌과 사회통제》, 박영사, 2007
- 함동주,《천황제 근대국가의 탄생》, 창비, 2009
- 허일태,《독일 프랑스의 수사구조를 통해서 본 경찰 수사권의 합리적 배분과 수사권 내용》, 치안정책연구소, 2004
- 헨리 데이비드 소로우,《시민의 불복종》, 강승영 옮김, 은행나무, 2011
- 홍성우, 한인섭,《인권변호 한 시대》, 경인문화사, 2011
- 川崎英明,《現代檢察官論》, 日本評論社, 1997
- 村井敏邦, 川崎英明, 白取祐司 編,《刑事司法改革と刑事訴訟法 上 下》, 日本評論社, 2007

논문
- 강동범, 〈구속영장재판에 대한 불복 가부〉, 한국형사법학회,《형사법연구》21권 제3호(통권 40

호), 2009
- 강수열, 〈경찰수사권 체제에 관한 연구〉, 박사학위 논문, 부산대, 2002
- 계경문, 〈검사작성의 피의자신문조서의 증거능력-대법원 2004.12.16. 선고 전원합의체 2002도537판결에 대하여〉, 국민대학교 법학연구소, 《법학논총》 17집, 2005
- 구상진, 〈수사체제조정 논의 재검토〉, 한국법학원, 《저스티스》 100호, 2007
- 권오걸, 〈수사절차로서의 내사에 대한 고찰〉, 한국형사법학회, 《형사법연구》 15호
- 권오걸, 〈재심개시 사유로서의 증거의 신규성과 명백성의 의미와 판단기준〉, 한국형사법학회, 《형사법연구》 제22권 제1호(통권 42호), 2010
- 김규현, 〈공직부패에 대한 법적 통제 연구〉, 박사학위 논문, 대전대, 2004
- 김봉수, 〈피고인의 공소사실과 관련한 공동피고인에 대한 경찰작성 신문조서의 증거능력〉, 한국형사법학회, 《형사법연구》 제22권 제1호, 2010
- 김상호, 〈기소편의주의의 한계와 통제방안〉, 동아대학교 법학연구소, 《동아법학》 20호, 1996
- 김성호, 〈공직부패 방지를 위한 제도개선에 관한 연구〉, 박사학위 논문, 건국대, 2003
- 김원치, 〈검찰과 정치의 상호관계에 관한 연구-권력형 비리에 대한 일본 검찰의 수사사례를 중심으로〉, 박사학위 논문, 건국대, 2008
- 김윤상, 〈수사지휘권과 인권보장〉, 한국형사법학회, 《형사정책》 15권 1호, 2003
- 김인회, 〈검찰의 수사권 및 공소권 남용 연구-한명숙 전 총리 뇌물 수수사건을 중심으로〉, 법과사회이론학회, 《법과 사회》, 2010
- 김인회, 〈견제와 분산을 위한 검찰개혁 과제 재검토〉, 민주주의법학연구회, 《민주법학》 제43호, 2010
- 김인회, 〈권력기관 개혁의 핵-검찰개혁〉, 민주정책연구원, 《사람과 정책》 2011 여름호, 2011
- 김인회, 〈폭주하는 검찰, 어떻게 세울까〉, 창비, 《A4 두 장으로 한국사회 읽기》, 2011
- 김인회, 〈형사구속자 수 급감의 원인과 의의〉, 서울대 법학연구소, 《서울대 법학》 51권 4호(통권 157호), 2010
- 김일수, 〈검경수사권 조정자문위원회 활동의 회고와 전망〉, 한국형사정책연구원, 《형사정책연구》 제18권 제3호(통권 71호), 2007
- 김재윤, 〈검사의 소추재량권에 대한 민주적 통제 방안〉, 한국형사법학회, 《형사법연구》 21권 제4호(통권 41호), 2009
- 김정철, 〈공판중심주의 관점에서 바라본 공소권 남용에 관한 연구〉, 석사학위 논문, 고려대, 2007
- 김종구, 〈형사사건 처리절차의 현실과 개선 방안-검찰운용을 중심으로〉, 박사학위 논문, 동국

대, 2000
- 김종오, 〈미국의 형사증거 공개제도〉, 대검찰청, 《형사법의 신동향》 제10호, 2007
- 김준성, 〈검경수사권 조정에 관한 쟁점 검토〉, 영남대 법학연구소, 《영남법학》, 2005
- 김창문, 〈한국 경찰의 수사 범위에 관한 연구-경찰권의 역사를 중심으로〉, 대한정치학회, 《대한정치학회보》, 2008
- 김태명, 〈재정신청제도의 의의와 범위의 확대〉, 한국형사법학회, 《형사법연구》 21호, 2004
- 김택수, 〈부대사소제도 도입 방안에 관한 연구〉, 한국형사법학회, 《형사법연구》 제22권 제1호 (통권 42호), 2010
- 김학배, 〈합리적인 수사권 조정방향, 경찰의 수사주체성 인정 및 검경간 상호협력관계 설정〉, 검경수사권조정협의회, 검경수사권조정에 관한 공청회, 2005
- 김현숙, 〈검사작성 피의자신문 영상녹화물에 대한 비판적 검토〉, 한국형사법학회, 《형사법연구》 21권 제2호(통권 39호), 2009
- 김혜정, 〈형소법 247조 의미의 재고찰과 검찰중립화〉, 한국비교형사법학회, 《비교형사법연구》 4권 1호, 2002
- 김희재, 〈바람직한 수사권 조정방안〉, 검경수사권조정협의회, 검경수사권조정에 관한 공청회, 2005
- 김희수, 〈검찰의 기소권 이대로 좋은가-기소독점주의와 기소편의주의를 중심으로〉, 2009 검찰개혁 연속기획 토론회 검찰, 이대로 좋은가, 국회의원 이춘석, 인권연대, 2009
- 노명선, 조재호, 〈새로운 진술증거를 확보하기 위한 입법적 개선〉, 대검찰청, 《형사법의 신동향》 통권 29호, 2010
- 노정환, 〈수사절차독립성론-수사의 개념 및 원칙을 중심으로〉, 법조협회, 《법조》 57권 3호, 2008
- 데이비드 존슨, 〈검사의 역할과 재량〉, 대검찰청, 《형사법의 신동향》 17호, 2008
- 류제성, 〈이명박 정부에서의 검찰권 행사의 문제점과 개혁방안〉, 민주사회를위한변호사모임, 《2009 한국인권보고서》, 2009
- 문부식, 〈상처들이 말을 하기 시작했다, 역사 아시아 만들기와 그 방식〉, 한울, 《아시아 신세기 2》, 2007
- 문준영, 〈검사의 법적 성격과 조직방식에 관한 논의의 비판적 고찰-검사의 준사법기관성과 검사동일체 원칙을 중심으로〉, 민주주의법학연구회, 《민주법학》 26호, 2004
- 문준영, 〈검찰권 행사에 대한 시민적 통제와 참여〉, 민주주의법학연구회, 《민주법학》 29호, 2005
- 문준영, 〈검찰제도의 연혁과 현대적 의미-프랑스와 독일에서의 검찰제도와 검찰개념의 형성을

중심으로〉, 한국비교형사법학회,《비교형사법연구》8권 1호, 2006
- 문준영,〈검찰제도의 연혁과 현대적 의미〉, 한국비교형사법학회,《비교형사법연구》8권 1호, 2006
- 문준영,〈제국 일본의 식민지 형사사법제도의 형성〉, 한국법사학회,《법사학연구》23호, 2001
- 문준영,〈한국 검찰제도의 역사적 형성에 관한 연구〉, 박사학위 논문, 서울대, 2004
- 문준영,〈한국검찰의 형성과 변천, 전망〉, 대검찰청,《형사법의 신동향》17호, 2008
- 문준영,〈한국적 검찰제도의 형성〉, 서해문집,《내일을 여는 역사》36호, 2009
- 문준영,〈해방공간, 사법민주화논의의 전개와 좌절〉, 민주주의법학연구회,《민주법학》21호
- 문준영,〈헌정초기의 정치와 사법−제2대 검찰총장 김익진의 삶과 검찰독립의 문제〉, 한국법사학회,《법사학연구》34호, 2006
- 문채규,〈검사의 부당한 불기소처분에 대한 법적 통제와 기소편의주의의 미래〉, 안암법학회,《안암법학》6호, 1997
- 민경한,〈검찰의 공소권 남용과 문제점 및 통제방안〉, 2009 검찰개혁 연속기획 토론회 검찰, 이대로 좋은가, 국회의원 이춘석, 인권연대, 2009
- 박근용,〈검찰권과 사법권의 오남용은 인권침해의 또 다른 이름〉, 민주사회를위한변호사모임,《2009 한국인권보고서》, 2009
- 박기석,〈헌행 검경관계의 문제점과 경찰의 책임수사원리〉, 한국비교형사법학회,《비교형사법연구》5권 2호, 2003
- 박노섭,〈경찰수사의 독립성 확보방안〉, 경찰청, 경찰수사의 공정성 독립성 확보방안 세미나, 2006.
- 박연철,〈특별검사제의 평가와 개선방안〉, 대한변호사협회 토론회 자료집, 2000
- 寺崎嘉博(데라사키 요시히로),〈일본의 형사사법(검찰심사회와 배심제도)〉, 한국형사정책연구원,《형사정책》13권 1호, 2001
- 서보학,〈검찰 경찰간의 합리적 수사권조정방안〉, 검경수사권조정협의회, 검경수사권조정에 관한 공청회, 2005
- 서보학,〈검찰개혁 대안은 무엇인가〉, 2009 검찰개혁 연속기획 토론회 검찰, 이대로 좋은가, 국회의원 이춘석, 인권연대, 2009
- 서보학,〈참고인강제구인 제도에 대한 비판적 고찰〉, 한국형사법학회,《형사법연구》21권 제3호(통권 40호), 2009
- 손동권,〈경찰수사의 공정성 확보 방안〉, 경찰청, 경찰수사의 공정성 독립성 확보방안 세미나, 2006

- 신동운, 〈내사종결처분의 법적 성질〉, 서울대 법학연구소,《서울대 법학》 45권 3호, 2004
- 신동운, 〈수사지휘권 귀속에 관한 연혁적 고찰(Ⅰ)-초기 법규정의 정비를 중심으로〉, 서울대 법학연구소,《서울대 법학》 42권 1호, 2001
- 신동운, 〈수사지휘권 귀속에 관한 연혁적 고찰(Ⅱ)-초기 법규정의 정비를 중심으로〉,《서울대 법학》 42권 2호, 2001
- 신동운, 〈일제하의 예심제도에 관하여-그 제도적 기능을 중심으로〉, 서울대 법학연구소,《서울대 법학》 27권 1호, 1986
- 신동운, 〈일제하의 형사절차에 관한 연구〉,《한국법사학논총》(영산 박병호 교수 회갑기념 논총), 박영사, 1991
- 신동운, 〈한국검찰제도의 현황과 개선책〉, 서울대 법학연구소,《서울대 법학》 29권 2호, 1988
- 신동운, 〈형사소송법의 기본구조에 관한 고찰-특히 입법경위를 중심으로〉, 서울대 법학연구소,《서울대 법학》 28권 1호, 1987
- 신양균, 〈수사구조 개혁에 부합하는 경찰수사 조직의 발전 방안〉, 치안정책연구소,《치안논총》 23집, 2007
- 심재무, 〈검사의 불기소처분에 대한 불복제도 개선방안〉, 한국비교형사법학회,《비교형사법연구》 5권 1호, 2003
- 심희기, 〈개정 형사소송법의 증거개시 조항에 대한 비판적 고찰〉, 한국형사법학회,《형사법연구》 20권 4호(통권 37호), 2008
- 안미영, 〈우리 헌법상 검사의 영장신청권 조항의 의의〉, 대검찰청,《형사법의 신동향》 24호, 2010
- 양승일, 김한창, 〈검경조직의 수사권 비교 분석-한국과 미국의 수사권을 중심으로〉, 한국조직학회,《한국조직학회보》 3권 2호, 2006
- 여운국, 〈특별검사제도와 관련된 헌법적 쟁점에 대한 연구-BBK특검법에 관한 헌법재판소 판례를 중심으로〉, 석사학위 논문, 서울대, 2008
- 염형국, 〈사법개혁의 성과와 과제〉, 민주사회를위한변호사모임,《2005 한국인권보고서》, 2005
- 오세인, 〈미국에서의 특별검사제도에 대한 비판론〉, 한국법학원,《저스티스》 32권 3호, 1999
- 유숙영, 〈피고인의 방어권 보장을 위한 방안-공소제기후 검사가 제출하지 아니한 수사기록에 대한 열람·등사권의 허용범위 확대〉, 민주주의법학연구회,《민주법학》 23호, 2003
- 유인창, 〈현행수사권체제의 개선방안에 관한 연구〉, 한국법학회,《법학연구》 21집, 2006
- 윤동호, 〈플리바게닝 도입론 비판〉, 한국형사법학회,《형사법연구》 21권 제3호(통권 40호), 2009
- 이관희, 〈부패방지위원회의 발전방향〉, 한국헌법학회,《헌법학연구》 10권 4호, 2004

- 이병래, 〈검경수사권 조정 논의의 전개과정과 쟁점〉, 민주사회를위한변호사모임, 《2005 한국인권보고서》, 2005
- 이보영, 〈공소권의 본질과 공소권남용론에 관하여〉, 한국비교법학회, 《비교법학연구》 7권, 2007
- 이유정, 〈과거사진상 조사 보고서를 통해 본 검찰의 인권침해실태〉, 서해문집, 《내일을 여는 역사》 36호, 2009
- 이유정, 〈법무부・검찰개혁의 현황 및 과제〉, 민주사회를위한변호사모임, 《2005 한국인권보고서》, 2005
- 이유정, 〈사법부과거청산〉, 민주사회를위한변호사모임, 《2005 한국 인권보고서》, 2005
- 이존걸, 〈경찰의 수사권 독립방안〉, 전주대학교 사회과학종합연구소, 《사회과학논총》, 2000
- 이종영, 〈부패방지법의 문제점과 개선방안〉, 중앙법학회, 《중앙법학》 5집 1호, 2003
- 이창호, 〈검찰개혁의 방향과 과제〉, 민주주의 법학연구회, 《민주법학》 24호, 2003
- 이호중, 〈우리나라의 양형기준에 대한 비판적 분석〉, 한국형사법학회, 《형사법연구》 제22권 제1호(통권 42호), 2010
- 이호중, 〈이명박 정부 1년의 검찰수사, 그 정치성에 대하여〉, 2009 검찰개혁 연속기획 토론회 검찰, 이대로 좋은가, 국회의원 이춘석, 인권연대, 2009
- 이효원, 〈헌법과 검찰, 검사〉, 대검찰청, 《형사법의 신동향》 17호, 2008
- 정민진, 〈피의사실공표죄의 운영실태와 문제점 및 활성화 방안〉, 석사학위 논문, 서울대, 2006
- 정웅석, 〈검사작성의 피고인이 된 피의자신문조서의 증거능력〉, 한국법학원, 《저스티스》 83호, 2005.
- 정웅석, 〈국민의 권익보호를 위한 합리적 대안 모색〉, 검경수사권조정협의회, 검경수사권조정에관한 공청회, 2005.4.11.
- 정웅석, 〈독일의 검찰제도에 관한 연구〉, 연세법학회, 《연세법학연구》, 2005
- 정진연, 〈공소권남용론에 관한 비판적 고찰〉, 숭실대 법학연구소, 《법학논총》 12권, 2000
- 조국, 〈현시기 검찰・경찰 수사권조정의 원칙과 방향-형사소송법 제195조, 제196조의 개정을 중심으로〉, 서울대 법학연구소, 《서울대 법학》, 2005
- 조국, 〈검사작성 피의자신문조서의 성립진정과 증거능력〉, 고시연구사, 《고시연구》 통권 321, 2000.12.
- 조국, 〈경찰 '보호조치' 와 '훈방조치' 의 법적 근거 및 한계에 관한 연구〉, 치안연구소, 2003
- 조국, 〈실사구시의 원칙에 선 검찰 경찰 수사권 조정방안〉, 검경수사권조정협의회, 검경수사권조정에 관한 공청회, 2005.4.11.
- 조국, 〈헌법적 형사소송의 관점에서 본 형사절차상의 인권〉, 고시연구사, 《고시연구》, 2000.4.

- 차병직, 〈한국 법조 직역의 형성과정, 성격, 그리고 과제〉, 역사비평사, 《역사비평》 77호, 2006
- 차인호, 〈자치경찰제 도입에 따른 경찰수사권의 현실화 방안에 관한 연구〉, 석사학위 논문, 대전대, 2004
- 채방근, 〈공소권 남용론에 관한 연구〉, 박사학위 논문, 경희대, 2000
- 하승수, 〈검찰권 남용에 대한 통제수단으로서의 재정신청제도〉, 법과사회이론학회, 《법과사회》 16권 1호, 1999
- 하태훈, 〈검찰권 인사·조직상 독립권 확보방안〉, 한국형사정책연구원, 《형사정책》 14권 1호, 2002
- 하태훈, 〈법무부와 검찰의 관계 이대로 좋은가〉, 2009 검찰개혁 연속기획 토론회 검찰, 이대로 좋은가, 국회의원 이춘석, 인권연대, 2009
- 한상훈, 〈검찰개혁을 위한 대승적 결단이 필요하다〉, 2009 검찰개혁 연속기획 토론회 검찰, 이대로 좋은가, 국회의원 이춘석, 인권연대, 2009
- 한상훈, 〈형사소송의 구조와 검사, 피고인의 지위-당사자주의와 증거개시를 중심으로〉, 한국형사법학회, 《형사법연구》 21권 제4호(통권 41호), 2009
- 한스 하이너 퀴네, 〈검사의 지위와 기능〉, 대검찰청, 《형사법의 신동향》 17호, 2008.
- 한인섭, 〈권력형 부패에 대한 법적 통제-검찰의 역할과 한계를 중심으로〉, 한국행정학회 1999년 특별세미나 발표논문집, 1999
- 한인섭, 〈최근 한국의 정치부패에 대한 검찰과 특검의 도전-그 성과와 한계〉, 서울대 법학연구소, 《서울대 법학》 45권 3호, 2004
- 한인섭, 〈치안유지법과 식민지통제 법령의 전개〉, 《한국법사학논총》(박병호교수 환갑기념논문집), 박영사, 1991
- 허일태, 〈검찰의 법왜곡 행위와 이에 대한 대책〉, 한국형사법학회, 《형사법연구》 11호, 1999
- 허일태, 〈기소편의주의와 기소재량에 대한 통제방안〉, 한국형사정책연구원, 《형사정책》 14권 1호, 2002
- 허일태, 〈독일과 프랑스의 수사권배분에 관한 비교법적 고찰〉, 한국비교형사법학회, 《비교형사법연구》 6권 1호, 2004
- 홍영기, 〈검사작성 피의자신문조서의 실질적 진정성립 인정방식〉, 한국형사법학회, 《형사법연구》 21권 제2호(통권 39호), 2009
- 황덕남, 〈수사권조정의 합리적 해결방안-바람직한 수사권조정을 위해 수사구조 및 수사 실상에 대한 정확한 검증 권고〉, 검경수사권조정협의회, 검경수사권조정에 관한 공청회, 2005.4.11.
- 황정인, 〈검찰개혁, 정치문제도 징벌의 문제도 아니다〉, 2009 검찰개혁 연속기획 토론회 검찰,

이대로 좋은가, 국회의원 이춘석, 인권연대, 2009
- Claus Roxin, 〈검사의 법적 지위-과거와 현재〉, 이완규 옮김, 검찰미래기획단, 《검사의 지위와 기능》, 2008
- Eberhard Schmitt, 〈사법권력 내에서의 검사의 법적 지위 및 법관법 포함문제〉, 박학모 옮김, 검찰미래기획단, 《검사의 지위와 기능》, 2008
- Friedrich Gorgen, 〈독일법상 검사의 수사지휘규정의 역사적 기초와 변화 과정〉, 이완규 옮김, 검찰미래기획단, 《검사의 지위와 기능》, 2008
- Hans Lilie, 〈수사절차에서의 검찰과 경찰의 관계〉, 김영규 옮김, 검찰미래기획단, 《검사의 지위와 기능》, 2008
- Hinrich Ruping, 〈검찰과 경찰의 관계, 형사소추의 통일성의 문제를 중심으로〉, 이완규 옮김, 검찰미래기획단, 《검사의 지위와 기능》, 2008
- Hinrich Ruping, 〈독일에서의 검찰의 탄생〉, 이상문 옮김, 검찰미래기획단, 《검사의 지위와 기능》, 2008
- Volker Krey, Jurgen Pfohler, 〈검사의 지시복종관계-내부적 지시권과 외부적 지시권의 한계〉, 이완규 옮김, 검찰미래기획단, 《검사의 지위와 기능》, 2008